潘懋元肖像油画（魏楚予画）

板凳敢坐十年冷

文章不写半句空

潘懋元自励

2006年题铭自励

潘懋元◎著

潘懋元文集

卷二·理论研究（下）

广东高等教育出版社
Guangdong Higher Education Press
·广州·

图书在版编目（CIP）数据

潘懋元文集．卷二，理论研究．下／潘懋元著．—2版．—广州：广东高等教育出版社，2020.6
ISBN 978-7-5361-6740-7

Ⅰ．①潘… Ⅱ．①潘… Ⅲ．①潘懋元—文集 ②高等教育—教育理论—中国—文集 Ⅳ．① C53 ② G649.2-53

中国版本图书馆 CIP 数据核字（2020）第 052695 号

PANMAOYUAN WENJI JUANER LILUN YANJIU (XIA)

出版发行	广东高等教育出版社
	地址：广州市天河区林和西横路 /510500
	营销电话：（020）87554153
	http://www.gdgjs.com.cn
印　刷	佛山市浩文彩色印刷有限公司
开　本	787毫米×1092毫米　1/16
插　页	2
印　张	30.5
字　数	487千
版　次	2010年9月第1版　2020年6月第2版
印　次	2020年6月第2次印刷
定　价	128.00元（全套定价：1388.00元）

（版权所有，翻印必究）

《潘懋元文集》编辑委员会

编委会主任： 吴　岩

编委会委员（按姓氏笔画排序）：

王伟廉　王洪才　卢晓中　叶之红　邬大光

刘振天　汤贞敏　李　均　杨德广　肖海涛

别敦荣　张应强　张德祥　范跃进　林蕙青

周　川　郑冰冰　胡建华　钟凌翊　高宝立

黄红丽　韩延明　覃红霞　谢作栩　潘世墨

主　　编： 肖海涛

分卷主编： 肖海涛　卷一·高等教育学讲座

肖海涛　卷二·理论研究（上、下）

李　均　卷三·问题研究（上、下）

肖海涛　卷四·历史与比较研究

刘志文　卷五·序文

朱乐平　卷六·讲课录

向　春　卷七·昔年作品及其他

韩延明　卷八·潘懋元教授纪事年表

肖海涛　卷九·潘懋元教育口述史

谨以本书庆贺潘懋元先生百岁华诞暨从教八十五周年

编辑说明

潘懋元，1920年出生于广东汕头，厦门大学文科资深教授。现任厦门大学教育研究院名誉院长，教育部人文社会科学重点研究基地厦门大学高等教育发展研究中心名誉主任；中国高等教育学会顾问、高等教育学专业委员会终身名誉理事长。兼任教育部教育发展研究中心、国家教育行政学院、南京大学、华中科技大学、华南师范大学、华中师范大学、广西大学、深圳大学等十多所研究机构和大学的客座或兼职教授。曾任厦门大学副校长、顾问、教务处处长、高等教育科学研究所所长、海外教育学院院长，国务院学位委员会教育学科评议组召集人，中国高等教育学会副会长，高等教育学专业委员会理事长，等等。

潘懋元先生是中国高等教育学科的奠基者和创始人。作为著名的教育理论家，潘懋元先生教育理论研究硕果累累，为创建我国高等教育学科，丰富和发展我国乃至世界高等教育理论体系做出了重要贡献。作为杰出的教师，他培养了大批高层次教育学人才，桃李满天下，为建设我国高等教育学科骨干教师队伍和研究队伍做出了重要贡献；作为一位优秀的教育活动家，他对我国若干重要教育改革决策提出了许多宝贵的意见和建议，为我国高等教育宏观决策科学化做出了重要贡献。

潘懋元先生从1935年15岁开始从事教育工作，在15岁之前就已经进行创作和发表。涉及范围从最初的文学创作，到后来从事教育史研究、教育学研究，开创高等教育学科以及长期从事高等教育研究等，时间跨度长达80多年，内容精彩，成果丰硕，卓有建树，其中尤以高等教育研究成果为最。

这套《潘懋元文集》收录了潘懋元先生的绝大多数成果，约550万字。根据潘懋元先生创作及研究成果的特点，我们进行了分类整理，一共有9卷11册。各卷名如下：

卷一·高等教育学讲座
卷二·理论研究（上、下）
卷三·问题研究（上、下）
卷四·历史与比较研究
卷五·序文
卷六·讲课录
卷七·昔年作品及其他
卷八·潘懋元教授纪事年表
卷九·潘懋元教育口述史

上述9卷基本上反映了潘懋元先生学术人生的全貌。其中，卷一是潘先生作为高等教育学科奠基人的奠基之作，1983年5月在人民教育出版社出版第一版，1985年、1992年分别出版第二版、第三版。2010年广东高等教育出版社出版《潘懋元文集》时，将此书收入作为卷一。本书虽然个别地方的表述与现在说法稍有出入，但为了尊重历史和潘先生奠基性的贡献，力求保持原貌。卷二至卷四集中反映了潘先生对教育特别是高等教育方方面面的研究成果，包括理论研究和问题研究。卷五是潘先生为学者们的教育研究专著所作的序言，话题宽泛。卷六是最新版讲课内容，是潘先生给2019级博士生讲授"高等教育学专题研究"课程内容的实录。卷七包括潘先生早年的学士学位论文和文学作品、散论等，最早的作品作于16岁。卷八包括各个时期个人生活、学术活动等内容的照片和教学、科研及学术活动纪事。卷九以教育口述史的形式，以时间为主线，以思想为专题，生动地反映了潘懋元先生的教育人生。该卷由北京师范大学出版社于2007年出版，这次收入文集时略有修订。

在对书稿进行编辑加工的过程中，我们对一些时间概念、专有名词、数据、注释等做了规范处理。为方便选择和阅读，每卷每册开头都编排了编辑说明、代序，末尾编排了潘先生的百岁感言和编者的后记，特此向读者说明。

编　者

2019年10月28日

代　　序

潘懋元：中国高等教育研究的奠基人[①]

［加拿大］许美德（Ruth Hayhoe）

潘懋元教授，1920年出生于粤东沿海的汕头市，家境贫寒。在这样的家庭中，能获得基础教育就相当不容易了。但他对教育的热爱却使得他在1941年抗战时期考入当时迁于福建长汀的厦门大学，随后他的教育生涯就与厦门大学的历史结下了不解之缘。厦门大学位于福建省东南沿海的厦门（厦门旧称Amoy，与台湾隔海相望），有着独特的发展历史。

在我涉足中国高等教育之初，了解到潘懋元教授很早就在该领域从事重要的工作。1988年秋，我在南京大学召开的高等教育改革会议上首次聆听他的报告。第二年我移居北京，做加拿大驻中国大使馆的文化参赞。其间，我荣幸地接受了潘懋元教授的邀请访问厦门大学，了解到厦门大学在高等教育研究领域所做的工作。我为这滨海校园之美所打动，它的建筑风格成功地糅合了中西方的特点。

[①] 许美德. 思想肖像：中国知名教育家的故事［M］. 周勇，等译. 北京：教育科学出版社，2008. 许美德教授是国际著名的比较教育专家，多年来她对我国高等教育研究投入了大量的精力，成果丰硕。她对潘懋元教授的地位和贡献给予了高度的评价。本次出版《潘懋元文集》，我们征得许美德教授本人同意，将此文章作为文集的代序（少数地方根据现在的出版或文字规范稍有删改）。

更为重要的是，我获知了很多厦门大学高等教育科学研究所（以下简称"高教所"）的工作，它是潘懋元教授于1978年创办的，源头则要追溯到潘教授自20世纪50年代在厦门大学所做的工作。

1997年11月，我再次有机会访问厦门大学高教所，拜访潘懋元教授，并邀请他讲述自己的人生故事。此前我已定居香港，时任香港教育学院院长。本文的主要资料就来源于那一年的两次长谈。① 我也有幸看见他每周六晚在自己家里为研究生们举办的学术沙龙，由此领略了他的教学风格。

潘懋元教授住的是一栋两层楼的房子，位于厦门大学校园内的一座小山上。二楼是宽敞的斯巴达式的书房，里面整齐地排放着书架，桌子和沙发点缀其间，还准备了许多客人来访坐的小凳子。当晚来了12名研究生，我能感受到他们对于沙龙的热情和期待。潘教授寥寥数语先起了个头，介绍了晚上所要讨论的主题。当晚的主题是一位研究生的论文涉及的论题，她在此之前曾写过一篇论文，与南京的一位著名学者提出的教育社会观进行商榷。这位研究生认为，南京学者的那篇文章的理论前提完全忽视了高等教育作为独特领域而发挥的功能。南京学者于是又发表了一篇文章与她反商榷，这位研究生正在准备她的再次应答。于是学生们围绕着这个问题给她提供各自的意见，他们分成两派，充当论辩中的不同角色。在热情生动的争论中，几个小时不知不觉过去了，学生们在争论之中探讨了高等教育方方面面的社会功能。潘教授不时插入几句简短的评论，以免出现跑题的现象，但辩论主要由学生自主进行。我入迷地观察着整晚的沙龙，亲眼见识到了潘教授的教学风格和对学生和蔼

---

① 对潘懋元教授的访谈时间是在1997年12月6日和8日。

可亲的态度,而这是此前在相对正式一点的场合中我所从未见过的他。

本文中我所描绘的潘懋元形象主要基于他的那次自述,还有自己所拜读的他在高等教育领域的部分研究成果。我从厦门大学开始讲起,自1939年直至现在,这是他为生、为师以及成为学校管理者和教授的地方。

1920—1949年在中国东南地区的成长

1920年,潘懋元出生于广东东部沿海毗邻福建厦门的汕头市。由于贫困,家里无法供他上学,所以他的早期教育是不正规和断断续续的,由兄长和父亲在家教他认字。8岁时,他被送到当地的小学插班读三年级。他记得所学课程的主要内容都是传统经典。启蒙教育的内容是《三字经》,接下来是儒家经书和古代历史书籍。虽然1919年爆发了五四运动,新文化运动提倡采用接近口语的白话文,但潘懋元接受的仍然是传统教育,学的是文言文,直到后来才接触现代汉语。

小学毕业后,由于家庭无力支持,少年潘懋元无法继续上学。他的父亲希望他留在家中帮助碾米做一些发糕来卖。非常幸运的是,小学校长杨雪立在阅读毕业试卷时发现了潘懋元的中文写作才能。得知他待在家中,不能继续上学,杨校长帮助其减免一半的学费,使他得以上初中学习。就读的那所中学是一所非常传统的中学,称为时中中学。在那里他主要学习了3年的中文。潘懋元的很多老师参加过封建时期的科举考试,有的甚至考中举人。后来,他感觉到传统经典的学习给他的一生奠定了一个很有价值的基础。他回顾说,最为重要的是他学会了如何做人。

潘懋元15岁时，知道家里不可能再资助他上学了。但他得到一个到小学当教师的机会，他满腔热情地投入到工作中，但很快发现，教小学生并不是想象中那么容易。他每上一堂课要备课数个小时。初次讲课，备好的课讲不到半小时便无话可说，站在讲台上，面对乱哄哄的课堂不知所措。不甘失败的他决定想办法到师范学校学习，学习如何当老师，同时也找一些教育书籍来读。

他首先找到的是浙江大学庄泽宣教授的《教育通论》，这成了他的启蒙书。潘懋元发现这本书理论复杂，学问深入，他读不太懂，这更加坚定了他要找机会去师范学校读书的决心。1936年，终于有机会到海滨中学高中师范科做旁听生，学习了教育心理学、小学教材教法和教育行政等几门课程。当时，他已能通过教夜校和赚稿费维持生活。在海滨中学学习期间，他写过几篇短篇小说和许多散文，有一些已发表。

1937—1939年，潘懋元在农村小学教书。那时正是日本侵华战争时期，战争使得民不聊生。潘懋元热爱教书，但他越来越多地投身于抗日的洪流中，参加抗日宣传活动，组织民众起来抗日。他加入了汕头地下党组织的青年抗敌同志会，揭发敌人的罪恶行径，鼓舞民众的抗日激情。1939年6月，日军侵占了汕头，在其后的几个月里，潘懋元不得不辞去热爱的教学工作，参加抗日军队，全身心地投入到抗日运动中。

出于多种缘故，1940年，潘懋元决定离开家乡。离家的一个原因就是去接受进一步的教育，以便能做一个称职的老师。那一年他19岁，战争的局势日渐恶化。他翻山越岭，艰苦跋涉，一个星期之后，终于来到福建长汀，厦门大学于1937年迁移至此。他参加了厦门大学的入学考试，虽然他的中文很优秀，但由于事先未做充分准备，英语和数学未合格，结果名落孙山。为了读师范，他考入一所中等师资养成所学习了一年。次年，他终于考入厦门大学教育系。

潘懋元回顾说，1941—1945 年在厦门大学的学习生活对他是很大的锻炼。当时在厦门大学担任教授的多是留美学者，其中教育系主任李培囿是杜威的学生，翻译了杜威的一些著作。另一名在教育系工作的知名学者陈景磐教授，于 20 世纪 30 年代在多伦多大学获得博士学位，其博士论文是关于孔子生活的背景和为师之道。[1] 通过这些年的学习，潘懋元成为杜威著作的敬慕者，并对陶行知把杜威的理论运用到中国教育实践特别欣赏。陶行知的教育实验在中国有很大的影响，虽然杜威 1921 年来华时仅在福建有过短暂访问（Keenan，1977），陶行知的实验工作也主要是在南京和上海，但他的思想在福建却备受推崇。[2]

为了糊口，在厦门大学读书期间，潘懋元先在一所小学担任兼职教师，接着又在一所中学做兼职教师。大学四年级时，他还担任了一所县立中学的教务主任，从而可以将自己所学的知识用于实际的教学当中。1945 年大学毕业后，潘懋元在江西省的两所中学任教一段时间。与此同时，厦门大学也迁回厦门市。1946 年，他收到厦门大学校长和教育系主任的邀请，要他担任厦门大学附属小学的校长，并在厦门大学教育系兼做助教。这期间，他发现陶行知的理论对他主持校长工作的帮助很大，虽然他很遗憾没有机会与陶行知会面。在这一点上，潘懋元与李秉德的认识是一致的，后者也认为陶行知的理论最符合中国教育的实际需要。

---

[1] CHEN J P. Confucius as a teacher: philosophy of Confucius with special reference to its educational implications [M]. Beijing: Foreign Languages Press, 1990.
[2] 刘海峰，庄明水. 福建教育史 [M]. 福州：福建教育出版社，1996：422-438.

新方向与新事业：社会主义时期

对潘懋元来说，1949年的革命胜利意味着新教育生涯的开始。中华人民共和国成立后，他继续留在厦门大学当讲师。1951年秋季，他被派到中国人民大学进修研究生课程，学习教育。一年后，李秉德也在此学习。潘懋元发现，在众多学友中，一些是和他一样的研究生；另外还有一些年长的教授，他们在此学习马列主义的理论知识，目的是为了更好地胜任未来的教育领导岗位。在潘懋元学习的班上，有好几位学者后来都成了北京师范大学的知名教授，包括教育哲学家黄济、教育学家王策三和王天一、心理学家章志光。1952年初，因为院系调整，这项进修计划从中国人民大学转到了北京师范大学。

潘懋元对在中国人民大学的学习至今记忆犹新，他记得有4位苏联教授给他们上马列主义的课程，还有苏联教育理论，他甚至还记得4位教授的名字，但是，对所学的那点儿俄语则记得甚少。当时的教学是有翻译协助的。学习给他留下了深刻的印象，他当时感受到苏联的课程组织的方式和教学计划的制订都非常严谨，能够达到有效的控制。

在北京学习一年之后，1952年夏，潘懋元便被厦门大学校长王亚南召回，协助厦门大学的教学和课程改革。他被任命为教学改革办公室的负责人，负责指导大学的各专业制订新的教学计划。他曾经非常推崇杜威的教育思想和美国的其他教育理念，感觉富有活力而且极具灵活性，但在控制严格的民国时期（指1912年1月1日至1949年9月30日，下同），实践这些理念是十分困难的。两者相比，他感到苏联的教育计划能够较好地使学生获得系统的知识，打好扎实的基础。特别是在诸如工程和自然科学等领域，这些对于社会主义建设是十分重要的。

潘懋元感到，事实上苏联的高等教育模式根植于欧洲大陆模式，特别是法国模式，与英美模式区别很大。他觉得苏联模式和中国自己的知识传统相对应，强调知识基础厚，存在一种中心化、系统化的知识方法。潘懋元特意提到著名的北京大学校长蔡元培，认为他是民国时期最杰出的大学校长。蔡元培在自己的高等教育思想中融合了德国、法国、中国的理念，他采用德国学问之道，特别是在研究和教学上，这得益于他在柏林大学和莱比锡大学的经历。蔡元培极力效仿法国模式的高等教育体系，因为其管理结构十分理性，并按地理区域均匀分布。在教育哲学方面，蔡元培陶醉于中国传统的自学之路，特别是对书院情有独钟，学生可以自主掌握学习进程。蔡元培极力提倡将学校分为从事理论知识研究的综合性大学和担负为国民经济各部门训练高级人力资源的专门学院。潘懋元认为20世纪50年代早期的改革，出现了大量的专门学院，同时只保留了数量相对较少的综合性大学，是较符合当时国情的，适应了中国发展的需要。①

但对于20世纪50年代初的院系调整，将一些民国时期优秀的综合性大学的系科进行削减，形成像苏联模式那样的综合性大学，潘懋元持保留意见，他觉得这些是完全可以避免的。他对按高等教育区域进行院系调整发表了看法，以自己所从事的教育领域为例，他认为，中心区按地理分布强调更多的是政治因素而非教育因素，这就导致了反常现象的出现。在南部的中心区里，位于广州市的中

---

① 潘懋元. 潘懋元论高等教育［M］. 福州：福建教育出版社，2000：521-560.

山大学，其师范学院实力雄厚，1953年与其他教育系合并组建了华南师范学院。然而，华南师范学院当时只是不受重视的省级院校，经费和师资都受到限制，以致影响教育学科的进一步发展。

总的来说，潘懋元认为受苏联模式影响的院系调整在当时是起了积极作用的，为中国20世纪50年代国民经济建设培养了一批人才。在1956年中国共产党第八次全国代表大会上，周恩来强调了要尊重知识分子。[①] 如果一直贯彻这一项政策的话，潘懋元相信中国也许能够同日本和东亚其他地区一样经济快速发展。

苏联模式的高等教育有很多薄弱环节，但他感到，完全能够用一种平衡、理性的方法来解决。问题之一是对学生在不同领域能力的认识和实践强调得不够，常常希望学生通过刻苦专注的学习来达到课程所规定的较高的学术标准，而不是将更多的注意力放在教和学过程的研究上。另一个问题是过于迷信翻译过来的苏联资料，其实并不是所有的材料都适合中国国情。

1954年对潘懋元来说是十分重要的一年。他得知厦门大学教育系被并入福建师范学院，他很想前往，专心于教育史的研究和教学。然而，王亚南校长却舍不得他走，决定把他留在教务处，继续管理厦门大学的教学工作。他决心留下来，此举为一门新学科的诞生创造了条件，也由此改变了他日后的工作和生活的方向。

潘懋元感觉到在教育研究、学校教学和担任学校领导的生涯中，他所学的教育知识与高等教育领域的联系很少。大学层次的学生需要一个全新的教育理论，以及高等教育课程发展和教学制度。

---

① ZHOU E L. On the question of intellectuals [M] //BOWIE R R, FAIRBANK J K. Communist China 1955—1959: policy documents with analysis. Cambridge, Mass.: Harvard University Press, 1962: 128-144.

总体来说，高等教育是一个一直被教育理论者所忽视的知识和研究领域。到那时为止，不只是中国，苏联和西方国家也是这样。他曾为捷克一位教授在教育科学会议上所做的讲演所感，这个讲演认为教育理论仅仅关注普通学校，很少关注高等专业院校。潘懋元随后写了一篇题为《高等专业教育问题在教育学上的重要地位》的文章，发表在1957年厦门大学《学术论坛》上。同年，他与几位同事合作写出《高等学校教育学讲义》。这本书随即在中国的综合性大学和师范大学内广泛流传，作为课程改革和教学计划发展的资源。① 尽管这本书从未正式出版，但它却是中国高等教育研究领域内最早的学术书籍。

潘懋元着力将此发展为一个新的研究领域，并兴奋地发现，这能为高等教育系统、课程发展和教学计划的制订提供重要的学术基础。然而，1957年是一系列政治运动的开端，他所希望的研究和发展几乎是不可能的。因出身贫寒，他并未受到1957年"反右"运动的影响，但他悲伤地看到，厦门大学的一些老教授虽然做出了杰出的学术贡献却被打成右派，从学术研究工作中被隔离出来。随后的1958年"大跃进"，同样侵扰着潘懋元。当时大量的教材都是从苏联翻译过来的，他认为这样的教材更加应该中国化。他同时感觉到，建立中国传统中医学院意义重大，因为中国传统医学把人体看成一个整体，发展起了不同于西方医学的中医方法，它是一笔巨大的遗产，不应该丢失。

就总体而言，潘懋元认为1958年的教育革命是个误导。1958年前，他在厦门大学教务处，参与了当时所有的课程变革。他感到

---

① 忻福良. 当代中国高等教育家[M]. 上海：上海交通大学出版社，1995：199.

很多想法都未经过细致思考，不过是一种政治运动口号罢了，对教育缺乏真正的理解。在潘懋元看来，让学生代替教师编写教学大纲和教材，这样做显然超过了学生的能力范围，因为他们大多数并没有足够的学科知识来做这些工作。改革强调增加学生参加生产活动实践的机会，然而这大都是出于政治目的，并没有多少教育价值。总之，过多的政治活动以及体力劳动引起很大的混乱。他记得，学生真正听学术课程的时间，一年之中只有70天。潘懋元认为，所谓"开门办学"的思想在某些方面固然有一定的可取之处，但是它无法替代对科学知识的系统教学，而中国的发展又需要这些科学知识来培养各行各业的专门人才。

潘懋元对高等教育作为一个研究领域逐渐有了兴趣，同时对中国高等教育系统在更大范围内发生的变化也给予了密切关注。社会上的学习机会一下子增加了许多，大量的所谓的"红专大学"的开设，给很多个人背景条件稍差的青年人提供了学习机会，但是这些学校根本没有足够的资源用于真正开展高等教育工作，大多数在几年内就关闭了。如江西新建的许多共产主义劳动大学，没有合格的师资，根本无法生存。然而另外有些新成立的院校，比如福州大学，是省内唯一的一所工科院校，被认为对本省经济发展起着至关重要的作用，因此得到省政府支持。

1961年的"困难时期"过后，20世纪50年代初期的那种学术氛围开始恢复，学术质量受到特别的重视。潘懋元再次希望能有机会发展高等教育这一研究领域。然而，1966年开始的"文化大革命"又使他的希望落空了。

建立一门新学科

1977年,邓小平复出。潘懋元准备开始他事业的一个全新阶段,他过去当过厦门大学的教务处处长,现在他致力于建立一门新学科——高等教育学,先是在厦门大学,再推广至全国。我们知道,在20世纪50年代中期他已经开始此项研究,并于1957年发表了一篇题为《高等专业教育问题在教育学上的重要地位》的论文。随后到来的政治运动和混乱年代让他更深刻地体会到研究这一领域理论的重要性,他认为这项研究将使人们对高等教育与社会、经济、政治、文化发展的关系有更深刻的理解。20世纪50年代至70年代后期,高等教育发展中最严重的问题是缺少能给高等教育的政策制定提供理论支持的系统理论研究。随着邓小平时代的到来,全国积极响应邓小平提出的"教育要面向现代化,面向世界,面向未来"的号召,潘懋元最终找到了追求自己理想的舞台和时机。

1978年,潘懋元在厦门大学建立了高等学校教育研究室,很快发展成为一个全国高等教育研究的中心。1983年,高等教育学被教育部认定为教育学的二级学科,有资格建立硕士点和博士点。厦门大学高等教育科学研究所招收全国第一批高等教育专业的硕士和博士。到1998年庆祝高教所成立20周年时,已经有20个博士生和75个硕士生毕业于此[1],他们已在全国各地的大学工作,为这一领域的进一步发展贡献着力量。高教所承担了高等教育各个领域的主要研究课题,举办了十多次全国和国际学术会议。

虽然北京大学、华中科技大学、华东师范大学等其他大学都有

---

[1] 刘海峰. 厦门大学高等教育科学研究所建所二十周年工作报告[C]//建所二十周年纪念活动专集. 1998:33-35.

高等教育学的研究及相应的研究生培养，但是厦门大学高教所于2000年9月被评为该领域全国唯一一所国家级研究中心，被评为文科重点研究基地，国家提供数量相当的发展基金。这是政府支持人文社会科学研究项目的一部分，其目的是要使一些研究中心能够达到世界同等水平，使其能积极开展国际研究交流活动。厦门大学能排除地理上的相对劣势获得国家的认可，是非比寻常的。当然，这与潘懋元先生用毕生的精力致力于建立高等教育学这门新学科所做的贡献是分不开的。同时也表明，尽管在1949年中华人民共和国成立后的30年，中国政策和社会环境有许多束缚，但一个忠诚的教育家还是能有所作为的。

1978年以后，潘懋元又把工作重心放在学术研究上，他在厦门大学进行教学和研究工作。每周六晚上，他在家里开沙龙，与研究生们聊学习、聊生活，是一个和蔼可亲的长者。然而，他还想推动这门学科在全国范围内发展，希望中国高等教育学作为一门学科能够对国际学术发展做出贡献。1979年，他和上海市高教局及其他7所大学的学者召开了第一次全国高等教育研究会议。1981年，他组织编写了第一部高等教育学著作《高等教育学》，并于1984年出版。[①] 这是1983年教育部确立这门学科后的第一本高等教育学著作。在随后的这些年里，潘懋元仍然是这一领域中富有远见的领导者，他启发新思想、新的研究方法，鼓励其他人做研究，写作和发表论文，他自己也在这一领域中发表了大量文章，出版了大量著作。

潘懋元工作的中心是想通过建立坚实的理论基础、清晰的概

---

① 潘懋元. 潘懋元论高等教育 [M]. 福州：福建教育出版社，2000：96.

念，以及研究方法来确保这门新兴学科的发展。1983年，中国高等教育学会成立时，潘懋元感到高等教育学被认为只是一个研究领域，而不是一门学科。于是，1992年，他在厦门大学组织了一次学术会议，提出要把高等教育学作为一门学科来研究。次年，在上海召开的高等教育学会议上，成立了一个新的组织——高等教育学研究会，它把高等教育学作为一门学科来研究，挂靠在中国高等教育学会之下。此后，会议定期召开。潘懋元在一篇回顾该学会前三次会议进程的文章中，列出了这一新学会的目标、工作范围，并鼓励进行理论争鸣与探讨。

高等教育学研究会的主要任务是要为理解中国的高等教育建立一个系统性的理论基础。工作范围主要有以下5个领域：理论、历史、高等教育的当代实践、未来发展以及研究方法。① 潘懋元对一些理论的观点和看法，使得这些会议开得活跃而有趣，对中国高等教育给予了深刻的关注和洞察。其中一个关键的理论问题是高等教育的功能问题，对其与社会、经济与政治体制的关系展开讨论。与此相关的是高等教育的目的，国内的研究者普遍认同以下3点，即培养人才，发展知识，为社会服务。然而，第三个目的在近年来受到了强烈的质疑，主要是由于许多大学通过各种形式的咨询服务或与企业的直接关系进行着大量的"创收"活动。有人认为，这些活动将会使大学远离学术追求。由此，一些中国学者们建议，高等教育应有以下6个目的：教学、继承知识、传播知识、发展知识、社会批判、对社会实施监督。② 这将激起高校对社会的特殊使命；大学将与社会经济和政治力量建立互动关系，而不只是对社会的发展

---

① 潘懋元. 潘懋元论高等教育［M］. 福州：福建教育出版社，2000：86.
② 潘懋元. 潘懋元论高等教育［M］. 福州：福建教育出版社，2000：87.

做消极的应对。

另外一个生动的议题是潘懋元在第二篇论述该学科发展的文章中提到高等教育的个体功能和社会功能问题。一派学者认为，人是教育的主体，教育的基本功能在于促进人的自我发展，达到个性的全面发展；与此相对立的观点是，教育是一种社会活动，按社会发展的需要塑造人，教育的基本功能在于满足社会的需要，促进社会的发展。[①] 如此公开著文承认个体发展的重要性及对自我价值的追求是十分有意义的，它使我们思考新儒学教育观"为自我而学习"，以及儒家哲学中所说的个人价值发展的重要性。尽管在20世纪50年代初期计划经济体制下，个人选择的自由受到很大的限制，五六十年代的政治运动给很多人造成了巨大的伤痛，但中国传统教育的价值观仍然保留着它的生机和活力。

在对高等教育学作为一门学科做全面综合研究时，潘懋元看到了两个理论挑战：第一，必须界定高等教育与政治、社会、经济、文化系统的关系，探索这些系统与高等教育系统的相互关系；第二，对高等教育内部各系统之间的关系——如学术与职业、通才教育与专才教育、教学与科研的关系等进行研究。

在发展这门学科的过程中，潘懋元感到既具挑战性又令人兴奋的重要原因在于它的开拓性。与学术体系和学习过程有关的教育学理论有着一百多年的历史，而高等教育学不仅在中国而且在全世界都是一门比较新的学科。在中国，基础教育和学校教育的理论建构受到欧美西方思想和苏联的重大影响，这一点潘懋元在早年的教育研究中就已经意识到了。然而，高等教育学作为一门学科就不再如

---

① 潘懋元. 潘懋元论高等教育 [M]. 福州：福建教育出版社，2000：101.

此。回顾在中国建立这一学科的这些年,潘懋元强烈地感到中国所做的独特贡献,同时又感到很骄傲,因为在中国发展起来的这些思想和观点不是别人的派生产物,而是稳稳地扎根于中国自己的知识社会和文化土壤,近几年才开始对国外高等教育的理论有所引进。

潘懋元鼓励他的同事们为世界高等教育研究的发展做贡献,并指出中国学者在发展这个领域承担重要角色的4个原因。其一,中国有着在亚洲历史上颇具影响的古老的学术文化。其二,中国是全世界最大的高等教育体系之一,其规模超过俄罗斯,接近美国。它不仅是一个非常庞大的系统,而且近年来随着社会主义市场经济的成功发展,它经历了快速而且巨大的变化,在这个过程中出现了许多有意义的问题,对高等教育提出了挑战。其三,中国有着一支庞大的高等教育研究队伍,从事这一领域研究的学者可能比其他任何国家都多。其四,中国高等教育发展成为一门学科,靠的是学者个人和地方院校的创造和努力,因此它更具灵活性和自主性。这与中国的其他大部分学科不同,它们多是由自上而下的行政决定建立起来的。中国的高等教育理论可以说是"本土理论",因为这些理论来自对中国近年来正在进行的高等教育改革中出现的实践问题的研究。①

潘懋元非常重视中国的传统文化,他的一篇文章对中国传统文化的特点以及文化对中国现代化进程的贡献进行了比较深入的探讨。潘懋元指出,现代化不能等同于工业化或西方化,它影响社会各个方面发展的过程。不同的文化背景塑造不同的现代化。文化的传承和创新是高等教育的功能,它塑造发生在不同社会中的现代化

---

① 潘懋元. 潘懋元论高等教育[M]. 福州:福建教育出版社,2000:107-110.

的不同特征。潘懋元否定那种认为西方社会已经进入"后现代时期"并建立了一套后现代的标准。他建议要对现代化概念本身做全面的理解，必须首先考虑中国现代化发展的轨迹。他还认为这一论点同样适用于正在经历现代化进程的其他非西方国家。①

潘懋元对现代化进程的定义是把"文化价值"放在核心地位，他认为现代化应该是人类共同追求的一个价值，其终极目标是实现"人"的价值，包括个人、集体和社会价值。这个共同追求会导致产生整个人类共同文化遗产，这是一种吸收了不同文明的多样化的遗产。② 中国传统教育的许多因素对中国的快速发展做出过积极的贡献，也应该是这一共同文化遗产的重要组成部分。这些思想使我们联想到联合国致力于文化之间对话的观点："把重点放在人类文化、精神层面，放在人类的相互依存和人类的多样性上。"

结语：集多种传统之大成

当被问到什么因素对他的教育事业影响最大时，潘懋元开玩笑地回答道：受益最大的是"文化大革命"中批判的三种意识形态"封""资""修"。他早年学习中国古典文学，从中获得了受益终身的良好道德基础，一生的教育经验使他感到儒学的确是适应任何时期的一种哲学。他在大学时代学习过美国的教育思想，特别是杜威的理论，他从中得到了对改善学校、获得生动的教学方法以及课程设置的很多有用的思想。20世纪50年代，他曾广泛接触苏联的教育理论和模式，慢慢理解并重视苏联模式中全国统一的学术标准，结构严密的教材和教学工作中精细备课的价值。在思考影响了

---

① 潘懋元. 潘懋元论高等教育［M］. 福州：福建教育出版社，2000：229-241.
② 潘懋元. 潘懋元论高等教育［M］. 福州：福建教育出版社，2000：231.

他思想的两种国外传统时，他感到，基于欧洲理性主义的苏联教材和教育方法，比美国的更加适应中国的环境，因为中国有着集中知识模式的传统，也因为苏联模式更符合当时中国发展的现实需要。

1997年，我曾两次有幸与潘教授进行深入交谈。当我问到他对中国高等教育未来的看法时，他说他感到当前面临最大的挑战就是要进行教学改革，必须要考虑学生的多样性，最大限度地发掘他们的才能。这反过来又强调了高等教育对优秀师资的迫切需要。总的来说，他对过去15年研究生教育所取得的进步感到高兴和满意。很多素质高的年轻人进入大学教师队伍，但他强调这些教师应该得到足够的支持。他感到高等教育改革应该把重点放在教学和研究的质量上，而不是放在管理结构的改革上，因为后者牵涉到政治改革的重大问题。

对于中国的高等教育体系，潘懋元觉得它将更适应未来世界发展的趋势，强调知识的广度和适应性，注重毕业生总体的德育和智育质量。他认为，终身学习是一种趋势，因为中国人会慢慢发现，为了跟上社会的快速发展，必须经常更新他们的知识。潘懋元相信，在中国快速走向高等教育大众化的时代，为了满足社会发展的需要，私立高校将会起到越来越重要的作用。

2000年，在庆祝潘懋元教授八十寿辰时，他的同事和学生们在厦门大学举行了一系列特殊的庆祝活动。其中之一是收集出版了他有关高等教育学的最重要的理论著作。[①] 然而，这并不是一个退休告别会，潘懋元仍然是一个积极的学者、教师，继续活跃在进一步发展高等教育学的工作中。他在2001年出版的新著《多学科观点

---

① 潘懋元. 潘懋元论高等教育［M］. 福州：福建教育出版社，2000：727.

的高等教育研究》就是企图以新的方法论来推进高等教育学的理论建设。是什么使这位来自贫苦家庭的谦谦君子，保持着发展一门新学科的热忱和忠诚，50年来从不言悔？潘教授谈到早年所受的中国传统教育时说的一番话也许能给我们答案。他可能从没掌握过一门外语，在数学和自然科学中也并没有很高的造诣，但在他早期所接受的教育中，首先学会了怎样做人，同时也学会了用汉语表达自己的思想，他把对文学的热爱转化成了从事教育工作的关键财富。最后，他学会了把从各处学来的有用知识融入他学生时代形成的知识框架中。

目录 CONTENTS

教育与文化

文化传统对高等教育的影响 /3
文化传统与高等教育的理论思考 /7
高等教育的基本功能：文化选择与创造 /16
海外华文教育与弘扬中华优秀文化传统 /30
全面深入地认识教育的文化功能 /38
传统文化与中国高等教育现代化 /42
中华优秀传统文化与高等教育现代化建设 /53
华文教育与中华优秀传统文化现代价值的彰显 /55
文化的创新与保守
　　——大学教授的艰难选择 /63
以创新文化养人　以创业实践育才 /72

高等教育思想

"全面发展与发挥专长"的我见
　　——谈谈《学生论坛》上对这一问题的讨论 /81
党的教育方针的胜利 /85
对转变教育思想中几个问题的看法 /87
高等学校的社会职能 /94
关于现代教育与教育现代化问题 /105
教育外部关系规律辨析 /121

"科学技术是第一生产力"与"教育为本" /133

试论素质教育 /136

走向21世纪高等教育思想的转变 /143

高等教育将走进社会中心 /156

贯彻第三次全教会精神　全面推进大学素质教育 /160

高等学校的素质教育与通识教育 /170

高等教育与社会的协调发展 /182

现代高等教育思想演变的历程
　　——从20世纪到21世纪初 /185

中国高等教育思想发展30年 /196

改革开放30年中国高等教育思想的转变 /211

教育基本规律及其在教育研究中的运用 /221

教 学 理 论

试论理论联系实际的教学原则 /229

坚持理论联系实际的教学原则 /249

再论教学过程中的理论联系实际 /253

教学、生产劳动、科学研究的矛盾与统一 /276

略谈教师在教学中的主导作用 /295

少而精教学原则初探 /299

关于学业成绩负偏态分布问题的初步探讨 /317

写在观摩教学之后
　　——教学漫谈之一 /327

复习、考试与评分
　　——教学漫谈之二 /331

应当重视电化教育的理论研究 /335

教学法专题报告 /338

目 录

高等学校教学原则体系初探 /356
电化教育与教学改革 /365
传统教育与教学改革 /373
关于试行"三学期制"的看法 /384
教学改革的核心地位不能动摇 /386
教学改革是核心
　　——在第一次全国普通高等学校教学工作会议上的发言 /390
基础课程教学也能出名师 /393
产学研合作教育的几个理论问题 /397
高等教育研究要更加重视微观教学研究 /403

其 他

高等学校勤工俭学的原则与问题 /407
教育干部也应专业化 /425
教育系的培养目标和教育干部专业化 /430
高等学校管理干部的专业化问题 /435
认真学习《决议》，加强教育理论建设 /440
福建高教学会第一届理事会工作报告 /443
关于我国高等教育应遵循的基本原则
　　——对《高等教育法·总则》的探讨 /449

百岁感言 /455

编后记 /457

教育与文化

潘懋元文集
PANMAOYUAN WENJI

访问印度德里（1982年）

文化传统对高等教育的影响[①]

文化传统对高等教育的影响是一个复杂的过程，从影响范围来看，它对高等教育的各个方面无不发生影响，包括教育体制、培养目标、教学内容以至教学方法和教学组织形式等；从影响方式和途径来看，既有来自社会意识、社会道德、社会舆论的影响，也有来自个人深层的心理结构的影响。这些影响虽然不同于生产力与社会制度对高等教育所起的决定性作用，但却有其不可低估的力量。在民族文化传统成为个人深层心理结构之后，当个人深层的心理结构与社会发展的客观规律一致时，其所形成的文化合力对高等教育的改革与发展无疑是一股强大的推动力；但当其与社会发展的客观规律相抵触，将会阻碍或延缓高等教育的改革与发展。

文化传统对于高等教育的影响是顽强的，以中国高等教育的培养目标为例（不是写在文件中的培养目标，而是存在于人们心目中从而在教育活动中起作用的培养目标），人们心目中的培养目标是与人们的教育价值观紧密联系在一起的，因为任何文化传统都具有隐藏在它背后起统合和体系化作用的价值体系，它以一种全方位的形式统领着人们的价值判断。中国文化传统虽经现代社会、西方文化的不断冲击，而其核心仍然保留着儒家文化，儒家文化的教育价值观在高等教育培养目标上的体现，则反映了封建社会等级制度"学而优则仕"。尽管社会主义的"为人民服务"已经宣传了几十年，信息社

[①] 原载《南京大学学报（哲学社会科学版）》，1988年第4期。作者：潘懋元，邬大光。

会科学知识的价值也逐渐为人们所认识,然而学历作为获取权力走向仕途的手段,仍是许多大学生和家长心目中的努力目标。在商品经济中可以与之抗衡的只有金钱。"从政"与"经商"交织成一幅迷人的图画,至于科学知识自身的价值则远在权力与金钱之下,其独立的价值往往只能退居次要地位。正是在这一价值观的支配下,在我国形成了"读书做官"这一影响深远的民族文化传统和个人深层的心理结构。在现代高等教育的变革中,虽然科学知识的价值受到了前所未有的重视,培养高级专门人才成为我国高等教育的重要职能,但"读书做官"这种文化传统作为个人的深层心理积淀仍存在于人们的意识形态中,只是在形式上发生了某种变化,或者说是成为一种更为隐藏和深层的价值观念。如许多大学毕业生不愿意到基层单位去,他们向往的是国家机关和各级政府部门,"从政热"不能说都是为了做官以光宗耀祖,确有一些有志青年是立志当"公仆"的;但也不能说不是一定程度上受"读书做官""官本位"的传统价值观所影响。只是在商品经济的震撼下,"经商热"也正在兴起,但它并没有彻底冲垮"从政热"的价值观念,而在新形势下两者又往往结合起来。

西方各国高等教育的培养目标也无一不受各自文化传统的影响。美国是一个重视实用的民族,实用哲学是美国现代社会发展的理论基础,实用主义是占主导地位的教育价值观。因此,培养所谓"独立精神,创新意识"的技术人才,一直是美国高等教育的主流,重术轻学的文化传统支配着高等教育的培养目标。英国作为早期资本主义最为发达的国家,在高等教育创办之初就深受古希腊"博雅教育"文化传统的影响,高等教育的培养目标主要是"绅士",追求人格的完善和自我价值。英美高等教育培养目标上的差异,与它们各自文化传统的差异有内在的联系。

文化传统的影响是无处不在的,它不仅反映在高等教育的培养目标上,也渗透在课程设置和课程内容之中。美国在重实用的思想支配下,课程设置有明显的实用性、职业性,对古典人文课程较不重视;英国则一向十分重视对古典人文课程,尤其是一些老牌大学,古典人文课程占有相当大的比例。在新技术革命浪潮的冲击下,英国的课程虽然进行了较大的改革,但与其他西方国家相比,古典人文课程的比例仍多于其他国家。至于课程内容,尤其是人文科学、社会科学的课程内容，无不直接受文化传统的影响。

文化传统对于高等教育的影响是广泛和深远的。从纵向看，文化传统的影响贯穿于整个高等教育的发展与变革之中；从横向看，文化传统的影响渗透在高等教育的各个方面。那么，我们应该如何对待文化传统给高等教育带来的影响呢？我们认为，文化传统对于高等教育的影响既有消极的一面，也有积极的一面，因为任何文化传统都包含积极因素和消极因素。由于文化传统具有两重性，对文化传统的影响就必须采取全面的、辩证的态度与方法，在一定的意义上说，探索文化传统的积极影响更有助于高等教育理论和实践的发展。当前在我国"文化热"的潮流中，我们更应该全面地、辩证地看待我国文化传统对高等教育的影响，不应该把我国的文化传统说得一无是处，似乎西方文化传统对于高等教育的影响都是积极的，我国文化传统的影响都是消极的，这不是历史唯物主义的态度。当然，重视我国文化传统的积极因素，不应作为"复古"或排斥西方文化传统影响的借口。

文化传统的形成是一个动态的过程。在生产力和科学技术发展的冲击下，在社会政治制度和经济制度的变革中，在世界范围内文化传统的交流中，文化传统也不断地发生变化，由一元文化向多元文化发展，以适应社会的变革；同时，新的文化观念或快或慢地代替旧的文化观念，并成为文化传统的组成部分，一成不变的文化传统是根本不存在的，文化传统的动态发展过程，除了个别民族、个别历史时期外，总是克服消极因素，发扬积极因素和吸收外来积极因素的过程。

文化传统对于高等教育的影响主要是通过教师和学生来实现的，而师生对文化传统的传递与吸收有其自身的主体选择性，高等教育作为一种相对独立的社会现象，它的变革有其自身的规律，它对文化传统的取舍也有自身的选择性，并不完全是被动地接受消极的影响。同时，高等教育在接受文化传统过程中也在创造着新的文化观念，并按照自己的发展规律去适应社会的发展，获得自身的生存。例如，按照传统的高等院校办学模式，大学是存在于社会之外的"象牙塔"，力图排斥、抗拒社会的干涉。这种封闭式的大学模式使高等教育缺少活力，不能应付来自社会各方面的挑战，在生产力迅速发展和社会急速变化的资本主义时期，高等院校不能不或快或慢地向社会开放，高等学校的职能也从只为培养人才发展到多形式为社会服务。由此可见，文化传统对于高等教育的影响有一个双向选择的过程：文化传统在影响高等教育的同时，也在不断寻求自身的完善，高等教育为了自身的生存和更快的发展，也在积极主动地吸收文化传统中的合理因素，力图摆脱消极因素的影响。

文化传统与高等教育的理论思考[①]

人类社会的整体结构是经济、政治、文化的三维统一体。任何一个社会，就其社会大系统的构成要素来说，都可以划分为三个层次：（1）经济层面；（2）政治层面；（3）文化层面。任何一种社会现象都是在这三者的矛盾运动中发生与发展的，教育也不例外。但是，近四十年来，人们对于教育科学的研究，往往只从经济、政治的角度着眼，探讨经济、政治对教育的作用，文化的作用却被忽视了，以为有什么样的经济、政治就会有什么样的教育。"文化大革命"前以为只要"政治挂帅"，教育就能发展起来；近年来则更多的是只考虑经济的因素，以为只要生产力发展了，一切教育问题都能解决了。这种简单化的思维方法往往使得许多复杂的教育现象难以理解，从而影响教育决策的科学性与可行性。"文化热"的反思，使人们认识到教育与文化之间存在着必然的、紧密的联系，文化是制约教育的重要因素之一，尤其是对于作为传递与发展人类文化最高层次的高等教育来说，这种制约作用显得更加重要。

一

人们对于文化历来有不同的理解。广义的文化，是指人类在社会实践过程中所创造的物质财富和精神财富的总和。前者是文化传统的物质外壳、表

[①] 原载《高等教育研究》，1989 第 1 期。作者：潘懋元，邬大光。

层结构，后者是文化传统的精神实质、深层结构。文化传统对于社会诸多现象的制约，主要是通过精神文化来实现的。正是在这个意义上，本文所论的文化传统主要指的是精神文化。

文化传统是在人类社会发展的长河中形成的。它以观念的形态体现了生产力的发展过程，反映了社会制度的变革过程，同时又以观念的形态深深地根植于人们的意识与潜意识之中。每一个国家和民族在其延续的过程中，都持续不断地传递和创造着自己的文化。因此，任何一种社会现象都要不同程度地受本民族文化传统的制约，任何一个人都会自觉不自觉地受文化传统的影响。人们的社会活动，都不可避免地打上文化传统不同深度的烙印。高等教育作为培养人才的社会活动和传递文化的载体，与文化传统有着更为直接的联系。生产力的发展水平与社会政治、经济制度等各种因素对高等教育的制约往往要通过文化传统的光芒反射出来。

文化传统一旦形成，就会具有强大的历史惯性。尽管它的变革和完善最终都要受到整个社会物质生产和社会制度变革的制约，但它也按照自身的逻辑形成一种相对独立和稳定的结构，有时甚至会形成一种严密的封闭系统。中国的儒家文化历经几千年而顽强地保持着自己的特点和影响，足以说明文化传统的惯性是何等强大。不同的国家和民族，创造了不同的文化，而不同的文化，又塑造了不同的国家和民族，也塑造了不同的教育。各种形式的教育都要在一定的历史时期内，反映一定的文化传统。高等教育在传递文化的过程中，又率先扬弃旧的文化，不断创造新的文化。

文化传统对高等教育的影响是一个广泛复杂的过程。从影响的范围看，它对高等教育的各个方面无不发生影响，不仅反映在教育价值观和培养目标上，也渗透在教育体制、课程教材、道德教育以至教学方法和教学组织形式中。从影响的方式和途径来看，既有来自社会意识、社会道德、社会舆论的影响，也有来自个人深层心理结构的影响。这些影响虽然不同于生产力与社会政治制度和经济制度对高等教育所起的决定性作用，但却有其不可低估的力量。在文化传统成为个人深层心理结构之后，而个人深层的心理结构与社会发展的客观规律又能相一致时，所形成的文化合力对高等教育的改革与发展无疑是一股强大的推动力；但如果与社会发展的客观规律相抵触，则会阻碍或延缓高等教育的改革与发展。

文化传统对于高等教育的影响是顽强的。以我国高等教育的培养目标为例（不是写在文件中的培养目标，而是存在于人们心目中、在教育活动中起作用的培养目标），人们心目中的培养目标是与人们的教育价值观紧密联系在一起的。因为任何文化传统都具有隐藏在它背后起统合和体系化作用的价值体系，它以一种全方位的形式统领着人们的价值判断。教育价值观是文化传统的价值体系在教育活动中的体现，它对培养目标起着潜在的制约作用。中国的文化传统虽经现代社会、西方文化的不断冲击，而其核心仍然保留着儒家文化。儒家文化的价值体系在高等教育培养目标上体现最为典型的是反映封建社会等级制度的"学而优则仕"的教育价值观与"读书做官"的教育目标。正是在"学而优则仕"的教育价值观支配下，在我国形成了"读书做官"这一影响深远的民族文化传统和个人深层心理结构。在现代高等教育的变革中，虽然科学知识的价值受到前所未有的重视，培养高级专门人才作为我国高等教育的重要职能，但"读书做官"这种文化传统所形成的教育目标，作为个人的深层心理积淀仍存在于人们的意识形态中，只是在形式上发生了某种变化，或者说是成为了一种更为隐蔽和深层的价值观念。社会主义的"为人民服务"已经宣传了几十年，信息社会科学知识的价值也逐渐为人们所认识，然而学历作为走向仕途获取权力的手段，仍是许多大学生和家长们心目中的努力目标。许多大学毕业生不愿意到基层单位去，他们向往的是国家机关和各级政府部门，一度出现了"从政热"。"从政热"不能说都是为了做官以耀祖荣宗，其中也确有一些有志青年是立志当"公仆"的；但也不能说不是在一定程度上受"读书做官""官本位"的传统的价值观所影响。但近几年来，在商品经济冲击波的震撼下，"经商热"也突然兴起，金钱的魅力大大加强，成为可以与"从政"相抗衡的价值观念。即使如此，也并没能彻底冲垮"从政热"的价值观念，而在特殊的时代条件下两者又往往结合起来。"官"与"商"、"权"与"钱"的一体化，使"从政"与"经商"交织成一幅"迷人"的图画。

西方各国高等教育的培养目标也无一不受各自文化传统的影响。美国是一个重视实用的民族，实证哲学是美国现代社会发展的理论基础，实用主义是占主导地位的教育价值观。因此，培养所谓"独立精神""创新意识"的应用人才一直是美国高等教育的主流，个人主义、自我实现备受推崇，重术轻学的文化传统支配着高等教育的培养目标。英国虽是早期资本主义最为发达的国家，但在高等教育创办之初就深受古代"博雅教育"文化传统的影响，高等教育的培养目标主要是"绅士"，追求人格的完善和自我价值，崇尚纯学术的价值。英美高等教育在培养目标上的差异与它们各自文化传统的差异有其内在的联系。

文化传统的影响不仅反映在高等教育的培养目标上，同时更为直接地反映在专业设置和教学内容之中。美国在重实用的思想支配下，专业和课程具有明显的实用性、职业性，对古典人文课程较不重视，尤其是在高等教育大发展的20世纪初和社区学院中，这种实用性、职业性的趋向更为明显；英国的课程设置则一向十分重视古典人文课程，尤其是一些老牌大学，古典人文课程占有相当大的比例。在新技术革命浪潮的冲击下，英国的课程虽然进行了较大改革，但与其他西方国家相比，古典人文课程的比例仍大于其他国家。至于具体的教学内容，尤其是人文学科、社会科学的教学内容，无不直接受文化传统影响。

通过以上简略分析，我们可以清楚地看到文化传统是以无孔不入的方式影响着高等教育。所以，探讨高等教育的变革与发展和制定高等教育的改革政策，除了从生产力发展水平和社会政治制度、经济制度的制约因素去寻求答案之外，还应当从更广泛、更深入的层次去挖掘文化的因素，以及它所形成的社会心理的承受力。

二

从纵向看，文化传统的影响贯穿于高等教育的发展与变革之中；从横向看，文化传统的影响渗透在高等教育的各个方面。那么，应该如何对待文化传统给高等教育带来的影响呢？我们认为，任何文化传统，都包含有积极因素与消极因素，它对一个社会的进步，具有积极与消极的两重性，也就是我们常说的"精华"与"糟粕"。从而，它对高等教育的发展所起的作用，也有积极与消极的两重性。由于文化传统具有两重性，在对待文化传统的影响上就必须采取全面的、辩证的态度与方法。探索文化传统的消极因素，有助于我们解放思想，扫清改革道路上的思想障碍，而探索文化传统的积极影响更有助于高等教育理论和实践的发展。当前在我国"文化热"的潮流中，我们更应该全面地、辩证地看待我国文化传统对我国高等教育的影响，不应该把我国的文化传统说得一无是处，似乎西方文化传统对于高等教育的影响都是积极的，我国文化传统的影响都是消极的。这不是历史唯物主义的态度。当然，重视我国文化传统的积极因素，不应以此作为"复古"或排斥西方文化传统影响的借口。

如果中国文化传统对高等教育的影响都是消极的，那么西方发达国家在步入后工业化社会之后，就不会对中国传统文化如此感兴趣，甚至把中国传统文化称为"朝阳文化"，把西方文化称为"夕阳文化"，试图实现东方文化与西方文化的融合，要求从西方文化向东方文化转移。诚然，中国文化传统较之西方文化传统具有更为浓厚的封闭性，但也不乏西方文化传统所不足的某些积极的东西。例如，中国文化传统中对于社会道德和个人道德修养的重视就有它的积极作用。正是在这种文化传统的影响下，中国的教育在培养人才的过程中，总是把健全的人格作为一项重要目标。如果纠正了"重德轻才"的偏向，剔除了其中某些封建社会遗留下来的道德内涵的糟粕，那么"德才兼备"应是高等教育培养人才的恒定目标。高等教育并不单纯是"知识和技术"的传授，应该是人的全面发展的教育。又如，中国文化传统所形成的师生观也有一定的积极意义，教师不仅是知识的传授者，而且要以身作则，为人师表，循循善诱地培育学生；学生不仅要向教师学习知识，还要学做人的道理。这种师生关系显然比买卖式的师生关系更有利于人才的全面发展。

中华民族素以勤劳坚韧著称于世，这一美德在中国许多知识分子身上得到了充分的体现。他们为寻求真理和振兴中华而执意进取，为赶超世界先进水平而孜孜不倦。这种崇高的精神境界是很难用个人利益来衡量的。当代中国有所作为的大学生更是勇于正视我国经济发展水平较低的现实，正在以不懈的努力和勤奋的精神刻苦攻读，他们的勤奋为世人所称赞，而这些正是一个国家和民族的希望。

在西方的文化传统中，就其对高等教育的影响来说，同样是既有积极面，也有消极面。其积极因素如求实精神，勇于进取，无疑对于高等教育的改革与发展具有促进作用，而这些正是中国文化传统所缺乏的。但也存在某些狭隘的功利主义，重视个人利益而轻视社会价值，重视知识技术而轻视道德修养，从而产生了"道德危机""精神空虚"等社会问题和教育问题。西方文化传统的两重性在各国的高等教育实践中也具有明显的反映。以英国高等教育为例，英国是一个较为保守的民族，因而它的高等教育长期以来就有较为保守、墨守传统的一些特点，尤以牛津、剑桥这些老牌大学为甚，以致这些大学的改革十分困难。这可以说是英国文化传统对高等教育发展的消极影响。然而，即使在这种保守的消极因素中，我们也可从中发现某些积极影响。正是英国文化传统这种较为保守的特点，使得英国的高等教育始终保持着它创办初期追求学术的特点，尽管它的改革步伐不如西方其他国家那样迅速，但它的改革却可以说是较为谨慎和扎实的，并且也是富有成效的，英国高等学校的学术水平始终被认为是较高的。英国的高等教育之所以能够在世界上长期保持较高的学术水平，并得到世界的公认，不能不说与它的文化传统有关。

文化传统对于高等教育的影响主要是通过作用于人的观念形态来实现的，而人作为社会的主体对文化传统的传递与吸收有其自身的主体选择性。高等教育作为一种相对独立的社会现象，它的变革有其自身的规律，它对文化传统的取舍也有自身的选择性，并不完全是被动地接受文化传统的影响，更不是只接受消极的影响。同时，高等教育在传递文化传统的过程中也在创造着新的文化观念，并按照自己的发展规律去适应社会的发展，获得自身的生存。例如，按照传统的高等院校办学模式，大学是高踞于社会之外的"学府黉宫""象牙之塔"，力图排斥、抗拒社会的干涉。这种封闭式的大学模式使高等教育缺少活力，不能应付来自社会各方面的挑战。在生产力迅速发展和社会急速变革的资本主义时期，高等教育的传统模式已明显地落后于社会发展节奏，这就迫使高等院校不能不或快或慢地向社会开放。从而，高等学校的职能从只为培养人才发展到多种形式的社会服务。由此可见，文化传统对于高等教育的影响有一个双向选择的过程：文化传统在影响高等教育的同时也在不断寻求自身的完善；高等教育为自身的生存和更快发展，也在积极主动地汲取文化传统中的合理因素，力图摆脱消极因素的影响。这就告诉我们：第一，不论对中国文化传统的继承或对西方文化的汲取，都要进行主体判断与选择；第二，中国的高等教育，还应担负起融合中西文化传统的积极因素，创造适应中国国情的现代化新文化的责任。

三

我们既要充分肯定文化传统对高等教育具有全面的、深刻的影响，也不应该夸大文化传统的力量，更不应该把文化传统看成是一成不变的固定模式。文化传统的形成是一个动态的过程，在生产力和科学技术发展的冲击下，在社会政治制度和经济制度的变革中，在世界范围内的文化交流中，文化传统也不断地发生变化，由一元文化向多元文化发展，以适应社会的变革；同时，新的文化观念或快或慢地代替旧的文化观念，并成为文化传统的组成部分。一成不变的文化传统是根本不存在的。文化传统的动态发展过程除个别民族、个别历史时期外，总是克服消极因素，发扬积极因素和汲取外来积极因素的过程。

由于文化传统是随着生产力的发展与社会经济、政治的变革而不断变革的，所以，我们认为，就生产力和科学技术发展水平、社会政治制度和经济制度、文化传统三者对高等教育的作用来看，生产力和科学技术发展水平是决定性的因素，社会政治制度和经济制度是明显的重要因素，而文化传统则是潜在的重要因素。

文化传统的影响虽然渗透在高等教育的全部活动之中，并且自始至终对高等教育的变革起作用，但它终究不能对高等教育的变革起决定作用。最终起决定作用的仍是社会的物质生产和经济发展。世界上第一所大学之所以在意大利首先出现，其主要原因是意大利最早出现了资本主义生产方式的萌芽；州立农工学院之所以在美国19世纪后期迅速发展，是由于南北战争之后，发展农业和地方工业的需要；世界高等教育之所以在第二次世界大战之后出现多样化、职业化、综合化的发展趋势，是新技术革命冲击的必然结果；中国高等教育之所以能够在20世纪80年代初迅猛发展，是中国经济体制改革和四个现代化的客观要求。不难看出,生产力和科学技术发展水平是高等教育发展的根本动力。文化传统对于高等教育的影响最终要受到社会生产力发展水平的制约。

文化传统不能对高等教育的发展起决定作用,是由文化自身的性质所决定的。毛泽东同志曾指出:"一定的文化是一定社会的政治和经济在观念上的反映。"① 既然文化本身是受一定的生产力发展水平和社会政治制度、经济制度的制约,那么文化传统只能在一定的生产力和科学技术发展水平,以及一定社会的政治制度和经济制度为它所规定的轨道上发挥作用,其相对的独立性也只能是在一定的历史条件下存在,它绝不可能超越生产力发展水平和社会政治制度、经济制度等外部因素所决定的轨道,对高等教育的发展起决定作用。社会存在决定社会意识的基本原理决定了文化传统在社会和高等教育发展中的作用。因此,伴随着"文化热"在我国的崛起,我们应该保持清醒的头脑来看待文化传统对高等教育的影响,以免从一个极端走向另一个极端。

一般来说,生产力和科学技术发展水平对高等教育的制约作用更多地体现在学校发展的规模和速度、教育的结构、专业设置和课程内容、教学技术手段以及人才需求的数量和质量等方面,这些是决定高等教育发展的最主要方面,社会政治制度和经济制度对高等教育的影响更多地体现在受教育的机会和权利、办学的思想方向、培养目标、教学内容的思想性等方面;文化传统对高等教育的影响则主要存在于价值观、教育观、人才观等思想活动中,对教育改革起推动或阻碍、加速或延缓作用,并在改革过程中对方式、方法进行选择等,但并不能在高等教育的发展方向和速度、质量上起决定性作用。因此,绝不能把文化传统的力量夸大到不适当的地步。文化传统的力量和作用只能是"在归根到底不断为自己开辟道路的经济必然性的基础上的互相作用"②。离开"经济必然性"来任意夸大文化传统的力量和作用,只能陷入"文化决定论"的唯心主义的泥坑。在 19 世纪末和 20 世纪初,中国近代知识分子曾提出中国落后的根本原因在于文化传统的陈旧和腐朽,试图以文化传

---

① 毛泽东选集:第二卷[M]. 北京:人民出版社,1952:688.
② 中共中央马克思恩格斯列宁斯大林著作编译局. 马克思恩格斯选集:第四卷[M]. 北京:人民出版社,1972:506.

统的改革作为拯救中国的"灵丹妙药",而无视生产力的发展水平和社会政治制度、经济制度的改革,实践证明这种主张到头来只能是一句空话。今天又有人把中国的一切问题都归咎于中国文化传统,似乎只要与文化传统"彻底决裂",就能使中国繁荣富强,使教育兴旺发达。这种思路恐怕也是不全面的。

"文化热"在我国现代化进程中的崛起,有其历史和现实的原因,其主要原因就是对过去机械唯物主义的逆反和社会主义现代化建设的需要。以往在分析各种社会现象时,往往是套用马克思主义的部分观点,简单地从政治、经济的角度出发,把教育说成是生产斗争和阶级斗争的工具,只看到政治制度、经济制度对高等教育的制约性,忽视文化传统对高等教育的影响。这种简单机械的思维方法是难以对高等教育的发展与变革作出科学解释的。为什么在生产力发展水平差不多的国家,其高等教育制度、培养人才的标准可以不同?为什么在社会制度差不多的国家,其高等教育会存在着较为明显的差异?这就要求我们还要从文化传统的角度去分析这些现象,但是不能由此得出文化传统是制约高等教育的决定性因素。

现在,现代生产力的发展已经为世界各国高等教育的改革提供了动力和机会,我们也已经跨入了文化传统的转折阶段。在历史的抉择中,文化传统的作用不可低估,探索文化传统对于高等教育的制约方式和机制有助于深化高等教育的改革。只有从这个意义上来分析文化传统的影响,才会使我国的"文化热"向着健康的方向发展。我国的高等教育深受我国文化传统的影响,克服文化传统的消极影响,发扬文化传统的积极因素,实现传统文化与现代文化的融合、东方文化与西方文化的交流、文化观念与现代生产方式的融合是高等教育改革向纵深发展的必由之路。

高等教育的基本功能：
文化选择与创造[①]

高等教育具有多种功能，可以从不同的角度和不同的层面来考察。本文所要探讨的是高等教育的文化功能。

一

由计划经济向市场经济的转变，是近年来中国高等教育面临的最大挑战。高等教育如何改革与发展以回应这一挑战，是目前中国高等教育工作者急需解决的问题。对此，人们进行了广泛而深入的探讨。理论上的研究取得了不少重要的成果，实践上的探索业已显出一定的成效。但是，由于高等教育与市场经济的关系只是高等教育外部关系的一方面，仅仅关注它而忽视其他方面，尤其是内部关系方面，势必会导致理论研究的片面性，从而把实践引向歧途。当前确已出现了一定程度的理论研究上的浮躁现象和实践中的混乱状况，这就使得全面深入的理论研究更为必要。从一定意义上来说，从文化的角度来探讨高等教育的有关问题，有助于拓宽视野，避免理论研究的浮躁与片面，将其引向深入，并对克服实践中出现的一些不良现象具有指导作用。这主要是由文化的特点以及文化传统与高等教育的联系所决定的。

与经济、政治等相比，文化与高等教育具有潜在的和更深层次的本质联

---

① 原载《高等教育研究》，1995年第1期。作者：潘懋元，朱国仁。

系。如果说教育最基本的社会任务是文化传承，那么高等教育就是高深文化的传承。高等教育是随着文化（包括科学）的发展，逐步从一般教育中分化出来而成为一个相对独立的教育层次的，它与文化特别是高深文化有着密不可分的、独特的联系。

一个民族的文化在其历史演进中渐渐积淀而形成了自己的传统，体现在这个民族的价值和伦理观念、思维与行为方式、生活习俗和审美情趣等方面。它渗透于该民族生产与生活的各个方面，并表现为一种强大的力量制约着社会各个方面的发展。以培养高级专门人才为主要活动的高等教育，作为文化传承的重要载体，与文化传统有着更为直接的联系。不仅其自身深受文化传统的制约；而且，一切政治、经济等对高等教育的作用往往都要以文化为中介，通过文化传统的折光反射出来。同样，高等教育对政治、经济等的反作用，也是以文化为中介的。高等教育的改革与发展，不管是宏观上的体制改革还是微观上的教学改革，都在不同程度上受文化传统的制约。因此，文化及其传统与高等教育的关系，不同于政治、经济等与高等教育的关系，既兼有内部关系与外部关系两方面的性质，又介乎它们之间，起着沟通两种关系的桥梁作用。

文化传统对高等教育的改革与发展具有促进或阻碍作用。当社会的发展要求高等教育做出的改革与文化传统相一致（至少不相抵触时），文化传统就会成为一种促进力量，推动着高等教育改革的顺利进行。反之，当高等教育的改革与文化传统相冲突时，文化传统就会成为一种强劲的阻力，阻碍着高等教育改革的进程，或者使改革偏离预定的目标，甚至会把一时取得的改革成效渐渐地销蚀殆尽。德国人重理性的传统，使它的大学在经济不发达并受封建专制统治的情况下最早确立了"学术自由""教学与科研统一"的办学思想。在19世纪上半叶，美国和英国都有大量学者留学德国，他们都深受德国大学办学思想的影响，并将此带回国内，以推进本国高等教育的改革，但其结果却有所不同。在美国没有招致太大的阻力，很快就掀起了一场改革运动。特别是直接根据德国大学模式创办的霍普金斯大学，使科研职能在美国大学得以确立并占据重要地位。那些率先依照德国大学经验进行改革和新创办的大学成了美国高等学校的楷模，即使像哈佛等古老的大学也不甘愿在改革中落后。美国的大学在改革中不仅吸取了德国大学的经验,而且还突破了德国大学的模式,到19世纪下半叶,在研究生教育、教学(尤其是选科制的推行)、加强大学与社会的联系等方面的改革取得了显著的成效,促进了整个美国高等教育的发展。而英国在学习德国大学模式进行高等教育改革方面却步履艰难,尽管有赫胥黎(Thomas Henry Huxley)、裴迪生(Mark Pattisom)等人的积极倡导,但传统大学的辩护者纽曼(John Newman)、阿诺德(Mathew Arnold)等竭力反对。甚至在国家的直接干预下,牛津、剑桥两所大学改革的步子仍很缓慢。不仅老大学如此,19世纪中期建立的新大学和学院,起初是为了满足社会的需要而创办的,比较重视实用课程和科学技术的研究,注重与社会的联系,曾一度打破了英国高等教育发展沉闷的局面,但后来也纷纷成了老大学的仿效者。美英两国19世纪高等教育改革的进程与结果的不同,在很大程度上与两国的文化传统(美国人重实用,英国人重文雅)有关。在我国高等教育近代化的进程中,无论在创办同文馆和算学馆、兴办实业学堂,或在废科举、派遣留学生和建立新学制等方面,文化传统都显示出了顽强的阻力。重伦理道德轻科学技术、"学而优则仕"的传统价值观念,是造成近现代中国高等教育改革与发展迟缓的重要原因之一。清末新政时期,科举致仕的道路被废,法政教育在一定意义上迎合了这种价值观念,因而一度得到快速发展。法政学堂数最多(47所),学生数(11 893人)超过其他各类学堂学生数的总和(10 521人)。① 因此,在当前高等教育的改革与发展中,文化传统的影响力量也是不可低估的。

  以上只是探讨了文化对高等教育的作用,文化传统对高等教育改革与发展的影响。但是,高等教育面对文化及其传统的影响并不是消极被动的,它能够依据自身的特点,发挥其应有的功能,主动地反作用于文化。高等教育的文化功能有文化的选择、传递、传播、保存、批判、创造等。其中,对文化的选择,高等教育比其他教育的作用更为深远;而对文化的批判与创造,则是高等教育区别于其他教育文化功能的主要方面,是高等教育对文化的反

---

  ① 该数字是1909年的统计结果。参见周予同《中国现代教育史》,上海良友图书印刷公司1934年版。

作用的突出表现。这就是本文所要探讨的主要问题。

二

首先看高等教育的文化选择功能。高等教育要满足社会发展的需要，实现自身的价值，就必须对文化进行选择。文化选择功能虽非高等教育所独有，但高等教育的文化选择与其他教育的文化选择具有一定的差别。这表现在层次与性质两个方面。从层次上说，高等教育是高层次教育，它选择的文化代表了社会文化的较高层次，而高层次的文化对整个社会文化起着导向的作用；它所培养的高级人才的文化地位，正如他们的社会地位一样，具有更大的影响力。从性质上说，高等教育主要是一种专业教育，不像普通教育那样属于基础教育。尽管通才教育的呼声很高，培养高级专门人才的目标仍不会改变。这就决定了高等教育对文化的选择具有高层次、权威性、多样性、专门化的特点。

高等教育是如何实现文化选择的功能，即它是通过什么途径来选择文化的呢？其主要途径包括以下几个方面：

第一，通过培养目标来选择文化。

高等教育的培养目标是培养社会所需要的各种高级专门人才，其具体要求则体现在德、智、体、美诸方面。培养目标所要求的是人才的素质，而这些素质的提出，既是文化选择的根据，也是文化选择的结果。

为培养社会所需要的人才，教育者要鉴别和选择适合社会发展所需要的世界观、价值观、人生观、道德观、政治观、劳动观等作为德育的内容来教育学生，而这些方面就是文化的核心内容。所以，德育在实现高等教育的文化选择功能上占有十分重要的地位。思维方式、智能结构、专业知识与技能的选择与培养是智育的主要任务，也同样属于文化选择的范畴。德育、智育注重的是人的心灵和心智的塑造和锻炼，而体育则是心灵与心智的载体——身体的锻炼。健康的体魄、优美的姿态历来就是文化的内涵。选择什么样的运动方式、进行哪一方面的身体锻炼，实质上就是文化的选择。每个国家或民族都有自己的传统体育项目，其本身就体现着每个国家或民族独特的文化内涵。这不仅表现在外观上的身体运动,而且更是内在精神的表露,是身与心统一的展示。至于美育,不论是审美观,还是艺术知识与技能的教育,都是对文化的选择,这是不言而喻的。

总之,高等教育的培养目标表面上是对所要培养的社会所需要的人才的各方面的要求,而实质上则是对深层文化的选择。它把需要继承和发扬的文化作为对人才的素质要求,濡化(enculturate)于年青一代大学生的心与身之上,寄托着一个国家或民族乃至人类的理想和希望。

第二,通过课程和教材选择文化。

如果说高等教育的培养目标是通过观念的形态对所要培养的人才提出的一般要求,直接体现了深层结构的文化,那么,高等学校的课程和教材则是把这种观念形态转化为知识与技能的形态,把所选择的文化具体化为一门门的学科,通过它们来实现培养目标,实施文化选择的功能。

高等学校的课程和教材是实现其培养目标的主要手段,课程的编制、教材的选择都要立足于培养目标,从知识形态的文化中撷取符合这个目标要求的内容。具体地说,高等教育通过课程和教材实施的文化选择主要有两个特点:其一,高等学校的课程和教材具有时代性,它反映着文化发展的趋势,代表着一个时代社会文化发展的水平。近现代高等教育源于中世纪,从一定意义上来说,它是文化发展到一定程度的产物。迄今,高等学校的课程和教材发生过多次变革,而这些变革都是与文化演进过程相一致的。中世纪大学的课程主要是三科(文法、修辞学、辩证法)、四学(算术、几何、天文、音乐)以及神学、法学、医学等。其中神学的地位最高,这反映了当时西方文化发展的水平与社会文化价值取向。随着科技革命的爆发,科学技术逐步发展起来,并代表了社会文化发展的趋势,高等学校的课程发展虽然是缓慢的,但也在不断地变化着。至19世纪之后,科学技术在高等学校的课程中的地位由确立到逐步占据主要。20世纪50年代,高等教育中人文文化与科技文化分离的现象十分严重,这引起了我们的重视。现代社会的发展需要人文与科技的统一,要求高等学校的课程必须体现这种趋势。当代世界高等教育的改革已反映出这一趋势。其二,高等学校的课程和教材具有一定的民族性。各个国家的民族文化传统、社会意识形态不同,即使经济发展水平与政治制度相近，高等学校的课程也会有一定的差异性。尤其是人文社会学科，一般都带有浓厚的民族色彩，反映着一个民族的价值观、伦理观和审美观等。受民族文化传统的影响，各国高等学校课程的侧重点也有所不同。德国人向来重理性，哲学的地位在大学里是比较高的；美国人重实用，实用性和职业性的课程与专业比较受重视；英国人有重文雅、尊崇古典人文主义的传统，所以人文课程在高等学校，尤其在老牌大学里占有很大比例。总之，无论高等学校的课程如何反映社会的需要、知识的演进规律和学生身心发展的特点，它都要体现出文化的时代性和民族性。正是这两种特征体现着文化及其传统对高等教育的文化选择的制约。

第三，通过教师群体选择文化。

高等教育目标的实现，课程和教材能否按计划转化为学生的心灵、心智和技能，换一句话说，高等教育的文化选择功能能否最终实现，教师起着至关重要的作用。

教师群体在文化选择上的作用主要体现在三个方面：其一，教师是文化选择的参与者，特别是高等学校的教师，在教学内容、方式与方法的选择上具有很大的自主权。这就决定了他们在文化选择中的特殊地位。列宁曾从学校思想政治方向的角度讲明了这一点。他说："在任何学校里，最重要的是课程的思想政治方向。这个方向由什么来决定呢？完全只能由教学人员来决定。……任何监督、任何教学大纲等等，绝对不能改变由教学人员所决定的课程的方向。"[①] 只有当高等学校的教师真正代表社会的需要，成为文化选择的积极支持者和主动参与者时，高等教育的文化选择功能才能够顺利实现。其二，教师又是被选择的文化的承担者。高等教育所选择的文化最终要通过教师传递给学生，教师的价值观念、道德品质、智能结构、审美情趣、生活方式和行为习惯等，对学生都有着直接而深刻的影响。所以，只有当教师真正领会和掌握所选择的文化，并在上述各方面同所选择的文化一致时，才能使之得到顺利传递。其三，从某种意义上来说，对教师的选择亦即对文化的选择。任何国家对教师的选择都有严格的标准和要求，主要包括思想品德、

---

① 上海师范大学教育系. 列宁论教育 [M]. 北京：人民教育出版社，1979：52.

智能结构、业务能力和水平等。这些标准和要求就是文化的内容。因此，高等教育文化选择功能的发挥，教师的作用是绝对不可忽视的。欲保证教师作用的发挥，首先要调动教师自我修养的提高以及主动参与文化选择的积极性，鼓励他们支持并积极参与教育尤其是教学的改革；其次要严格教师的选择与培养，使他们各方面的素质都符合社会文化发展的要求。

第四，通过校园环境选择文化。

与一般社会环境相比，校园环境具有许多独特之处，这是由它服务于培养人的教育目的所决定的。正如杜威（John Dewey）所说，学校是"一种典型的环境，设置这样的环境以影响成员的智力和道德的倾向"[①]。校园环境是由一代又一代的师生和管理者经过长期的培育而形成的，它反映了社会文化发展的要求和校园群体的智慧与意志。它既是文化选择的手段，又是文化选择的结果，对高等教育文化选择功能的实现具有潜移默化的作用。因而，近年来人们对"校园文化"的研究产生了浓厚的兴趣，并已引起教育界的高度重视。

通过校园环境进行的文化选择，具体体现在学校的校风（包括教风、学风等）建设、良好的人际关系（包括师生关系、学生之间的关系等）的确立、校园活动的组织、学校规章制度的订立和各种设施的建立等方面。这是对社会文化进行的全方位、立体式的选择，它容纳了观念的、知识的、制度的、行为的、物质的等多种形态的文化，弥补了学校课程的不足，在文化的选择和学生的文化适应（cultural adaption）以及培养目标的实现上具有独特的作用。有人将校园环境称为"隐性课程"，这是有一定道理的。

校园环境或校园文化基本上反映了社会上的主流文化。但是，校园是一个开放的环境，与社会大环境有着广泛而密切的联系，虽然具有可控性，但仍有大量不可控因素的存在。社会上各种非主流文化或反主流文化（表现为各种观念、思潮、行为方式等）都会不经选择地渗入校园，增强了校园文化的复杂性。尽管如此，重视发挥校园环境的文化选择和教育功能，仍是十分

---

① 杜威. 民本主义与教育［M］. 邹恩润, 译. 上海：商务印书馆, 1935（民国二十四年）：33.

必要的。

由此看来，高等教育对文化的选择是多方面、多途径的，是有目的、有意识进行的主动的选择。其主要依据是社会发展的客观要求。通过它，使得适应社会发展的文化精华被传递继承、传播和发扬，而那些不适应社会发展的文化糟粕被排斥、摒弃，从而逐渐消亡。所以，文化选择是文化演进、社会进步所必需的，是高等教育的基本功能。

三

再看高等教育的文化创造功能。文化的生命力在于不断地创新，只有时时更新的文化才能源远流长，历久常新。如果说，普通教育主要的文化功能是文化的传递、传播，那么，高等教育则在文化的选择与传递过程中不断地批判旧的文化，创造新的文化，推动着整个社会文化的演进。批判与创造文化是高等教育的特殊功能之一。

高等教育在创造文化方面具有其独特的优势。高等教育的目标是培养社会所需要的高级专门人才，创造性是这种人才应当具备的基本素质；高等教育的内容是高级专门的知识，反映了高层次的文化，其中包含许多有争议的和尚待进一步探讨的问题和领域；高等学校的学生是具有一定文化基础知识的青年，思想比较活跃，富有创新精神；大学教师，一般来说都是某一专业或领域的专家，兼有教学和科研双重任务；科学研究是高等学校，尤其是大学的主要职能；许多大学还是国内乃至国际文化和学术交流的中心。所有这些都是高等教育直接或间接地创造文化的有利条件。科学研究是高等教育直接创造新文化的主要途径。作为一种学术活动，自有了高等教育机构就存在着科学研究。在古今中外的高等教育发展史上，不少著名的思想家、科学家都是边从事教学边进行创造性的研究活动的。中国古代和近代的书院，一些官办的高等教育机构如太学、国子监等，古代阿拉伯、欧洲等地的学园和大学等，往往还是当时高深学问的中心。但是，将科学研究作为大学的一项职能，则是在19世纪之后才确立下来的。在此之前，它虽存在但并不受重视。就欧洲来说，中世纪建立的大学不少在16世纪就开始衰落，其中一个内在的原因就是它们没有适应社会发展的需要,在文化创造主要是科技的发展上没有发挥其应有的作用。进入 19 世纪,在德国洪堡(Wilhelm von Humboldt)"教学与科研统一"的思想提出和实践以后,加上法国大革命的冲击和启蒙思想的影响,欧洲的大学才逐步打破古典主义的封锁,开始在创造新文化、发展科学技术方面显示出巨大的威力。现在许多国家高等学校的科研在整个国家的科研,特别是基础科学和人文与社会科学的研究中占据主要地位。从一定意义上来说,大学已成为现代文化创造的中心。

从文化进化的规律来看,文化运行与发展的机制主要有两种:其一是社会实践,特别是经济发展和政治变革的推动;其二是与不同质的文化之间的交流、融合乃至碰撞和冲突。一般来说,一个民族的传统文化只有在它受到外来文化的挑战与冲击时,才会发生剧变,实现自身的更新与超越。在一个开放的社会里,高等教育经常处于传统文化与外来文化冲突的中心。一个国家为了发展经济往往要向别国引进和学习先进的物资设备、科学技术和管理经验,而高等教育在这种活动中常常扮演着重要的角色。这些物资设备、科学技术和各种经验的引进常伴随着各种外来文化观念的渗入,并与这个国家的传统文化观念相冲突。这种冲突一般较早地发生在高等学校里。这不仅是因为高等学校具有与外来文化接触的优越条件,而且还由于高等学校的师生,特别是大学生思想活跃,对新思想、新观念比较敏感,接受得快。高等教育正是在传统文化与外来文化的冲突、重组、融合中创造了新的文化。中国五四时期新文化的诞生,与北京大学以及其他大学师生的努力是分不开的。欧洲中世纪大学的产生与发展不仅有其政治、经济的原因,还有着直接的文化渊源。商贸往来,特别是十字军东征,为东西方文化再融合开辟了道路。东方的文学艺术、医学、数学和科学等与西方的哲学、法律、宗教等相结合,构成了中世纪大学的主要课程,培养出了一大批像但丁(Dante)、伊特拉克(Petrach)、薄伽丘(Boccaccio)、伊拉斯莫斯(Erasmus)、胡斯(Huss)、哥白尼(Copernicus)、伽利略(Galileo)、培根(Francis Bacon)这样的大学者,创造了欧洲的新文化,为其后来的文艺复兴和文化的繁荣与发展奠定了基础。

但是,高等教育创造新文化的活动并不是那么简单的。一般来说,其进程是渐进的、曲折的,往往充满着批判、斗争、选择。任何一种新文化的创造，开始并不为人们所理解，甚至还要受到传统或保守势力的百般阻挠。不少创造者还会受到排挤、压制和迫害，甚至为之付出生命。这在中外高等教育史上都不乏其例。由于政治和经济对教育和文化起决定作用，一种新文化的产生与发展就不仅要受文化传统的顽强抗阻，而且还要受政治与经济的制约。所以，一种新文化从不受注意的亚文化发展成为主流文化，往往要借助政治或经济的剧变而形成的急风暴雨般的猛烈冲击来完成。在中国近代，这样的时机较有影响的有几次。举例说，一次是五四运动。鸦片战争爆发后，西方帝国的坚船利炮打破了中国封建王朝闭关锁国、故步自封的局面，西方文化也随之进入中国。为救亡图存，一些开明的封建官僚倡导学习西方先进的技术，办洋务、兴学校，揭开了中国高等教育近代化的序幕。但是，直到五四运动前几年，"中学为体，西学为用"仍被作为迎接西方文化挑战的指导思想，也是高等学校的办学方针。它在很大程度上阻碍着中国文化近代化的进程。以儒家的价值观念和伦理观念为核心精神的中国传统文化虽经戊戌变法和辛亥革命洗礼，但一直未从根本上受到冲击。五四前后的新文化运动是半个多世纪以来中国人不断探索新文化过程中的一次飞跃。这场运动从文化的深层结构上对中国传统文化进行了一次彻底的反思，并以"科学"、"民主"和"个性解放"的文化精神，对中国的哲学、道德、文学和史学等进行了全面的清理，触动了中国传统文化的本体，创造了中国近代新文化。这种以"科学"和"民主"标榜的新文化，最初是由在大学执教的先进学者提出的，经过五四新文化运动的传播而成为主流文化。另一次是解放战争。中国共产党人经过几十年的奋斗，将马克思主义引入中国，并结合中国国情，创造了"科学的""民族的""大众的"新文化，实现了中国近现代文化发展史上的又一次飞跃。这种文化的创造与中国共产党在革命根据地创办的各种高等教育机构有一定的联系，并随着中国革命的胜利而从一种亚文化发展成为社会主义主流文化。近几年围绕着建立社会主义市场经济体制而进行的经济体制改革也是一次飞跃。建立市场经济体制具有深刻的文化意义。由于市场经济所蕴涵的价值观念、思维方式、生活方式乃至伦理观念与中国数千年来在小农经济基础上形成的传统文化中的一些观念是相抵触的，因此，这场改革实际上伴随着一场文化观念上的更新，必将导致一种新文化的产生。这种新文化的创造，即将中国传统文化中的优秀成分与市场经济所包含的文化因素相融合。这种新文化的创造离不开高等教育的参与。培养大学生具有市场经济所需要的公平、竞争、法制、效益、公正等观念，已成为高等学校思想教育的基本内容。如果说自20世纪80年代初中国进行的建立有计划的社会主义商品经济的改革，使这些观念所体现的文化成为必要，那么，随着改革的逐步深入，特别是市场经济体制的确立和不断完善，它也将由一种亚文化发展成为一种主流文化。

总之，任何新文化的产生都离不开教育，高等学校一向是创造和传播新文化的中心。不同质文化之间的交流和融合是创造新文化的主要机制，高等教育常常处于传统文化与外来文化冲突的中心，以其优越的条件和独特的地位在文化创造中起着极其重要的作用。随着高等教育的发展，不论创造新文化的活动多么艰难，进程多么缓慢、曲折，它将永远是高等教育的基本功能。这种功能本身也是高等教育的活力所在。

四

高等教育的文化选择功能与创造功能是密切联系在一起的。选择是创造的基础，创造是选择的目的。没有选择就没有创造，只有通过精心而广泛的选择，才能创造出更新更好的文化来。列宁曾指出："只有确切地了解人类全部发展过程所创造的文化，只有对这种文化加以改造，才能建设无产阶级的文化"[1]。毛泽东在论及建设中国新民主主义新文化时也曾指出："中国应该大量吸收外国的进步文化，作为自己文化食粮的原料，这种工作过去还做得很不够。……中国的长期封建社会中，创造了灿烂的古代文化。清理古代文化的发展过程，剔除其封建性的糟粕，吸收其民主性的精华，是发展民族新文化提高民族自信心的必要条件；但是绝不能无批判地兼收并蓄。"[2]

从教育与文化的发展历程来看，尽管高等教育创造文化的进程是渐进的、

---

[1] 上海师范大学教育系. 列宁论教育[M]. 北京：人民教育出版社，1979：227.
[2] 毛泽东选集：第二卷[M]. 北京：人民出版社，1952：700.

曲折的，但除了个别的历史时期和特殊的例子，总的来说，高等教育所创造的新文化是积极的、向前的、推动着社会发展的。没有中世纪大学的产生和它所创造的新文化与培养出来的人才，欧洲的文艺复兴就有可能滞后；没有近代大学担负起科学研究的职能，西方科技乃至社会的发展就会缓慢得多。在中国，没有近代高等教育的产生与发展，中国社会和文化近代化的到来就要更加推迟；在建设社会主义现代化的进程中，同样离不开高等教育的现代化，离不开现代高等教育创造的文化和培养的具有现代化观念与素质的人才。高等教育正是通过它所创造的文化和培养的人才，来发挥其对社会的作用的。

就高等教育自身发展的逻辑来看，它只有积极主动地适应社会发展的需要，才能为自己的发展注入新的活力。高等教育的产生，是社会发展的必然产物；高等教育的发展，也是由社会发展的客观要求所决定的。高等教育必须依靠其创造的文化和培养的人才来满足社会不断发展的需求，这完全是由高等教育发展的规律所决定的。近代初期，欧洲古典大学衰落的主要原因是它们没有能够适应社会的变革与发展，面对科技革命和工业革命的挑战，它们固守象牙之塔，沉迷于古典文化之中，甚至成为新文化的反对者。"英国和法国各大学持续了 200 多年对新科学的反对……在 19 世纪中叶才开始崩溃。"[①] 由于缺乏新文化的创造，在十七八世纪的欧洲大学里，"旧有的知识并没有增加，而只是被一再重复，变得越来越泛，越来越滥。人们老想永远在同一块土地上收获庄稼，可是既不耕地又不施肥"[②]。在社会大踏步向前迈进的时候，它们落伍了。19 世纪中叶以来，世界高等教育得到了长足的发展，这在一定意义上应归因于高等学校职能的转变，特别是体现文化创造的科学研究活动的加强，适应了社会发展的需要。

在当代中国，高等教育的主要使命是通过发挥文化的选择与创造功能，推进中国的社会主义现代化建设。社会主义现代化建设包括两个方面，即人们通常所说的物质文明建设和精神文明建设。从物质文明建设方面来说，高等教育以其科技和人才优势，直接为经济建设服务。从精神文明建设方面来

---

① 贝尔纳. 历史上的科学 [M]. 伍况甫，等译. 北京：科学出版社，1983：319.
② 伯克. 联邦德国的高等学校及其问题 [N]. 中国教育报，1984-09-01.

说，高等教育一方面对其教育对象灌输社会主义的思想观念和进行思维方式与审美能力的培养，为社会造就一代代具有良好素质的新人；另一方面，向社会传播正确的思想观念，积极引导社会舆论，直接为社会文化建设服务。社会主义现代化建设离不开高等教育的主动参与，高等教育正是在推进社会发展的过程中不断得到改革和发展的。高等教育只有根据社会的变革与发展及时改革旧的管理体制、调整结构、完善制度、提高质量，才能更好地推进社会的进步。在目前经济体制转轨时期，高等教育的改革势在必行，这是由高等教育发展的规律所决定的，是不以人的意志为转移的。

然而，高等教育的改革绝非易事，像建立社会主义市场经济体制的改革那样，没有现成的道路可走，没有现成的模式可以仿效。中国也不能再像20世纪50年代初期照搬苏联的高等教育模式那样，照搬国外的另一种模式，而应建立一种适应中国国情、具有中国特色的高等教育模式。这场改革是一场艰难的探索，因此，出现回流、碰到暗礁、形成漩涡在所难免。从目前的情况来看，面对市场经济的巨大冲击，高等教育领域无论在观念还是在实践上都已出现了一定程度的混乱。有人主张高等教育不应适应市场经济的变化，应严格遵守自身发展的规律；与此决然相反的是，有人提出把高等教育推向市场，按照经济规律办学。这两种观点都是不全面的。前者只注意到高等教育发展的相对独立性及内部规律，忽视了高等教育发展要受外部因素的制约；而后者则趋于另一个极端。在实践上，不少高等学校盲目搞创收而影响教学工作，重术轻学、重商轻文、教师下海、学生经商等现象十分严重。更令人忧虑的是，各种不良的观念充斥校园，学生的价值观、人生观、道德观备受冲击，思想政治工作面临新的困境。加快高等教育改革的进程，及早克服上述偏向，已成当务之急。

应当承认，市场经济对高等教育的冲击具有必然性，是不可避免的；同时，应看到这一冲击的两面性。长期以来在计划经济背景下建立和完善起来的高等教育体制积弊很深，在此基础上形成的人们的思想观念、行为习惯已根深蒂固。市场经济的冲击无疑为高等教育克服这些积弊提供了机遇。但是，如果说由冲击所造成的学校秩序上的混乱现象是暂时的，那么冲击所带来的各种不良的社会观念对大学生的影响可能更深刻、更久远。因此，高等教育工作者一方面要主动地迎接市场经济的挑战，抓住机遇，推进高等教育的改革；另一方面，要尽可能地把市场经济造成的种种负面影响降至最低限度，特别是要依据高等教育的文化功能，选择各种积极向上的文化，创造出更多健康的文化，消除校园里盛行的各种不良观念，引导整个社会文化健康地发展。这不仅是社会的呼唤，也是高等教育工作者的神圣职责。

高等教育文化功能的发挥需要一定的环境，办学民主与学术自由是高等教育进行文化选择和创造的必不可少的条件。史实证明，只有高等学校实现办学民主和学术自由，高等教育才有可能在文化的繁荣和健康发展上发挥更大作用。中世纪大学在当时世俗封建主与教会封建主两股势力的夹缝里争得了办学的自主权，定下了西方高等教育发展的基调，并以学术自由的气氛，孕育了新的思想，培养了大批文化巨匠，大大加快了西方文化发展的进程。在中国，办学民主与学术自由也有着光辉的历史。早在两千多年前的春秋战国时期，中国就有过"百家争鸣"的局面。当时齐国的稷下就是百家名师聚徒讲学、开展学术争鸣的中心。它对当时中国文化的繁荣做出了巨大的贡献。宋明两代的书院被国内外公认为中国古代具有高等教育性质的学术机构。它以私人讲学、学术自由的特点而著称，在中国文化和教育发展史上具有重要的地位。北京大学成为五四新文化运动的中心，应归功于蔡元培以学术自由、兼容并包为原则进行的改革。新中国成立以后，高等教育时而沉浮于政治的漩涡，时而荡漾于经济的海洋，办学自主权十分有限。随着经济体制改革的深化与高等教育的发展，更充分的办学自主与学术自由已成为可能。而现实的问题是要通过立法来确立和保障高等学校的法人地位，保证和明确其职权和责任。我们坚信，中国高等教育将在不断深化改革中得到健康发展，为中华民族的文化发展乃至全人类的文明进步做出更大的贡献。

海外华文教育与弘扬中华优秀文化传统[①]

海外华文教育，既是海外华人的民族文化教育，又属于华人所在国教育的一个组成部分，受所在国教育政策、法规的约束与管理。由于具有这一特点，更由于各国的政治条件、社会环境不同，华文教育在理论和实践上面临诸多复杂的问题。海外华文教育要不要弘扬中华民族优秀文化传统，就是其中一个带有根本性的问题。今年初在华侨大学召开的"东南亚地区华文教育学术研讨会"上，有的海外华文教育工作者认为，鉴于所在国的政治条件与意识形态不同，华文教育只须进行语言文字教学，不宜弘扬中华民族文化；有的则认为华文学校应把办学宗旨从着重弘扬中华民族文化传统转移到为所在国、为华人社会培养专业科技人才上，但也有不少代表持反对意见。分歧的意见实际上包含着两个相互关联的不同层次的问题：其一是华文教育要不要传承、弘扬中华民族优秀的文化传统，其二是如何传承、弘扬中华民族优秀文化。前者是实质性层次也即原则性问题，后者是操作性层次也即方法性的问题。必须对两个层次的问题分别进行探讨。

一、华文教育应该弘扬中华民族优秀文化传统

（一）中华文化是海外华人的民族文化之根

人类所创造的文化，一般都具有鲜明的民族特色。一方面，各民族人民

[①] 原载《教育研究》，1996年第6期。作者：潘懋元，张应强。

是在解决各自面临的、特定的生存与发展问题的过程中创造自己的民族文化的；另一方面，各民族人民又在自己创造的民族文化环境中生存与发展。民族文化一经形成，便成为维系民族成员共同的价值观念和生活方式的纽带，成为该民族人民生存和发展的依凭。同时，各民族文化的超时空的传承方式世代相袭，绵延不断。尽管海外华人各有不同的国籍，但都是中华民族的后代。中华民族文化是包括海外数千万华人在内的全球华人所共同创造与传承的，是属于全球华人的。

当然，海外华人长期居住海外，很多已在居住国繁衍了几代人。他们的文化特征，是中华文化与居住国各种文化，尤其是其本土文化相互融合的产物，带有不同于中华文化的某些特征。但是，文化的交融或本土化，是以文化的民族性为基础的，文化的本土化不可能导致文化的民族性的彻底丧失。因此，海外华族文化无论与中华文化有多大差别，它与中华文化总是有着相同的文化渊源，即共同的文化之根。这是海外华人认同中华文化的心理内因。在华人居住国的文化环境中，无论华族文化属于社会主流文化还是亚文化，无论中华文化本土化程度如何，也无论华族后裔主观愿望如何，在其他民族看来，华人属于华族，与中华文化是不可分割的。这样而形成的文化民族性，是海外华人认同中华文化的心理外因。内外两方面的文化认同的心理驱动力，决定了海外华人认同中华文化的必然性。

事实上，无论是侨居海外的华侨，还是定居海外的华人后代，都有寻根的情结。他们身在异乡，生活在他族文化的氛围中，精神上感到如水中浮萍。因此，他们自发地在海外兴起各种宗亲会、乡亲会、华人社团等以联络民族感情；兴办各类华族学校，传播中华文化；组织各种省亲会、祭祖会回大陆省亲祭祖；不少华族家庭仍然过中国传统节日、吃中国菜、用中药、使用家乡语言、遵守中华民族家庭伦理规范……这一切深刻地说明，中华文化不仅体现在海外华人的生活中，而且渗入他们的血脉中，乃至成为他们的精神支柱。

教育是传承文化的事业，弘扬文化的事业，也是创造文化的事业。海外华文教育尽管在华族居住国只是一种民族文化教育，但是文化的民族性及海外华人对中华文化客观的现实需要，决定了传承与弘扬中华文化是华文教育义不容辞的责任。

（二）中华优秀文化是人类的共同财富，弘扬中华优秀文化是对人类文明的贡献

文化具有民族性，也具有世界性。文化的交往与交流，对于民族文化的世界性的形成与发展、民族性的丰富与强化具有直接意义。人类进入近代社会，民族间的文化交流由过去偶尔的、局部的交往扩大到经常性的、全球性的交流，形成了世界性的普遍交流，使每个民族能够吸收世界上最先进的文化成果以丰富自己的民族性，同时也使自己民族的文化成为整个人类文化的有机构成而表现出世界性，从而形成文化的民族性和世界性的有机统一。文化的世界性并不表明世界文化的一元性，而是在民族性基础上的人类文化的多样性。

中华民族在五千年的历史长河中，通过与其他民族的文化交流，吸收与融合了其他民族的文化成果，创造了光辉灿烂的中华文化。也正是在文化的交流中，中华优秀文化走向世界，成为全人类的共同财富。人类文化史已经证明，弘扬中华优秀文化是对人类文化的重大贡献。中国古代的科技发明是人类社会向近代转型的重要推进力量。马克思曾说："火药、罗盘、印刷术——这是预告资产阶级社会到来的三大发明。火药把骑士阶层炸得粉碎，指南针打开世界市场并建立殖民地，而印刷术变成了新教的工具。总的来说，变成科学复兴的手段，变成对精神发展创造必要前提的最强大的杠杆。"[①] 欧洲近代科学启蒙时代的哲学家培根，尽管他并不知道这些发明源自中国，但对这些重大发明极力推崇，充分肯定了其对世界文化历史进程的意义。他说："纵观今日社会，许多发明的作用和影响是显而易见的，尤其是印刷术、火药和磁铁。这些都是近代的发明，但是来源不详。这三种发明改变了整个世界面貌和一切事物。印刷术使文学改观，火药使战争改观，磁铁使航海术改观。可以说，没有一个王朝，没有一支宗教派别，没有任何伟人曾产生过比这些发明更大的力量和影响。"[②] 又如，中华文化以孔子的"子不语怪、力、乱、

[①] 中共中央马克思恩格斯列宁斯大林著作编译局. 马克思恩格斯全集：第四十七卷[M]. 北京：人民出版社，1979：427.

[②] 转引自：张劲夫. 海外学者论中国[M]. 北京：华夏出版社，1994：91-92.

神"及"敬鬼神而远之"为核心的无神论理性精神,对西方在千年的封建神学统治下奄奄一息的欧洲文化的起死回生起到了重要的理性示范作用。借用孔学以反对教会的法国哲学家伏尔泰明确地提出:"……孔子所说的一切,只是向大家推崇美德,他没有在人们中间散布任何神秘的东西……孔子以为对老百姓实行德治比实行法治更重要",他以中国人的日常生活为例一再强调:"按照道德规范行事,并非一定要信仰什么宗教不可"[①]。在某种程度上,我们可以说欧洲人正是在中华文化无宗教的理性精神示范下,萌生了向宗教"造反"的内在动力。又如中国的科举考试制度传至国外后,欧洲各国对这种不问出身、只考才学的中国文官制度高度赞扬,"从1570年到1870年的三百年间,单在英国就出版了七十多种有关中国官僚制度的书籍"[②]。他们用科举制度的精神批判欧洲承袭已久的贵族制度,早在17世纪初,英国人伯顿就说:"中国从哲学家和博士中挑选官员。他们政治上的显贵是从德行上的显贵中提拔上来的。显贵来自事业上的成就,而不由于出身上的高尚。"[③] 他们吸取了科举制度的精华成分,建立了欧洲现行的文官制度。

在教育方面,中国历代教育家所提出的一系列教育教学原则与方法,如因材施教、循序渐进、温故知新、学思并重、由博返约、启发诱导、教学相长、言传身教等极大地丰富了人类的教育思想宝库。中国的书院制度所蕴涵的教育理念、精神与方法,如教育以陶冶心性、提升德性为宗旨,书院以探究高深学问、穷究学理为目的,教育方法上以学生自修研究为主、教师讲学指导为辅等,这些都与西方近代之前的文教精神和大学理念有着诸多契合之处。

至于中国的文学、书画、音乐、园艺、建筑、雕塑、中医、丝绸、瓷器等等,更是通过各种渠道为世界各民族人民所吸收,成为世界文化的重要成分。

以上这些充分地说明了中华优秀文化早已走向世界,对人类文化作出了巨大贡献。因此,我们说中华优秀文化是全人类的共同财富,弘扬中华优秀

[①②③] 转引自:张劲夫. 海外学者论中国 [M]. 北京:华夏出版社,1994:478-479.

文化不仅是中华民族的愿望，也是世界各民族人民的共同愿望，是人类文化进步与发展的必然要求。

中华民族文化对世界的贡献，不只是历史的，也是现实的。例如，20世纪70年代以来，东亚和东南亚中华文化圈中各国经济的崛起，许多学者认为深层因素之一，是得力于中华民族的文化传统，提出了"对中国儒家文化推动社会经济发展的再认识"。他们研究了从儒家的社会思想、伦理道德到对待人际关系、运用经营方法，《孙子兵法》作为大学的课程、《菜根谭》成为海外畅销书，都不是偶然的。另一方面，西方社会在科技发达、经济富裕，为人类提高生活水平提供物质基础的同时，却导致了精神空虚、人格堕落、人际关系淡漠冷酷，以及破坏生态环境、破坏社会秩序诸多问题。因此，在人类即将跨入21世纪的历史时期，一些有识之士把追寻的目光转向了曾被轻视和否定的中华文化。1988年1月，集合于巴黎的全世界诺贝尔奖得主，提出了"如果人类要在21世纪生存下去，必须回头2 500年，去吸取孔子的智慧"[1]的大会宣言。1989年底，联合国教科文组织在北京召开"面向21世纪教育国际研讨会"，发表了《学会关心》的大会宣言，号召"关心家庭、朋友、同行、社会、国家、其他物种乃至地球"，这正是中华文化的主要内涵和基本精神。1995年日本《选择》月刊1月号发表题为《新价值观念冲击欧美》的文章，指出欧美国家正受到发源于将近2 500年前孔子学说的新价值观浪潮（即"第三次价值观浪潮"）的冲击，"在第三次价值观中显现出来的人与人之间的新格局，也许会把欧美国家从文化及产业创造力的衰退中拯救出来"[2]。越来越多的事例和现象说明，中华文化不仅在古代为世界文明作出了巨大贡献，而且将在未来的世界历史中再造辉煌。

中华文化越来越成为世界关注的焦点和重新审视的文化主题，从另一个侧面说明了弘扬中华优秀文化的必要性和重要性。海外华文教育处于他族文化的腹地，对于传播与弘扬中华优秀文化有着地理和环境方面的优势，为使世界共享中华民族优秀文化所蕴藏的精神财富，华文教育也应该弘扬中华优

---

[1] 李锁华. 高科技时代的课题：发掘中华传统文化的精神资源[N]. 人民日报，1995-06-30.

[2] 廖盖隆. 全球走势、社会主义和中国传统文化[J]. 新华文摘，1995（10）.

秀文化。

（三）弘扬中华优秀文化不是标榜中华文化优越论

在闭关锁国时期，中华民族曾有过中华文化优越论的心态，拒绝对外文化开放，扼制了文化发展、创造的机制，致使中华文化在向近代文化的转型过程中，失去了主动与其他民族文化交流与融合的大好时机，导致了中华民族在近代的落后与被动。同时，中华民族也曾经历过西方文化优越论所带来的苦难，认识到了西方文化的缺失。历史的教训和理性的思考，使人们认识到任何民族的文化，都有它的优秀的可以为人类共享的精神财富，也不可避免地存在某些缺失或不利于社会进步的东西，西方文化如此，中华文化也如此。因此，中华民族不会在新的历史时期再重犯标榜中华文化优越论而鄙视其他民族文化的错误。弘扬中华优秀文化是在促使中华文化走向世界、世界文化走向中华的原则上的相互尊重的文化交流与融合，一方面让中华文化更好地为世界文化作出贡献，另一方面使中华文化在吸收消化他族文化中得以创新与提高，不应当也不可能以中华文化压制或控制华族所在国的本土文化。

目前，华族所在国有些人士担心华文教育弘扬中华文化会对其本土文化产生威胁或者渗透中国的政治与意识形态方面的影响，而对华文教育进行诸多限制，这其实是不必要的，也是缺乏远见的。中华文化本身也是融合了人类文化成果而发展起来的，如汉唐时期吸收与融合印度佛教文化而形成后来的禅宗及宋明理学，又如在鸦片战争之后吸收与融合西方文化而形成中国近现代文化等。它并没有因吸收异质文化而改变自己的民族特色，反而更加生机勃勃。另外，中华优秀文化是在长期的历史发展过程中凝结而成的，是各个历史时期优秀文化的积淀，而不只是某一特定历史时期的某种特定的文化形态。当然，他们对华文教育的误解和担心，从文化交流的心理反映来看，是可以理解的。消除这些误解和担心，除了从理论上阐明弘扬中华优秀文化促使各族文化发展的意义之外，更重要的是要通过华文教育的具体实践来逐步解决。

二、区别不同情况解决华文教育中的具体操作问题

在明确了华文教育应该弘扬中华民族优秀文化这一原则之后，在具体的

教育实践中还必须解决如何弘扬中华优秀文化的问题。这个问题，牵涉到华人所在国的政治条件、社会环境、华族心态以及教育宗旨、教学内容和方法诸多方面。我们认为，解决这些具体的操作性问题要本着一条原则，那就是尊重与遵守华人所在国的有关法律和教育政策，尊重海外华人自己的选择，结合海外华文教育的实际，区别不同情况，逐步解决。不宜强求一律，更不宜作硬性规定。

下面，就在"东南亚地区华文教育学术研讨会"上所接触到的一些具体问题，谈谈我们的看法。

关于弘扬中华优秀文化传统与为所在国、华人社会培养专业科技人才的问题。我们一向认为华人，不论是所在国的公民或侨居所在国的侨民，都应当为所在国、为华人社会的经济与社会发展作出贡献，因而华文教育也应当培养所在国与华人社会所需要的人才。弘扬中华优秀文化与培养专业科技人才并不是对立的，如上所述，弘扬中华优秀文化更有利于开发人才资源。因此，在坚持传承与弘扬中华优秀文化的同时，着重为所在国、为华人社会培养专业科技人才，是符合社会发展要求，具有普遍意义的。

是否要公开宣传弘扬中华优秀文化的问题。应当根据政治条件、社会环境而定。弘扬中华优秀文化，不一定要公开宣传，重要的是在语言文字教学上，在文学、历史、地理、艺术等课程中，体现"以语带文""文道结合"；在校园文化环境中，渗透中华优秀文化，使学生受到中华文化的熏陶。

关于汉语言文字与中华文化的关系问题。从理论上讲，汉语言文字既是进行中华文化教育的教学或学习手段，又是中华文化的重要组成部分，中华文化的诸多内容本身就凝结在汉语言文字中。虽然只学汉语言文字，也能了解中华文化的一些内容，但那与学习一门外语并无二致，失去华文教育的真正特性。因此，华文教育应该兼及汉语言文字与中华文化这两方面，在加强语言文字训练的同时，渗透中华优秀文化传统教育。但是，由于华人所在国情况差别很大，不仅政府的规定不同，而且华人的心态也不尽一样。这就要求根据实际情况因国制宜，因时制宜，逐步做到更好地完成语言文字与文化教育并重的双重任务。

汉语言文字教学上的若干问题。当前的华文教育，在汉语言的学习与教学方面，有的用简体汉字，有的用繁体汉字；有的用汉语拼音，有的用注音符号；有的用普通话教学，有的用方言教学，使海外华文教育工作者感到为难。从理论上讲，简体汉字与普通话是联合国法定的工作语文，使用人口很广泛，汉语拼音采用 26 个拉丁字母，在拼写上与世界通用语言英语很相似，采用汉语拼音教学有利于青少年更好地学习汉语。因此，在华文教育中应该采用简化汉字，用普通话和汉语拼音方案进行教学。但由于历史与现实等方面的诸多原因，目前尚不能勉强统一起来，只能在实践中交流对比，取得共识，逐步创造条件，促使自觉进行改革。

诸如此类的具体操作问题还有很多，需要海外华文教育工作者本着原则性与灵活性相结合的思想，既要从理论上分析清楚，又要在实践中逐步总结经验；既要看到发展趋势，又要充分尊重业已形成的习惯，在华文教育的具体实践中逐步解决这些问题。

全面深入地认识教育的文化功能[①]

近年来，人们对教育与经济的关系谈得很多，特别是对教育与市场经济的关系，进行了广泛而深入的研究。相对来说，对教育与文化的复杂关系——双重关系与双重作用，谈得较少。至于高等教育的文化功能，1994年在长沙召开的"高等教育与文化"国际学术会议上虽有所涉及，但许多问题尚待探讨。我在这篇短文中，只是提出一些问题，为这次论坛开一个头。

所谓双重关系，指的是教育与文化的关系，既是外部关系，又是内部关系。教育与经济、政治、文化，都是社会这个大系统中的子系统，从这个角度看，教育与文化之间的关系是两个社会子系统之间的关系；但文化又是以知识的形态作为教育的内部因素，从这个角度看，它与教育者、受教育者组成教育系统的内部关系。（当然，从文化系统看，也可以说教育是以传承文化的功能作为文化的内部因素。）

所谓双重作用指的是，一方面，教育要受社会文化的制约并促进文化的发展；另一方面，一定社会的经济、政治对教育的制约和教育对经济、政治的作用一般要通过文化的折射，文化成为教育与经济、政治等关系的中介。如果研究教育问题时，忽视文化的折射、中介作用，以为有怎样的经济发展水平就必然有怎样的教育发展水平，或者有什么政治制度就必然有什么教育管理体制，就会失之简单化。不但许多复杂的教育现象难以解释，而且容易产生生搬硬套不同文化背景国家教育模式的问题。

[①] 原载《教育研究》，1996年第11期。

教育与文化的双重关系与双重作用，特别突出地体现于高等教育的文化功能上。高等教育的文化功能，既有为一切教育所共有的文化功能，又有其特殊的文化功能。

文化传承，是教育最基本的文化功能。社会通过教育将前人所积累的生产和生活经验、道德观念和行为规范、科学技术和人文知识等，有计划地传递给下一代人。正是由于教育活动，人类的文化才能够一代又一代地承接下去而不致中断。也正是基于这一基本功能，人们认为教育具有永恒性，以至于有的教育辞书把教育定义为"人类传递文明的手段"。

但是，人类数千年的文明史所积累的知识不可胜计，而学生受教育的时间有限。即使是"终身教育"，所能传承的文化知识也只是沧海一粟。同时，任何文化都既有精华，也有糟粕；既有社会发展和个人成长所需的知识，又有落后于社会发展或对个人成长不利的东西。因此，教育对文化的传递必须有所选择，将社会发展和个人成长所需的精华加以整理、继承、传播；而对陈旧的、无用的、有害的糟粕加以淘汰、剔除、摒弃。被选进教育领域的文化知识将得到保存、发扬，而被摒弃的东西大多数（不是一切）逐渐湮没无闻。可见文化选择也是教育的基本文化功能。尤其是面临信息社会，"知识爆炸"，如何使学生不致在信息狂潮中被冲垮，在知识海洋中被淹没，是值得认真研究的问题，教育的文化选择功能就显得更为重要。

在文化选择上，高等教育所起的作用特别重要。因为高等教育学科门类众多，遍及文化的方方面面，能够进行广泛的选择。同时，高等教育居于各级教育的最高层次，它的选择具有权威性与影响力。其他层次教育的文化选择，在一定意义上说，是在高等教育文化选择的基础上进行再选择，选择那些最基本的文化知识并使之更加简约和通俗易懂。

高等教育的文化选择，是通过制订培养目标、设置专业与课程、编写大纲与教材，以及通过教师群体和校园文化来进行的。其中最主要的一环就是课程的编制。课程编制的实质就是对体现为知识形态的文化进行有效的选择与组织。

文化选择的过程，也是文化评价的过程。没有评价就不可能选择。高等教育根据社会的发展、民族的特点、个人的需求，以某种价值观为准则，进行文化评价。由于评价的准则不同，主观认识各异，评价的结论往往不同，尤其是人文、社会学科的文化评价不可能完全一致。因而文化选择的结果也就多姿多彩。

如果说，文化传承是一切教育所具有的共同的文化功能，高等教育文化评价与文化选择的功能所起的作用特别重要，那么，就教育领域来说，文化创造的功能主要是由高等教育来承担。基础教育一般只要求将经过评价、选择的文化精华传递给学生，高等教育则通过科学研究和种种创造性的活动，能够不断地创新文化。这是高等教育的特殊地位与有利条件所赋予的特殊的文化功能。

高等教育，尤其是研究型的大学，集中了一大批学有所专的专家学者，学科门类齐全，科研力量集中，科技信息灵通，图书资料、仪器设备条件优越，有利于开展基础理论、边缘学科、交叉学科的研究；同时，高等学校与经济和社会的各个部门有直接的联系，有利于开展应用性、开发性的研究。所以，高等院校是科学研究的一支重要的方面军。大学是各种学术思想聚集的园地，中外文化交流的窗口。大学教师学术视野较为宽阔，大学生、研究生、留学生来自四方八面，求新好奇，反应敏捷，校园经常成为异质文化碰撞的中心。异质文化的交流、冲突、重组、融合，给予高等教育以创造新的文化的条件和机遇。

在中外高等教育发展史上，文化创造的火焰，往往是在高等学校校园中点燃起来的。不论是中国古代的稷下学宫、后来的书院，或是欧洲古代的"雅典大学"，文艺复兴时期的中世纪大学，都是由于学者麋集、百家争鸣，使之成为交流与创新文化的沃土。近代科学进入大学以来，大学在推动科学发展上起了重大作用；到了现代，自然科学的发明、社会科学新理论的出现，几乎无不与大学密切相关。中国也是如此，西语、西艺、西政、西学的引进，无不通过高等教育而来；五四新文化运动的火炬，更是从大学点燃起来。

在大学校园中引进或创造的新文化，开始时往往只是作为一种亚文化。如果这种文化不为社会所认同，可能只是昙花一现，湮没无闻；而如果这种文化为社会所接纳，就有可能逐渐地融入或取代传统文化而成为主流文化。五四时期所提倡的科学与民主，所引进的马克思主义思想，就是滥觞于大学而成为现代中国的主流文化,并在与中国原来的传统文化冲突、融合中,逐渐形成有中国特色的社会主义新文化。总之,文化创造是高等教育特殊的文化功能,而文化创造的前提是文化交流,文化交流也是高等教育特殊的文化功能。同时,文化交流、文化创造,都要以学术自由、科学民主为前提条件。

由于高等教育既具有一切教育共同的文化传承、文化评价与文化选择的功能,又具有文化交流与文化创造的特殊功能,所以,从高等教育的角度研究教育与文化的复杂关系及其相互作用,能够使我们比较全面深入地认识教育的文化功能。

传统文化与中国高等教育现代化[①]

现代化问题日益成为多学科研究的对象，不同学科的学者分别在各自的学科领域研究现代化，高等教育学科领域也不例外。传统文化与现代化的关系是现代化研究领域中的核心问题，从高等教育领域来研究有其特殊意义：一方面，高等教育的文化功能就是文化的传承、评价、选择与创新。高等教育又是推进现代化的动力站。研究的视角由高等教育切入，可以使人们对传统文化与现代化关系的认识更为深入全面。另一方面，解决传统文化与现代化的关系问题，可以为我国高等教育的改革与发展提供理论指导，具有重要的实践意义。

一

对于现代化实质的理解与把握，是人们认识传统文化与现代化关系的出发点，因此，研究传统文化与现代化的关系，首先必须对现代化的基本特性有所认识。不同学科的学者对"现代化"往往有不同的理解，从而分别在各自的研究领域强调现代化的某种含义，这是不足为奇的，并且有利于丰富人们对现代化多义性的认识。然而，有一种流行的观点却有待商榷。这种观点认为现代化就是工业化或西方化，是现代科学技术在生产过程中得到广泛运

[①] 原载《清华大学教育研究》，1997年第1期。作者：潘懋元，张应强。

用,以及由此导致的经济、社会的根本变革过程。这种观点之所以形成并流行,是有一定根据的。现代化的显著标志就是科学技术的迅猛发展,它导致了物质生产力的提高,促进了经济增长,带来了社会生活的变化,形成了现代文化与传统文化的分野。同时,现代化是随着工业化而发展的过程,最早在西方开始并得到较快发展,因此,人们就把现代化与工业化、西方化联系起来。但是,这种观点是有失偏颇的,这是对现代化的实质的理解与把握不够全面与准确所致。

其一,在价值立场上,以西方社会现代化模式作为普遍的现代化模式,带有强烈的西方中心主义倾向,从而不能从总体上认识世界范围内,特别是发展中国家正在蓬勃兴起的现代化运动。世界范围内现代化浪潮的兴起,的确首先在西方国家发端而后或快或慢地波及到世界各地;同时,西方国家确已探索出了一条比较成熟的现代化道路,但不能忽视发展中国家根据本国特点所进行的现代化实践所取得的令人瞩目的成就。这些国家的现代化道路在许多重要方面有异于西方模式。另外,现代化就是西方化的观点蕴含着一个预设的前提,即西方国家已经实现了现代化。现在确有不少中外学者认为西方发达国家已实现了现代化,进入"后现代社会"了。这种观点显然是用西方价值立场作为标准来衡量现代化,进而要求发展中国家的现代化也必须以此为追求目标而无视西方社会存在的严重社会问题。这是典型的西方中心主义。

其二,对现代化的"关键变项"的把握带有片面性。把工业化或科学技术等物质生产和物质生活作为现代化的基本因素,有一定道理,但不全面,因为它忽视了人的思想和精神领域的现代化。正如美国学者艾恺所说,这些观点只关注了现代化在科学技术和人们的物质生活上所带来的积极变化,却忽略了在思想上引起的消极反应。因此,只用物质生产和物质生活来概括现代化的实质内容,是不可能全面把握现代化的实质含义的。

其三,在思维方式上把传统与现代化截然分割开来,并作为对立的两极,导致人们误认为"现代化"必须抛弃传统的一切。这种误导造成发展中国家现代化过程中激烈的反传统倾向,滋长民族虚无主义情绪,走上"全盘西化"的歧途。

我们认为，现代化作为一种世界潮流，对其本质特征的概括，要站在公正的价值立场上，既需要从西方社会的现代化过程中进行抽象，又需要从发展中国家的现代化运动中进行抽象，更重要的是要以人类共同利益的价值目标为依据，从理论上进行抽象。基于此，我们认为现代化的实质含义主要包括如下三个方面：

第一，现代化是目标与过程的统一体。作为目标意义的现代化，它应是人类共同的价值追求；作为过程意义的现代化，它应是各民族国家的人民在现代化目的驱动下，通过自己具体的现代化实践活动而促使物质生产和精神生活方面发生的变革过程。现代化作为人类共同价值的追求，其终极目标是实现"人"的价值，包括个人、群体、社会价值，而不是科学技术或工业化。现代化的衡量标准只能是人的价值实现的程度，而不是西化的程度。在这个意义上，我们认为现代西方社会并非处于什么"后现代社会"，它同许多发展中国家一样仍处于现代化过程之中，只不过它们与发展中国家面临的现代化的问题不同而已。"二战"以来，一直激荡于西方社会的反"科学主义"思潮便是很好的说明。

第二，科学技术的发展是推进现代化的物质力量。现代科学技术的兴起和发展，促进了人类社会向工业化、信息化发展，改变了人类物质生产和精神生产的方式，是现代化的显著标志。但是，人类对科学技术的追求，仍是为了实现现代化的长远目标，也即更好地实现人的价值和人类的解放。科学技术的发展，的确使人类不断开发大自然、驾驭大自然，获得了某种程度的自由，从而显示了人类的伟大力量。但科学技术对人类的物质生产尤其是精神生活带来的负面影响也是不容忽视的。

第三，现代化的过程具有多样性。现代化是人类追求的共同目标，但每一民族国家的现代化总是以各民族的传统文化为基础的，因而现代化发展道路具有多样性。各民族国家对科学技术的追求，并不表明他们对西方现代化模式的认同。科学技术作为解决人与自然矛盾而发展起来的知识体系，是人类的共同财富。每一个民族都是在解决人与人、人与自然的关系这两大共同问题的过程中形成自己的民族文化，因而民族文化都是人文文化和科学技术的统一体。同时，每一民族国家的科学技术的发展都要吸取其他民族国家的科学技术成果，不过发展中国家较多地吸取发达国家的科技成果，但发达国家也在吸取甚至掠夺发展中国家的科技成果和科技人才，这是众所周知的事实。因此，不能把现代化过程中人们对科学技术的追求看成就是走西方国家现代化的道路。

基于上述对现代化基本特征的认识，我们认为现代化乃是人类对人的价值的共同追求，是以民族传统文化为基础，以科学技术为重要推进力量而促使物质生产和精神生活不断提高的过程。

二

明确了现代化的实质含义，就可进而论述传统文化与现代化的关系。

不言而喻，传统文化作为历史上的文化遗产，在时代性、阶级性上必然与现代社会和现代化进程存在着矛盾与冲突。传统文化中的某些内容对现代化进程有阻碍作用，现代化总是要摒弃传统文化的不适应成分。但是，第一，传统文化并不等于古代文化；第二，即使是古代文化的内容，经过批判改造，也有许多可以"古为今用"。也就是说，传统文化与现代化不是截然分割、水火不相容的对立物。我们站在现代化过程中所说的传统文化，实际上已包含了近现代文化变革中形成的文化因素。传统文化不是凝固不变的、僵死的，而是把前人的文化创造保存下来，传给我们，影响我们。它包含古代的文化，也包含近代以至现代的已被民族社会认同的文化。它包含本土文化，也包含被吸收消化了的外来文化。例如，马克思主义，20世纪之初，在中国还是一种外来的思想，而今天已成为中国社会主义文化的主导思想。正如黑格尔所说："通过一切变化的因而过去了的东西，结成一种神圣的链子。把前代的创获，给我们保存下来，并传给我们"，"这种传统并不仅仅是一个管家婆，只是把她所接受过来的忠实地保存着，然后毫不改变地保持着并传给后代"，它也"不是一尊不动的石像，而是生命洋溢的，有如一道洪流，离开它的源头愈远，它就膨胀得越大"。[①] 之所以如此，是因为每一代人作为文化的创造者，

---

① 黑格尔. 哲学史讲演录：第1卷［M］. 北京：商务印书馆，1959：8.

都是从已有的传统文化出发,通过社会实践活动使传统文化得到扬弃:一方面使传统文化转化为自己现实生活的一部分,另一方面使传统文化得到改造并提高到更高的水平。因此,当人们吸收传统文化,使之转化为自己现实生活的一部分时,传统文化也就具有了不同于它从前所具有的特点。这就说明了传统文化只有在发展中才能流传和保持,它具有累积性、连续性和历史继承性。现代化作为人类共同的目标和具体的实践活动的统一体,只能是传统文化背景下的现代化或传统文化基础上的现代化。因此,传统文化与现代化是相互适应、协调和促进的。正是在这种相互矛盾又相互适应的过程中,传统文化吸纳了新的成分,丰富了自己的内涵而不断向前发展;现代化摒弃了传统文化中消极或落后的成分,使优秀的传统文化成为现代化的重要构成要素。

从世界范围的现代化历史来看,如果善于积极地利用传统文化,那它不仅不是现代化的对立物,而且会成为现代化的文化源泉,成为民族国家现代化的生长点。"早发内生型"现代化国家如此,"后发外生型"现代化国家也是如此。对于"早发内生型"现代化国家来说,传统文化与现代化的矛盾相对来说不那么突出,现代化由传统文化渐进演变而来。例如,欧洲的文艺复兴和宗教改革运动,既是西方国家近代化(即"早期现代化",Earlier Modernization)的历史起点,又是其重要的推进力量。然而,文艺复兴却是一场以复兴古希腊、罗马的文学艺术为号召的传统文化复兴运动,正是传统文化的复兴,才使西方的近代化建立在传统文化坚实的基础上,西方社会才得以较顺利地迈开近代化的步伐。宗教改革运动也是如此,它使经历了千年黑暗、奄奄一息的中世纪西方文化起死回生。西方传统文化的创新,在宗教传统的落红污泥上开出了近代西方科学的绚丽之花。对于"后发外生型"国家来说,传统文化与现代化的矛盾与冲突可能更为激烈。但是,即使这些国家的现代化,也并没有也不可能彻底地否定自己的传统文化,而是建立在传统文化的基础上,通过对传统文化的改造,弘扬优秀的传统文化,使优秀的传统文化成为现代化的有机成分,走出了一条不同于西方国家的具有自身民族特色的现代化道路。日本的近代化(早期现代化)即是明证。日本传统文化的主流是经过改造的中国儒学,即日本儒学。在日本的现代化过程中,儒家的"仁政"思想转换为一种由国家调节的公私合作关系，形成了自上而下的民族团结的进取精神；儒家的家族本位思想与家族伦理秩序在经济现代化过程中转换为推动家族资本主义发展的契机，形成了日本的公司资本主义，它较之西方的个人主义的资本主义具有明显的"人治"色彩、温情主义和劳资关系较为和谐的优点。以"三大法宝"（终身雇用制、年资工资制、企业工会制）建立了另一种资本主义内部秩序，在日本的现代化过程中发挥了重要作用。又如，新加坡的现代化，不仅不主张全盘否定传统文化，相反，政府把儒学作为国民教育的主导思想，成为现代化过程中的强大凝聚力。

对于"后发外生型"现代化国家来说，民族传统文化的另一个重要作用在于它对于培育民族自信心和自豪感、增强民族内聚力、振奋民族精神、在不利条件下进行现代化建设有着更为突出的作用。"后发外生型"现代化国家，由于其"后发性"和"外生性"，面临的是不甚公平的国际政治、经济秩序，承受着"早发性"现代化国家带来的种种冲击和压力。这就要求这些国家的人民具有更强的民族内聚力和健康的民族心理素质，特别是民族自信心和自豪感以及自强不息、奋发向上的民族精神。传统文化作为各民族人民在长期的共同的历史生活中创造的文化财富，是凝聚民族内聚力的黏合剂，具有整合社会价值的强大力量，因而它不会导致民族虚无主义思想泛滥和民族精神丧失。因此，尽管传统文化中存在糟粕和落后的东西，但在总体上它是这些民族国家现代化建设的根本保证。在东西亚国家的现代化历程中，人们无一不对民族的传统文化倍加珍爱。这就从另一方面说明，传统文化是现代化的基础。

三

明确了传统文化与现代化的辩证关系之后，我们可以进而讨论传统文化与高等教育现代化的关系。

在高等教育现代化过程中，传统文化与现代化的辩证关系有更深刻的意义。这是因为，高等教育与传统文化之间有着更为本质的、深层次的联系。如上所说，高等教育的基本功能就是传统文化的承传、评价、选择与创造。

高等教育正是发挥它的文化功能来培养现代化建设所需要的高级专门人才，为现代化建设服务。

高等教育对传统文化的传承，不言而喻，是以肯定传统文化对于培养现代化人才的价值为前提的，体现了文化发展的继承性和连续性。传统文化作为前人创造的文化成果，它之所以能连绵不断地流传下来，并对现代化产生影响，在很大程度上是因为有教育特别是高等教育这一特殊而重要的载体。高等教育对传统文化的传承，集中表现为对学生进行民族传统文化教育，用优秀的民族传统文化来培养人，塑造人。因而高等教育的培养目标、教学内容、教学方式方法都带有民族传统文化的特色。尽管高等教育是专业教育，以科学技术教育为主要内容，但不可否认，每一民族国家的高等教育莫不担负着弘扬民族优秀传统文化的职责，以传承民族传统文化为己任，离开了传统文化，高等教育及其现代化就失去了存在的基础。

但是，高等教育并不是将传统文化的所有内容不加鉴别、毫无保留地传递下来，而是要按照现代社会的特点和现代化的要求对传统文化进行评价和选择，去粗取精，剔除与现代化不相适应的内容，保留与现代化相适应的内容，并加工制作，使优秀的传统文化得以传递下来，并成为现代化的有机构成部分。

高等教育主要是通过培养目标、教学内容、教师群体和校园文化等对传统文化进行选择的。以教学内容为例，西方中世纪大学长期以宗教神学以及人文文化为主要教学内容，高等教育近代化（早期现代化）开始后，大学不但逐步抛弃了神学而选择近代科学技术作为教学内容，而且在科学主义的思想影响下，削弱了人文文化教育，以致出现了科学文化与人文文化严重分离的现象，对西方现代化进程产生了不利影响。因此西方高等教育改革力求实现科学教育与人文教育的整合，提倡科学教育人文化，增加有利于提高学生文化素质的人文课程。中国古代的高等教育，以伦理道德为主要教学内容，洋务运动兴起后，洋务学堂虽以传授近代科学技术为主要任务，但人文课程仍占很大的比重。只是后来在西方"科学主义"影响下，同样出现科学文化与人文文化分离、重理轻文的现象。所以近来也开始提倡要加强人文教育，使科学教育人文化。各国高等教育对传统文化的选择根据各国的价值观和实际需要各有侧重。如英国是一个有着深厚古典人文主义传统的国家，在教学内容的选择上，传统人文课程受到特别重视；美国有着实用主义传统，实用性和职业性课程在教学内容中占有很大比例。这些都是高等教育文化评价与选择功能的体现。

高等教育除了传承、评价与选择传统文化外，还具有文化创新功能。高等教育的文化创新功能是高等教育区别于普通教育的最为突出的特点，它是由高等教育的性质和自身内部结构所决定的。高等教育是建立在普通教育基础上的高层次教育，高等学校汇集了一大批科学和文化精英人物，成为围绕高深文化而建立起来的"共同体"。不少大学还成为国际文化交流的中心。这些都有利于发挥文化创新的功能。更为重要的是，高等学校所培养的人才，相对来说具有较高的文化和科技素质，他们进入社会各领域的较高层次，一方面传播高深文化，另一方面进行文化创造活动，形成了文化创造的"扩散效应"，因而对文化的创造与发展有着独特的不可替代的作用。这已为高等教育史和文化史所证明。

高等教育的文化创新功能主要是在文化的交流、冲突与融合过程实现的。一般说来，高等学校总是处于传统文化与现代化、本土文化与外来文化冲突的中心。同时，高等学校的教师和学生对文化冲突极为敏感，对新思想接受较快，因此，高等学校较易产生新的文化观念，成为社会文化变革的策源地。另外，高等学校在文化传播方面的特殊性又使得它可能将创造的新文化引导和上升为主流文化。古代中国的学宫、书院，古代欧洲的学园、图书馆，近代中国五四时期的北京大学等都在创造新文化、弘扬新文化中起到极为重要的作用。

高等教育的文化创造同其他形式的文化创造一样，是建立在前人的文化成果基础上的，是在传统文化基础上的文化创造。一方面它要肯定传统文化并为传统文化所制约，另一方面它又要超越传统文化，对传统文化进行改造，最终将超越传统文化并把所创造的新文化成果汇入传统文化主流中，形成新的文化创造的基础，从而使文化发展连绵不断，历久常新。

高等教育的文化创新功能对现代化具有双重意义：一方面是推进传统文化的现代化，另一方面是高等教育自身的现代化。这两者是相互依存和统一的。高等教育从一般的传承文化到评价文化、创造文化是在不断地为现代化服务过程中获得自身的文化品格而走向现代化的。同时，传统文化的现代化又有赖于高等教育文化创造功能的发挥。当前世界各国现代化实践越来越清楚地表明，没有高等教育文化创造功能的发挥，现代化建设的步伐就会放慢，现代化进程就会受阻。因此，传统文化现代化与高等教育现代化，在一定意义上是同步的，并且统一于高等教育文化创造功能之上。

四

上面我们从高等教育的文化功能，特别是文化创新功能，说明传统文化与高等教育现代化的关系。下面我们将进一步阐述中国高等教育现代化应如何对待中国的传统文化。

中国作为一个"后发外生型"现代化国家，曾对中国现代化道路的选择问题进行过多次论争，论争的实质是中国传统文化与现代化的关系。对此，有两种极端的观点：一是民族虚无主义的传统文化落后论，主张"全盘西化"；一是民族本位主义的传统文化优越论，主张"复兴儒学"。这两种观点各有其对传统文化和现代化的认识，有自己的文化建构理论。民族虚无主义认为中国传统文化保守、封闭，缺乏现代理性精神和严密的逻辑思维，阻碍科学技术发展，不可能促进中国的现代化，只有西方文化才是通向现代化的唯一选择。民族本位主义认为，中国传统文化造就了中国古代社会长期稳定和繁荣的文化土壤，在世界有过辉煌的成就。今天看来其中所蕴含的精华，不受时间限制，具有永恒价值。例如，孔子是"时中之圣"，儒家学说"海纳百川"，具有极大的包容性与历久常新的适应性，足以为现代西方文化救偏扶危，东亚地区"儒家资本主义"的兴起就是现实的佐证。他们断言21世纪是东方文化或中华文化的世纪。

民族虚无主义和民族本位主义表现为两种尖锐对立的文化观，但透过这种对立，我们发现两者都是建立在一元化的世界文化发展观的基础之上。但是，一元化的世界文化发展观，与当今世界文化发展的趋势不符。任何一个民族的传统文化都是一个庞大的体系，都是一个有机整体，在今天看来，既有时代局限性，又有现代性因素。无论是传统文化复兴论者，还是西化论者，都只是在这个庞大的文化体系中取其所需而已。这种片面性源于缺乏对世界文化多元化发展特点的把握以及缺乏对文化整体的认识。

任何一个民族的传统文化，都包含着精华与糟粕。传统文化中精华与糟粕的吸取与排斥，只能在文化交流中通过文化机体自身的吸纳与排斥机制进行，它往往不依人的主观意志为转移，外加的压力可能起一时之效，终难持久。因此，高等教育在文化交流上的作用特别值得重视。

进入20世纪中叶之后，世界文化和高等教育的开放与交流以前所未有的态势向前发展，各民族文化的相互依赖性大大提高，尤其电子学和信息技术的发展，大大地拆除了民族文化之间的相互隔离障碍，形成了一个文化大交流大融合的时代。在这种世界文化发展的大背景下，任何一个民族的文化都不可能在对外封闭中发展，都要吸取其他民族文化的有益养分，面对着不同的发展主题，都要实现传统文化的创新，以此来解决现代化进程中面临的不同问题。因此，世界文化格局将不可能是某一民族文化"一枝独秀""独领风骚"，只可能是多元文化并存。

在这种多元文化并存的背景下，我们要确立对中国传统文化和教育传统的正确态度。既不能认为21世纪是东方文化或中华传统文化的世纪，也不能否认中国传统文化和教育传统在现代化中的地位与作用。

在长期的历史发展过程中，中华民族形成了优秀的教育传统。从教育制度来看，中国太学的博士弟子制度、书院讲学与研究制度、以考试促自学的科举制度，以及官学与私学、中央与地方多层次多形式办学制度等，都是适合中国国情的；从教育思想看，中国古代教育家提出的一系列教育教学原则，如有教无类、因材施教、教学相长、循序渐进、由博返约、启发诱导等至今仍有现实意义；从教育价值取向来看，中国古代教育家历来重视以仁、礼为核心的"君子"人格追求，这与现代教育人文化的价值取向有某些共同点。中国的这些教育传统为高等教育现代化提供了丰富的养料。

确立对中国传统文化和教育传统的正确态度是重要的，然而，对中国的现代化实践来说，更重要的是要创造一个有利于中国传统文化创新的社会环境与条件，使传统文化逐步地转移到现代化轨道上来。党的十一届三中全会以来，我们实行对外开放、对内搞活的政策，中国的现代化事业（包括高等教育的现代化）取得了举世瞩目的辉煌成就。正反两方面的历史事实告诉我们，对外实行文化开放、对内提供宽松的文化环境是中国传统文化创新并转到现代化轨道上来的根本条件，也是中国现代化事业健康发展的保证。

中华优秀传统文化与高等教育现代化建设[①]

文化与教育有着潜在的、深层次的本质联系：一方面，教育的基本功能就是文化的传承，并推动文化的发展；另一方面，文化又是教育赖以生存和发展的基础，提供教育资源并制约其发展。因此，面向21世纪中国高等教育的现代化建设，在迎接新科技革命和市场经济挑战的同时，必须加强人文素质教育，使科学知识与人文精神在人才培养上融合。中华优秀传统文化，蕴涵着丰富的人文精神，发掘、整理、弘扬传统文化的精神，以之作为教育资源，对大学生进行人文素质教育，培养高层次专门人才，促进中国高等教育现代化建设，具有重要意义。

今年一月份，厦门大学与台湾比较教育学会联合召开"两岸大学教育学术讨论会"，探讨21世纪中国高等教育的改革与发展问题，中华优秀传统文化与高等教育现代化建设的关系，自然就成为两岸学者所关心的问题。我是讨论会的主持者之一，受本刊编辑部的委托，选编了会上交流的5篇论文，从不同的角度探讨这一问题。

中国科学院杨叔子院士（华中理工大学前校长）的《下学上达，文质相宜》一文，指出必须引导大学生将学习与实践所感知的形而下的东西，通过深入思考，抽象为形而上的东西，使文（形而下的知识）质（形而上的精神）两者配合相宜，才能成为有用的高层次专门人才。当前大学实施素质教

[①] 原载《东南学术》，1998年第3期。

育，往往只停留在开设几门人文课程，忽略了如何将知识内化为素质这一关键性环节，结果知识与素质形成两张皮。这篇文章提供了一条解决这一令人困惑的问题的思路。加以文章内容丰富，文笔流畅，纵横驰骋于诸子百家中，深入浅出地探幽钩沉，引人入胜。杨叔子院士在大会上侃侃而谈，语多幽默而又情真意切，博得两岸学者阵阵掌声。

陕西师大李钟善教授的《中国传统文化与高等教育改革》一文，全面系统地阐释了中华传统文化与当前高等教育改革的关系。文章以儒学为中华传统文化的代表，揭示儒学的精华是：坚持以人为本的教育思想；爱国主义为主要内容的献身精神；以坚持真理不懈追求的执着精神塑造人的灵魂；修身、齐家、慎独、克己的品格道德的自我完善，以及讲气节、骨气的民族精神。指出高等教育必须继承和发扬这些精华，同时借鉴国外有价值的东西，促进高等教育的现代化改革与发展。

台湾政治大学哲学系沈清松教授的《从文化传统到大学改革》一文，从哲学的高度深入探讨"文化""传统""大学精神"等含义，指出"在大学教育过程中，科学和技术教育必须与人文和社会科学教育相平衡"，形成"科际整合"。不同学科可以通过"外推"进行科际整合。而发挥中华文化传统中的"忠"与"恕"，才能推己及人，使人与人之间相互感通，了解他人的心灵，达到深层次的"默会共识"。

我和我的学生张应强博士提交的《华文教育——中华优秀传统文化现代价值的彰显》一文，则是从海外华文教育的视角，以历史和现实的事实，阐明中华优秀文化不论从历史上看，或从现实上看，都是人类共同的财富。海外华文教育，不仅是语言文字的教育，而且应当弘扬中华优秀的传统文化，并结合所在国的本土文化有所创新，以彰显其现代价值。

这组文章研究的重点虽各不相同，但都直接或间接地表述了一个共识：中华传统文化，具有强大的凝聚力。正如杨叔子院士的文章中所说："我们的国家，我们的民族，之所以是自古迄今唯一没有灭亡、历史没有中断的国家与民族，至少是同自己的优秀的人文精神密切相关。"而在今天，正是这一传统文化，凝聚两岸同胞、海内外炎黄子孙，教育年青一代，为祖国的繁荣昌盛、为人类的精神文明做出贡献。

华文教育与中华优秀传统文化现代价值的彰显[①]

在当今世界,中华优秀传统文化日益表现出其现代价值,华文教育在海外也日益受到重视。这种现象,正是教育与文化的本质联系在海外这一特定环境下的深刻反映。也就是说,中华优秀传统文化现代价值的彰显,在很大程度上得力于华文教育文化功能的发挥;而其深刻原因,则是中华优秀传统文化日益表现出其现代价值。

一、华文教育对中华优秀传统文化的传承与创新,促进了中华文化现代价值的彰显

海外华文教育属于华人所在国教育的一个组成部分,受所在国教育政策、法规的约束与管理,更由于各国的政治条件、社会环境不同,许多人对华文教育传承与弘扬中华优秀传统文化产生了疑虑。但是,教育具有传承和弘扬民族文化的功能。华文教育传承与弘扬中华优秀传统文化具有必然性。中华优秀传统文化是人类的共同财富。全球华人对中华民族文化有着强烈的心理认同趋向。从教育与文化的关系来看,华文教育必然要弘扬中华优秀传统文化。

文化具有民族性,它是各民族人民在解决各自所面临的生存与发展问题的过程中创造出来的。它一经被创造出来,便成为维系民族情感和共同的价

---

① 原载《高等教育研究》,1998年第3期。作者:潘懋元,张应强。

值观念及生活方式的纽带。各民族人民总是在自己所创造的文化环境中生存与发展的。中华文化，是包括海内外华人在内的全球华人共同创造的文化的总称，是全球华人生存与发展的精神依凭。尽管海外华人长期居住于海外，很多已是几代人，他们的华族文化不可避免地带有不同于祖国文化的某些特征，但是，无论是侨居海外的华侨，还是定居海外的华人后代，都是中华民族的子孙，都有着相同的文化渊源，即共同的文化之根。他们在心理上都认同中华文化，都有寻根情结，这是海外华人认同中华文化的心理内因。同时，在华人居住国的多元文化氛围中，无论中华文化在其居住国的本土化程度如何，也无论华族后裔的主观愿望如何，其他民族总是把华人与中华民族文化紧密联系起来，从外部赋予他们中华民族文化的面貌，从而形成了海外华人认同中华文化的心理外因。内外两方面所形成的文化认同的驱动力，决定了海外华人认同与归依中华文化的必然性。

一切优秀的民族文化都是人类共同的财富。中华民族的优秀传统文化，为人类社会的历史发展作出了巨大贡献。例如，中国古代的科技发明传播海外，成为推动人类社会向近代转型的重要力量。马克思曾说："火药、罗盘、印刷术是预告资产阶级社会到来的三大发明，它变成了科学复兴的手段，变成了对精神发展创造必要前提的最强大杠杆。"[1]欧洲近代科学启蒙时代的哲学家培根也认为，这些发明改变了整个世界的面貌和一切事物，历史上还没有任何事物产生过比这些发明更大的力量和影响。[2]以儒家文化为核心的中华思想文化，也对人类文明的发展产生了重要影响，成为人类思想文化宝库中的重要内容。至于中国的文学、书画、音乐、园艺、建筑、中医、丝绸、瓷器等，更是通过各种渠道为世界各民族人民所吸收，成为世界文化的重要组成部分。中华文化对世界的贡献，不只是历史的，也是现实的。不少人认为，20 世纪 70 年代以来，东亚和东南亚中华文化圈中各国经济的崛起，深层原因在于儒家文化推动了社会经济的发展，使它们摆脱了西方经济发展所面临的困境，走出了一条不同于西方的现代化道路。历史和现实表明，中华优秀传

---

[1] 中共中央马克思恩格斯列宁斯大林著作编译局. 马克思恩格斯全集：第四十七卷 [M]. 北京：人民出版社，1979：427.

[2] 张劲夫. 海外学者论中国 [M]. 北京：华夏出版社，1994：91-92.

统文化是人类的共同财富。弘扬中华优秀文化不只是中华民族的愿望,也是人类文化进步与发展的必然要求。

尽管海外华文教育属于华人所在国教育的组成部分,承担着为所在国培养人才的任务,但它的深厚基础仍然是中华民族文化。人们无法割断它与中华民族文化的天然联系。有人认为,华文教育只宜进行中华语言文字教学,不宜传承与弘扬中华文化。无论这种主张出于何种动机或目的,都是不能成立的。只要有华人生存的地方,就必然存在着中华民族文化,必然要开展华人教育,必然要传承与弘扬中华优秀文化。这是由文化的民族性以及教育与文化的本质联系所决定,并不是人的主观意志所能左右的。况且就语言与文化的关系来看,语言是文化的载体,民族文化的某些内容或因素,必然会渗透于民族语言文字之中;不了解中华文化,也很难深切理解包含于语言文字中的意义及其思维方式。所以,要想否定或限制华文教育传承中华优秀传统文化的功能,只能说是一种违背规律、不切实际的主观企图,是不可能真正实现的。

事实上,几十年的海外华文教育实践,无论是处于顺境还是逆境中,都一直以传承与弘扬中华优秀传统文化为己任,为中华文化走向世界、为所在国社会的文化发展作出了重要贡献。作为华人教育先声的华侨教育,因为是中国教育在海外的延伸,它对中华民族文化的传承与弘扬自不待言。就是作为华人所在国一种少数民族文化教育的华人教育,也一直把传承与弘扬中华优秀传统文化作为自己孜孜以求的目标,并在这方面做出了显著成绩。这在东南亚华人教育中表现得尤为突出。马来西亚的华教运动历来把传承中华文化作为特殊使命,把培养具有中华文化的马来西亚公民作为华文教育的目标。马来西亚华校教师总会前主席沈慕羽先生指出:"华校除了传授知识和谋生技能外,最注重人格教育。更以华人的传统道德为训练目标。"① 为了实现传承与弘扬中华优秀传统文化这一目标,马来西亚广大华人艰苦努力,用血泪写就了一部华教的历史。② 菲律宾的华人学校明确指出:"我们的教育目标应该是

---

① 马来西亚华校教师会总会. 教总33年(1951.12.25—1985.4.8)[Z]. 吉隆坡:马来西亚华校教师会总会,1987:202.

② 沈慕羽. 凝聚着血泪的大马华文教育[J]. 华人月刊,1995(2).

要教出有谋生技能,在本地能生存,又对本地有所贡献的人才,而这些人才又必须具有中华文化的特点。换言之,我们的大方向是要栽培具有华人气质的菲律宾公民。"① 在以华人为主的新加坡,华文教育弘扬中华优秀传统文化更得到了政府和华人社团的一致认同。新加坡副总理李显龙指出:"推广华语运动,开展华文教育,固然有商业和经济价值方面的目的,但更重大的使命则在于通过华文教育,保存和发扬传统的文化价值观,加强华族新加坡人的认同感。"② 在柬埔寨、泰国等国,情况也基本如此。由此可见,华文教育在为所在国培养人才这一大前提下,都把传承与弘扬中华优秀传统文化放在突出位置。这就从实践方面印证了华文教育传承与弘扬中华优秀传统文化的必然性。

有些国家对这种必然性缺乏认识,对华文教育进行诸多限制,他们主要是担心华文教育传承与弘扬中华民族优秀传统文化会威胁其本土文化,不利于"民族归化"。这其实是不必要的,也是缺乏远见的。我们相信,随着文化的开放与交流向纵深方面发展,随着中华优秀传统文化现代价值的日益彰显,他们迟早会体会到中华优秀传统文化不仅不会威胁其本土文化,而且会对其社会与文化的发展发挥积极的促进作用,从而修正他们的观点和政策。

事实上,这种不合时宜的观点与政策,已经在许多国家或快或慢地有所转变。"二战"之后,东亚和东南亚"儒教文化圈"国家经济迅速崛起,综合国力不断增强,引起了人们对儒家文化推动社会经济发展的再认识。那种以为只有新教伦理所造就的资本主义文化精神才能推动社会经济发展的偏见遭受到强劲挑战。人们发现,"儒家资本主义"不仅毫不逊色于"新教资本主义",而且在诸多方面具有"新教资本主义"所不具有的、更富现代精神的因素。它引导着这些国家克服了人口众多、资源缺乏、灾害频繁等困难,迅速医治了战争创伤,在不利的国际政治经济秩序下,走出了一条不同于西方国家的现代化道路。儒家文化的现代价值由此逐步为人们所认识。

中华优秀传统文化现代价值的彰显,就文化本身来说,在于其内含的人

---

① 邵建寅. 理想的教育模式 [Z] //教总33年(1951.12.25—1985.4.8). 吉隆坡:马来西亚华校教师会总会, 1987:201.

② 参见1994年9月7日的《联合早报》。

文理性及其永恒价值。中华文化在沉寂了近三个世纪之后，能够再现辉煌。原因则是多方面的，而海外华文教育所发挥的文化功能功不可没。正是借助于华文教育，中华文化才得以顽强地在海外多元民族、多元文化，甚至在受到歧视或压制的环境中保存下来。没有华文教育对中华文化的传承，中华优秀文化也就不可能在海外再现辉煌。当然，华文教育对中华文化的传承，并不只是静态的积累、保留和传递，而是选择性地吸收了传统文化的精华，并转化为适合时代与当地条件的文化形态。也就是说，华文教育不仅传承着中华优秀传统文化，而且在海外这一特定环境下，发挥着文化创新功能。

就文化本身的运动来说，多种文化之间的交流和交融，对文化创新具有重要意义。海外华文教育，由于处于所在国本土文化以及其他文化所形成的多元文化氛围中，具有开展文化交流与融合的独特条件与环境。因而，它在传承与弘扬中华优秀传统文化的同时，也促进了中华优秀传统文化与其他文化，特别是与华人所在国本土文化的交流与融合，从而一方面丰富了中华优秀传统文化的内涵，使之具有更大的包容性和更强的世界性品格；另一方面又推进了与中华文化同宗但不同品系的新文化的形成。中国儒家文化在离开其发源地之后，通过与当地文化融合而形成日本儒学、韩国儒学、南洋儒学等，教育（包括华文教育）在其中起到了重要的促进作用。因此，如果说儒家文化是"儒家文化圈"国家经济崛起的深层内在的原因，那么，教育，尤其是华文教育通过对中华优秀传统文化的传承与创新，在其中发挥了关键性的作用。

二、中华优秀传统文化现代价值的彰显，促进了华文教育的兴盛

从总体上看，当前海外华文教育正逐步走出20世纪五六十年代的低谷而兴盛起来。这首先表现在华人居住最为集中的东亚、东南亚国家，当地政府逐渐放宽了对华文教育的限制，有的还鼓励开展华文教育。同时，在远离中华文化发源地的欧洲、美洲、澳洲，也开始出现了华文教育的热潮，有的国家或地区甚至比东南亚国家发展更快。不少华人组织根据自己的需要，在当

地创办了许多华文学校及相应的组织,有"海外希望工程"之称。① 另外,华文教育的对象,已由华人扩展到非华人,世界上学习华文的人越来越多。对于海外华文教育兴盛的原因,人们的看法不尽相同。有的认为是政治敏感和民族歧见逐渐淡化所致,有的认为是华语的经济价值和商业价值日显上升所致,还有的认为是海外华人社团和教育机构艰苦努力所致。我们认为,这些方面都是华文教育得以兴盛的原因,但最根本或最深层的原因,在于中华优秀传统文化日益表现出其现代价值。

(一) 中华优秀传统文化经济价值的凸现,是华文教育兴盛的直接原因

中华优秀传统文化现代价值的直接表现是其经济价值,即对经济发展的促进作用。这种经济价值有两个相互联系但层次不同的方面:表层是华语言文字的经济价值,深层则是中华优秀传统文化的精神特质对经济发展的促进作用。它们在现代社会逐步为人们所认识,促进了海外华文教育的兴盛。

随着中国大陆改革开放的深入和经济的迅速发展,以及香港、台湾地区经济的繁荣,华语在世界范围内,尤其在亚太地区的经贸活动中,成为一种重要的商业语言文字。不少国家为了同中国建立紧密的经贸关系,以促进本国经济的发展,急需通晓华语华文的人才。因此,他们放宽了对华文教育的诸多限制,鼓励开展华语教学。这就是说,华语言文字经济价值的上升,是华文教育得到了重视与发展的直接原因。如马来西亚政府教育主管部门和经济部门的官员们认为,华人具有控制世界经济市场的潜力。华文在20世纪90年代的国际社会里具有独特的经济价值,通晓华文的人才在90年代会是商家争取的对象。因此,不仅华族要重视华文教育,马来族人亦应重视华文学习。② 在菲律宾,华语作为一种重要的"功能性语言"被予以强调,他们认为,学习华语将有助于未来的领袖和商人发展国家经济。菲教育部部长认为:"华语的世界地位日益重要,无论在语言沟通方面,还是商业接触方面,都是很重要的工具,必将会成为今后学习的主要外语。"③ 新加坡、泰国、柬埔寨、印尼等国政府或有关人士,对此都有相同的认识。

---

① 丘进. 海外华文教育概观及相关问题 [J]. 教育研究,1996 (6).
② 参见1993年12月16日及1994年7月8日的《星洲日报》。
③ 参见1994年8月15日的《华文教育》报。

由此可见，华文教育的兴盛，首先是得益于华语的经济价值日益上升。华语经济价值的上升，依托于华人经济圈经济的迅速发展，而华人经济圈经济之所以能迅速发展，从经济与文化的关系来看，主要是得益于中华优秀传统文化的精神特质。在这个意义上，我们可以说，华文教育兴盛的深层原因在于中华优秀传统文化的精神特质对经济发展的促进作用。

中华优秀传统文化精神特质经济价值的彰显，已促使有些华人居住国政府从深层次上认识华文教育的意义。新加坡便是一个典型的例证。与那些只重视华语经济价值的国家不同，新加坡政府尤为重视中华优秀传统文化深层次的经济价值。因此，在华文教育中，政府号召华人要保留中华文化传统，传播对新加坡繁荣和进步起积极作用的中华传统思想。强调华文教育要把弘扬华族传统文化和价值观放在重要位置，为实现"创造新一代新加坡人"这一总目标服务。因而，新加坡的华文教育较其他国家在层次上更高更深。

当然，目前大多数国家还只看到华语言文字的经济价值，并由于历史和现实原因，他们往往把华文教育限制在华语言文字教学的范围之内，尚没有从深层次上来认识华文教育的意义。我们相信，随着中华优秀文化现代价值的不断彰显，他们迟早会消除文化偏见，将华文教育引向深入。

（二）中华优秀传统文化人文和社会价值的彰显，将促进华文教育的全面兴盛

中华优秀传统文化的现代价值，不仅表现在经济价值方面，更表现在人文和社会价值方面。它的不断彰显，将会使华文教育获得更深入、更持久的发展动力。

现代社会，尤其是在发达国家中，科学技术与人文文化的失衡日益严重。进入21世纪，高科技与低素质的矛盾将更加尖锐。西方所奉行的科学主义，强调的是人与自然的对立，人与人的对立，把一切都物性化，通过对自然的征服、向他人索取来实现个人的价值。尽管它导致了科技发达、经济富裕，但同时导致了精神空虚、人格堕落、人际关系冷漠、生态环境破坏、社会秩序混乱等一系列问题，人的尊严与自由受到极大伤害，经济的发展也日渐失去持续发展的能力。人们经过痛苦的思索，反复地求证，认为造成上述问题的根本原因，是人类现代文化价值观的偏颇。因此，在人类即将跨入21世纪的历史时期，一些有识之士认识到：为了把人类真正解救出来，应该转变人类的文化价值观念，并把追寻的视角转向东方，去吸取儒家思想文化的精髓。同时，在世界范围内，一种新的发展观——可持续发展观正在取代单纯追求物质文明的发展观，成为21世纪人类的发展宣言。可持续发展观的实质，是要建构一种充满人文理性的，真正关心人的价值和尊严文化价值观，实现人与自然、人与人、人的肉体与精神的圆融统一。中华优秀传统文化的人文理性精神，如追求道德价值、注重人际和谐、讲求天人合一、主张民胞物与，以"天下为公""世界大同"为最高理想，与这种新的文化价值观有着诸多契合之处。不少人认为，这些优秀的传统文化，是人类所追求的新的文化价值的重要组成部分。这就说明，中华优秀传统文化所蕴含的人文和社会价值，已逐步为人们所认识。

事实上，中华优秀传统文化已开始对人类的文化和社会生活产生影响。1995年日本《选择》月刊1月号发表题为《新价值观冲击欧美》一文，它揭示了目前国际社会的思想文化层面正在发生一种革命性的变化，指出欧美国家正受到发源于将近2500年前孔子学说的新价值观浪潮（即"第三次价值观浪潮"）的冲击。文章认为："在这第三次价值观中显现出来的人与人之间的新格局，也许会把欧美国家从文化及产业创造力的衰退中拯救出来。"[1] 在新加坡，无论是政府还是华人民众，对中华优秀传统文化的人文和社会价值都有较为深刻的体验。他们认为，新加坡之所以能在建设发达的物质文明的同时，保持高度的精神文明，重要原因在于中华优秀传统文化对社会和人的发展起到了促进作用，是与占人口大多数的华人所表现出来的中华民族的传统美德分不开的。据此，我们有理由相信，随着解决全球性问题的紧迫性日渐加强和华文教育文化功能的充分发挥，将会有越来越多的国家和人民认识到中华优秀传统文化的人文和社会价值，将会有越来越多的人通过华文教育来学习、了解、吸收中华优秀传统文化的精神实质。华文教育在获得深刻、持久的发展动力之后，将会在没有民族偏见、消除了误解和担心、追求合作与互补的氛围中更加蓬勃地发展。

---

[1] 廖盖隆. 全球走势、社会主义和中国传统文化［J］. 新华文摘，1995（10）.

文化的创新与保守

——大学教授的艰难选择[①]

一

从一定意义上说,人类进化和社会发展的动力来自于文化(包括科学文化)的创新。正是文化的创新,带来社会生产力的提高和经济社会的不断发展。但是,在不同的时代、不同的社会、不同的国家,由于社会意识形态和制度环境的不同,统治阶级从自己的立场和利益出发,对文化创新形成了不同的态度,从而使创新活动在社会中所起的作用也有所不同。

在农业经济时代,一方面,社会生产力发展水平很低,社会发展速度很慢,人们认为世界是恒定不变的,这样就形成了"天不变道亦不变"的思维。因此,崇尚古制和传统成为社会的意识形态,包括文化创新在内的一切创新活动被传统所压抑。另一方面,统治阶级为了维护自己的地位稳定,担心任何创新所带来的社会变化最终会危及自己的既得利益,因此也有意将人的精神活动和身体活动都限制在一个固定的框架之中,任何思想上或行动上的创新只要有所逾越,便会被视为"异端"而加以打压。例如,在中国古代,长期以来将精神和身体活动的框架局限于孔儒学说之内;而在西方漫长的中世纪,人的一切精神和肉体活动都要在宗教允许之内。正是因为这两方面的作

[①] 原载《教育研究》,2008年第3期。作者:潘懋元,刘小强。

用,在农业经济社会里,虽有不少文化创新的事例,但得不到社会的重视与支持,社会所崇尚的是维持社会秩序的"尧舜之道""祖宗之法",如果有较大的创新活动,还必须借"托古改制",以争取社会的认同。

进入工业经济时代,社会生产力的发展带来了社会意识形态和社会制度的巨大变化。一方面,随着近代自然科学的发展,科学技术的发明创造带来了社会物质财富的飞速增长,促进了人们物质生活的改善,以创新为核心追求的科学成为人们的价值取向;但在另一方面,随着科学发展带来的文化创新却又与过去数千年历史所形成的固有文化产生了激烈的矛盾,以创新、进步、科学、民主为主的科学价值观受到了传统文化的强烈抵抗。作为文化传承、传播、生产的基地,这种矛盾和斗争在大学里就表现得特别鲜明。

18世纪以前,西方大学傲慢地拒绝了所有科学技术知识进入课堂。19世纪以后,虽然大学部分地进行科学研究,但主要任务仍然是传承文化而非创新文化。当时,洪堡将科学研究引进大学的教学过程,也只是作为培养人才的手段而已。"科学"仍然在大部分大学的门外徘徊,技术教育更被鄙薄。20世纪,虽然"科学"大举进入大学并取得了绝对优势,但保守的传统文化与创新文化(体现为人文主义、理性主义与功利主义、科学主义)之间的矛盾斗争仍然贯穿于20世纪的大学之中。

自20世纪下半叶以来,人类社会迎来了知识经济时代的曙光。按照世界经济合作组织的定义,知识经济就是建立在知识和信息的生产、分配和使用上的经济。① 这一时代区别以前两个经济时代的典型特点就是经济社会发展的主要动力来自于以高新科技为核心的知识,社会最重要的经济资源已由过去的实物资产(土地或矿藏、机器等)逐渐让位于非实物的知识。知识成为经济的基础,科技成为生产力的核心要素。谁掌握了知识,谁就掌握了资源,谁就具有了竞争优势。而知识的生命力在于创新,只有不断地创新知识,才能不断地占有资源,并赢得竞争优势。这样,国内经济社会发展的要求和国际竞争的压力使得世界各国都空前地重视科技发展和知识创新,对于新知识的追逐使得创新成为人类社会最重要的价值观之一。

---

① 叶险明. "知识经济"批判[M]. 北京:人民出版社,2007:1.

很自然，在知识经济时代，拥有高新科技知识的大学，就逐步从边缘走向经济社会的中心。大学不仅以培养具有创新能力的人为己任，而且还直接从事知识的创新，并以其先进的研究成果投入经济社会的发展建设中去，成为推动社会发展的重要力量。

二

尽管文化创新是时代的强音，大学又处在科学技术创新的前沿，但大学内部的保守传统文化与创新文化之间的矛盾并未消解。"大学是所有社会机构中最保守的机构之一，同时，又是人类有史以来最能促进社会变革的机构。"[①]可见，保守和创新就像一枚硬币的两面，是大学本身所固有的两面性。今天，大学既活跃在文化创新的前沿，又是保守传统的顽强堡垒。

从文化创新的方面来说，首先，作为引领社会思想的火车头，思想创新一直是大学群体的价值追求。在柏林大学把科研引入大学之前，大学中的许多学者就一直在进行思想创新。如牛顿在剑桥大学的物理研究，马丁·路德在维登贝格大学开始的宗教改革运动，等等。1810年柏林大学成立后，科学研究成为大学的一个重要职能，进行科学创新开始成为大学的自觉追求。在今天的知识经济时代里，社会的新形势要求大学步入社会的中心，并以创新知识、创新文化为己任，以适应、推动和引领社会文化的发展。这就将大学所具有的创新性潜力充分释放出来，大学的创新特征更为凸显。其次，大学是社会中的大学，大学本身必须不断变革以适应社会的新形势。适应的过程本身就是一种"进化"的过程、创新的过程。从大学的发展史来看，从中世纪大学"进化"到现代大学形态，无论是从师生规模、学科数量、专业数量、课程数量等"量"的方面来看，还是从培养目标、课程内容、组织结构和管理体制等"质"的方面来看，都发生了巨大的变革，表现出了很大的创新性。大学不是游离于社会之外的、封闭静止的"文化孤岛"，而是与时俱进、不断

[①] 克拉克. 高等教育系统：学术组织的跨国研究[M]. 王承绪，等，译. 杭州：杭州大学出版社，1994：203.

适应、不断创新的"弄潮儿"。即使是19世纪以前处于社会边缘的大学，它们也仍然是适应社会的产物。

大学之所以具有创新性，不仅是因为社会要求大学适应时代的发展，而且还是因为大学本身具有创新的诸多内部条件。第一，大学拥有大批学者、科学家、教授等高学术水平的人才，他们处于各学科发展的前沿，不仅拥有丰厚的知识，而且以提出新见解、发现新理论为己任。第二，大学里的大学生和研究生是思维敏捷、富有探索精神、追求真理的知识群体。第三，大学拥有尖端的仪器设备和丰富的图书资料，有利于开展科学研究和传递最新科技信息。第四，大学的学术环境和民主科学的气氛提供了较为自由的创新空间。第五，大学还是国际文化交流的平台和窗口，多种文化在这里碰撞，激发出创新火花。由此，大学不仅必须创新，而且能够走在创新的前头。

从保守传统的方面来说，首先，大学的主要任务是培养人，大学的保守性还表现为对特定理想人格的永恒追求，表现在对自由教育的固守和坚持上。自由教育是一种古老的教育理念，从古希腊开始，历经博雅教育、文雅教育到今天的通识教育，可以说是一脉相承的。自由教育的理念要求培养理智健全、全面发展、思想自由的人，要求大学在适应社会的同时，不能陷入社会、政治、经济的漩涡，而应坚持对理想人格的追求。这就要求大学与社会保持一定的距离。历史上，每当社会对大学提出更多的要求之时，大学保守的自由教育理念就会被激活。如1828年《耶鲁报告》的发表、20世纪30年代永恒主义者赫钦斯的"百本名著"运动、1945年要素主义者科南特《自由社会中的普通教育》报告的发表，以及"二战"后的"核心课程"和"通识教育课程"运动，等等，这些都可以看做是保守性的自由教育理念对社会"诱惑"的回击。[①] 可以说，自由教育的思想从来就没有在大学中消失过，而且它是大学保守性的重要源泉。

其次，大学作为社会的思想、文化机构，具有批判社会的责任和功能。大学教授作为社会的知识分子，当社会在沉沦的时候，他们是清醒的智者，坚守伦理、良知的底线，他们有责任和义务对社会的沉沦进行批判、引导。

---

① 陈学飞. 当代美国高等教育思想研究 [M]. 大连：辽宁师范大学出版社，1996.

所以，从某种意义上说，有了大学的保守性，才会使大学在稳定中发展，才会使大学不至于轻率、随意地迎合社会而丧失自己的本真。正确认识大学的保守性，我们才会按照大学规律办大学。而且，有了大学的保守性，优秀的传统文化才能得以保持并发扬，社会文明才能不断进步。

再次，大学在适应社会环境、改变自身的过程中，又不能完全丧失自我。大学必须坚持它的完整性和培养人才的根本职能，否则，大学就无法完成其承担的社会职责，丧失其存在的合理性依据，并面临自身被淘汰的危险。从大学的发展史来看，尽管伴随社会的变化，大学增加了不少职能，但是其最根本的教学职能一直没变，并且一直占据着中心位置。可见，大学的保守性同样也是大学自我价值追求（内因）和社会的要求（外因）共同作用的结果。

目前，世界上在1520年之前成立且至今仍然存活、功能相似、历史没有中断的机构约有85个，这其中包括70所大学，而其他的统治帝王、封建君主和诸侯以及垄断的行会均已不复存在。这70所大学基本上仍然在相同的地点、相同的建筑物里，教授和学生从事着基本相同的任务，学校的管理方式也与过去基本相同。[①]

在人类发展的历史长河中，各种社会机构不断产生和消失，但总的来看，社会机构消失的原因不外乎两种：一是它们过于保守，不能创新，不能因应社会而惨遭淘汰；二是它们过于变动、不能保守稳定，盲目追随社会热点而丧失其自身。大学为什么历经如此之久而不消失，其原因就是，一方面它不断创新，伴随社会不断进化，适应社会的需求，而另一方面它又稳定保守，在满足社会需求的同时又坚持自己的本性和核心追求。正是通过这种方式，在坚持自己根本职能的同时又通过增加或减少其他职能，以在一定范围内适应社会。大学在保守和创新的选择中保持平衡。所以，大学是保守和创新的统一体。只有保守，大学才能保持其本真；只有创新，大学才能不断适应社会的需要，在社会中生存。两者都服务于大学的可持续发展，但在现实中，

---

① 克尔. 高等教育不能回避历史：21世纪的问题[M]. 王承绪, 译. 杭州：浙江教育出版社, 2001: 50-51.

有的大学创新性表现得明显一些（如哈佛大学）①，有的大学保守性表现得明显一些（如耶鲁大学）②，但它们都既是保守的，又是创新的，是保守和创新的矛盾统一体。

大学是社会的文化机构，从本质上看，大学的保守性和创新性主要表现在大学对文化的传承和创新上。一方面，大学要传承、守望传统文化。因为，优秀的传统文化不仅是人类历史的珍贵宝藏，是人类生活经验和生产经验的积累，还是促进年青一代社会化、凝聚社会精神力量、延续社会生命的重要资源。另一方面，大学要文化创新，只有文化创新，大学才能适应社会进步的要求，也只有创新自身的大学文化，大学本身才能与时俱进。大学教授是大学教学、科研和社会服务等职能的具体承担者，是大学学术人员中的最高层次。因而，大学的创新性和保守性、大学文化创新和文化传承的矛盾也就最集中地体现在他们身上，表现在他们对于学术文化的矛盾态度上。一方面，大学教授是学术文化的创新者。大学教授作为思想自由的知识分子，其最根本的特征就是自由地从事永无止境的高深学问的探究。在这种探究中，他们的活动只服从于真理的标准，而不是社会的其他因素。他们有权探索一个论点到它可能引向的任何地方，而不存在任何的掣肘和局限。同时，作为自由的知识分子，大学教授还是社会的批判者，他们以真理的名义来对世俗的偏见、权威进行抨击，对落后于时代的传统思想与社会习惯进行批判。另一方面，大学教授是学术文化的保守者。大学教授不管是对自由教育和理想人格的坚持，或是作为社会的知识分子和清醒的智者，坚守伦理、良知的底线，对社会进行批判、引导，还是主张大学自治、学术自由，保持大学的完整性和人才培养的职能，其根本原因还是来自于他们作为学术文化的保守者。大学教授之所以成为学术文化的保守者，就是因为他们掌握各自学科的前人所积累的科学知识，甚至有些科学知识就是他们自己所取得的科研成果，保护和传承这些知识成为他们自然而然的行动。这不仅是因为大学传承文化的职

---

① 刘宝存. 大学的创新与保守：哈佛大学创建世界一流大学之路 [J]. 比较教育研究，2005（1）.

② 王英杰. 论大学的保守性：美国耶鲁大学的文化品格 [J]. 比较教育研究，2003（3）.

能从外部要求他们这样做,而且他们这样做还是"发自内心"的行为,因为传统的文化知识已经构成了他们的生存境界和思想框架,他们的思想和行动都很难逾越这一境界和框架。所以,呵护、传承各自学科的传统学术文化珍宝,是大学教授的"天性",而作为"天性"的行动,既是有意的,也是无意的。

但是,有所创新往往意味着有所否定。自己所掌握的文化知识、学术观点被否定了,必然要努力保护,尤其是要否定自己创造、发现的知识,更是难以忍受的痛苦。作为文化的保守者和创新者,大学教授处于深深的矛盾和痛苦之中,他们在创新与保守的十字路口困惑、彷徨,面临艰难的选择:是致力于文化创新以推动社会文化的发展,从而提高社会的物质文明与精神文明,还是固守传统的文化,保护传统文化的宝藏,也维护自己学术权威,从而有意或无意地站在文化创新的对立面?

三

大学要引领社会创新文化的发展。[①] 因为,文化功能是大学的基本功能,大学的一切活动就是为了文化的传承与发展,大学的使命就是引领社会文化的创新与发展。大学承担引领社会文化创新发展的重任,其原因除了上述大学具有与生俱来的创新性之外,作为社会的文化重镇,它还具有其他机构所不具有的诸多特点。第一,大学不仅具有传承文化的功能,而且还具有保存、选择、吸收、批判、创造文化的种种功能。第二,大学不仅进行文化工作,而且还将文化工作与培养人才结合起来,并将文化工作的成果通过培养的人才而辐射到社会,而且这种辐射不仅影响当前的社会,还将影响到久远的将来。大学的这种辐射影响不仅仅局限于它传递给学生的新知识,更重要的是在传递新知识过程中,把知识创新过程中的科学精神、创新精神也一起教给了学生,并通过他们在社会中形成一种尊重科学、尊重创新的氛围。第三,

---

① 赵沁平. 发挥大学第四功能作用 引领社会创新文化发展 [J]. 中国高等教育, 2006 (15).

大学的文化工作具有全面性、综合性。为了全面适应社会的需求，大学的学科比较齐全，文化工作的面非常广，几乎涉及社会文化的各个方面，因此大学对社会的影响要比其他各种文化机构的影响都大。第四，在知识经济时代，大学从社会的边缘进入了社会的中心，这为它引领社会文化创新提供了有利的地位。

大学致力于文化的创新和推动社会文化的发展，这并不意味着大学应该完全放弃自身的保守性，放弃对传统文化的坚持，这是因为大学的运行与发展需要大学的保守性。大学对传统文化的坚持是大学保守性的重要方面，因为传统文化往往也是文化创新的基础和前提。因此，大学既要进行文化创新，引领社会文化创新的发展，同时又要坚持优秀的传统文化，保证大学本位运行。正确处理文化创新与传统文化的关系，关键在于要有正确的思想方法。

首先，文化创新是对传统文化的扬弃，而不是对传统文化的全盘否定。扬弃不同于放弃，它是有选择的保留。对传统文化进行扬弃，意味着我们有意识地从传统文化中寻找珍宝，挖掘其中闪光的思想。从人类的思想史来看，苏格拉底、柏拉图、亚里士多德等古希腊的先哲们的思想，一直是西方思想发展取之不竭的源泉。在东方，先秦百家，尤其是以孔子为宗的儒家思想，至今仍然在中华文化思想中占有重要的位置。所以，文化创新需要从传统文化中吸取养分和灵感，优秀的传统文化是思想进步的源泉。以赫钦斯为代表的西方永恒主义的哲学思想认为，人类总有一些崇高的价值可以穿越时空而成为人类任何时间、任何地点都应具有的坚定信仰和精神支柱。文化的扬弃正是要保留这些崇高、恒定的价值。

其次，文化创新对传统文化来说是复兴而不是复古。时代在进步，社会在发展，传统文化中确实有很多的思想与今天的社会不合节拍。文化创新所进行的对传统文化的扬弃，并不意味着全盘接受传统文化，而是一种文化的复兴。文化复兴就是根据不同时代的现实需要，对传统文化中的优秀文化进行加工，让它在新的时空中焕发出新的光彩。正如文艺复兴所复兴的是民主、自由的精神与文艺繁荣，而不是古希腊时代的奴隶制；中国国学复兴所复兴的是"与时俱进"的自然观、价值观与伦理道德，而不是回到封建社会。作为文化复兴的文化创新，是为了更好地保存和弘扬传统文化的精华，不断地促进民族的和国际的文化现代化。

　　传统优秀文化是文化创新的基础，文化创新是踩在"巨人"的肩膀上向上攀升。这位"巨人"，既是传统文化的积淀，也包含了被认同、容纳、吸收、消化了的外来文化。外来文化与本土文化结合、融合之后，也就成了传统文化的有机组成部分。博大精深、与时俱进的中华文化，不论在古代、近代和现代，都是海纳百川，不断地吸收、消化外来文化而不断创新与发展的。大学具有创新文化与保守文化的双重任务。在创新与保守的矛盾中，创新文化是矛盾的主导方面，但必须正确地处理创新文化与保守传统优秀文化的关系。处在创新与保守的十字路口的大学教授，要善于运用辩证的思想方法不断地探索前进。

以创新文化养人　以创业实践育才[①]

我国正处于社会转型和高等教育转型的关键时期,开展高校创新创业教育有助于促进产业升级的高素质人才的培养、凸显高等教育的应然价值、推动"建设创新型国家"发展战略的实现。如何通过创新创业教育,激发大学生的创新意识,提升创新精神和创业能力,成为高校面临的重要课题和紧迫任务。

解读创新创业教育的内涵和价值

毫无疑问,创新创业教育成为我国当前高等教育理论研究与实践探索的双热点。一方面,创新创业教育的实践活动具有丰富的价值意蕴,对国家战略制定、高校创新式发展、学生综合能力提升都具有现实意义。另一方面,创新创业教育是一个复杂的系统性工程,创新创业教育的基本内涵还没有为学界所公认,仍然是一个处在讨论中的新概念。

作为教育领域的全新理念,创新创业教育是知识经济时代教育的引领性价值观。世界高等教育普遍重视开展高校创新创业教育,服务于建设创新型国家的重大战略。早在 1995 年联合国教科文组织发表的《关于高等教育的变革与发展的政策性文件》就呼吁,高校毕业生不仅仅是作为一名求职者的角色走向社会,还应该争取成为一名创造者,引领行业的发展。1998 年,联合

---

① 原载《中国高等教育》,2017 年第 8 期。作者:潘懋元,朱乐平。

国教科文组织更加明确提出:"高等学校,必须将创业技能和创业精神作为高等教育的基本目标"。如今,欧美等发达国家的高校围绕创新创业教育开设了系列的课程,形成了比较成熟的体系。

创新创业教育不仅是时代发展的需要,也是高等教育发展阶段性产生的结果。后大众化高等教育时期,制约教育教学质量和办学效益的深层次矛盾和问题不断凸显,推动高等教育实现内涵式发展、坚持规模扩张与质量提升协调发展成为当前高等教育发展的需要。顺利解决系列矛盾和问题是高等教育证明其合法性的关键。从微观层面而言,创新创业教育是高校在推进人才培养理念、模式等方面改革的途径之一,其首要职能与核心价值必然集中在高素质创新人才培养上。以培养学生的创新精神和创业能力为抓手,创新创业教育革新了高等教育传统的人才培养方式,回归了高等教育发展的根本,契合了《高等教育法》(修订)的规定:"高等教育的任务是培养具有社会责任感、创新精神和实践能力的高级专门人才"。

创新创业教育不同于传统的应试教育的理念和模式,也并不以培养企业家为导向,而是一种传播理论知识为辅、营造文化氛围为主的综合教育。创新创业教育以理论探讨、实践探索为主要内容,以教师和学生共同参与为实现形式。从某种程度上来说,创新创业教育是一种动态的场域,或者说是不同文化主体相互作用、相互影响的过程。具体来说,创新创业教育融合了学生的校园生活体系与社会生活体系、教师的知识传授与实践学习、高校的教学科研成果与社会服务意识等。从场域的形成条件来看,创新创业教育环境的搭建为学生的创新创业创造了基本条件,开展的创新创业主题活动激发了大学生创新创业的意识,团队合作与交流的经历培育了大学生创新创业能力,塑造了大学生的人格。

在创新创业教育如火如荼地开展之时,准确地把握其本质和内涵是理论和现实需要解决的问题。从经济发展的角度来看,在知识经济时代,科学技术日益发达,发明创造日新月异,这样一个大变革的时代呼唤创新创业型人才,助力产业结构调整、经济发展方式转变。从文化创新的角度来看,现代商品社会、信息高科技扰乱了传统文明的发展节奏,功利主义、快餐文化、山寨文化等对传统文化造成了一定程度的冲击和影响。"大众创业、万众创新"则成为一种新的社会思潮,激发了人们对优秀传统文化以及国外优秀文化的甄选和吸收。从教育发展的角度来看,我们认为,创新创业不是少数人的专利,也不是普通人的妄想,而是受教育个人改变命运、追求卓越的一种方式。由此,创新创业教育是一种面向所有学生、面向未来的教育思想,根本出发点是培养学生的事业心、创造与创业精神。

依托校园文化进行创新创业教育

在调研中发现,以办学定位为指导、以校园环境为载体、以科学研究为依托,泉州理工职业学院积极营造创新文化,实现"润物细无声"的文化熏陶式育人效果,构建创业课程,搭建创业平台,明确服务地方策略,紧密结合创业理论与实践,达到"即学即用"的育才目的。

1. 营造创新文化,力求"润物细无声"的育人效果

创新文化作为一种文化"软实力",既是在精神、理念和价值观层面上提升主体自主创新能力的前提,又是从制度、环境角度提高区域自主创新能力的基础。泉州理工职业学院以学校的发展需求为根本出发点,通过多种途径和方式营造浓厚的创新文化,为培养学生创新意识奠定基础。

首先,以办学定位引领学校创新的方向。对于高职院校而言,创新创业教育目的在于培养具有创新精神、创新思维、创新意识和创新能力等应用型人才,直接服务于社会生产与生活。长期以来,民办高职院校的状况是"基础差、底子薄、资源少、矛盾多",为了改变这种不利的发展状况、开拓更广阔的发展空间,泉州理工职业学院确立了"产业伙伴型大学"的办学定位。"伙"代表的是合作、交流;"伴"指的是共同进步、发展。正是这种创新式的发展思路和独特的办学定位逐步引导学校形成一种特定的文化氛围,或者说"求变"思维贯穿到学校的发展理念中。

其次,以校园环境搭建学校创新的载体。创新意识、创新思维的培育不仅仅需要一定的精神环境,同样需要特定的物质环境。泉州理工职业学院在传承地方历史文化与完善校园功能设施的同时,十分重视并努力实践"生态和谐、绿色循环"的理念,创新校园建设,打造"绿色区域""绿色建筑"

"绿色消费"与"绿色技术"融为一体的生态校园园区，特别是建筑废渣、生活污水、地沟油等处理技术的应用，让校园循环经济、节能减排、全面清洁校园水源从蓝图变成了现实，以实践推动创新，把"环境育人"的理念融入到校园建设中，让每一扇墙壁、每一处景致都成为能传情、能说话的"活教材"。

最后，以科学研究贯穿学校创新的过程。由于资源配置以及政策引导等原因，科学研究成为研究型高校的"专利"。然而，以科学研究推动学校创新发展、培养创新人才理应成为每所院校的共识。泉州理工职业学院获得的多项充分体现循环经济理念的国家专利技术均具有很好的推广价值，如"非承重墙体机器成型方法""新型绿化墙体""新型循环水箱""制造混凝土墙的模板"等，根据学校建设的过程中的实际需要，以一系列科学研究的成果应用到学校创新的全过程，以事实改变人们对于民办高校科研能力差的偏见。

2. 注重创业实践，贯彻"知行合一"育才方式

为了进一步完善学校人才培养战略规划，全力打造"创业者的摇篮"，培养具有"晋江模式"基因和泉州理工特质的创业型人才，泉州理工职业学院围绕学校"创业者的摇篮"育才定位，为地方产业输送"去得了、用得上、留得住、发展好"的复合型人才。

一是推进通识教育改革，构建创业实践课程体系。在专业教育的同时补充创业知识，了解企业创办、管理和运营的基本技能，更符合现阶段学生认知和社会需求。为此，泉州理工职业学院大力推进通识教育改革，构建创业实践课程体系。其一，泉州理工职业学院设立了专门的机构——通识教育改革委员会，学校党委书记担任主任。其二，制定"共识教育改革实施方案"，构建通识教育课程体系。由教务处牵头，统筹公共基础课与公共选修课，打通两类课程；由学生处和团委牵头，开展创新创业第二课堂教育，通过特色校园文化活动、社会实践（服务学习）、情满校园主人周、创新创业讲座、创新创业竞赛等活动，对学生进行隐性的创新创业教育；由就业处牵头，开展创业教育和创新创业研究工作。根据学生特点和需求，分阶段地开展职业生涯规划、职业素质培养、创业意识和技能、就业创业准备等富有针对性的教育内容，并开展各种创业教育活动。

二是深化创新创业改革，打造创业者的摇篮。泉州理工职业学院立足地方发展的需求、精心打造创业者的摇篮，采取了多种方式方法。第一，形成"1-2-3-4"创业培育模式。即传承"敢为人先、爱拼敢赢"，激发一个创业梦想；创新工作载体，建设创业培训、创业孵化两个服务平台；凝聚创业能量，打造校内教师、创业校友、校外导师三支导师团队；遵循创业规律，圆梦普及教育、系统培训、创业孵化、创业运营四个创业阶段。第二，深度融合专业教育与创业教育。围绕"建设一个专业群，引进或培育一个以上知名企业，服务区域一个产业"的专业建设思想，泉州理工职业学院积极探索校企一体、产教融合的创业人才培养模式。第三，构建多元创业服务体系。根据国务院精神，结合学校办学定位、特色及闽台合作资源优势，泉州理工职业学院、台湾高校与晋江市三方共建"海峡两岸创意创新创业学院"；充分利用全国互联网+、创青春、职业挑战杯等大学生创业大赛载体，推动学校创新创业教育实践；搭建省、市高校毕业生创业培训基地与孵化基地以及对接创业园。

深入思考创新创业教育之发展

我国高校创新创业教育的产生根源于我国社会经济发展的现实需要，其发展和演变形成了具有我国特色的价值内涵。相比于国外比较成熟的理念、体系和发展模式，我国高校创新创业教育具有很大的发展空间。

1. 高校创新创业教育需要百折不挠，而不是一曝十寒

如何推动高校创新创业教育的可持续发展，需要从两方面着手解决。一方面，转变思想观念，充分理解并重视高校创新创业教育的价值内涵，确立"以人为本"的理念，把培育大学生的创新精神、提升大学生的创业能力作为推动高校创新创业教育的主要推动力；另一方面，实行制度建构，高校创新创业教育是一种理论结合实践的人才培养模式，建立高校创新创业教育的人才培养体系需要制度化的保障，强化模式的可持续性发展。

2. 高校创新创业教育需要鞭辟入里，而不是浅尝辄止

高校创新创业教育概念的认识程度直接影响到其开展的效果如何。上个

世纪 90 年代，创业教育作为舶来品进入我国，2010 年教育部正式使用创新创业教育这一概念，直到现在，诸多学者仍在关注创新创业教育的内涵。因为只有明确创新创业教育的内涵，才能更好地指导高校创新创业教育系列活动的开展，更好地提升人才培养的质量和水平。

理论研究与实践探索的过程中，皆出现创新创业教育的"倾向论""整体论"等现象，主要表现为片面地、表面地认识和理解创新创业教育，没有能够揭示创新创业教育的本质。创新创业教育应该落脚于人的培养。具体来说，应通过全面深化改革传统的教育教学模式，以培养学生创新创业意识、精神和能力为根本宗旨。

3. 高校创新创业教育需要多方联动，而不是单枪匹马

推进并落实高校创新创业教育相关项目和活动并不是学校单方面可以完成的，因为它是一项涉及多方面主体的复杂系统工程，包括教育教学理念、教育模式、管理体制的改革，社会氛围、社会文化的建立，政府政策和导向的改变等各个方面。因此，各个管理系统之间的协调、沟通以及合作，共同形成一种合力，尝试突破现有的教育培养制度与框架，探索能够适应我国人才培养和社会发展需要的创新创业教育培养模式，至关重要。其一，政府需要进一步强化支持的力度，加大财政拨款和政策倾斜；其二，学校需要积极探索高校创新创业教育多样化、个性化的实施模式，提升人才的质量以适应社会发展的要求；其三，应该加强企业与高校的合作和交流，提供相应的平台和机会，服务于学生的创新创业。

高等教育思想  潘懋元文集
PANMAOYUAN WENJI

在新加坡（1998年）

"全面发展与发挥专长"的我见[①]
——谈谈《学生论坛》上对这一问题的讨论

《新厦大》从第132期起,在《学生论坛》上展开了"全面发展与发挥专长"问题的讨论。讨论的展开是健康的、有益的。首先,讨论中揭露了教学工作中存在的许多缺点与问题,如过去强调集体统一,形成"平均发展",没有正确地估计到学生学习的实际效果。这学期来,虽然提出因材施教的原则,改变刻板生活以利于学生自由支配学习时间,强调培养学生独立工作能力的重要性,但没有贯彻好。一方面,"平均发展"的情况仍存在着,另一方面则又出现了误解"因材施教"原则而自搞一套或狭窄地专钻一门的现象。要把这些方针、原则贯彻好,必须使师生对它们的精神实质有正确的认识。最好的途径是展开自由讨论。下面仅应《新厦大》之约,对这场讨论发表我个人的体会,谈不上总结。

1. 全面发展与发挥专长应结合起来

绝大多数的讨论者同意:"全面发展与发挥专长应结合起来。"如果这里所指的"全面发展"仅意味着某一专业的基本知识与技能而言,我认为这个论点是可以同意的。因为一个大学毕业生,尤其是综合大学的毕业生,应当具有较高的政治、文化修养,较广较厚的专业基础知识与技能,才能成为一位具有综合研究能力的科学工作者或高等学校基础课程的教师。苏联高等教育部副部长 M. A. 普罗柯夫在《综合大学、经济法律学院的主要任务》一文

[①] 原载《新厦大》,1957年11月。

中，批评了苏联综合大学过去的教学计划过分强调"专门化"，以致"妨害了培养干部的质量"。他认为："加深专家的知识素养，不仅要仔细地学习一门很窄的科学（虽然这也是必要的），并且要学习其他相近的科学，深刻地领会一般科学的基本问题。"并指出"把造就狭隘专业知识作为综合大学的方针"，是与国家建设的需要不符合的。但是，一个大学毕业生，如果对于所学的各门课程，仅是一般的了解，缺乏重点深入的研究，他的科学研究能力便很难培养起来，他的专长也很难发挥。在多数专业教学计划之中，除专业课外，还要开设几门专门化课程（或选修课程），就是要根据国家的需要，通过教授们所专长的课程的开设来培养学生的科学研究能力、兴趣与专长。现时我校有些专门化课程像专业课程一样地开设，仅着眼于增加一些较专门或较详细的知识，忽视通过专门化课程培养学生科学研究能力，可以说，还没有尽到开设专门化课程的作用。

尽管基本论点是一致的，但对于这一论点的具体实现，意见还有出入。白钢同学认为"大学里只是给你所学的专业打下一个基础"，奇石同学认为不仅如此，"而且在打下这个基础的同时，还必须把一个人培养成具有一定专长的人，然后参加工作，再继续提高"。应当承认，在这一点上，根据高等教育的特点，奇石同学的意见是比较全面的。但问题在于如何理解"专长"。"专长"，应当是在整个专业完整的、巩固的基础上的"专长"，不应是专钻一门课程而忽视其他课程，把其他课程看成发挥专长的障碍物。具有这种"专长"想法的同学是不少的，如黄步汉同学就认为教学计划中还规定要读几门课，每门课还要考试考查，考试考查又是每章每节都有题目，难保能及格，因此"就很难想象，能使我们去钻研自己所专长的一门"。我认为：目前我校有些教学计划还精简得不彻底，选修课程和加修课程还不够多，科学兴趣小组的活动还不够热烈，假期中的学术活动还没有开展。因而还不能充分符合同学的爱好与发挥专长，这些都是必须继续研究改进的；但却不能由此认为修习"专长"以外的课程是发挥专长的阻碍，认为那些课程可以不必考试考查，或考试考查不应考全部教材。这是离开了专业知识、技能的整体孤立地理解个人专长。从这几年来培养助教的情况可以说明：多数助教的困难还不在于没有专长一门课（那是可以逐渐培养的），而在于专业基础不够深厚，在钻研上发生种种障碍，不得不用许多工夫去补修各门专业课以及基础课。

2. 必须培养同学独立钻研精神，但应肯定教师的主导作用

"因材施教"的原则提出之后，很受同学们欢迎。学期初，同学们读外文的风气很盛，许多同学修了选修课或加修课程，有几个系的科学小组工作比前学期踏实得多，中文系的学生热心地讨论古典文学，经济系的学生阅读参考书的风气较前为盛，这些钻研的精神是非常宝贵的。有时钻起了兴趣，多花了点时间，也是可能的，应当分析具体情况，给予鼓励，在积极鼓励中引导他们照顾全面，以免形成偏废，切不可沉不住气，急于"纠偏"。但是，有些同学以为独立思考、独立工作，就是有困难不应请教教师；甚至认为课堂教学有碍于自己的独立工作，不尊重教师的讲授；或认为"生有要求，师就必须尽力满足他的要求，直到非自己能力所能及为止"。这样把师生地位颠倒过来，显然是不恰当的。在这次讨论中，许多来稿指出了"发挥专长"或"因材施教"，不应漠视教师在教学中的主导作用；自搞一套，往往会多走冤枉路。怀仁同学指出"同学们在学校里培养与发挥自己特长的愿望，变得越来越强烈"，因而对教师的期望也越殷切；希望教师改变教学方法，深入地"了解同学的情况，发现同学们的特长和兴趣，引导他们走上正轨，以便更好地发挥自己的特长"。这种期望是正确的，对于师生双方也是合理的。一方面，学生发挥专长不应脱离教师的领导；另一方面，教师应当重视自己在"因材施教"上所负的责任之重大。

3. 几个值得商榷的问题

第一，"因材施教"的原则，不仅包含发挥专长，而且包含对于受教者的困难如何帮助，缺点如何克服。即"栽者培之，倾者覆之。"这一点虽非讨论中心，但有补书一笔之必要。

第二，每门课程的任课教师在绪论中指出本门课程的重要性，是必要的。正如钟庆梁同学所说："教师说某门重要，并不排斥其他课程的重要，这是针对本门而发的，希望同学们均衡发展。"

第三，毕业同学有"满腹空虚"之感，确是时常听到，但对这样的感叹，还必须具体分析。据我所接触的毕业同学，有如下几种情况：（1）出自谦虚；（2）对自己要求较高，离开专业实际可能达到的水平；（3）理论多而实际经

验缺乏，在工作面前一时感到没有把握；（4）基础不广不牢；（5）专业不专。不同情况，应当区别对待。骄傲自满是要不得的，否定四年来辛苦的学习，将要毕业而丧失自信心，苦闷彷徨，也是不对的。

党的教育方针的胜利[①]

厦大生物系贯彻执行党的教育为无产阶级政治服务、教育与生产劳动相结合的方针，把教学、生产劳动和科学研究紧密结合起来，这个事例又一次说明了党领导教学科学研究的正确，体现了党的教育方针的伟大胜利。

一年多来，他们所走过的道路并不是平坦的：党的教育方针刚提出时，就遭遇到资产阶级教育观点和学术观点的阻碍。有的人下农村觉得没有什么东西好学，进深山采集调查怕吃苦，推来推去，不愿到现场；有些人保持单纯从分类、形态方面形而上学地研究生物科学的"传统"，脱离了生物科学发展的要求，不重视生理、生态的研究，不重视经济意义，满足于在实验室中看标本写文章。但是，在实践过程中，也有人犹豫、怀疑、顾虑多多。有的怕学生参加劳动降低教学质量，有的怕学生搞科学研究方法不周密数据不可靠；尤其是当工作因缺乏经验而发生某些困难或缺点时，这种动摇的思想就更加突出。但是，该系在党总支的领导下，坚定地贯彻党的教育方针，克服困难、改进方法，用更多的事实来驳倒和说服反对者与动摇者，终于建立了三结合体系。这个事实本身，就证明了教育事业必须由党来领导。

厦门大学生物系获得的成绩，也是贯彻群众路线的结果。只有通过群众运动，才能冲破旧的思想堡垒和习惯势力。不仅如此，在教学和科学研究的领域内，群众路线同样是重要的。这体现在：第一，从事教学和科学研究，必须向工农劳动人民虚心学习。该系脊椎动物教研组在金定以养鸭为对象进

[①] 原载《厦门日报》，1959年12月24日。

行教学、科学研究和生产劳动,获得了金定鸭群平均年产蛋347个的全国高产纪录,就是向当地养鸭农民学习,总结提高他们的经验的结果。第二,从事教学科学研究,必须充分发挥党领导下师生合作的集体力量。该系过去有个别教师想编《厦门植物志》,多年未完成,今年在师生合作下,两个星期就编成了一部《福建芳香植物志》。其他许多野外调查实习和研究,需要大量劳动力和细致的技术工作,单靠少数人而舍弃师生合作的集体力量是不行的,这些事实驳斥了教学、科学研究不能走群众路线的谬论。

  仅仅在一年多的时间内,厦门大学生物系的教学质量有了显著的提高,学生普遍反映感性知识丰富了,书读活了,对理论的理解也深透得多了;同时,掌握了生产技术,独立工作能力也加强;科学研究数量多、质量高,一年来有好多项研究成果具有较高的水平和经济意义。同时,通过生产劳动,师生们的精神面貌起了极其深刻的变化,如果说开始时还有一些教师学生到农村去怕脏怕累,则现在教授们背着自己的背包下乡和农民同吃同住,已成习惯。该系侨生很多,他们说:"过去拿扫把觉得害羞,现在挑粪施肥反觉得自豪。"这些成绩,显然不是过去几年十几年所能达到的。这是党的教育方针的胜利,是掌握教学、生产劳动、科学研究的规律的结果。这又证明了教学工作既有规律,又能跃进,而掌握规律,使主观能动性结合起来,正是跃进的途径。所谓规律限制我们只能"慢慢来"的论调不攻自破。

对转变教育思想中
几个问题的看法[①]

《中共中央关于教育体制改革的决定》（以下简称《决定》）指出：在高等教育体制改革的同时，按照理论联系实际的原则，在辩证唯物主义和历史唯物主义的思想指导下，改革教学内容、教学方法、教学制度，提高教学质量，是一项十分重要而迫切的任务。《决定》着重解决体制改革问题，没有对这一任务作深入的阐述，而万里同志在讨论《决定》的会议讲话中，以《不适应社会主义现代化建设的教育思想、教学方法必须改变》为题，作了详细论述。

转变教育思想和改革教学方法，是教育改革的一项重要内容。《决定》中的那句"在辩证唯物主义和历史唯物主义的思想指导下"是最后一稿加上去的。这就是要求我们用辩证的观点，对传统教育作实事求是的分析研究，取其精华，去其糟粕，当然这是要有一个过程的。当前在改革陈腐的传统教育思想和僵化的教学方法过程中，有许多有争论的问题，如知识与智能、通才与专才、教师与学生、理论与实践、讲授与自学、教学与科研、继承与创新、求同思维与求异思维等，种种关系需要我们用辩证的观点去深入探讨，得到正确的认识。这里只就其中的几个较普遍的问题作一分析和讨论。

[①] 原载《电子高等教育》，1986年第3期。本文根据录音整理而成。

一、知识与智能

只重视传授知识不重视发展智能，这是传统教育的主要倾向之一。这种教育思想在任何时代都有片面性。到了科学技术迅速发展的今天，它的缺陷就更加突出。所以当前我们要大力提倡发展学生的智能。这个问题不仅中国在研究，也是世界教育改革的一个中心课题。

然而有些人把知识同智能对立起来，把人才分成"知识型"和"智能型"，认为改革就是要批判和反对培养"知识型"人才，而提倡培养"智能型"人才。甚至认为，智能是重要的，而知识多少无关宏旨。持有这种观点的人常常引用一些统计数字。这类统计数字，第一次看很新鲜，多看几次就觉有问题。什么统计数字呢？就是所谓"知识爆炸"的统计数字，据说知识总量几年就翻一番，大学里所学的知识过几年大部分都老化了，只剩下百分之多少多少。这种从西方学者那里抄来的理论，我觉得从它的论点到论据都值得怀疑。我们承认知识量的增长是越来越快的，但并不像这些统计数字那样吓人。他们统计的是信息量，信息不等于知识。知识是信息，但不是所有的信息都是知识。很多信息属于技术更新、产品换代，而更新换代所依据的科学理论和基础知识并没有老化。有些文章常常引用爱因斯坦的一段名言："发展独立思考和独立判断的一般能力，应当始终放在首位，而不应当把获得专业知识放在首位。如果一个人掌握了学科的基础理论，而且学会了独立思考和工作，他必定会找到自己的道路，而且比起那些主要以获得细节知识为其培养内容的人，他一定会更好地适应进步的变化。"爱因斯坦这一段话，常常被人解释为智能重要而知识不重要。爱因斯坦说的是只注重专业知识和细节知识不对，要更重视独立思考和独立工作。相比之下不应当把专业、细节知识放在首位。那么如何看待基础理论呢？爱因斯坦恰恰是把它与独立思考同时并重的。爱因斯坦的一生就是这样实践的，他创立的相对论已经七八十年，我们还没有听说相对论已经老化了。所以，不要把技术更新、产品换代与基础理论混为一谈，越是基础理论，稳定性就越大。这就是我们为什么要强调大学应加强基础理论教学的道理。那么，大学就不要讲专业知识了？不要向学生介绍科学技术新成就了？全然不是。专业知识、新技术成就都要讲，但是要适当，要反映其中基本的东西，而不是细枝末节。我们有些老师就喜欢把自己知道的新东西，不管是否有重大意义，都塞给学生。

上面是从论据来分析，重智能轻知识不对。从论点来说，把人才分为知识型、智能型，抬高一种人，贬低另一种人是错的；把知识和智能分割开来亦是错误。知识与智能是不可分的，任何智能都必定建立在一定知识的基础上。智能，说到底是运用知识作用于客观世界的智慧和能力，智能怎么能离开知识呢？列宁说过，我们需要用基本事实的知识来发展和增进每个学生的思考力。列宁这话是对的，如果没有基本知识，智能便成了无源之水、无本之木了。另一方面，掌握知识、运用知识要具有一定的智能，智能的发展促进知识的增长。所以，我们批判传统教育重知识轻智能的片面性，不是简单地反其道而行之，来一个轻知识重智能就可以了。

我们主张知识与智能都要发展，就要研究智能发展的规律。智能发展除了要建立在一定的知识基础上之外，还有其他的规律。举个例子说：发展学生的创造能力，这里除了有知识以外，还要学生树立正确的理想和人生观。这看起来好像风马牛不相及，实际上却是密切相关的。有了正确的理想才能有强烈的进取心，没有进取心就谈不上创造。同时还要培养学生良好的心理品质，如意志力、恒心。有人说创造力就是想象力，当然没有想象力的人就没有创造性，但也不是那样简单，想象力就等于创造力。我们提倡教师在传授知识的同时，还要根据智能发展的各种规律来着重培养人才，而不是轻视知识的重要性。

陈腐的传统教育思想和僵化的教学方法，使学生处于被动位置，死记硬背，抑制了智能的发展，是非常有害的，是我们当前教学改革的主要问题。但是，我们在批判传统教育片面性的时候，不要自己又陷入了另一端的片面性。现在有些学生不愿做"知识型"人才，不肯下功夫读书，误信知识过几年就会老化，追求成为"能力型"人才、"创造型"人才等等，实际上追求的是不需要用功读书的"人才"。这种读书无用论，去年特别厉害，经过纠正，今年稍有好转。当然，这中间还有许多社会因素的影响，不只是一个理论认识问题。但是这部分学生至少从"知识老化"、贬低"知识型"人才中找到了错误的理论根据，所以教师要把正确的道理对学生说清楚。

二、通才与专才

在当前教育改革中，有很多人提到通才教育，认为在科学技术迅猛发展的当今社会，通才取胜，主张中国的大学应该培养通才，以通才教育代替专才教育，本科生的培养目标是"粗坯"，而不是"成品"。

我们知道，高等教育的培养目标及其教学内容总是受文化科学技术发展水平的制约。古代的学问是不分科的，叫哲学也行，叫政治学也行，那时培养的是综合人才。到了近代，首先是自然科学，接着是社会科学，后来是应用科学纷纷从哲学中分化出来，因此有了专门型人才。专门型人才对科学技术的发展有进步意义，现代科学技术的发展是高度分化和高度综合相结合。所以在高度综合的情况下，如果不重视学科的互相渗透，不重视横向学科，就不能培养出适应现代科学技术发展需要的人才。针对我国高等教育专业设置面过窄，只重视传统的分科教育，不重视知识综合的缺点，提倡学科交叉，文理渗透，是完全正确的。20世纪50年代我们按照苏联的模式培养专门人才，强调专才教育。现在看来，当时批判通才教育有一定片面性。但是反过来否定专才教育，提倡以通才教育代替专才教育，也不符合中国的国情。西方国家并非都主张通才教育，美国强调通才教育的主要是一些名牌大学。他们之所以强调有它的社会背景和教育背景。这类大学都要求学生有比较深厚的基础理论知识，但是美国的中学教育满足不了这种要求。美国高中实行选课，学生觉得数理化难学，往往不愿学数理化而选学容易的课程。所以这些名牌大学对招来的学生要进行补充与提高普通文化科学知识的教学。另一方面，这类大学研究生的比例比较高，成才教育可以在研究生阶段完成。不上研究生的到企业部门工作，许多大企业、大公司都有自己对口的专业培训机构。他们宁肯吸收一些基础比较深厚而尚未成才的"粗坯"。苏联强调专才教育，是与他们严格的计划经济有关。一般说苏联按专业分配工作的对口率比较高，专门人才可以较快地发挥效益。我国的毕业生分配确有不少问题，有学非所用的，但是专业对口率还是比西方国家自谋职业要高得多。

所以，从社会背景来说，我觉得完全用通才教育代替专才教育不如改进我们的专才教育。把专业拓宽、基础加厚，注重发展学生的智能，使适应面更宽一些；同时改革毕业生分配制度，允许人才合理流动，使专业对口率比过去高一些。这样，对国家的财政负担，对学生的学习负担，比之培养没有明确目标的通才要轻一些，社会经济效益要高一些。加上国家通过人才需求预测，加强宏观控制，按最优化人才结构统筹人才培养，就可能更有效地发挥社会主义有计划按比例的优越性，从而获得最佳教育效益。

通才教育的一个理论根据是当今科技发展的需要。专而不通，的确在科学技术高度综合面前不能取胜；通而不专，又何尝能在科学技术高度分化面前取胜？现代化的科技人才应该是既通又专，在通的基础上有所专，掌握了专门知识又能融会贯通。这就要求我们研究人才的最优化知识结构和智能结构。一般认为，最优化的知识结构应该是：第一，有比较宽厚的基础知识；第二，有一定深度的专门知识；第三，对学科前沿和相邻学科的动态、趋势有所了解；第四，具有必要的横向学科的基本知识；第五，具有一般的文化素养。在智能结构方面，也要求通专结合，即一般智能与特殊智能结合。譬如自学能力、创造能力，不论对什么专业都通用。有些能力对不同的专业要求就不一样，学师范、学法律的，要着重培养表达能力；管理专业、政治专业的，组织能力应有比较高的要求。这样谈优化总是比较抽象，要具体就得根据不同的专业人才具体化。苏联的高等教育部门这几年对各行各业的高级专门人才进行了调查，调查他们的工作岗位所要求的知识和能力，制订了很多专业的专家质量标准，作为在一个时期里大学培养人才的依据。我们国家，机械工业部也做了类似的工作，已经得出了四个专业的业务规格建议书。这是一项切实的基本工作。

三、教师与学生

这是教学理论中历来争论比较多的问题。传统教育强调在教师主导作用下发挥学生自觉学习的积极性，这个观点不能说是错的，因为它符合学校教学过程的规律。但是实际上，我们过去对教的研究比较多，对学的研究则比较少；对灌输知识积累了比较多的经验，而启发学生学习的办法较少，致使学生在教学过程中处于被动地位。我们知道，教学过程一般由三个因素组成——教师、学生和教材，教材或称为知识的载体。在这个过程中教师和学生都是活动的主体，是能动的因素，他们共同作用于客观世界，这个客观世界主要反映在教材之中，当然，也要通过实际活动直接接触客观世界。教师与学生虽然同为主体，由于所处的位置不同，所起的作用也不同。教师是知识的已知者，所以教学的方向、内容、进程和方法，主要应该由教师负责，无疑必须发挥教师的主导作用。然而，教是为了学，掌握知识和技能最终要发挥学生的主动作用。所以，传统教育重教轻学的现象必须改变。做教师的，在备课时不要心中只有教材没有学生，要多考虑如何引导学生学习。

现在有许多文章反对提教师的主导作用。有一种理论可以称之为"外因论"，说教师是教学过程的外因，是外部条件。从哲学上说，内因才是事物变化的根据，外因当然不能起主导作用。这种理论，一方面承认教学过程是师生双边活动的共同过程，一方面又把教师当成过程的外因。其所以陷入理论上的矛盾，是因为混淆了教学过程和学习过程这两个虽有密切联系但非同一关系的概念，如果单单讲学习过程，可以说教师是外因，讲教学过程，则教师不仅是内因，而且是主导的一面。

另一种理论，说是现代化的教学手段要代替教师的主导作用。这种理论主要来自西方，认为现在电视广播教学、电脑辅助教学已相当普及，学生可以通过双向电视、人机对话等手段进行学习，教师退居次要地位了。这种主张在资本主义社会是否行得通，尚难断言。我以为在我们国家，不能将它作为努力方向。现代化的教学手段，能够提高教学效果，可以部分地代替教师的工作，提高效率，但不能代替教师的作用。我们的教育目的是培养全面发展的人才，教师既教书又育人，通过班级活动对学生进行集体主义和组织纪律的教育，这些都不是远距离教学、机器教学所能实现的。再说，现代化教学的软件是由教师和有关专家一起来编的，现代化教学手段要在教师指导下使用，学习效果也要由教师进行检查，所以一讲现代化就否定教师的主导作用，是不正确的。

第三种说法是，教师在中小学起主导作用，在大学不起主导作用，或者说大学不能让教师再起主导作用了。这个已经有人写文章论证了，他的理论根据是"教是为了不教"。这句话不错，教与不教实际上是一对辩证关系，一方面教师在教，另一方面学生既接受教师的教又要脱离教师的教。不论是教是为了不教，还是为了不教而教，只要有教学过程，有师生关系，教师就始终起主导作用。大学教师的教学方法当然要跟中小学教师不同，主导是一个原则，不是一种方法。把主导作用理解为教师讲学生听，教师布置什么学生就干什么，牵着学生一步一步走，这是误解。

改革教育思想和教学方法，教师是主力军，《决定》中特别强调"最重要的是要调动教师的积极性"。过去的教学改革不能深入，关键是没有把教师的积极性调动起来，这有政策问题，也有认识问题。靠领导和教务部门订方案，要求教师这样做那样做，事实证明是不行的。只有真正把教师看做改革的动力，与教师共同学习和研究教育理论与实践中的各种问题，开展试验，改革才能收到实效。

高等学校的社会职能[①]

高等学校的社会职能，是高等教育与社会发展关系的一个基本问题，也是办好高校首先要明确的一个问题，在当前教育改革实践中，有现实意义。去年我指导一位研究生专门研究这个问题。指导过程中自己也有一些看法，今天介绍一下。

高等学校的职能，一般认为有三个。第一，培养人才，体现在学校的主要活动——教育活动和教学活动之中。第二，发展科学，体现在学校的科研活动里面。第三，直接为社会服务。为了避免误解，在"为社会服务"之前，加上"直接"两个字，因为培养人才、发展科学也是为社会服务。对这三个职能，现在意见分歧不大。有人认为还应有第四职能：国际学术交流。是否有这一职能，或者这一职能是否体现在其他职能之中，还可以研究，但它不是大家普遍承认的，也不是大多数高等学校所要承担的，提出这一职能的多半属于重点大学。所以这里只谈前三个职能。这三个职能，并不是从高等学校一产生就同时出现的，它们有一定的发生发展过程。要了解三个职能的意义，首先有必要回顾一下历史。

一、历史的回顾

培养人才这个职能是从近代大学一产生就有的，人们对它的认识也很明

[①] 原载《高等工程教育研究》，1986 年第 3 期。

确。不过，早期培养人才一般只局限在培养官吏、法官、医生、牧师，后来才重视培养自然科学和社会科学人才。一直到18世纪，大学的基本职能还仅仅是培养人才。这不是说那时没搞科研，在大学里教书的科学家也搞科研，但它只是教授的个别活动，大学没有把它作为正式的职能。至于直接为社会服务，在传统大学中是被看不起的，当时大学是与社会隔离的。那么，到什么时候才开始出现其他的职能呢？19世纪初，洪堡创办了柏林大学，提出把"通过研究进行教学""教学与研究统一"作为办学原则，要求教师不只是传授知识，而且要传授自己的研究思想、研究成果；并要求学生组织研究班，以研究班的形式来学习。研究班不只是讨论消化现成的理论，参加研究班的大学生还要带着自己的观点和自己搜集的材料参加研究讨论，一起探讨真理。这样，教师学生都得从事科学研究，开始把科研引进教学过程中。这种做法，后来德国的许多大学纷纷效法，科学研究与高等学校的结合，使德国的科学事业很快发展起来了。德国在欧洲本来是比较落后的，但在18世纪后期特别是19世纪，产业发达，很快追上法国，后来又追上英国。自然科学史专家丹比尔在总结这段历史时说："法国的科学中心是科学院，而德国的科学中心在大学。"这就是从洪堡开始出现了高等学校的第二职能。这一做法先后在世界各国被效法。特别是美国，许多新成立的大学学习德国的做法，开展第二职能的活动。至于第三职能，即直接为社会服务的职能，一般认为是在19世纪后期，在美国的威斯康星大学正式确定，正式作为一个大学职能提出来的。威斯康星大学是一所州立大学，是根据美国的《莫里尔法案》建立起来的。这个法案称为"赠地法案"。法案规定，联邦政府按每一名国会议员赠送3万英亩土地给所属的州作为建立一所农业和机械工程学院的经费，专为发展当地的农业和地方工业服务。那时美国地广人稀，农业落后，粮食不足，影响了工业的迅速发展，必须解决农业科学化与机械化问题。要发展农业科学，发展农业机械化，发展地方轻工业，就要培养技术人才，所以拨给公地让各州办大学。这样办起的大学就跟地方关系很密切了。其中威斯康星州立大学在创办之初，就提出要直接为本州服务，把提高本州的农业和工业生产效率作为办学的指导思想。它除了培养人才之外，还搞了个推广教学中心，专开短期课程向农民普及农业科学知识，以及与当地有关的经济、卫生、教育、管理等当地公民所需要的知识。还有，它的实验室、附属工厂对外开放，替当地搞土壤、矿石、燃料的分析，帮助当地解决生产问题。还有，州政府请了大学的许多教授去当顾问。这样，威斯康星大学直接为地方服务，对本州的发展起了很大作用；这个州的生产、经济很快发展起来，这个大学也得到很大益处，因为资本家、企业家肯拿钱出来了，政府也肯帮助了。所以它的财政来源很丰富，大家很愿意向学校投资。很多学校也纷纷效法，向它学习。这种办学思想，在美国叫做"威斯康星思想"，即"直接为社会服务"的思想。"威斯康星思想"的实质就是使大学的人力资源直接为当地社会发展服务，发展了高等学校的第三个职能。关于这个历史的回顾，我的研究生胡建华有一篇论文已在《福建高教研究》上发表。从高等学校的职能发展过程来看，每一个职能的发生发展都与它的社会发展历史有一定的关系。但世界各国的社会发展是不一致的，所以大学职能的发展也是不平衡的。特别是第三个职能，虽然在19世纪后半期已经发展起来，但世界各国普遍重视还是在20世纪40年代之后，即在第二次世界大战之后，才普遍发展起来。在美国，几个职能的发展也是不平衡的，有些传统大学第三个职能就发展得比较慢一些，有些新的大学就发展得比较快一些。至于每个职能内涵的变化发展，同样也受经济、科学以及办学思想诸多因素所制约。下面就第二次世界大战之后，特别是在新技术革命过程中，看这三个职能的内涵发生了一些什么变化。

二、第二次世界大战后高等学校社会职能发展的趋势

第二次世界大战之后，也就是说，新的技术革命初步形成之后，一方面高等学校培养人才的职能更加受到社会的重视，科学研究与直接为社会服务也普遍被人认识、重视；另一方面社会也促进了三个职能内涵的发展变化。现在分别来谈。

从培养人才这个职能说，第二次世界大战后，尤其是五六十年代之后，高等学校培养的人才不但数量上成倍地增长，而且是层次、类型、规格多样化。从层次来说，虽然三个层次——短期、本科、研究生这三个层次20世纪初就有了，但现在比过去多样，三个层次又不断分化出更多的层次。如研究

生的硕士、博士这两级早已有之，可是在这两级中还分化出许许多多的层次。有设了文凭级的；有设了高于硕士、低于博士的；有设了好几种博士的：专业博士、哲学博士、科学博士、大学博士、国家博士等等；再加上博士后，分化成更多层次。短期大学也分化了更多的层次，除了2年、3年的短期以外，还分化出1年的短期、6个月的短期、3个月的短期。尤其是终身教育引进大学之后，办了许多终身教育的短训教育。所以，层次越来越复杂，类型也越来越复杂。原来我们大体上分为人文、社会、自然科学、工程技术、农林医这么些类型。现在还要求培养一些非理非工、非文非理，或者说亦理亦工、亦文亦理的跨学科人才。现在甚至有些学科想归入哪个类型都很难，譬如计算机科学。国家教委高教二司所管的专业有计算机科学，一司也有。一司是理的计算机，二司是工的计算机。这就是非理非工、亦理亦工嘛。当然可以有所侧重，但基本的东西是一样的。就以工来说，现在也有很多交叉。譬如，土木建筑，当然是工，那么建筑学专业算工不算工呢？可以说亦工亦文，因为建筑学也是一门艺术学科。管理应该是社会科学了，可是现在工科高等学校最多的专业就是管理专业，是工科所有专业的第一位，数量最多。根据新技术革命需要，社会发展需要，需要多种类型。既然需要多种类型，也就不能按照一个课程体系、一个模式、一套方法来培养人才，培养人才要多规格。

现在我想谈一谈通才教育。一提起通才教育，大家都认为美国是实行通才教育的。但美国高等学校实际上既有很宽的通才，也有很窄的专才，宽的通才比我们宽，窄的专才比我们更窄。1984年11月美国的联邦教育部部长贝尔公布了一个材料，说美国高等学校有1 100个专业，其中半数是实用性的、职业性的专业。这是培养通才吗？它开的有些课程越开越窄，越来越职业化。这是因为劳动力市场并不是要求所有人都是通才。劳动力市场既需要宽的劳动力，也要雇一技之长的劳动力。我们现在许多去美国考察的，大抵是跑知名大学，走马观花跑一下。你看到的大学无非是50所最有名的大学。我前不久在重庆碰到一位副校长，她说："前几年我待在美国，不是去参观，而是住了很长一段时间，到处转。哪里是所有大学都像大家所说的那样子？3 000多所大学，其中大量是职业性的，是各种各样职业性、实用性的，不是所有学校都打宽基础、加厚基础，不是那么回事。"这说明什么呢？说明劳动力市场的需要是多种多样的，因此，培养人才也是多种多样的。可否这样设想，培养比较通一点的专才，培养比较专一点的通才。现在我们的硕士学位研究生都是念了许多课程，做了一年的论文，培养高级的科研人才和高等学校的师资。可是现在研究生多了，今年在学的就有8万多人，每年毕业好几万人，今后还会有所增加。那么多研究生，似乎不能都去搞科研和当高等学校教师。医科研究生，要不要培养一些高质量的临床医生？工科能否培养高水平的施工人才、管理人才？研究生老是那种规格，恐怕不行。实际有这个需要，我们办教育就得适应实际的需要，既培养通点的，又培养专点的。美国实际上就是既有通才又有专才。苏联是培养专才的，感觉到过去所培养的太窄了，也提出要搞知识面宽的专才。所以美苏两国的主张有逐渐靠拢的趋势。这体现了社会发展的趋势。经济发展、社会发展是不可抗拒的规律，你怎么阻挡都不合适，那就得改。可是我们今天却只鼓吹美国的通才搞得怎么通，这样很容易从一个极端——很窄的专才，摆到另一个极端——太宽的通才。我认为左右摇摆不合适。

总的来说，多层次、多类型、多规格培养人才是当前的必然趋势。这样的趋势，对我们研究工程教育的理论，指导工程教育的发展，有没有益处，大家可以考虑。也正因为多层次、多规格，高等教育的名词就颇有争论。大学这个名词不行，肯定概括不了千姿百态的多层次；高等教育这个名词有人也认为不太恰当，所以国外有人认为应该叫做第三阶段教育或第三级教育，还有的干脆叫"中学后教育"。这说明高等教育在向多层次、多规格发展。

从发展科学这个职能来看，洪堡时期提倡的"通过研究来进行教学""教学与研究统一"的原则，在今天看来仍然是对的，但不够。为什么？因为洪堡还是从培养人才的角度出发，即从科研是为教学服务这个角度出发的。应该承认，大学科研为提高教学质量服务，这是正确的。但社会的发展已经要求高等学校的科研不只是为教学服务，还要承担国家的科学研究任务。所以，一向把科研集中在科学院的苏联，1965年在《苏联高等教育条例》中也明确提出，要将研究解决国民经济方面的迫切任务规定为高等学校科研工作的基本任务之一。这表明，他们已经感觉到完全把科研作为教育过程的组成部分，只为教育服务是不够了，而要把它作为国家任务。许多发达国家的高等学校的科研，已经不是围绕教学来选题，而是从国家或者企业接受科研任务，然后来组织教师、研究生或高年级学生进行研究。当然，为教学服务跟承担国家任务两者不能截然分开，但出发点是不同的。这对大学有利还是不利？我们如何适应这个需要？如何处理好两者的关系，既不放弃为教学服务，又能适应国家的需要，这是开展第二职能应考虑的问题。

再看看关于直接为社会服务的内涵。刚才说过，第三个职能在19世纪末期已经出现了，但当时并不受重视。当时大家认为大学应保留与社会隔离的地位，看不起社会。到第二次世界大战之后，第三职能逐渐为大家所承认。这标志着一个新的阶段，标志着科技的发达，所以人们对高等学校直接支持科学技术的要求越来越迫切。这也标志着大学走出最高学府，走出这个象牙之塔，来与社会紧密联系。1978年，联合国教科文组织开了一次关于高等学校的会，就是研究高等学校如何为社会发展作出实际贡献。在发达国家是如此，在第三世界，第三职能也在高等学校发展起来。第三世界的大学受欧洲传统影响很深，因此，第三世界有的传统大学开展第三职能甚至比发达国家还难。即使如此，第三世界的很多国家，也对第三职能重视起来。例如，巴西1968年的大学改革法案，它的指导思想就是高等学校必须和经济社会发展的需要紧密结合起来，必须适应迅速发展的工业化需要。许多大学参加了这一改革工作，开展为地方发展服务的活动。

高等学校直接为社会发展服务的方面是很多的，如承担开发性的研究、技术转让、咨询、推广成人高等教育、图书资料和仪器设备以及课程对社会开放等等。这是大家所知道的，但它的意义是什么，却是许多人都没有很好地考虑的。第三职能的基本意义在于把培养的人才、科研成果迅速地转化为生产力。因此，许多国家提倡建立科研、教学、生产联合体，苏联叫做教学、科研、生产一体化，日本叫产学协同。这就抓住最主要的一环了。至于用什么方式服务，要因国家、因地方、因学校、因学科的不同而多种多样。

总之，第二次世界大战以来，高等学校三个职能发展的总趋势是多样化、社会化，把学校跟社会紧密结合起来。三个职能的发展使社会发展跟高等教育的关系更密切。高等学校现在已成为一个以培养人才为主的、多功能的社会机构了。

三、我国高等学校的社会职能

中国高等学校的三个职能的产生和发展，总的来说，跟世界上三个职能产生和发展的规律是一致的。先是只培养人才，然后发展科学，再到直接为社会服务。从发展过程来看，也是从单一化逐渐走向多样化，从经院式到社会化，不过发展的时间较迟。不是说我们对三个职能的认识很迟，甚至也不能说起步很迟；而是认识了但做不到，起步了但走了迂回曲折的道路。因此，从总的发展趋势来看，我们的发展落后于世界发展的趋势。现在分别从三个职能来谈，认识了但做不到，起步了但走了迂回曲折的道路。

关于培养人才，我国长期存在着单一化的趋势，这是大家知道的。但"认识并不迟"怎么说呢？20世纪50年代我们就提出两条腿走路的方针。这个方针是对的，但是受了"左"的干扰，要么不迈步，要么一下就跑步，跑出去了，遍地开花，结果质量下降。例如1958年到处办红专大学，"文化大革命"中到处办"七·二一"大学。遍地开花，质量就下降；质量下降，就只好收缩。所以，遍地开花的结果，仍然是回到单一化的道路上去，以至研究生没有了，专科学校也减少了，走着跟世界发展相反的道路，逆向的道路。这个教训是很深的。几年来，提倡多种形式、多种规格办学，特别是发展成人高等教育，单一化的格局才被打破，比例失调的问题才有所缓和。这是从整体来说的，但工科比例失调的问题并未缓和。现在成人高教发展起来了，如果把全日制普通高等学校和成人高等教育算在一起，根据1984年的统计，在校生本科仅占43.7%，专科生达56.3%，专科生在数量上比本科生还多，这是因为成人高教多数都是专科的。可是成人高教办工科较难，所以工科至今专科生还很少。最后有些中专升格为大专，虽然可增加一些大专生，但这样做好不好？至于研究生的培养，上面已经说过，现在还是单一化。不是指层次的单一化，层次上已经有研究生班、硕士研究生、博士研究生，还开设了博士后研究点；指的是规格的单一化。如何使研究生的培养规格也多样化，还应努力。看来工科研究生规格多样化较易做到，因为生产部门有此需要；

但综合大学要多样化却较难。希望工科在培养研究生多样化方面给我们做个榜样。

其次，高等学校社会职能由单一化走向多样化也反映在发展科学上。这个职能未能充分开展活动。对于发展科学这个职能，也不是说我们没认识到。1953年，当时的教育部部长马叙伦的报告中就提出大学要"密切结合教学，逐步开展科学研究工作"。而且在当时第一次综合大学会议上还提出综合大学既是教育机构，又是研究机构。这有点像现在所提出的既要办成教育中心又要办成科研中心。周总理在1956年《关于知识分子问题》的报告里面提出"各个高等学校中的科学力量，占全国科学力量的绝大部分，必须在全国科学发展计划的指导下，大力发展科学研究工作"。但是，由于体制问题没有解决，所以无法落实。20世纪50年代我国科学研究的体制是按苏联科学院与高等学校分家的模式建立的，高等学校科学研究不作为重要任务，不成为主力军，甚至不能成为一个方面军。当时全国有科技人员77 771人，高等学校就有58 346人，占全国科技人员的70%。如果按高职称、高学衔来说，更达全国的79.9%。这是当年的情况。但是，1956年所制定的全国12年科技发展规划，有57项任务，582个中心课题，主要负责的单位差不多都不是高等学校，主要协作单位差不多也不是高等学校。问题在哪里？体制没有解决，从而研究经费也很难解决。直到70年代末，提出了高等学校是科学研究的一个方面军，重点高校要办成两个中心，高等学校的科学研究才比较快地发展起来。但是体制与经费问题还是一直没有得到很好解决。对此，国家教委是很清楚的。当时国家的科研经费中给教育的几个钱，说起来令人伤心。所以，虽然认识到高等学校应有第二个社会职能，但是由于体制没有很好解决，还是不能充分发展起来。高等学校搞科研，主要还是得向企业、部委、地方去争取几个项目，才能搞到一点钱。还有，发展起来之后，一段时期是偏重基础理论研究，应用研究、技术研究最近三四年才受到大学的重视。

至于第三职能，应该说只是到了这三四年来才被大家所重视，特别是最近两年来，全面展开。其实，对这个职能也不是这两年来才有所认识的。20世纪50年代末，曾经提出一个口号，叫做"教学、科学研究与生产劳动三结合"。当时叫得很响，而且学校也曾一度走向社会，搞真刀真枪的毕业设计、生产实习，联系生产实际、社会实际。应该说这个口号本身是正确的，符合世界潮流的，但当时对这个口号的理解是片面的。正确的口号，片面的理解。为什么说片面的理解？把生产劳动仅仅看成是思想政治教育的手段，看成是知识分子改造的手段，甚至说成是改造大学生的手段。之所以出现片面的理解，是由于"左"的影响，不重视知识和知识分子在社会和生产发展中的重要作用。因此，就不会伸手向高等学校要求支持，第三个职能也就很难开展。现在情况不同了。一方面，科学技术的发展客观上有所需要；一方面对知识分子的清规戒律打破了，"左"的思想排除了，社会敢于找知识分子，也乐于找知识分子，因此，第三个职能才能比较顺利地开展。

　　现在让我们结合当前实际来讨论一下这三个职能。大概培养人才、发展科技这两个职能不必多讨论了。如果说讨论，那么前几年已讨论了。"两个中心"问题，发表的议论已经很多，一般说，比较明确了。现在需要好好研究的是第三个社会职能，"直接为社会服务"的职能。这个职能两年来很热门，但对它的认识是不一致的，实践中存在的问题是比较多的。所以有必要从理论上研究清楚这个社会职能的重要性，它的实践的方向、方针，使认识一致起来，免得走歪路。现在的情况是：一方面，仍然存在不重视开展第三个职能的传统教育思想，有的大学是被逼得没有办法，为了创收，不得不开展一点第三职能，但从思想深处是轻视的；另一方面，又存在对这个社会职能的意义、地位、作用、任务不那么清楚的问题，加之受了社会上某种不良倾向的影响，在实践中存在一些不符合教育规律的问题。有的高等学校，在某些做法上，方向不对头，不是着眼于社会效益，而是着眼于经济效益。要不要着眼于经济效益呢？要。但它们不是着眼于社会的经济效益，而是着眼于大学本身的经济效益。要不要着眼于大学本身的经济效益呢？也要。但它们往往不是着眼于增加学校的办学经费，而仅仅着眼于增加员工的收入。在一定的历史条件下，为员工增加一点收入也是无可厚非的。但是，如果以增加员工收入作为高等学校直接服务社会的指导思想，作为开展第三职能的指导思想，就会产生不良的后果。应该说，这两三年来高等学校开展社会服务活动，主流是好的，也收到一定的社会效益、经济效益，对学校的办学也有所帮助，也增加了一点员工的生活福利。但是问题确实不少，如果不能及时解决，发展下去，很可能降低我们的教学质量，降低我们的科研水平，降低我们的思想政治教育效果，给政治思想、给教学、给科研带来一连串的不良影响。

上面从回顾历史，放眼世界，再看我们自己，是否可以得出如下几点认识：

第一，高等学校三个职能的产生与发展，是有规律性的。先有培养人才，再有发展科学，再有直接为社会服务。它的重要性也跟产生的顺序一致，产生的顺序也就是它的重要程度的顺序，应该是，第一培养人才，第二发展科学，第三直接为社会服务。不能颠倒过来，把直接为社会服务摆在第一位，把教学或者科研摆在第二、第三位。有没有人提倡高等学校三个社会职能的重要性应当颠倒过来呢？确实没有。但也确实有人在实际上自觉不自觉地颠倒过来，这就不能不令人深切关注。

第二，三个职能发展总的趋势是从单一化到多样化，从经院化到社会化。但是多样化要保证一定的质量，社会化要保证一定的水平。这在过去我们是有经验教训的。要保持高等学校作为培养高质量人才的社会机构的特点。这个特点不能放弃。大概国外也存在这类问题。日本有个教育家，叫永井道雄的，针对日本大学讲过这样几句话："大学今后仍然必须为工业的发展做出贡献，但是比这一点更为重要的是，大学必须成为以造就人才为中心的文化据点。"

第三，不同层次、不同类型的高等学校，对于这三个职能以及每个职能的任务可以有所侧重，也应当有所侧重，可以根据自己的特点，选择适当的活动范围。不要人家有，我们马上就跟上去。条件不同，特点不同，类型不同，层次不同，不要互相攀比。比如，重点大学、重点学科在不降低本科生培养质量的前提下，应该多承担一点培养研究生的任务和应用科学的任务，在直接为社会服务这方面，也应当承担一些比较高水平的技术开发。如果过多地承担低水平的技术开发，可能对员工福利大有好处，但是，可能会贻误国家的科学与教育事业。这已经有例子——哪怕时间只有两三年已经有了例子。又譬如工科院校，在科技开发方面，有它的优势，工科院校可在这方面多做工作，而师范院校就应多承担一些诸如成人教育、培训师资这方面的社会服务，虽然这样做不一定赚很多钱。现在北京大学、南京大学免费开展中学师资培训，这种社会服务精神很好。总之，要各看各的情况，不要互相攀比，一哄而上。不要工农兵学商，什么都想办。不管怎么说，"万事皆备于我"是不行的。不要把多样化、社会化看成小而全、大而全。

第四，开展直接为社会服务的活动，要着眼于社会效益，要讲究国家的经济效益。高等学校自身的经济效益，包括员工福利等，不要有损于社会效益和国家的经济效益，不要影响教学与科学研究的质量。去年底今年初，很多大学大办公司，大办中心，大办各种各样质量不高的短训班，应该有所控制。财经学院办一点公司可能还有点道理。什么院校都来办公司，读书人办公司，就吃亏。短训班也办得很多，委托代培招揽得很多，挤在校生，挤宿舍。要把第三职能的意义弄清楚，要有所控制。

这些看法，可能是主观片面的，也可能是讲错了，请批评。

关于现代教育与教育现代化问题[①]

《中共中央关于教育体制改革的决定》，为我们明确了教育体制改革的目标和内容。有关高等教育体制改革的重要决定，如招生、毕业生分配、权力下放、校长负责制、教师职务聘任制以及教育评估等等，正在贯彻执行或试行中，已经取得了一定的成绩和经验。但是，体制改革只是教育改革的必要前提，一切体制改革最终必须落实到思想政治教育工作、教学工作、科研工作的改革，才能收到教育改革的实效，达到多出人才、出好人才的目的。

学校以教学为主，教学内容、教学方法、教学制度的改革，是教育改革的中心问题。而实现教学改革，首先必须转变教育思想，把传统教育思想转变为适应社会主义现代化的教育思想，所以，对教育现代化的认识，是当前应当着重探讨的问题。

教育如何现代化，不是凭主观臆测所能想象出来的。一方面，它对传统教育思想有一定的继承性；另一方面，它必须借鉴当代发达国家的现代教育。这就需要一方面在继承中批判传统教育中不适应现代化要求的东西，也就是所谓"腐朽"的东西；另一方面在借鉴中澄清现代教育与教育现代化的含义及其关系。如果说前者是为扫清教育改革的阻碍，那么，后者则是为了使教育改革免于走弯路、误入歧途。

[①] 原载《高等工程教育研究》，1987年第4期。本文系潘懋元在高等工程教育第二次理论讨论会上的发言。

关于传统教育与教育现代化的问题，我在《传统教育与教学改革》（《红旗》1986年第13期）中已阐述了我的观点：对传统教育要扬弃，不要全盘抛弃，并举出若干教学改革中的问题来说明我的观点，这里不再重复。今天讲的是现代教育与教育现代化的问题。包括：现代教育与教育现代化的含义及其关系，西方现代教育的特点及其初步分析，社会主义教育现代化对现代教育的"认同"与"趋异"，对于社会主义教育现代化若干问题的思考。

一、现代教育与教育现代化的含义及其关系

现代教育与教育现代化是两个有密切联系的不同性质的概念，不能当成同一概念使用。为了澄清它们的不同含义及其关系，有必要从"现代"与"现代化"，"现代社会"与"社会现代化"这两对概念谈起。

"现代"，如所周知，是一个历史学的概念，指的是从某一年代至今的历史时期，也就是相对于"昨天"的"今天"。"现代社会"，按字面说，应当是指"今天的社会"，它是客观的存在。但是，各个国家、各个民族、各个地区的社会发展很不平衡，主要是生产力水平高低不一，所以，人们心目中所谓现代社会，一般是指发达国家的社会，尤其是指西方资本主义发达国家的社会。

"现代化"，是一个社会学的概念，也可以说是未来学的概念。费孝通主编的《社会学概论》将其定义为"一种人为的、有目标、有计划的社会发展过程"（天津人民出版社，第282页）；也有定义为"带有方向性的变革过程"（《现代化问题探索》，中译本，知识出版社，第13页）。也就是相对于"今天"的关于到达"明天"的设想。"社会现代化"，指的是按一定的理想、目标、价值观念而设计、规划的社会发展蓝图及其实现的途径、步骤、方法等等。

"现代"与"现代化"，"现代社会"与"社会现代化"是有密切联系的：第一，立足"今天"，才能展望"明天"，历史是有连续性的；第二，发达国家的现代社会，与其他社会的"未来"有某些共性的东西，如生产力、科学技术、经营管理等等，以及它们到达当前水平的过程中的经验、教训，可以

作为绘制社会现代化蓝图和如何实现社会现代化的变革的参照系。

但是,"现代社会"是一个客观存在。客观存在有先进的东西,也有落后的东西;有合理的东西,也有不合理的东西;有符合历史发展规律的东西,也有不符合历史发展规律、阻碍历史发展的东西。换句话说,有文明的东西,也有不文明的东西。这是任何一个社会的客观存在,西方资本主义现代社会尤为明显:一方面,有高度发达的生产力、科学技术、物质财富、高效率的管理以及某些精神文明的东西,如普及教育、文明礼貌、公共卫生、开拓创新精神等等。另一方面,如所周知,西方现代社会中存在着严重的抢劫、诈骗、色情、吸毒、高犯罪率、种族歧视、精神空虚、道德危机等等,物质方面,也不都是很文明的,如生态环境的破坏、贫民窟的生活等等,更不必说作为西方现代社会基础的剥削制度了。

"社会现代化"的蓝图,是按一定的理想所设计的蓝图,显然,它只能包含合乎历史发展规律的、先进的、合理的、文明的东西,不应包含违反历史发展规律的、落后的、不合理的、不文明的东西。因此,西方现代社会那些不文明的东西不可以作为"社会现代化"的因素,而是如何防止、克服的问题。即使是西方现代社会那些称得上文明的东西,由于社会生产力发展水平不一,社会制度、文化传统不同,也不可能简单地照搬。西方有的社会学家认为现代化就是"欠发达社会"获得"较发达社会"共同特征的社会变革(参见《现代化问题探索》第12页)。这实质上是企图把发达的资本主义社会作为发展中国家现代化的模式,要按照它们的"共同特征"去变革,使发展中国家被发达国家所"同化"。这种论点,如果不是完全错误的,也是片面的。当代最发达的资本主义现代社会,一般认为是美国,美国现代社会的某些东西,如上所述,可以作为我们社会现代化的参照指标,但不能把那种现代社会作为我们社会现代化的模式,不能"全方位"地学习美国的"现代社会"。20世纪50年代曾经提过"苏联的今天就是我们的明天",搞"全盘苏化",历史证明这是不正确的。但在今天,有些人,特别是有些涉世未深的青年人,思想上存在这样的希望:"美国的今天将成为我们的明天。"这是值得我们深思的。

弄清楚"现代"与"现代化","现代社会"与"社会现代化"这两对概念的联系及其区别，弄清楚西方资本主义的"现代社会"某些东西可以为我们的社会现代化借鉴，但不能照搬西方"现代社会"，把它作为我们社会现代化的模式，也就不难从原则上理解"现代教育"与"教育现代化"这两个概念的含义及其关系，不难理解教育现代化可以从"现代教育"借鉴某些合理的东西而不应当照搬"现代教育"的模式。当然，不应当停留在这样抽象的推论上，还有必要进一步做具体的分析、论证。

二、西方"现代教育"的特点及其初步分析

"现代教育"这个概念，正如"传统教育"一样，有特指和泛指两种含义。泛指是指与现代社会相适应的西方发达国家的教育理论与现状。特指是指西方教育史上，19世纪末至20世纪初西欧、北欧的新教育运动和美国的进步教育运动。后者对中国的影响较大，它的代表人物杜威的名字及其实用主义教育思想是大家比较熟悉的。杜威称他的教育思想是"现代教育""进步教育"，而把以赫尔巴特为代表的西方近代教育思想称为"传统教育"。从此在西方教育史上就出现了"传统教育派"和"现代教育派"之争。杜威的实用主义教育思想中的"教育即生长""教育即生活""学校即社会""儿童中心论""经验的改造""从做中学"等等，在中国并不陌生，20世纪二三十年代鼓吹过，40年代怀疑过，50年代批判过，"文化大革命"中实际上是取其糟粕搞所谓"教育革命"，后来再度受到批判……过去不论鼓吹或批判，都存在一定的片面性。实用主义的教育思想，它的哲学基础是主观唯心主义的经验论，它的社会观是庸俗进化论，它的教育价值观是本能生长论，它的教学论基础是直接经验……这些无疑是应当批判的。以杜威实用主义教育思想为指导的教育实践，历史也已对它进行了批判：苏联的20年代、中国"文化大革命"中的"教育革命"，导致教育质量的严重下降；在美国，"现代教育"的实验也由于教学质量的下降而受人非难。教育实践的检验已经证明了实用主义的"现代教育"的错误。那么，实用主义的"现代教育"有没有某些合理的东西呢？我们认为是可以研究的。例如，提倡教育与社会生活的结合，肯定学生的主体作用，重视非智力因素在学习中的作用，重视直接经验在教学

过程中的作用,强调学生智能发展的重要性以及重视教育在学生自身"生长"中的作用……只要不是走向极端,其中是有一些合理的因素的。所以对于实用主义现代教育,在批判中也要恰如其分地肯定它在反对传统教育中发展了某些合理的因素。

以上是特指的"现代教育",即教育史上的"现代教育"。现在人们通常所说的现代教育,虽同特指的现代教育思想有一定的联系,但已不限于现代教育派的观点、理论和所提倡的教学制度、教学方法等等,而是泛指西方发达国家现实存在的教育思想和现状。这种泛指的现代教育,就很复杂了:有互相攻讦的教育观点,也有大不相同的教育措施。就教育思想说,既有新现代派,又有新传统派,还有更多的既批判上述两派,而又力图折中两派的教育理论;就教育现状说,从政策到制度、措施、方法等等,更是分歧错杂。例如,就教育的宏观管理来说,就有中央集权制、地方分权制、中央与地方共管制以及大学自治等等。

西方现代教育,尽管非常复杂,但就其主要倾向并对我国当前高等教育较有影响的,还是可以列举它的若干特点:

1. 以个人为中心的教育价值观

这种教育价值观认为教育的本质意义在于促使人的本性自由地、充分地发展。按照杜威的说法,教育即生长,生长只有自身的目的,而无"教育过程以外"的目的。虽然不是所有教育家都赞成"教育即生长"说,但很多资产阶级教育家认为教育的价值在于实现人的自我完善而不是适应社会的需要。教育不应当受教育过程以外的经济、政治所制约,不应当以社会需要作为教育的目的,那样必将压抑人的个性的自由、充分的发展;认为以社会需要作为教育目标是一种功利主义思想,受经济、政治所制约的教育只有"工具的价值"而失去教育"真正的价值"。那么,教育是否对社会起作用呢?他们一般并不否认教育对社会起作用,因为这是客观存在的事实;政府制定教育政策一般也重视教育在社会发展中的作用。但教育者则认为自己的任务只是培养自身完善的人,至于对社会起什么作用,是通过培养出来的人在参与社会活动中通过自己的竞争来实现的,是教育以外的事,不是教育自身的价值。所以,他们反对以社会效益来评估教育的价值。这种以个人为中心的教育价值观，它的产生与发展，实际上是受一定社会所制约，与历史上人本主义教育价值观是一脉相承的，对于当前我国大学生、研究生颇有影响。

2. 通才教育

不论在西欧或美国，高等教育培养通才与专才实际上是并存的。但就教育理论的主要倾向说，则大多提倡大学应当培养通才。通才教育，旧译为"自由教育""文雅教育"，也有人译为"博雅教育"。这种人才观源远流长，它与近代大学的产生、发展是紧密相连的，但在现代赋有新的时代特点，也就是适应科学技术迅速发展的新时代，"通才取胜"，创造能力、应变能力有利于个人在社会上的竞争。与此相适应的是提倡"应变型""创造型""开拓型""T字型"等人才观。这些人才观的提倡实际上是受社会发展需要所制约的，但西方提倡者则多数是以人的自由发展为出发点的。

3. 终身教育

反映科学技术的迅速发展，儿童、青少年期集中的阶段性教育已经不能满足新形势的需要，"终身教育"这一概念就是在这个时代背景下产生的。现在它已成为"教育"这个概念的组成部分被引进到教育制度之中，并且越来越重要。对高等教育来说，大学后的继续教育越来越显得重要了。

4. 学术自由

大学在西方一向被认为是资产阶级"民主""自由"的温床。"学术自由"尤其为西方学者所乐道。当然，这种学术自由只能是资本主义制度允许范围内的自由。

5. 高等学校职能

高等学校的职能扩大了，不仅限于培养人才，而且要发展科学，为校外提供社会服务等等。为此，建立了多种多样的学校与生产部门的合作关系或学校、科研单位、生产部门的联合体。

6. 德育

普通学校有德育任务，高等学校则不强调德育任务。有的西方教育家认为德育不是以成年人为对象的高等学校的教育任务。虽然并非一切教育家都同意这种看法，但实际上大学很少采取德育的具体措施，而是通过教学内容灌输资产阶级的思想观点。

7. 教学内容与教学方法

教学内容，不强调或不太强调学科的系统性与稳定性。教学计划选修课比例高，课程结构机动性较大；基础课一般仍是按学科开设并有一定的系统性，但课程内容往往因人而异。提倡文理渗透，理论与应用结合，出现大量跨学科的新课程和以问题为中心的综合课程。教学内容重视吸收科学技术的新成就，研究社会生活的新问题。教学方法灵活多样，重视在教学过程中发展学生的智能，也重视非智力因素在教学过程中的作用，在教学过程中发展学生的非智力心理素质。并且重视教育和社会生活、生产实践的联系，重视培养大学生的独立工作能力。但也存在学生基础知识不完整、不扎实的问题。

8. 教学物质条件

重视教学手段现代化，包括实验室的设备、视听教学手段、计算机在教学上的运用等等。

9. 师生关系

知识是商品，学历也是商品，因而师生关系是买卖关系。商人要懂得顾客的心理，满足顾客的要求；教师也要懂得学生的心理，满足学生的要求。学生的"民意测验"对教师的去留、晋升起重要的作用。当然，不能简单地理解为满足学生的要求就是送分数、送学分，当好好先生，这种情况是存在的，但不是主要的。更为重要的是要能满足学生对学习知识和发展智能的要求。

10. 学校管理

在法律的范围内学校拥有较大的自主权，政府对学校行政一般很少干预。但政府可以通过经济手段控制公立学校，并在一定程度上控制私立学校。因此，控制与反控制在西方高等学校是一个经常被人谈论的主要问题。

以上只是列举若干特点，不能概括西方高等教育的全貌，也不可能概括复杂的、有时是相互矛盾的全貌。但从以上这些不完全的特点看来，就不难得出这样的结论：西方现代教育，的确有许多值得我们教育改革借鉴的东西，但不能都作为我们社会主义教育现代化的模式，不能不加鉴别地全盘搬过来作为我们绘制教育现代化的蓝图。不少发展中国家把西方现代教育作为自己教育改革的模式，并不能收到所期望的效果，不能使自己国家的教育顺利地发展起来，往往出现了这样那样的问题。例如，大学生数量增加过快，教学质量下降，大学生纪律松弛，专业比例失调，大学毕业生的结构性失业严重等问题。近年来我国高等教育界有一股思潮，不加鉴别地赞扬西方现代教育，西方有的就是好，西方没有的就不行。这股思潮，冲击我国正在进行的教育改革，起了一些积极的作用，开拓了我们的思路；也起了一些不良的影响，不利于社会主义教育现代化向正确的方向发展，尤其不利于大学生的健康成长。例如：讨论教育价值、教育目标，往往只提个人发展的需要，不谈社会发展的需要；只谈人的价值，不谈社会的价值；大学生只考虑我要怎样怎样，很少考虑国家需要我怎样怎样。在德育上，只谈民主、自由，实际上谈的是资产阶级的民主、自由，而不是社会主义的民主、自由，不能理直气壮地宣传四项基本原则。在教学研究上，只谈学生的主体作用，少谈教师的主导作用；只谈能力发展的重要性，不谈知识积累的必要性。在对待西方资产阶级教育思想上，只谈借鉴，不谈批判，只谈西方现代教育的成功事例（有时是夸大的），不谈失败事例，只谈对西方现代教育的"认同"，不谈与西方现代教育的"趋异"。

那么，是不是对于西方现代教育，应当采取排斥的态度呢？只能批判，不能借鉴？只能"划清界限"，不能有所"认同"呢？显然，这种自我封闭的态度是不利于教育改革与发展的。事实上，我们现在教育改革的设想与措施，不少就是向西方现代教育借鉴或从西方现代教育得到启发的。经济的改革与发展要求开放，教育的改革与发展也要求开放。这就存在一个社会主义教育现代化对现代教育的"认同"与"趋异"的问题。

三、社会主义教育现代化对现代教育的"认同"与"趋异"

教育是一种培养人的社会活动。这种活动，要受社会发展规律与人的身心发展规律的制约。具体说，教育这种社会活动，要受四种因素制约。

1. 生产力发展水平和科学技术发展水平的制约

生产力发展水平与科技发展水平虽然不是一码事，但在现代社会，科技发展水平是生产力发展水平的关键，所以这里作为同一因素看待。这是一切社会发展的基础，也是教育发展最基本的因素。举学校教育制度为例来说：不论中国或外国，古代学校教育制度都没有明确的层次结构，很难勉强分为高等、中等、初等教育；资本主义初期的生产力与科技的发展，使学校教育制度向下伸和向上伸，向下伸出现了初等教育——义务教育，向上伸出现了高等教育——近代大学，还有向旁伸出现了职业教育。现代科学技术的迅猛发展，又使终身教育、继续教育纳入了学校教育制度之中。学校教育制度如此，教育的其他方面也如此，尤其是高等学校自然科学的教学内容，更是直接受生产力发展水平和科技发展水平所制约。

2. 社会制度的制约

一定社会的经济制度、政治制度不但对教育观点、教学内容有直接的影响，对学校教育制度也有影响。例如：双轨制（这里要说明一下，双轨制在教育史上有特定的含义，是指出现义务教育之后，统治阶级与劳动人民子女有不同的学校教育系统，不是指今天我们所提倡的两条腿走路，多种形式办学），公立与私立学校，黑人与白人学校等。

3. 文化传统的制约

文化传统对学校的德、智、体、美诸育都有广泛的影响。从学校教育制度，也可以看出它的影响。如民族语言学校，就是为各民族的文化、语言不同而设的；又如男女分校，有些国家的学校系统上，女子学校年限短于同级的一般学校。有人说，男女分校是由于男女学生的生理条件不同。这是后来的理由，男女分校的制度起源于男女社会地位不同的文化传统。此外，还有宗教学校以及在一般学校中规定设置宗教课程，都与文化传统有关。

4. 学生身心发展年龄特征的制约

各个层次学校的水平与年限，各个层次学校所开课程的深度与广度，各个层次学校所用的教学方法等等，都要受年龄特征制约。

上面四种因素的制约作用，大体上说，第一和第四种因素，世界各国的共性较多，第二和第三种因素则各国的特性较多。我这里说的是较多而不是全部。例如生产力发展水平与科技发展水平由低到高，这是所有国家社会发展的共同趋势，当代新技术革命的冲击也是世界性的。但当前以及今后一个时期生产力和科学技术发展到什么水平，新技术革命对各国冲击到什么程度，则是有所不同的。由于有共同的趋势，所以西方现代教育适应科技发展的某些理论与实际，我们可以作为教育现代化的参照系，可以借鉴，可以"认同"。由于发展水平不一，在借鉴中还必须考虑我们的条件。例如：从科技发展趋势看来，研究生教育这个层次要发展，这是必然的；教学手段要现代化，这也是必然的。但研究生发展速度多快，现代化教学手段普及速度多快，在教育现代化的这个"化"的过程，就不能不有所不同。再如：社会制度的制约，这是各国各有自己的特点的，可是不但社会制度相近的国家可以互相借鉴，社会制度不同的国家也可以在一定程度上有所"认同"。例如，教育管理的集权制与分权制正在互相靠拢：宪法规定教育权属于各州的美国，近年联邦政府新设教育部，当然这个教育部的权力是有限的，主要起协调、信息交流的作用；中央集权的法国，近年来也重视地方的分权；社会主义国家，也在进行放权的改革。至于教育立法，当然要受社会经济、政治制度的直接制约，但同样可以为不同制度的国家所借鉴。所以说，共性之中有特性，特性之中又有共性。正因如此，西方的现代教育可以为我们的教育现代化提供借鉴而不能作为全方位的学习模式。如果说"认同"的话，也就是在这个意义上的"认同"，而不是西方资产阶级学者所鼓吹的"认同论"。西方的"认同论"认为"第三世界也好，社会主义国家也好，最后都将'合流'到由科学技术所'统治'的资本主义现代化体系中"（引自《社会学概论》第284页），也就是要以发达的资本主义社会模式为各国的"认同"模式。这是我们所不能同意的。我们不能迷惑于某些"趋同"的表面现象，无视社会制度的不同，从纯科学技术的观点来赞赏"认同论"。

根据上述对教育的制约因素和"认同""趋异"的原则，我认为在社会主义初级阶段这个特定的历史时期，我国高等教育现代化的指导原则，应当是：以马克思主义毛泽东思想为指导，迎接新技术革命，立足国情，面向世界，立足现实，面向未来。这个指导原则，我已在《新技术革命与高等教育对策的指导思想》（《高教战线》1984年第11期）中阐述了，这里不再重复。下面要谈的是在这个原则指导下，在社会主义教育现代化上，要思考哪些问题。

四、社会主义教育现代化若干问题的思考

去年,在广州举行的教育思想学术研讨会上,提出了许多教育现代化的观点,共列举了14种观点:多重职能观、战略地位观、统筹决策观、主体教育观、开放教育观、未来教育观、多样化教育观、全面人才观、发展教育观、立体教育观、质量并重观、社会教育观、竞争教育观、民主教育观等等(见《高教与人才》1987年第1期)。众多的"观"可能都有一定道理,我不想在此妄加评论。这里只从现代教育与教育现代化的关系这个角度,谈谈教育价值观与人才观的思考。

(一)关于教育价值观的思考

西方资产阶级以个人为中心的教育价值观,在一定历史时期,起过积极的作用,反对封建专制压抑个性发展,使教育脱离封建政权与宗教神权的压迫,获得比较自由的发展。所以,自由资本主义时期进步的教育家,差不多都是以教育能否满足人的自身发展的需要来评价教育的价值。但是,这种教育价值观是不符合教育的基本规律——教育受社会发展制约并为社会的发展服务的。这条基本规律,不管你承认也好,不承认也好,客观上它总是在起作用。因此,衡量教育的价值,最终只能以所培养的人能否满足社会发展的需要,在推动社会发展中起多大的作用作为评价的标准。离开了社会就没有抽象的人性,离开了社会需要也没有抽象的人的自身完善的价值。所谓以个人为中心的教育价值观实质上也是反映一定时期的社会需要而产生与发展的。在自由资本主义时期,它之所以能起积极的作用,也正是这种教育价值观在当时适应社会发展的需要,以另一种形式来表达社会价值。归根到底,教育价值不是以人的自由发展、自身完善为标准,而是以社会发展需要为尺度。这就是人们所说的社会需要的教育价值观。

但是,是不是社会主义的教育价值观就仅仅以满足政治、经济的需要为唯一的价值而不存在满足个人发展的需要的价值呢?是不是以个人为中心的这种错误的教育价值观就不可能包含某些值得我们思考的东西呢?对这个问题,有必要做进一步的分析。

社会需要的教育价值观，可以分为两类：一是国家主义的教育价值观，二是社会主义的教育价值观。国家主义者认为国家高于一切，人只是国家的工具，没有独立的人格。教育的作用，只是按国家的需要把学生训练成为能实现国家目的的工具，实际上是成为实现剥削阶级统治意志的工具。因此，教育只有工具性的价值，不应考虑个人自我发展的需要。历史上持这种教育价值观最突出的是德国和日本。日本明治维新的教育改革是效法德国的，首任文部大臣森有礼在公开演说中就这样说："诸学校要自始至终地牢记：学政的目的不是为了学生，而是为了国家。"（见大允保利谦《日本的大学》，杭州大学中译本，第103页）这种抹杀人的独立人格，以剥削阶级的利益作为社会需要，并非真正的社会需要价值观。但西方资产阶级教育家，往往把它作为社会需要的价值观的代表，并把它与社会主义的教育价值观混为一谈，所以，这里有必要予以澄清。

社会主义的教育价值观，是以社会发展的需要作为衡量教育价值的最终尺度的。也就是说，社会主义教育的价值在于满足社会主义发展的需要。培养什么样的人才能满足这种社会需要呢？是具有独立的人格、主人翁的意识、内在的优良素质得到充分发展的人，即全面发展的人。在社会主义社会中，人自身发展与社会的发展可能而且应当得到统一。所以，确切地说，社会主义的教育价值观是社会发展需要与人的自身发展需要统一的价值观，也就是《共产党宣言》中所宣称的"每个人自由发展是一切人的自由发展的条件"。

上面我说的是在社会主义社会中，人自身的发展与社会的发展可能而且应当得到统一，不是说已经而且充分得到统一。中国现在处于社会主义初级阶段，这意味着：第一，它是社会主义的，不应当以资产阶级的价值观来衡量教育的价值。第二，它又是初级阶段的，建立了以生产资料公有制为主体的国民经济，但还保留其他多种经济成分，个体经济还起一定的作用；还存在剥削阶级思想和一定条件下的剥削现象，人们的思想觉悟还不很高，还存在着封建和资产阶级的种种残余，个人利益、自我价值，是客观存在的。因此，教育在满足社会发展需要的前提下，不能不充分考虑个人需要。要把个人发展的需要引导到与社会发展相一致的道路上，至少引导到不违背社会发展需要的道路上。这样，才能既不脱离学生的思想实际，又能从学生的思想实际出发，引导他们向正确、健康的道路前进。

社会发展需要与人的发展需要统一的价值观，既符合马克思主义社会发展与人的自由发展统一的原理，符合社会发展规律，具有历史唯物主义的理论意义；又对当前社会主义初级阶段具有现实的意义，是一种能够充分调动学生学习的积极性的教育价值观。这种教育价值观，在本质上区别于资产阶级所鼓吹的以个人为中心的教育价值观而又吸取其某些合理的东西，它是一种积极的社会发展需要的教育价值观，而抛弃某些忽视个人发展需要的不合理的东西。

（二）关于人才观的思考

生产力的现代化，科学技术的现代化，是社会现代化的基础，而人的现代化是社会现代化的核心，是社会现代化赖以确立与发展的关键。有的国家，财富骤增，大量引进了现代的科学技术、生产设备，但人的素质与精神文明不相适应，这样的社会不能认为是现代化的社会。因此，社会现代化要求教育在培养什么样的人的问题上具有现代化的人才观。就高等教育来说，现代化的人才观应当体现在培养目标上。

现代化人才的含义和标准，是当前大家讨论得最热烈的课题之一。什么"型"、什么"性"，列举甚多，大多数是从西方资产阶级学者的书上抄来或受到启发的。有一种说法是，现代化人才应当以西方"现代人"的特征作为模式。有一本书，列举了西方"现代人"的12项特征，其中确有值得我们思考的。如所谓现代人准备接受社会的改革和变化，思路广阔，头脑开放，尊重并愿意考虑各方面的不同意见和看法；现代人有强烈的个人效能感，对人和社会的能力充满信心，办事讲求效率；等等（见《人的现代化》，四川人民出版社，1985年版）。这里，我不准备对这些西方"现代人"的特征加以评论，只想指出一点，在这12项西方"现代人"的特征中，没有一项不是以个人为中心的，没有一项是准备为社会的发展献身的。作为社会主义现代化的人才观的内涵，即使12项都具备了，还是有所欠缺，而且所欠缺的不是无足轻重的特征，恰恰是最基本的、具有决定意义的特征。在这次关于人才观的讨论中，虽然大家的见解不完全一致，有的从这个角度对现代化人才提出若干特征，有的从另一个角度提出另外的若干特征，但一般并没有忽视准备为社会主义的发展献身这一最基本的特征。在各种各样的见解中，有两点是大家共同肯定的，就是：第一，社会主义的现代化人才，是能够坚持社会主义方向，对社会主义现代化做出贡献的人才；第二，适应开放、改革的现代化人才，是思路开阔，具有应变能力，能够接受新事物的挑战，乐观进取，勇于创新的人才。

在这个共同认识的基础上，我想就几个同高等教育培养高级人才有关的问题谈谈个人的看法。

1. 社会主义现代化建设要求高等教育培养通才还是专才

众所周知，美国强调培养通才，苏联强调培养专才，西欧有些国家也倾向于培养专才。新中国成立以来，高等教育是培养专才，近年来，倾向性的意见是培养通才，并且已借鉴西方国家，采取了一些有利于培养通才的措施，但培养目标与教学计划，基本上还是专才教育。我的基本看法是：通才与专才结合，在通的基础上有所专，掌握一定的专门知识而又能融会贯通。事实上，世界各国的通才教育与专才教育，为适应科技发展的形势，有逐渐"趋同"的趋势，从而，通才教育与专才教育的绝对界线逐渐模糊了。例如，苏联主张培养"知识面宽的专家"，在教学计划中增加人文科学、社会科学或自然科学的课程；美国则有不少人认为应在加强基础理论建构同时，根据行业的需要，培养应用型人才，不过一般要通过研究生教育或大学本科毕业后的继续教育才能培养出专门人才。其所以仍然有通才教育与专才教育的不同主张，不只是传统的人才观念不同，更重要的是由于社会制度与教育制度不同。苏联是搞计划经济的，人才培养的计划性较强，而且大学本科学制年限较长，有必要也有可能在本科阶段达到培养知识面较宽的专家；美国为适应劳动力市场的自发调节，人才培养不可能有严格的计划，而且学制年限较短，所以有必要培养适应性强的通才。中国从立足现实、面向未来的原则出发，似应以培养基础稍宽，知识面稍广，具有较强的社会适应性的专才为主。同时，有些人才可以比较通些，有些人才可以比较专些。例如，本科教育可以通些，专科教育可以专些。多种规格，都是社会主义现代化建设的需要。其实，美国虽强调通才教育，仍然有大量的高等学校，主要是职业技术性的科系和社区学院，培养专业面很窄的职业技术人才。

顺便谈一谈"粗坯论"。如果所谓"粗坯"是指加强基础，毕业后虽然要有一段适应期间（见习期），而后劲较大，这样来理解"粗坯"，我是赞同的；但如果要像美国那样，大学本科，尤其是重点大学的本科，仅仅是培养"半成品"，作为研究生的预科，或等待毕业后到大公司、大企业的培训班去加工一两年才能成才，恐怕很难适应我国大多数中小型企事业单位，尤其是县以下的企事业单位的需要。即使是大的企事业单位，能自行举办多种多样的培训班自行加工成才的也不多。大学，还是应当尽可能负起培养成才的任务。

2. "人才"概念

人才是指出类拔萃的拔尖人才，还是包括一切能发挥自己的聪明才智，对社会主义现代化建设做出较大贡献的各种各样的人才？这个问题的看法分歧比较大。不少人写有关人才观的文章，所宣传的只是大科学家、大政治家、大企业家，给人的印象似乎只有杰出人才、拔尖人才、天才、英才、"社会强人"才是人才。社会学、人才学对"人才"这个概念应当如何下定义，姑置不论。但从教育学上谈人才，恐怕不能仅限于少数英才。社会主义现代化建设，需要杰出人才、拔尖人才，这是毋庸置疑的，因此，高等学校应当重视拔尖人才的发现与培养。但是，社会主义现代化建设也需要数以千万计的能够坚持社会主义方向的各级各类合格的人才。多样化的人才需要，使我们有必要扩大一下"人才"概念的外延：从分工说，人才应当是多专业的；从素质说，人才应当是多类型的；从能级说，人才应当是多层次、多规格的。高等学校如果只着眼于拔尖人才的培养，就会忽视大量的社会主义现代化建设人才的成长、培养。高等教育的人才观，是指少数人或多数人，这是一个办学指导思想的问题。我说这些话是有所指的。这几年来大学本科生的质量不能适应社会需要，有客观的原因，但与这种办学思想不无关系。现在评估一所大学的质量与效益，往往以有多少博士点、硕士点、重点学科作为主要指标，以至校长们光抓少数，不抓或不太抓多数。我并不反对把博士点、硕士点作为指标之一，但不赞成把它作为主要指标。我是博士生导师，主持一个博士、硕士点，但我不赞成这种光抓少数的做法，因为这种办学思想不利于多出人才、出好人才。最近有一种批评，批评我们的教学理论是以中等水平的大学生为研究对象,说这不符合于社会主义现代化对高等教育的要求,认为高等学校的教学应当面向拔尖人才,使这些人能在社会竞争中成为强人。如果说,我们的教育理论与实践对于如何培养拔尖人才注意不够,办法不多,以致拔尖人才很难脱颖而出,正如昨天有的同志所感叹"天才冒尖难,连提前毕业也很难做到",这种批评我是接受的。但如果说教学理论不应面向大多数的中等水平的大学生,我不敢苟同。美国的布鲁诺,他所提倡的学科结构与发现教学,在教学论上有很重要的贡献,但在美国中学的实施并不成功。不成功的主要原因之一就是只着眼于高智商的学生。少数学生上去了,多数学生降下来,教学质量总的说不是提高了而是降低了,总的社会效益不是提高了而是降低了。当然,我们的大学生群体,是经过"择优录取"的,是比较优秀的群体。但是,在一个群体中,仍然存在相对的高、中、低水平,而且中等水平总是大多数的。应当用主要精力办好大多数人的"大灶",同时兼顾少数人特殊需要的"小灶",全面地抓本、专科的教学质量。

3. 高等学校是不是只要培养"创造型"人才

对于"创造型"的解释,有一种是指不因循守旧,有开拓精神、干什么工作都能开动脑筋,做出成绩。如果是这个意义,我赞成以培养"创造型"人才为高等教育的培养目标。但更多的文章所解释的"创造型"人才是指能够从事新发明、新发现、叱咤风云的杰出领袖人物。这种人才在社会现代化中很需要,非常需要,高等学校应当培养、鼓励。但是,社会主义现代化建设也需要大批脚踏实地,埋头苦干,严格遵守规章制度,按"操作规程"干活,从事平凡而琐碎的工作的人才。也就是所谓"协调型""执行型"的人才,这些人才,似乎并无多少"发明""创造",除了个别被评为劳动模范上红榜,大多数也未能"脱颖而出"。可是他们的工作,正在持续不断地推动社会主义向现代化的方向前进。教育,包括高等教育,既要培养脱颖而出的"创造型"人才,也要爱护、培养、鼓励有社会主义觉悟,有工作能力,有职业道德,在各个领域、各个岗位诚诚恳恳、踏实工作的有用之才。

我是一个平凡的教育工作者,只能谈这些"平凡的道理"。错了,请大家批评。

教育外部关系规律辨析[①]

一、概念的辨析

1980年我应原第一工业机械部教育局之邀,到湖南大学为当时该部所属高等学校领导干部教育科学研究班讲课,正式提出教育两条基本规律。一条是教育外部关系基本规律,指的是教育作为社会的一个子系统与整个社会系统及其他子系统——主要是经济、政治、文化系统之间的相互关系的规律,简称教育外部规律;一条是教育内部关系基本规律,指的是教育作为一个系统,它内部各个因素或子系统之间的相互关系规律,简称教育内部基本规律。当时的表述是比较粗糙的,针对社会主义教育,前者表述为"社会主义教育必须通过培养全面发展的人为社会主义的政治、经济的发展,生产力的发展服务";后者表述为"社会主义教育必须通过德育、智育、体育培养全面发展的人"。[②] 后来湖南大学把我的讲课录音整理印成小册子《高等教育学及教育规律问题》,内部印发,并被一些地方和单位翻印为多种版本。之后,我所主编的《高等教育学》(人民教育出版社、福建教育出版社联合出版,1984年)将这两条基本规律分别作为第一章"高等教育的性质任务"和第二章"高等学校培养目标"的理论线索,并在《高等教育学讲座》(人民教育出版社,

---

[①] 原载《厦门大学学报(哲学社会科学版)》,1990年第2期。
[②] 潘懋元. 高等教育学及教育规律问题(未出版)[Z]. 1980:43,56,41-43.

1983年）第二讲"教育的基本规律及其对高等学校教育的作用"作了比较全面的论述。关于教育外部关系的规律表述为："教育必须与社会发展相适应"，并指出"适应，包括两个方面的意义，一方面教育要受一定社会的经济、政治、文化科学所制约；另一方面教育必须为一定社会的经济、政治、文化科学（的发展）服务"。"它一方面'受制约'，一方面'为之服务'，二者之中'受制约'是前提，'为之服务'是方向"。① 至于教育内部关系基本规律，仍按前书的表述。至今我认为外部关系基本规律的表述比较准确，内部关系基本规律的表述尚不成熟。因为教育内部的因素很多，关系复杂，从不同的角度揭露它的基本矛盾，至今没有一致的看法。我只是从教育系统区别于其他社会系统的特点是人的培养，而社会主义教育就其本质来说是培养全面发展的人，全面发展教育的组成是德育、智育、体育、美育等，因而认为德、智、体、美诸育的本质之间的关系是最为基本的。如果从教育者与受教育者（师生）的关系，个体与社会的关系，教育过程中主客体的关系，以及从教育结构、教育管理的角度揭示教育的基本矛盾，可能对内部关系的基本规律有不同的理解与表述。这是一个有待探讨的理论问题，因为不是本文研究的范围，不展开论述。

教育外部关系规律的提出与阐释，为高等教育理论界许多同志所接受，尤其受教育工作者所欢迎，认为教育基本规律的明确表述，有利于人们根据规律来解释与解决现实的教育问题，指导教育实践。对于这条外部关系规律的实质，认识比较一致。1985年《中共中央关于教育体制改革的决定》中所提的"教育必须为社会主义建设服务，社会主义建设必须依靠教育"，正是"教育必须与社会发展相适应"的规律的另一种表述。

问题在于规律是事物内在的必然联系，提外部关系的规律，是否准确，是否有违于哲学常识呢？1983年在华中工学院召开的《高等教育学》初稿征求意见会上，有的同志就认为哲学教科书或哲学词典关于规律定义为"事物内部的必然联系"，外部关系的提法不妥。对此，我曾作了答辩，与会者认为是可以成立的，因此仍写在正式出版的《高等教育学》中，并已被广泛引用

---

① 潘懋元.高等教育学讲座[M].北京：人民教育出版社，1983：34，32-33.

于一些论文、著作中。近来又有文章认为:"就规律而言,它是事物的内部联系……教育与诸社会现象之间存在着本质的关系,这些联系也是教育这一事物的内部固有稳定的深刻的联系,不好说它是外部联系、外部规律。若讲'外部',那只能是事物的非本质的不稳定的联系,非本质的联系可以反映规律,但本身并非规律。所以说什么'教育的外部规律',是不确切的。"① 看来,只在会上作答辩不够,还必须对"外部关系"这一概念作公开的辨析。

哲学教科书或哲学词典,确有(不是所有的)把规律定义为"事物内部的必然联系,决定事物的发展趋势"云云。显然,这里所指的内部,不是空间、范围、系统的"内部"(即"里面"),而是指与表面现象相对的本质的"内部"(即"内在")。在中文中,"内部"一词,有时可作为"内在"的同义语使用。如以英文表述则前者用的是 inner、inside 或 within 等,而后者只能用 inherent 表述,如 inherent law,就不致产生歧义或误解。

那么,系统与系统之间,是否存在相对于本系统来说是外部的,同时也是本质的必然联系呢?也就是说,是否存在本系统与其他系统之间的关系的规律呢?

列宁在《哲学笔记》中对规律的定义是:"规律就是关系。……本质的关系或本质之间的关系。"② 列宁在这里不仅指出规律是"本质的关系",还特别指出"或本质之间的关系",显然,两者是有区别的,前者指的是事物的内在必然联系,后者则是指这一事物与另一事物之间内在的必然联系。例如,新陈代谢是生物运动的规律,它是生物机体同外界物质之间通过同化与异化作用,同外界物质进行能量转换而构成了生命现象和过程的规律;同样,个体社会化是教育活动的规律,它是教育系统同外界经济、政治、文化等系统通过人的主观能动作用,同外界环境进行信息转换而构成的教育过程的规律。列宁又曾指出:"外部世界、自然界的规律,乃是人的有目的的活动的基础。"这就是说,外部世界、自然界的规律,是作为基础与人的活动存在必然的联系。既然外在于人的活动的自然界同人的活动之间尚且存在必然的联系,则

---

① 《教育研究》杂志编辑部. 党的十一届三中全会以来中国教育科学的回顾与展望[M]. 北京:教育科学出版社,1988:118-119.
② 列宁全集:第三十八卷[M]. 北京:人民出版社,1959:161.

外在于教育系统的经济、政治、文化等活动作为教育活动的基础,同教育活动也存在必然的联系。自然相对于人的活动来说是外部世界,经济、政治、文化相对于教育系统来说也是外部世界,教育与这些外部世界的必然联系,就构成了教育外部关系的规律。简单地说,教育外部关系规律的"外部"一词,指的是范围、系统的外部,而不是相对于内在本质的表面现象的所谓"外部"。教育外部关系规律,指的正是教育系统与本系统之外的经济、政治、文化等系统(活动、现象)之间所存在的"本质之间的关系",而不是"非本质的不稳定的联系"。对于这种外部联系,有的哲学研究已有了明确的辨析:"外部联系不一定是非本质联系,也可以是本质之间的联系,非本质联系也不一定是外部联系,也可以是内部的非本质联系。"①

如果由于中文的"内部""外部"诸词是多义的,担心外部关系规律这一提法容易产生歧义误解,那么应当如何表述这种外部关系呢?有人认为"应以规律作用的范围为其根据,将教育规律分为一般规律和特殊规律。为一切教育活动所共有的规律是一般性规律,为特定的教育事实所特有的规律是特殊规律。一般规律总是表现为特殊规律,总是存在于特殊规律之中;而特殊规律包含着一般规律,却比一般更为丰富。这种分类,较之通常说的教育的外部规律,教育的内部规律更科学些"②。把外部关系作为一般规律,把内部关系作为特殊规律,显然是错误的。因为外部关系规律与内部关系规律所表述的是范围、系统内外的关系,一般规律与特殊规律所表述的是事物的一般与特殊的关系。两者是不同的。我们可以说一般存在于特殊之中,特殊包含着一般,却不能说外部存在于内部之中,内部包含着外部。例如:我们可以说,社会发展总的规律,在教育领域,存在于教育发展规律之中;教育发展规律,包含着社会发展总的规律。却不能说政治规律、经济规律存在于教育规律之中,教育规律包含着政治规律、经济规律。因为前者是社会发展一般规律与教育这一特殊领域之间的关系,而后者则是教育这一社会子系统与社会其他子系统的关系。它们之间,存在着相互制约的关系而不是相互包含

---

① 于超,王革. 哲学相近概念比较研究 [M]. 济南:山东大学出版社,1988:161.
② 《教育研究》杂志编辑部. 党的十一届三中全会以来中国教育科学的回顾与展望 [M]. 北京:教育科学出版社,1988:118-119.

的关系。例如，社会主义初级阶段，教育的发展必然要受商品经济、市场机制所制约，但不能认为教育规律就内在地包含商品经济、市场机制的规律。前些时候，在教育与商品经济关系的问题上，正是由于混淆制约与包含的不同关系，把商品经济、市场机制的规律作为教育规律，在办学方向上引起某些混乱与失误。

同时，如果以一般规律取代外部规律，以特殊规律取代内部规律，势必逻辑地得出这样的结论：只有教育的外部规律"为一切教育活动所共有的规律"，而教育的内部规律即使是基本规律也只是"为特定的教育事实所特有的规律"。众所周知，"社会主义教育必须培养全面发展的人"，是一切社会主义教育都应共同遵循的基本规律而不是只为特定的教育事实所特有的规律。

其实，我在《高等教育学讲座》中，对于一般规律与特殊规律的关系、外部规律与内部规律的关系这两类不同性质的关系，已经有所说明，其要点就是："（1）下位规律（即特殊规律）必须符合上位规律（即一般规律），上位规律要通过下位规律来实现。""全面发展是教育内部的基本规律，它管所有的教育过程。如果我们总结出一些教育经验，提出一些教育原则，跟这一规律相抵触的话，那就不是真的规律。例如：用过重的负担来使学生多获得知识，以至影响身体健康，这样的做法不管你提到怎样的理论原则上来说，也是主观的、错误的。用注入式来多灌输知识，虽然知识灌输得多一些，但它阻碍了学生智力的发展，抑制了学生能力的发展，这也是一种错误的认识和做法，所以不能认为它是符合规律的。""（2）教育的外部规律制约着教育的内部规律，教育的外部规律必须通过内部规律来实现。""教育同经济、政治、文化的关系，是教育要为经济、政治、文化服务。教育如何为经济、政治、文化服务呢？要通过培养人来为经济、政治、文化服务。培养什么样的人？社会主义社会要培养全面发展的人。"[①] 由于是根据讲课录音整理的《高等教育学讲座》，在语言表述上不像科学论文那样严谨，但意思是明白的。其中（1）所阐述的就是教育的一般规律与特殊规律的关系；（2）所阐述的就是教育的外部关系规律与内部关系规律的关系。

---

① 潘懋元. 高等教育学讲座 [M]. 北京：人民教育出版社，1983：34, 32 - 33.

二、教育外部关系规律的提出

　　教育与经济、政治、文化的本质之间的关系，是客观存在的，人们对此早有认识，并不是研究高等教育理论才发现的。打开以往任何一本以历史唯物主义为指导所编写的教育学教科书，差不多第一章"教育的本质"、"教育的性质与任务"或"教育的历史性与阶级性"，所论述的就是教育与社会发展的关系。以往教育学讲所谓"教育的本质"，可以概括为两句话：（1）自有人类，就有生产劳动，就有教育，所以教育与生产劳动是密切联系的，是人类永恒的社会现象。（2）不同的社会发展阶段，教育的性质不同，所以教育具有历史性；在阶级社会中，教育具有阶级性。然后，往往按照社会发展史论述原始社会、奴隶社会、封建社会、资本主义社会以及社会主义社会的教育，系统地论证教育的历史性与阶级性。这就是说，以往的教育学，已经清楚地揭示了教育与社会发展的必然联系，与经济、政治的本质之间的关系了。但是，任何一本教育学教科书，都没有明确地表述、分析、论证教育的外部关系规律，而只是对教育与社会发展的关系作出"浑沌的关于整体"的描绘，并且只着重于教育与经济基础、社会制度的关系，而对教育与生产力、科学技术、文化传统的关系，即使不是没有涉及，也是浮光掠影。相对来说，西方的教育学对于教育与文化传统、科学技术的关系，倒是比较重视，但也只是停留在现象的描绘上。这是因为以往的教育理论研究，只是以普通学校教育作为它的主要研究对象，而普通学校教育与生产力、经济、政治、文化科学的发展之间的关系，相对来说，是间接的。因而只能就总体上把握教育与社会诸因素的关系而难以深入地探讨这些关系的具体机制。在论证过程中，往往也只能从抽象原理的推论中得出一般性的结论，这可能是研究对象单一、占有材料不充分导致对客观规律的认识不深入不具体。

　　当人们开展高等教育理论研究时，对教育与社会诸因素关系的认识就打开了一个新的局面。因为高等教育是学科性、专业性的教育，对高等教育的理论研究，必须深入到各门学科、各种专业领域，才能获得丰富的材料；高等教育是培养专门人才的教育，这些人才将直接走向经济以及上层建筑各个部门担任各种专业工作，从事各门科学研究，解决各种实际问题。生产力的发展，科学技术的成就，经济制度、政治制度的变革，文化观念的演变，往往会直接地、迅速地反馈到高等学校的办学方向、课堂以及教材之中，因而从高等教育的角度看经济、政治、文化同教育的关系，就比较直接、深入、具体、生动，对于如何使教育与社会发展相适应，会更具紧迫感。当然，这只是相对的，丝毫没有否定普通学校教育必须同经济、政治、文化的发展相适应之意。但小学的读写算，中学的数理化等基础知识，相对于大学的专业课程来说，是比较稳定的；与经济、政治、文化的发展关系，是有程度差别的。只要不是抱残守缺或抱有成见，就会承认开展高等教育理论研究以来，已经和正在拓宽教育研究的视野，加深教育原理的认识，包括对教育外部关系规律的认识。这就是教育外部关系规律作为一条教育基本规律首先从高等教育理论研究过程中提出来的缘故。

为什么我在20世纪80年代初把教育必须与社会发展相适应作为外部关系规律提出来，而且一经提出，就被广泛认可呢？这里还有一个时机问题，也可以说是被客观需要逼出来的。1958年以后，我国在社会各个领域，主要是在经济领域，出现大量违反客观规律办事的现象。违反客观规律办事，是要受规律惩罚的。在社会活动中，当人们遵循规律办事时，虽然规律无时无处不在起作用，但人们往往是凭经验认识到应当这样办，较难自觉地提到理论认识上来理解为什么必须这样办。而当人们违反规律办事，受到规律惩罚时，痛定思痛，通过对大量现象的考察，总结成功的经验与失败的教训，进行深刻的反思，运用辩证唯物主义的理论武器，透过事物的现象把握事物内在的本质，就比较容易抓住本质的规律性的东西。党的十一届三中全会号召"为了迎接社会主义现代化建设的伟大任务"，必须"保持必要的社会政治安定，按照客观经济规律办事"。要按照客观规律办事，就必须认识客观规律，经济如此，教育也如此。这个时候，教育实际工作者，理所当然地要求教育理论工作者说清楚教育的客观规律，教育理论工作者也应当负起这个责任。当然，一部教育学所阐述的无非都是教育规律及其运用。但是，对于一般干部、教师来说，向他们提出符合科学而又简明的规律的表述，"实现由浑沌的关于整体的表象到发展为若干简单的规定，然后再回到整体"，是必要的。当时我就申明:"认识规律是很难的,表述规律更困难……何况社会的规律,还要随着社会的发展而发展。可以说规律是无穷无尽的,探讨规律也是无穷无尽的。"为满足大家合理的要求,"提出这样规律,那样规律,只是属于探讨性的,不全面"。① 至今我仍认为对于教育规律尤其是教育外部关系规律的认识,仍是很肤浅、很不全面的。

随着形势的发展,新的矛盾的产生,经验的总结,认识的深化,"我们正在逐步加深对某些规律的认识"②。我在研究学校教育制度与社会发展的关系时,就发现制约学制的外部因素,只提经济、政治、文化,失之笼统。从世界性新技术革命的浪潮和我国社会主义四化建设过程中,从"文化热"的论争中,看到科学技术与文化传统对教育的制约作用至关重要。因此,有了一些新的思考,认为制约一国高等学校教育制度的主要因素,一是生产力与科学技术发展水平,二是政治制度与经济制度,三是文化传统。

生产力发展水平是最基本的制约因素,因为社会的发展,最终决定于生产力的发展,而生产力诸要素渗透着科学技术知识,它的发展水平总是与科学技术结合在一起的。如果说,以往我们对马克思所说的"生产力里面也包括科学在内"这句话的理解不深,重视不够,那么,世界性的新技术革命和我国的四化建设,已经充分地证明了生产现代化,科技是关键这一真理。生产力与科技水平对高等教育的制约,不但直接地体现在自然科学与工艺技术专业、课程、教材以及教学手段上,而且间接地制约着整个高等学校教育制度。例如,继续教育作为一种教育形式,纳入教育体系之中,在高等教育制度上确定它的地位,就是适应生产力与科技发展的需要。

社会制度,主要是政治制度与经济制度,是制约教育的另一个重要因素。生产力发展水平对高等教育的制约,一般总是要通过一定的社会制度起作用的。教育体制改革的前提是政治体制、经济体制的改革;政治体制、经济体制的改革,必然要求教育体制进行相应的改革。当前我国教育体制改革,正是根据这条规律进行的。

---

① 《教育研究》杂志编辑部. 党的十一届三中全会以来中国教育科学的回顾与展望[M]. 北京:教育科学出版社,1988:118-119.
② 潘懋元. 高等教育学及教育规律问题(未出版)[Z]. 1980:43,56,41-43.

文化传统也是制约教育的重要因素。过去对于这一因素的制约作用的研究很不够，近年来"文化热"的讨论，对于文化传统在社会生活的一切方面，尤其在社会改革中所起的作用，有了比较清醒的认识。文化传统是在长期的历史过程中形成的思想意识，包括价值观念、道德观念、思维方式等。人，总是生活、成长于一定社会文化传统之中，文化传统在人们对一切事物的判断、选择、取向中，无不或明或暗地起着制约作用。生产力、社会制度，甚至科学技术对教育的制约，往往不同程度地、自觉不自觉地受文化传统的影响、折射。在教育改革过程中，文化传统可能是一种助力，也可能是一种阻力，如果忽视这一点，就会简单化地以为有什么样的生产力与科技水平，就会有什么样的教育水平，有什么样的社会制度，就会有什么样的教育制度，对于许多复杂的教育现象，就很难解释。而如果忽视文化传统在教育改革实践中的助力或阻力，不能因势利导，化阻力为助力，教育决策就很难行得通。不过，文化传统虽然是一种顽强的社会势力，却不是不可改变的。人既是文化的产物，也是文化的改造者与创造者；高等学校既负有保存、传递文化的任务，又负有改造、创新文化的任务。文化传统在促进或阻碍社会发展的过程中，也在不断地改造其自身。不符合生产力的发展、科学技术的进步、社会制度的变革的文化传统，总要或快或缓地被扬弃、更新的。而文化传统的改造与创造，往往就发端于高等学校的校园文化之中。

以上只是就制约教育的主要的外部因素而言。其他的外部因素还很多。如人口、资源、地理条件、生态环境、宗教、民族等，一般来说，不是主要的因素，但在特定的条件下，也可能是十分重要的因素，是不可忽视的。对于诸多外部因素同教育的关系的研究，可以使我们对外部关系规律的认识更为具体和深入，在研究教育问题、采取教育对策时，可以提高教育决策的科学性与可行性。

三、教育外部关系规律的利用

对于教育外部关系规律的研究与表述，尽管还很不成熟，但受到广泛的重视与欢迎。许多高等教育工作者和教育理论工作者认为，明确的表述有利于对规律的认识与运用。例如，新中国成立以来我国高等教育发展的历程，既有符合教育规律的成功经验，也有违反教育规律的失败教训。从规律的理论高度上进行反思，可以避免就事论事，提高认识，得出比较正确的历史结论。又如，对于当前现实的教育问题，根据外部关系规律来解释与解决，可以提高教育决策的科学性与可行性，避免或减轻失误。再如，制订教育发展战略，全面地、实事求是地考虑制约教育的各种外部因素，可以对教育发展的必然趋势看得比较清楚，结合本国本地的条件，提出有科学依据、符合实际的方案。总之，认识与利用教育规律，也就有发挥教育理论指导教育实践的作用。

在认识与利用教育规律上，必须避免简单化、形式化与片面性的生搬硬套。对于"教育必须与社会发展相适应"这条外部关系规律的运用，要解决两个有分歧的问题。

（一）要全面适应不要片面适应

如上所述，社会系统，包括经济、政治、文化等子系统；制约教育的外部因素，有生产力与科技发展水平、社会制度、文化传统以及人口、资源、地理、生态、宗教、民族等因素。这些子系统与因素之间又是密切联系、相互制约的。如果教育只强调与某一方面、某一因素的发展相适应而忽视其他方面的适应问题，就可能导致片面性的失误。例如，"文化大革命"以前，强调教育要为无产阶级政治服务，这是与我国当时社会主义政治制度相适应的。但是，后来发展至"以阶级斗争为纲"，批判所谓"白专道路"，忽视教育要为国民经济发展服务，这就违反了教育要与经济发展相适应的规律，导致教学质量严重下降，不但不能很好地培养出社会主义四化建设所需要的人才，也不利于巩固无产阶级专政。"文化大革命"之后，强调教育要为经济服务，这是与我国以经济建设为中心、进行改革开放的形势相适应的。但是后来发展到只片面强调教育要适应商品经济发展，把教育商品化了，办教育只要有商品意识就行，忽视了教育还必须与政治、文化相适应，办教育还必须抓精神文明建设，导致思想混乱、道德滑坡。从这些经验教训中可以很清楚地看到，教育与社会发展相适应是全面的适应，任何只强调某一方面的适应而不顾其他方面是否适应，这种片面性的所谓"适应"，必将走向全面的不适应。

当然，在某一特定时期，在政策上有针对性地强调某一方面的重要性，无可厚非。如党的十一届三中全会之后，为把工作的着重点转移到社会主义现代化建设上来，针对前一个时期教育与经济发展不相适应的问题，强调教育要为经济建设服务，是必要的。问题在于对政策的形而上学理解与执行的片面性，以致在相当长的一个时期，对待两个文明建设，一手硬，一手软，不但影响了精神文明建设，也不利于物质文明建设。所以，任何时候，对于外部关系规律的认识与利用，都必须有全面观点，在执行政策上尽可能使教育与社会发展全面适应。否则就会左右摇摆，导致失误。而教育上的失误，不但直接影响了教育事业，最终必将危及经济发展和社会进步。

（二）要主动适应不要被动适应

规律是客观存在、不以人们意志为转移的。但人们在利用规律办事时，却可以而且应当充分发挥主观能动性。教育必须适应一定社会的经济、政治、文化的发展，但如何适应，有主动适应与被动适应之分。

什么是主动适应？人们往往把主动适应作为"紧跟"的同义词，以为只要紧跟政治、经济形势，就是主动适应。政治上以阶级斗争为纲，就搞"教育政治化"；经济上发展商品经济，就搞"教育商品化"。这是盲目的被动适应，其后果是人所共知的。被动适应表面上似乎是按规律办事，事实上却会产生违反规律的后果。历史已经充分地证明了这一点。

一定社会的经济、政治、文化在其发展过程中，往往存在积极面与消极面，因此，对教育的影响，也有积极作用与消极作用。尤其是在改革探索的过程中，很难避免出现某些偏差。教育主动适应经济社会发展，指的是对积极面的适应，而不是不加判别去适应一切，包括不利于社会进步的消极的、落后的、偏颇的、错误的东西。所谓主动，就有个主体自觉判断与选择的作用。当年那种"左"的错误，是不利于社会主义社会健康发展的。虽说在缺乏民主的情况下，高等教育很难不受其消极的、错误的影响，但有的跟得很紧，甚至推波助澜；有的则不是跟得那么紧，尽可能减轻其消极影响，千方百计抓教学质量。现在，市场经济、市场机制在对高等教育的改革与发展起驱动与调节的积极作用的同时，也在产生一些消极的东西。众所周知，片面追求个人利益，"一切向钱看"，甚至不顾社会道德，违法乱纪，这种消极面无疑对高等教育会起消极作用。对市场经济、市场机制的主动适应，可以促进教育教学质量的提高，促进学生努力掌握真实本领；然而被动适应的话，结果却出现了学生厌学、教师厌教的现象。所以，教育应当发挥它的主体判断与选择的作用，办学者应当发挥他的自觉性、主动性，趋利避害，力求主动适应而不要被动适应。

教育如何发挥主体的判断与选择作用，很重要的一条，就是根据教育内部关系规律进行鉴别。凡符合教育内部关系规律，有利于促进教育自身发展的，一般来说，能发挥积极的作用，否则，可能产生消极的作用。因为办教育不仅要按教育外部关系规律办事，还要遵循教育内部关系规律。教育外部关系规律，必须通过教育内部关系规律来实现。教育政治化、教育商品化，均不利于培养社会主义全面发展的人才，它对教育所起的不是积极作用而是消极作用。

办教育必须遵循教育外部关系规律，无视教育外部关系规律的作用，就教育谈教育，许多教育问题是无法解决的，如教育经费问题、片面追求升学率问题、毕业生就业问题都不是单靠教育自身所能解决的。但是，不顾教育内部关系规律而奢谈教育，也是片面的。教育有其自身的特点、价值和规律，不能以经济、政治规律来解释与解决教育问题，以市场机制作为教育的运行机制，否则，正确的"教育必须为经济发展服务"就会被曲解为错误的"教育商品化"。从"教育政治化"到"教育商品化"，其偏差有所不同，而其思想根源却是一脉相承的，都是忽视教育自身的特点、价值与规律。

一般来说，教育行政部门往往比较重视教育外部关系规律的作用；而学校教育工作者，尤其是直接承担培养人才任务的学校教师，则往往只重视教育内部关系规律的作用。作为教育理论工作者，应当全面地掌握教育外部关系规律和内部关系规律，起理论指导与思想协调的作用。

"科学技术是第一生产力"与"教育为本"[①]

科学技术是第一生产力与教育在四化建设中的战略地位问题,已经不是一个有待探讨的理论问题,而是一个应当如何做的实际问题。人们知道科技的传递,要靠教育;科技的发展,也要靠教育。高等学校的主要社会职能,第一是传递科技知识,培养专门人才;第二是承担科研任务,发展科学技术;第三是参与社会的技术开发、技术咨询、技术培训等活动,直接为当前社会科技的发展服务。概括说来,就是两句话:社会主义现代化建设,科技是关键,教育是基础;高等教育是专业性教育,它同科技的发展更为直接,更为密切。教育自身不是生产力,但没有教育这个基础,就不可能传递科技知识,也不可能发展科学技术,不可能实现农业现代化、工业现代化、国防现代化和科技现代化。这个简单、明确的道理,已是今天人们的共识,似乎没有人从理论上提出异议,比如:似乎没有人公开论证不要教育,科技照样可以发展;不要科技生产力照样可以提高,经济照样可以到 2000 年翻两番。问题是许多实际情况(不是所有)令人困惑。不是没有理论,而是有理不依,有理不行。孙中山先生说过,知难行易,我看,教育在四化建设中的战略地位以及它同科技的关系、生产力的关系、经济与社会发展的关系这个问题,似乎是"知易行难"或知、行脱节。

---

① 原载《教育研究》,1992 年第 5 期。潘懋元教授应邀参加《教育研究》杂志社召开的"科技技术是第一生产力与教育的战略地位和作用"学术座谈会,因时间关系,未在会上发言,本文为其发言提纲。

如果明确科技是第一生产力,那么在提高生产力,发展经济的对象上,就不能仅仅以增加生产过程的资金、设备、劳动力的投入来发展生产,而是重视在生产过程中发挥科技的作用,增加科技的投入。我赞同有的同志所说的,作为第一生产力的科技,不应当狭隘地理解为就是生产技术,应当包括科学理论,包括软科学。既要增加"硬件"的投入,又要增加"软件"的投入。

如果明确了教育在四化建设中的战略地位,那么,就应当相应地、超前地发展教育,增加教育的投入。不但要重视与生产过程直接联系的技术培训、技术开发,而且要重视作为劳动力再生产的教育;不但要重视职业技术教育,而且要重视作为基础的基础——人的素质教育。所谓"重视",不只是理论上,更重要的是在实践上,在资金、人力的投入上。现在有诸多现象,如教育资金投入不足,教师待遇低,师资队伍人才流失,学校设备无力更新,如此等等,似乎是行悖于理。长此以往,不但影响教育自身的发展,对于经济的发展和现实改革开放的目标也是不利的。

为适应科技是第一生产力的时代要求,我国教育必须进一步深化改革,就高等教育来说,有许多问题需要从时代要求来重新考虑。比如:高等教育的层次结构、学科结构如何进一步调整?高等教育如何适应地区经济的不平衡,更好地为地方经济发展服务?如何使高等教育的管理体制能够更灵活地反映经济与社会改革开放的形势?高等学校的课程组织、教学方法如何更好地反映时代的要求?如何使"产学合作""教学、科研、生产相结合"这些国内外实践经验已经证明有效的做法得到落实?如何在实效上而不是在形式上切实加强大学生的思想政治教育?高等学校招生制度如何从只根据高考分数转为成绩与素质并重?大学毕业生的就业安排如何才能更好地使人尽其才?如何让高等学校各级领导(校、系、室)少为"创收"而忙,能够深入地抓教育、抓科研?如何减轻大学人才流失?如何调动教师搞教学、搞科研和进行教学改革的积极性?成人高等教育如何改变向普通高校看齐、致力于"正规化"和追求高学历的现象,面向社会实际需要,着重于岗位培训?如何更好地发展职后继续教育?如此等等。以上只是随手拈来,还可以举出许多。这些问题都很重要,都应该根据时代要求,重新研究,但更重要的是改革的思路，改革是为了解放生产力。而生产力的水平，主要决定于科学技术水平，教育改革的出发点和归宿，首要的应当是为了发展生产力，直接的导向就是发展科学技术，包括科学技术的传递与创造、开发。在当前社会条件下，改革经济体制，有计划地发展商品经济，有利于促进社会生产力的发展，因此，教育也要适应商品经济，为商品经济的发展服务。而最终的归宿，还是为了生产力的发展。作为第一生产力的科学技术，是整体的，它包含直接作用于生产过程的技术，也包含并不直接作用于生产过程的基础科学、应用科学。科学尤其是基础科学，不能体现为商品价值，而对于发展生产力来说，却是"无价之宝"；应用科学，一般也不能直接体现为商品价值，而对于发展生产力来说，则是关键的一环。社会科学并不直接作用于生产过程，而对生产力的发展却起重要的组织、制约、导向作用；人文科学，似乎与生产力的发展不沾边，但对人的素质（包括劳动力的素质）的提高，却是至关重要的。进一步说，社会主义事业的建设，物质文明建设是重要的，精神文明建设也是重要的；社会的进步、生产力的发展与提高是最基本的，而社会道德、社会风尚也同样是重要的。教育的任务是培养人，培养劳动力、技术人员，企业管理人员，较易体现经济价值；培养精神文明的建设者，很难体现经济价值。"教育为本"既是经济建设之本，也是政治建设、文化建设之本，是整个社会发展、进步之本。这样来思考教育改革问题，可能比较全面。

试论素质教育[①]

一、对素质教育概念认识的发展

素质教育这一有中国特色的社会主义教育新概念的提出,为时甚短。它虽得到教育界热烈的响应和社会上广泛的关注,但"素质教育"的内涵是什么,素质教育包含哪些内容,教育理论界意见不一。如何进行素质教育,还有待于总结实践经验。

经过几年来理论工作者的探索和实际工作者的实践总结,虽然对许多问题尚有不同的看法,经验尚不成熟,运行机制尚不完备,理论体系尚未形成,但对一些基本问题逐渐取得共识;在认识上,总的说有所发展和加深。

(一)概念的理解逐渐统一

素质教育这一新概念刚提出时,心理学界和教育理论工作者中有不少人反对,认为"不科学"。主要理由是"素质"一词,辞书的释文一般是指"人的先天的生理解剖特点,主要是指感觉器官和神经系统方面的特点"(《辞海》)。也就是说,"素质"是先天的,教育是后天的,后天的教育培养不出先天的素质。但是,更多的学者认为先天的素质只是提供人的发展的生理基础,后天的环境与教育可以发展先天的潜能,提高和完善人的素质结构。人们一般所说的"人的素质",是先天遗传的禀赋与后天环境影响、教育作用

[①] 原载《教育评论》,1997 年第 5 期。

的结合而形成相对稳定的基本品质结构。因此,"素质教育"这个概念是科学的,可以成立。过去虽然没有"素质教育"这个概念,但由于客观事物的发展、社会实践的需要,概念也必然要变化、发展。或者是对已有的概念赋予新的内涵,如"素质";或者是提出新的概念,如"素质教育"。我们反对没有科学依据与实践经验去杜撰新闻,但也不应拘泥于引经据典而阻碍新认识、新思想的产生。

(二) 内涵丰富了

起初对素质教育的认识只是沿着全面发展教育的思路,提出思想道德、文化科学、身体健康等要求,失之笼统,也难于操作。难怪有人认为,素质教育就等于全面发展教育,并无新意,大可不必标新立异。近年来,人们从教育学、心理学、社会学、文化学角度对素质教育进行理论探讨,在教育实践上提出了种种方案进行试验,总结了情境教育、愉快教育、成功教育以及汨罗市中小学改革的成功经验,借鉴国外科学教育与人文教育整合的理论、港台地区所提倡的"通识教育",使素质教育内涵逐渐丰富、充实。

(三) 外延扩大了

提高素质教育开始时只对中小学教育而言。如今,人们感到,不同层次、不同形式的教育,都应重视素质教育,不过侧重点上可以有所不同。例如,高等教育虽是培养专门人才的教育,但专门人才不仅要以其专业知识与技能适应社会的需要,而且要具有优良的素质才能对社会做出贡献。中小学的素质教育是针对"应试教育"提出的,高等教育的素质教育则是针对单纯科技教育、过分狭隘的专业教育而提出的,更侧重于人文文化素质,使科学教育与人文教育整合,培养出高科技与高素质结合的专门人才。因而,素质教育的外延已从基础教育扩大至高等教育。不仅如此,人的素质的提高与完善是一个终生的过程,不但学校教育阶段要提倡素质教育,终身教育、继续教育也应强调素质教育。例如,成人教育已在进行素质教育的探讨与试验,职业培训也强调职业知识技能培训与职业道德教育并重,这就进一步地扩大了素质教育的外延。

(四) 意义提高了

素质教育的提出,如前所述,它的意义只是为纠正"应试教育"的片面性。这个意义固然很重要，但毕竟它的普遍性是有限的，而且易使人误以为只是一种暂时性的政策措施。现在，人们开始认识到这是面向21世纪教育改革与发展的指导思想。

21世纪的教育将是什么样的教育？有人从世界科技革命的挑战出发，提出21世纪应当加强科学技术教育；有人从市场经济的挑战出发，认为21世纪的教育应当加强市场意识、竞争意识、公平意识、法制教育等等；还有人以西方教育思想、教育模式作为中国21世纪教育的改革方向，提倡教育的功能应当更多地满足个人发展的需要。凡此种种，都有一定的道理，但都不够全面。我们要迎接世界科技革命，加强科技教育，但不应把人培养成为"机器奴隶"；我们要适应市场经济的需要，调整教育机制，但不要把学生培养成为"经济动物"；我们要向西方发达国家学习，重视学生的主体性，满足学生个体发展的需要，更要满足社会发展的需要。要把个人发展与社会发展两种教育的基本功能统一起来，就必须提高受教育者的全面素质。这就是我们所理解的素质教育的意义。

二、素质教育与全面发展教育

为了进一步理解素质教育的意义，有必要对素质教育同全面发展教育的关系做若干说明。上面说到，有人认为素质教育就是全面发展教育，只是换个提法，并无新意。我们不同意这种看法，但不要误以为提倡素质教育，就要否定全面发展教育。素质教育同全面发展教育是一致的：方向一致、目的一致、基本内涵一致，都是为了全面提高国民的素质，全面提高人才的素质，促进人的全面发展。人的全面发展，是社会主义的教育目的；实施全面发展教育，是我国既定的教育方针。这个方针目的是最高的，但也是抽象的。贯彻全面发展的教育方针，实现人的全面发展，要进行素质教育。从这个意义上说，素质教育是全面发展教育的实施策略，而不是违反全面发展教育的方针目的另搞一套。

我国提倡全面发展教育已经多年，阐发全面发展教育的理论文章车载斗量，也积累了不少的经验。但在实践上，因其过于抽象，难于操作，更难于监控。素质教育作为全面发展教育的实施策略，它可以分解为一项一项的比较具体的内容，结合社会的实践、学校的实际、个体的实际，把抽象的方针目的具体化，使之具有转化为教育实践的可操作性。可以说，素质教育是全面发展教育方针目的同具体教育实践的中介。有此中介，全面发展教育就比较容易实现。正如有的教师所说，素质教育较之全面发展教育更摸得着，用得上。

同时，素质教育的内容，有一些是全面发展教育学说所未提及，或虽包含在全面发展教育之中但不明确的。特别是心理素质方面，全面发展教育很少提及，而在素质教育中却占据重要的地位。例如，自我意识，包括自我认识、自我评价、自我监督、自我控制的心理能力的培养，在成才教育中非常重要，过去却往往被忽视了；又如心理承受力的培养，对于在家庭中被娇纵了的独生子女有现实的重要性，过去不是被忽视，就是训练不得法；再如，情感教育在提高国民素质上有重要的作用，它似乎可以包含在美育之中，但美育能够使情感升华却代替不了情感教育。还有许多非智力因素的培养，是不是都能包含在思想政治、道德品质教育中？可能是，也可能不明确、不具体，而素质教育则对于智力因素与非智力因素的培养，都有比较明确的具体的要求。全面发展教育的依据是"人的全面发展"的理想。"人的全面发展"有几种提法："个人全面发展""个性全面发展""个人自由发展"。这些提法都在经典著作中出现过，但后来在中国的教育理论著作中，后面这些提法，特别是"个人自由发展"，怕引起某些歧义，都不提了，以致人们所理解的"人的全面发展"的内涵不但很贫乏，而且全面发展被认为就是按统一的模式来塑造人。素质教育则明确地表达了人的全面发展，就是个人、个性的全面发展，也就是体现恩格斯的从必然王国到自由王国所指的"自由"发展。这就有利于理解人的发展的多样化、个性化、主体性，有利于充分发挥人的聪明才智而不是压抑个人向自由王国的发展。素质教育同全面发展教育在方向、目的、基本内容上是一致的。它使抽象的全面发展教育具体化，比较具有可操作性，并且在一定程度上丰富和发展了全面发展教育的内涵，使全面发展教育的若干内容较为明确。对这两个不同层次的概念的比较，也许有助于我们对素质教育的理解。

三、如何实施素质教育

根据各地的实践经验,实施素质教育可以概括为转变观念、采取措施、提高师资水平三方面。

(一)转变观念

差不多所有论述素质教育或总结经验的文章,都认为转变观念是实施素质教育的前提。应当转变哪些观念呢?

——转变教育价值观。教育的价值,首先在于提高全民族的素质,培养合格的公民;其次在于提高人才的全面素质,使受教育者在德、智、体、美几个方面得到和谐的发展。也就是说,教育工作要面向全体学生,促进学生个体全面发展。基础教育的"应试教育",片面灌输应试科目的知识;高等教育的科学主义教育,片面要求学生只要学好与专业对口的科学技术。而素质教育所要求的是:第一,不仅要使学生学会教材上现成的基本知识,而且要使学生学会自我增长知识,也就是"学会学习"。第二,不仅要使学生掌握知识,而且要引导学生发展能力,包括思维能力、书面与口头表达能力,尤其是将知识应用于实践的能力和创造能力。第三,不仅要使学生增长知识和发展能力,而且要使学生学会做人。要使学生具有高尚的道德、群体的意识,要使学生不仅关心自己的成长,而且关心家庭、关心他人、关心社会、关心国家、关心人类的生存与发展,也就是要使学生"学会关心"。

——转变学生观。学生是教育的主体,学生的成长主要依靠自己的主动性。素质教育的学生观,要求尊重学生的主体地位,发挥学生的主观能动性。近年来,普通学校所试验并获得一定成功经验的教育法,如"成功教育""愉快教育""情境教育",高等学校所推行的讨论式教学、问题教学、案例教学等等,都有一个共同的特点,就是尊重学生的主体地位,发挥学生的学习主动性,还要引导学生自尊、自重、自主、自律。当然,强调学生的自主性,绝不意味着可以削弱教师的主导作用,放松学校的组织纪律,而是确认学生是发展自己素质的主体,教师在尊重学生主体地位的前提下,采取相应的措施,引导、推动学生不断地发展和完善自身的素质。

（二）采取措施

素质教育是一种新的教育思想、教育观念，而不是一门具体的课程或一种具体的方法，是通过学校教育的各种活动来进行的。

教学是学校教育的基本途径，素质教育也是通过各门课程来进行的。不论自然科学、社会科学以及人文学科、语言学科，除了传授知识之外，都可以结合进行素质教育，也就是"寓素质教育于知识教育之中"。我国香港、台湾等地在高等教育中提倡"通识教育"，规定教学计划（课程计划）要开设若干门人文学科课程，学生必须选修多少学分，这种做法值得借鉴。但是，这并不意味着修完人文学科课程、获得若干人文学科的知识就完成了素质教育的任务。人文学科知识必须内化为人文精神，并外表为行为习惯，才能构成相对稳定的品质结构。有些人，虽然修了许多人文学科课程，获得许多人文知识，但言行不一，品质恶劣，就是由于他们没能将人文知识内化为人文精神。所以，进行素质教育的关键在于"内化"，即将知识转化为素质。就知识转化为素质来说，自然科学知识、社会科学知识，都可以在一定范围内、一定程度上，转化为学生的思想素质、道德素质、文化素质、心理素质、身体素质等等。在素质教育的讨论中，有人认为应试教育所着重的各个科目，也存在素质教育的各种因素，所以应试教育与素质教育是相互包容而不是矛盾对立的。这显然是一种误解。素质教育所针对的是以应试为目的的教育，即"片面追求升学率"的教育，而不是高考所规定的那些科目的知识。数、理、化、外语等知识不但是高考所要求，也是基础教育所需要的基本知识。所不同的是，应试教育只要求学生为应试而强记这些知识，而素质教育则要求学生既掌握这些知识，又能够将之内化为人文精神、文化素质以及其他素质。同时，学生在学校里不只是学习各门课程的知识，还生活于校园文化环境中。校园文化，对于学生素质的形成具有潜移默化的作用。对于某些素质的形成，如道德素质、心理素质，往往比课程教学起着更为重要的作用。所以，进行素质教育，另一重要的途径是要采取切实的措施，营造优良的校风；开展多种有益于身心发展的学术的、文娱的、体育的活动，使学生受到优良的校园文化的熏陶。一般来说，通过校园文化所形成的素质，往往更为深刻与牢固，影响及于终生。

除了通过教学和校园文化对学生进行素质教育之外，学校有关的种种活动，都可以充分用来培养和提高学生的素质。例如：组织学生参加各种社会实践和公益劳动、同家长和社会合作、开展有助于心理健康的心理咨询等等，都是行之有效的素质教育措施。

（三）提高师资水平

进行素质教育，归根到底要依靠广大的教师。提高师资水平，是实现素质教育的基本保证。如果教师只是传授知识，那么只要求教师通晓所教学科的知识并懂得教学方法就行；如果教师要担负起素质教育的主要任务，那么还必须具有教育学与心理学的知识、为人师表的崇高师德、精通素质教育的方法与艺术。尽管这不是一朝一夕所能达到的，但必须从现在起就朝这个方向努力。

走向 21 世纪高等教育思想的转变[①]

20 世纪的最后 20 年,中国高等教育是在面临世界科技革命和中国社会主义市场经济两大挑战中改革与发展的,总的来说,成绩斐然,困难不少,变化很大,但不平衡。而在改革与发展中,不论成功或挫折,顺利或困难,大家都感到与教育思想密切相关。尤其是 90 年代中期以来,在讨论要把什么样的高等教育带进 21 世纪时,更感到先要解决把什么样的教育思想、教育观念带进 21 世纪。因此,许多大学自发地开展高等教育思想转变的讨论,"一场讨论教育思想、教育观念转变的热潮,正在静悄悄地兴起"。教育部领导总结了这一经验,概括了三句战略指导性的话:"增加投入是前提,体制改革是关键,教学改革是核心",之后又增加了一句"教育思想和教育观念的改革是先导"。1998 年 3 月召开的"第一次全国普通高等学校教学工作会议",便以转变教育观念作为主题展开了讨论。

关于转变教育思想、教育观念的重要性、必要性,许多文件、论文,都有论述,不必多说。但在讨论 21 世纪高等教育思想转变之前,有几个概念上的问题,需要说明一下。

教育思想、教育观念,是同一概念还是两个概念?为什么文件、报告中,有时说转变教育思想,有时说转变教育观念,有时又两者并列?

教育思想、教育观念是同义词,都是指人们对于教育这种社会活动(现

[①] 原载《辽宁高等教育研究》,1998 年第 6 期。

象)的认识,但认识有深浅之分,有系统的认识,有片断的反映。因此,可以分为两个层次。浅层次的认识,即片断的看法、想法、意见、要求等等,并没有形成系统的思想体系,这是每一位教师、家长以及学生、社会人士都有的,所以对某些教育问题,谁都可以发表意见;深层次的认识,是经过比较深入的研究,形成比较系统、稳定的思想体系,它的更高层次则是教育理论、教育学说。

为把两个层次区分开来,人们往往把浅层次的认识称为教育观念,而把深层次的认识称为教育思想。其实两者在语义上并无严格的区分,都可以称为教育思想,也都可以称为教育观念。

那么,教育思想包括哪些方面呢?很难进行明确的分类。对带有根本性的思想认识一般列举的有教育本质观、教育功能观、教育价值观、教育质量观、人才观、教师观、学生观以及教育发展观等等。而这些方面的思想认识,往往又是相互联系,很难截然分开的。如教育价值观与教育功能观密切相关,而在高等教育上,教育质量观与人才观又密切联系。同时,各版本教育哲学论著的分类,也不尽相同。因此,讨论教育思想问题,我认为还应从实际出发。也就是说,针对走向21世纪的教育改革与发展,我们应当着重转变哪些教育思想?

就我所知,各所大学的教育思想讨论,深度不同,着重点也不尽相同。我们曾开过几次小会,做了一些分析、归纳、概括的工作,发现大多数的讨论,集中于教育价值观、教育质量观和教育发展观等几种有针对性的基本教育思想。下面就这几种教育思想的转变谈谈个人的看法。

一、教育价值观的转变

教育价值观是指人们对教育与人的价值关系的认识,并在这一认识的基础上确定教育行为的价值取向。也就是说,它反映的不是教育本身,而是人与教育之间的价值关系。由于认识不同,价值判断不同,因而教育行为的价值取向也就不同。它是潜在的,但却是无时无处不起作用,不过有时是自觉的,有时是不自觉的。例如,大学生报考这一个专业而不愿进另一个专业,不完全是根据个人的能力、性向与兴趣，往往受本人和家长的价值判断所制约；至于教育政策的制定、重大问题的决策，更是受决策者个人或群体的价值观所制约。

教育价值观与教育功能观密切联系，后者往往受前者制约。教育功能有社会功能与个体功能。就高等教育功能来说，社会功能有经济功能、政治功能、文化功能等等，个体功能有升迁功能、职业功能、成长功能等等。这些功能是客观存在的，但主体对其价值判断则因客观条件与主观认识而不同。例如，对于社会功能，一般说，"文化大革命"前重视政治功能，改革开放以来重视经济功能，未来可能更加重视科学发展、文化创新的功能；对于个体功能，一般人"文化大革命"前重视升迁功能，近年来重视的是职业功能，未来可能更加重视个性发展、完善的功能。

功能是客观存在的，某个时期或某个人，比较重视某种功能，这是正常的。但如果只强调某种功能而忽视甚至贬抑其他功能，就会出现偏差。例如，"文化大革命"前把政治功能强调到不适当的地步，认为教育也要以阶级斗争为纲，只要一门阶级斗争的主课，而贬抑经济功能与文化功能，把人看成是工具从而忽视个体成长功能；而当前在部分教师和大学生中，片面强调个体功能而不顾社会功能，这些都是偏差。因此，对于功能的价值判断，应当把片面的唯社会价值观或片面的唯主体价值观转变为在满足社会发展需要的前提下，充分尊重人的主体价值，使社会价值与主体价值协调平衡地发展。

以上只是从教育功能的价值判断的角度谈教育价值观的转变。走向21世纪教育价值观的转变，还有更深的含义。

21世纪，世界各国将或早或迟地进入知识经济时代，教育的基本功能是知识的传递，高等教育的基本功能是科学技术、人文社会知识的传递与创新。从工业经济时代到知识经济时代，知识、科技对经济发展的作用不仅越来越重要，不仅是重要程度的提高，而且从量变到质变，科技的经济性质起了变化，从而，知识的社会性质也起了变化。在工业经济时代，知识、科技尽管对经济的发展很重要，但只是作为影响生产力的外部因素。而在知识经济时代，知识、科技，成为生产力的内部因素。

下面，引述两位分别主持科技与教育领导的话：

科技部部长朱丽兰同志说:"工业经济中衡量生产力的生产函数注重的是劳动力、资本、原材料、能源等要素,把知识、技术看作影响生产的外部因素,而在知识经济中,知识被纳入生产函数之内。"①

教育部部长陈至立同志说:"经济系统的知识水平和素质已成为生产函数的内在部分,是生产力提高和经济增长的内在动力之一。"②

如何理解知识纳入生产函数之内,成为生产函数的内部因素而不是外部因素,成为内在动力而不只是外在动力呢?知识、科技这种性质的变化,对高等教育价值观的转变有什么意义呢?

原来我们所理解的生产力要素是劳动力,以生产工具为主的劳动资料、劳动对象等要素。科学技术不是生产力的独立要素,它必须转化为劳动力或物化为生产工具,所以,对"科技是生产力"一向的理解是"潜在的生产力"或"间接的生产力。"也就是说,它作为知识形态存在于马克思所说的"一般社会生产力"之中,而不独立地存在于具体生产过程之中,这是就工业经济时代而说的。到了知识经济时代,如何理解"从影响生产力的外部因素"转变为"生产函数之内的因素,从而成为生产力提高和经济增长的内在动力"呢?从工业经济到知识经济,知识、科技的作用越来越重要,这是无疑的;但从外部因素转变为内部因素,从外部影响转变为内在动力,这就不仅是重要程度的变化。是不是可以这样说,以知识为基础的经济,知识本身就能增值,而不必转化为劳动力或生产工具。例如,在一些高科技产业中,在信息产业中,以及在工程设计、咨询服务行业中,知识、科技是不是作为独立的要素而纳入生产函数之内,这是经济学所要研究的新问题。如果知识、科技能够自行增值,则传递与创造知识、科技的高等教育,它的经济价值与社会价值,就应当重新认识,重新评价了。用价值论的行话说,它不仅在经济上具有服务性的"外在价值"或"工具价值",而且在经济上也具有独立的"内在价值"。这一价值观的转变,不仅有理论认识的意义,而且有极其重要的现实意义。例如,对于高等教育的投入、高等学校的社会地位、大学教师

---

① 朱丽兰. 高度重视发展知识经济 [J]. 求是,1998 (14).
② 陈至立. 学习党的十五大精神 深化对教育战略地位的认识 [J]. 教育研究,1998 (7).

的职业性质，都将重新确定。我最近所组织的一组短论：《迎接知识经济时代的挑战——高等教育的变革与应答》①，对此有较详细的阐述，此处不再重复。当然，这些看法是不成熟的，可能是错误的，只是提出问题，向大家请教。

二、教育质量观的转变

教育质量观所指的是用什么标准来评价学生的质量和教育的效果。在理论上，它所根据的是教育目的、培养目标，而在实际上，高等教育质量观是与人才观密切联系的。由于人才观的不同，对教育质量的评价可能差异很大。例如，如果人才观认为高级专门人才就是知识丰富、学问高深的学者，教育质量观就倾向于以大学生掌握知识的多寡、深浅为标准；如果人才观认为高级专门人才是能干、活动能力强、会做事的技术人才或社会活动家，教育质量观就倾向于以能力高低来衡量；如果人才观认为高级专门人才应当是德才兼备，有学问、会做事、会做人的人才，教育质量观就必须以全面素质，包括知识、能力和思想品德修养，智力因素与非智力因素协调发展为标准来评价大学生的质量和学校的教育效果。

传统的教育质量观是知识质量观，是以知识的多寡、深浅为主，甚至被看成是唯一的质量标准，这种知识质量观根深蒂固。"文化大革命"前虽受所谓"白专道路""知识越多越反动"的冲击，但并未被冲垮，大多数教师、家长，甚至大学生本人所重视的还是业务知识。"文化大革命"后20世纪70年代末到80年代初，一批知青上大学，更是如饥似渴地刻苦读书。只是到80年代中期，由于用人部门不断反映大学生能力低，西方教育理论强调能力培养的重要性，大学生中流行"能力比知识更重要"的说法，教育界反思只重知识、忽视能力的不当，也大力提倡加强能力的培养。知识质量观有转变为能力质量观的趋势。但在大多数教师和家长的心目中，知识质量观仍占主导地位。

应当承认，对于高级专门人才的培养，知识与能力都是重要的。但知识

---

① 该文发表于《上海高教研究》，1998年第8期。

与能力,一般说,都属于智育范畴,在全面发展教育中,智育是基础,但不是全部。如果我们的教育,仅仅限于知识、能力的培养,而忽略大学生非智力因素的思想品德、心理素质、身体素质的成长,不符合全面发展教育的目的。把不全面的知识质量观或能力质量观带进21世纪,既不利于社会主义现代化建设,也不利于个人在现代社会中可持续的发展。因此,必须把传统的知识质量观以及一度流行的能力质量观转变为包含知识、能力在内的全面素质质量观。

有关素质教育的文章、报告已经很多了,不必多谈。这里只谈几个与素质教育观有关的认识问题:

第一,全面素质教育是不是全面发展教育?如果是,何必多此一说;如果不是,是不是不要全面发展了?

我认为,全面素质教育与全面发展教育是一致的。二者本质一致,方向一致。首先,全面素质教育是全面发展教育的具体化,并针对新的情况,有所补充与发展。全面发展是我国教育方针所确定的教育目的,也是高等教育各种专业共同的培养目标。但由于它是高度抽象的,在实际操作上标准不明、措施不具体。而全面素质教育,将之分解为思想政治素质、道德素质、文化素质、业务素质、心理素质、身体素质等等。每种素质,都有比较明确的内涵与要求。相对来说,比较具体,便于操作,便于检查。更重要的是,它还可以随着时代的要求而补充、更新其内容。如针对科学技术教育,强调人文素质教育;在知识经济时代,突出创新精神与创新能力的素质教育。其次,在全面发展教育中,有些素质教育,似有若无,而全面素质教育则给予明确的地位。如心理素质的培养,包括意志、性格、情感、自我意识、心理承受力,等等,在人才的成长与人才的成功上至关重要,而以往在全面发展教育论述中,不甚明确,从而在教育实践中,有所忽视。全面素质教育对此有所补充、有所发展。

第二,大学提倡素质教育,同中小学所提倡的素质教育相同还是不相同?如果相同,是不是也是针对"应试教育"而提出的?如果不同,那么区别在哪里?

我认为大学提倡的素质教育同中小学提倡的素质教育基本相同,都是全面发展教育的具体化，但针对性不同，重点不同，层次不同。大学提倡的素质教育是在全面素质教育的基础上，针对科学主义教育与狭隘的专业教育的弊端而提出的，着重人文（文化）素质教育。

众所周知，中小学提倡素质教育，开始时是针对应试教育的弊端提出的。高等学校提倡的素质教育，有一点针对的是应试教育，主要是外语，现在还加上计算机的过级考试，还有部分高年级学生忙于研究生考试。但从总体上看，并不严重，恰恰是"60分万岁"在大学生中很流行。高等学校提倡素质教育，它所针对的是20世纪以来，世界上普遍存在并对中国有严重影响的科学主义教育和中国现实存在的狭隘的专业教育的弊端。从表面上看，素质教育这个词是从普通教育承接过来的，普通教育对素质教育的理论与实践，也确有值得高等教育借鉴的东西，但远在这个词出现之前，西方已针对科学主义的弊端，呼吁要加强大学生的人文修养，提倡通才教育或通识教育，提倡"科学教育人文化""科学教育与人文精神整合"。在中国，20世纪80年代以来，就不断提倡"文理渗透"、"引文入理"与"引理入文"，反对大学生只学狭隘的专业知识，要求拓宽专业口径，加强基础教育，开设德育、语文、通史等共同课程和自然科学、社会科学，尤其是人文学科的选修课程。因此，大学所提倡的素质教育是在中小学的全面素质教育基础上，着重加强所不足的人文素质教育，使科学教育与人文教育协调和谐。它体现的是一种新的人才观。培养21世纪的高级专门人才，既要有高科学技术知识与能力，又要有高水平的人文修养。

第三，如何实施人文素质教育？在谈这个问题之前，有必要指出：素质教育是一种教育思想、教育观念，而不是一套具体的教育方案。凡是符合于这种教育思想的做法就是实施素质教育，而不必按一定的方案、模式，照搬照做，才叫做素质教育。正如教学方法是"法无定法""有法而无法"，素质教育也无定法，它的实施，可以制订某种方案，提出若干种要求、规定，但更重要的是在我国教育方针的正确指导下，自己探求最佳的方案、措施。

实施素质教育的途径，主要有：（1）课堂教学；（2）校园文化景观；（3）社会实践；（4）教职员工身体力行等。当然，还有其他的重要途径，如社会媒体、家庭教育等等，这些是学校教育之外的社会教育。

许多大学提出的素质教育实施方案，一般是在教学计划上增开一些人文课程，在课外活动中搞一些学术讲座、文娱体育活动。我国香港、台湾地区实施"通识教育"，大体就在教学计划中，开设若干通识教育课，大多是人文学科课程，也有一些自然、社会科学的概论性课程，规定学生必须选修若干门课的学分，同时为学生各种课外社团活动提供条件。

教学是学校教育的基本途径，实施素质教育，增开几门人文素质教育课，是必要的措施，但也是简单的做法。有两个问题值得考虑：

（1）开设人文课程，可以增加学生的人文知识，但人文知识不等于人文素质，还必须内化为学生稳定的素质和自觉的行为。所以，开设人文课程，要在内化上下功夫。

（2）不要抛开专业课程，把素质教育的责任只交给几门人文课程。大学里专业课程的教师最多，同学生的接触最频繁，也最受学生所尊重。而任何教师，都应有教书育人的责任，不论自然科学、社会科学以及人文学科、语言学科，都可以结合传授知识进行素质教育，也就是"寓素质教育于知识教育之中"。例如，自然科学的任务是求真，但自然科学也内在地存在善与美。科学精神、科学态度、科学方法，就在于实事求是，求公正、求平衡。科学精神与人文精神是相通的，要善于发掘自然科学中的真、善、美的内涵，并以科学的发展、科学家的奉献精神，作为素质教育的素材。

同时，学生在学校里不只是学习各门课程的知识，还生活于校园文化环境中。校园文化对于学生素质的形成，具有潜移默化的作用。对于某些素质的形成，如道德素质、心理素质以及文明行为、生活方式，往往比课程教学起着更为重要的作用。所以，进行素质教育，另一条重要的途径是要采取切实的措施，营造优良的校风，开展多种有益于身心发展的、学术的、文娱的、体育的活动，使学生受到优良的校园文化的熏陶。一般说，通过校园文化所形成的素质，往往更为深刻与牢固，影响及于终生。

组织学生参加各种积极的社会实践和公益活动，也是一条重要的途径。例如，组织学生参加清洁卫生、创建文明城市的宣传活动，第一个宣传对象就是学生本人；在抗洪抢险的拼搏中，沿江许多大学的大学生，防守堤坝，抢救险情，对他们而言就是一堂终生难忘的素质教育课。

学校里的素质教育，归根到底要依靠广大的教师和干部，提高教师和干部的素质，是实现素质教育的根本保证。如果教师的责任只是传授知识，那么只要求教师通晓所教学科的知识并掌握教学方法就行；如果教师要担负素质教育的主要责任，那么还必须具有教育学、心理学的知识，为人师表的崇高师德，精通素质教育的方法与艺术。尽管这不是一朝一夕所能达到的，但必须从现在起就朝这个方向努力。而它的关键之一，就是转变传统的知识质量观为全面素质质量观。

三、教育发展观的转变

教育是百年大计，这是大家的共识。但当前流行的却是一种重当前功利、轻长远效益的急功近利教育发展观。重数量、轻质量是这种发展观的一个重要表现。不论在总结发展成绩或制订发展规划，所见到的都是一系列数字，增加多少专业、多少学生、多少教师、多少校舍与设备，规模如何扩大，学科如何齐全，如此等等。而对于质量如何提高，办法不多，语焉不详，往往是一语带过。数量增长是必要的，但从长远办学效益看，质量的提高更重要。

1993年颁布的《中国教育改革和发展纲要》对于高等教育的发展所提出的目标是"规模有较大发展，结构更加合理，质量和效益明显提高"，后来有关文件、文章把这三句话概括为"规模、结构、质量、效益"八个字。这一发展目标既注意到数量，又注意到结构、质量、效益，四者协调发展，是全面正确的指导方针。但在执行上，由于受重数量、轻质量的思想的影响，规模有较大的发展执行得较好。普通高校在校生（包括研究生和本科、专科学生）从1982年的229万人到1997年的335万人，五年间增长了47%，如果同成人高校的在校生合计，则从376万人增至608万人，增长了62%，可以说有较大的发展了。但由于经费投入不足，仪器设备老化与不足，领导和教师精力分散，培养人才的质量并未提高。至于高等教育结构，经过多年调整，一般说，比较合理；但由于急功近利，又出现了新的比例失调。还有效益明显提高，人们的注意点只是"规模效益"，而不注意"质量效益"，也是重数量、轻质量的表现。因此，我很赞同教育部周远清副部长所提出的"质量意识要升温"。而质量意识要升温，必须转变急功近利的教育发展观为可持续发展的教育发展观，也就是把可持续发展的理念引进教育发展观中，成为制定高等教育发展战略的指导思想。

可持续发展是一种新的社会发展观，它是针对传统的社会发展观而提出的。传统的社会发展观是在工业经济时代形成的只追求物质文明的发展观。在工业经济时代，社会发展被视为就是工业化的程度。以工业化水平的高低划分发达国家与发展中国家；以GNP（国民生产总值）和人均GNP为经济与社会发展的主要指标，以GNP的增长率标示经济与社会发展的速度。传统的社会发展观在增加社会财富、促进物质文明建设上，起过积极的作用，至今仍然有其现实意义。但是，这种单纯物质层面的社会发展观，也带来浪费自然资源、破坏生态环境等负面效应，导致今天地球上可利用的资源日渐枯竭，生态环境日益恶化，威胁到人类的生存与持续发展。在危机威胁面前，人们提出种种新的发展战略理论与解救方案，最终汇集成一种新的社会发展观：人类社会的发展必须是可持续发展的。这种新的社会发展观，有别于单纯工业化的片面追求产值增长的发展观，为人们构思经济与社会发展战略开辟了一条广阔的道路。

可持续发展战略，原来只是在物质层面上用以处理人与自然的关系，即用以解决资源、生态环境的问题。随着对可持续发展理念认识的扩大、丰富、加深，明确这一理念的内涵，包括了新的自然观、价值观、道德观、思维方式，以及发展的持续性、整体性、公平性、协调性等原则。它的意义就从物质层面扩大到文化层面，进入人文视野。从而表明实施可持续发展战略，不能停留在物质层面上，必须提高到文化层面上来认识问题、解决问题。人是文化的主体，可持续发展是以人为本位，而人是通过教育培养造就的。这就使教育在可持续发展战略中占据极其重要的地位。尤其是以培养科学家、工程师、高级管理人才、国家和地方的领导与决策者为己任的高等教育，更为重要。在一定意义上可以说，教育，尤其是高等教育，是实施可持续发展战略的根本保证。

在社会主义现代化建设中，邓小平不仅提出了以经济建设为中心，而且提出了教育优先发展战略。人们往往把教育优先发展战略看成是教育发展战略，由教育部门去实施，这是不准确的。教育优先发展战略，是社会的可持续发展战略的重要组成部分，而不是教育的战略。所谓优先，是同社会其他部门的比较而言，就教育部门自身不存在优先发展与否。而对整个社会来说，不把教育摆在优先发展地位，只顾在物质层面上增加投入，提高产值，这种急功近利的发展战略，在工业经济时代，已越来越不利于经济与社会的发展。到了知识经济时代，不提高全民族的文化素质，不培养大批高科技、高素质的专门人才，缺乏知识、科技的支持，经济与社会就不可能持续发展。因此，我认为必须转变急功近利的发展观为可持续发展的发展观，才能深刻理解教育优先发展战略的深远意义。

从可持续发展观的角度来探讨高等教育的改革与发展，可以站得更高，看得更全面、深远。可以说，高等教育改革与发展中方方面面的问题，从发展战略、培养目标、专业设置到教学内容、课程体系、教学方法、教学管理，都可以从可持续发展的理念与原则，得到某些启发，获得新的认识，开拓新的思路。下面举两个例子说明。

多渠道筹集高等学校办学经费问题。在计划经济体制下，高等教育经费，差不多全部依靠政府财政拨款。这种单一投资体制，大大限制了高等教育的发展。近年来，我国国民经济发展很快，高等教育也相应有了较快的发展，但政府拨款增长不多，以致高等学校的经费支出困难重重。改变高等教育的投资体制，多渠道筹集办学经费以增加高等教育投入，提高教师待遇，就成为高等学校办学的紧迫问题。当前，全日制普通高等学校在财政拨款之外的集资渠道主要有：企业界和国内外热心教育事业人士的捐助、校办企业的收入、成人教育学校所办各种培训班的收费、向学生收取学杂费、科研成果转让、有偿的社会服务、教师和职工从事第二职业等等。各条渠道和集资方式，哪些是有效可行的，哪些是不利于高等教育可持续发展的，办学者必须心中有数。对于有利于提高教学与科研质量的渠道，应当努力开拓；对于有碍于教学与科研工作的，应当有所节制。即使不得已而为之，也要力求减轻它的消极影响，以免由于"饥不择食"，急功近利，导致教育质量与科研水平下降、教学秩序混乱、校风校誉败坏。总之，要从学校可持续发展的角度，衡量得失利弊，做出抉择。

专业设置与调整问题。在市场经济条件下，高等学校必须适应人才市场的需求，设置新专业，调整旧专业。但是，人才市场的变化很快，而人才培养的周期较长。一个新专业的设置，需要若干年才能办得好；设置之后，又不能轻易停办。如果没有长远的人才市场预测，捕捉到一个新的人才市场信息就轻易决定增设新专业、调整旧专业，将会陷于被动。高等学校办学不是开"皮包公司"，看到市场上什么商品热就做什么生意，打一枪就换一个地方。新设专业，一定要以未来发展的可持续性作为决策的前提。

总之，走向21世纪，教育思想的转变，一般认为应当有针对性地转变教育价值观、教育质量观、教育发展观。

把唯社会价值观或唯主体价值观转变为在满足社会需要的前提下，充分尊重人的主体价值，使社会价值与主体价值协调平衡；同时，适应知识经济时代，要把外在价值观转变为内在价值观。

把传统的知识质量观转变为包含知识、能力等智力因素与非智力因素全面发展的素质教育观。要使科学教育与人文精神相结合，培养高科技与高素质的专门人才。

把急功近利的教育发展观转变为可持续发展的教育发展观。当前应着重把单纯数量增长的发展观转变为数量增长与质量提高并重，规模、结构、质量、效益协调发展的发展观。

教育价值观、教育质量观、教育发展观的转变，只是就一般而言。根据每所大学的特殊情况，还应针对不同的群体，着重不同的教育观念的转变。如对教师来说，应着重转变传统的教师观与学生观，即转变单纯的知识传授为教书育人、为人师表的教师观。"经师易得，人师难求"，要转变经师为人师。还要转变将学生只是作为被动受教育的客体的学生观为学生是参与教育过程的主体的学生观。限于时间，对不同群体教育观念的转变，就不一一论述了。

但还有一点必须要补充的：教育思想的转变，不是指完全抛弃、清除传统教育观念中合理的、有价值的、与时代相适应的观念，而是对传统的教育思想有所否定和有所肯定，否定之中包含肯定。例如，否定单纯的知识质量观，应当肯定科学知识在现代化专门人才培养中的重要性；否定片面的数量增长的教育发展观，应当肯定速度、规模、数量增长在增强综合国力上的重要性。否定单纯的社会价值观或单纯主体价值观，正是为了更好地提高教育的社会价值与主体价值。我们只是否定传统教育观念中那些不合教育现代化的、落后的、偏颇的东西，而要充分肯定、弘扬、发展合乎现代化的观念。哪些应予肯定，哪些应予否定，只有开展教育思想大讨论，才能更加明确，并取得共识。

高等教育将走进社会中心[①]

在农业经济时代,农业和手工业生产不需要高深知识,高等教育的地位游离于经济社会之外的"学府簧宫"或"象牙塔"中;在工业经济时代,高等教育逐步走进经济社会,为工业生产提供服务,也在一定程度上参与社会活动,但始终停留在经济社会边缘上;到了知识经济时代,高等教育有可能成为经济以至整个社会的中心。

高等教育为什么会成为经济社会的中心?理由很简单:知识经济是以知识为基础的经济,知识成为生产力的内在基本要素,科学技术是第一生产力,是经济发展的主导力量。积累与传播知识、培养人才、发展科学技术、创新知识的高等教育,也就从经济社会的边缘走进经济以至整个社会的中心。如果说"大学是社会的中心"在以前只是教育家美好的期望,那么在知识经济时代,这种期望可能成为现实。其实,在某些开始形成知识经济的社区,如美国的硅谷、128号公路、中国的中关村,以及世界其他真正的而不是虚假的高科技园区,大学已是这些园区的中心。从而可以预见,在即将到来的知识经济时代,高等教育,尤其是大学成为经济社会的中心,主导经济与社会的发展,将是一种可能的趋势。为什么说高等教育成为经济社会的中心只是一种可能的趋势?因为趋势成为现实是有条件的。条件缺乏,不能实现;条件不足,也将延缓实现。这既有社会的客观条件,也有大学自身的主观条件。主要有:

---

① 原载《上海高教研究》,1998年第8期。

1. 大学应具备适应知识经济社会的智力资源优势

大学最主要的优势是智力资源丰富并集中，有一支庞大的高水平的教师与科研队伍。然而只是"庞大"和"高水平"还不够，结构和素质还应与知识经济社会相适应。就结构说，知识经济的核心是高科技，当前特别重要的是信息科学与生命科学。因此，应当拥有一批高科技人才。只有高科技人才是不够的，还必须有其他如自然科学、技术科学以及社会科学、经济科学、管理科学、思维科学等人才形成配套的人才群体。不仅要有能从事应用研究、技术开发的人才，更要有能从事基础理论、前沿研究以及战略研究的人才。合理的人才结构，才能发挥人才群体的优势，从而不仅对高科技的发展起推动作用，而且对整个经济的发展、社会的进步也能起主导作用。就素质说，这支队伍不仅在智力因素上应是高水平的，更应在思想政治、道德修养、理想信念、意志情感等非智力因素方面也是高素质的。要充分发挥优势作用，在一定情况下，非智力因素比智力因素更为重要。同时，大学要作为经济与社会的中心，指的是人才群体。为使教师和科研队伍能够适应知识经济时代，保持并发展智力优势，还必须不断地进行继续教育。

2. 大学应能培养适应知识经济社会、具有创新能力的人才

知识经济时代，经济的竞争更为激烈，竞争的制胜一定程度上取决于"创新"。产品与生产方式要不断创新，相应的，经济体制的运行机制，以至思想观念、思维方式，都要不断创新。适应知识经济的人才，尤其是高层次的人才，应当是具有创新意识与创新能力的人才。传统教育恰恰在这一点上是最薄弱的。因此，大学要走向经济与社会的中心，必须在培养大学生的创新精神与创新能力上下功夫。要把培养创新精神与能力的要求，作为教学内容、课程体系、教学方式与方法改革的一项重要任务。

当然，"新"与"旧"是相对的，一切"创新"都有它的基础与功底。创新能力的培养，并不是脱离一定的知识与能力的基础，凭主观愿望可以达到的。高层次专门人才所要求的坚实的理论基础、多学科交叉的宽阔视野、专精的业务知识，以及一定的实践经验，都是培养创新能力的基础而不是它的对立物。否则就会舍本逐末，流于空疏。因此，完整的提法应是在全面素质的基础上，着重发展大学生的创新精神与创新能力。

一所高等学校的社会地位，人们往往是通过它所拥有的人才优势和它培养出来的人才成功率来评价的。高等教育是否能成为经济社会的中心，以上两项条件是最为基本的。

3. 兴办知识型企业

根据国外以及国内的经验，大学成为高科技园区的中心一般是由兴办知识型企业开始的。这是由于知识型企业需要大学的智力投入或智力支持；而大学也在兴办或支持知识型企业中取得企业的支持，并以此壮大经济实力和提高社会地位，从而成为经济和社会的中心。兴办知识型企业是不是大学走向经济社会中心的唯一途径或必由之路，还有待实践论证。但它是一条有理论依据并有实效的途径则是无疑的，因为它符合产学研相结合的办学方针。

产学研相结合的办学方针，人们已从理论上论证了它的正确性，在实践上也已收到一定的效益；在知识经济时代将更能发挥它的作用。但近年来，在市场经济的负面影响下，许多大学被逼急于"创收"，把主要精力放在急功近利的经商活动上，把这一办学方针只是看成"创收"的渠道之一而忽视它的真正意义与长远作用，在实践中不能以其智力优势起主导作用而处于被动的附庸地位。因此，有必要从知识经济的角度重新审视产学研相结合这一办学方针，兴办或支持知识型企业，使之成为大学走向经济社会中心的坦途。

4. 社会的支持，企业的认同，政府的重视

社会的支持，一般体现在舆论上；企业的认同，主要体现在经营思想上；政府的重视，则体现在可操作性的政策、实际的行动以及体制的改革上。企业经营思想，要认识到知识经济的知识是主要的增值因素，是生产力中最能产生剩余价值的因素，高等教育所传递或创造的知识在企业的发展上起着主导作用。政府已提出"教育优先""科教兴国"等正确的战略方针，当前的问题是如何"切实"落实于可操作性的政策（法规）、增加科教投入以及有利于发展知识经济、提高高等教育质量的体制改革上。

从理论上说，在知识经济时代拥有知识优势的大学，应当是一方首富，但实际上这需要有一个相当长的过程。在相当长的一段时期，还必须依赖政府以及企业加大投入的力度。欣悉国家将对知识创新工程试点较大幅度地增加投入；财政部门要确保预算内科技教育经费拨款的增长幅度高于财政性收

入的增长；对预算执行中超收部分的安排，要相应增加教育和科技的拨款，确保全年预算执行结果实现法律规定的增长幅度；并把精简政府机构省下的钱用以增加对科技和教育的投入。这些决定都是令人振奋的。

　　面临 21 世纪即将到来的知识经济时代，高等教育走向经济与社会中心是机遇与挑战并存。从可能的趋势到已然的现实，还有一段很长的道路。

贯彻第三次全教会精神
全面推进大学素质教育[①]

这几年，尤其是从 1997 年以来，我国连续有几个重大的文件，推动了一些重大的改革和措施的实施。1998 年，出台了新中国第一部《高等教育法》（新中国成立初期临时性的高教法不算）。对《高等教育法》，有人当时并不太注意，认为"十年磨一剑"，磨到最后好像是什么棱角都没有了。事实并非如此。《高等教育法》已经蕴含着许多新的政策倾向在里面。但是，作为法律，它不可能很明确地提出具体的政策措施，却蕴含着前瞻性，留有发展余地。1999 年 1 月，又有一个《面向 21 世纪教育振兴行动计划》，这个"行动计划"就提出了许多新的政策措施。它同科技界的"创新工程"同时产生。"行动计划"包括七大工程，其中四大工程是直接针对高等学校，尤其是针对重点大学的。其他的三大工程，也以高等教育为主要对象。这七大工程已经逐步在开展。第三次全教会出台了《深化教学改革，全面推进素质教育的决定》。据从事普教工作的说，第三次全教会都给高等教育出尽风头了。没错，第一次全教会的重点是义务教育，第二次全教会的重点是职业教育，第三次全教会的重点是高等教育，对高等教育的发展速度提出了具体的指标。因此，现在非重点大学的其他所有的大学，包括我们的专科学校、民办高校等，都在忙着扩招的问题。普通高等学校本来计划扩招 48 万人，结果扩招了 51 万

---

① 原载《有色金属高教研究》，2000 年第 1 期。本文是作者应邀在"高校创新与素质教育"研讨会暨湖南省高等教育学会 1999 年年会上作的学术报告，根据录音整理，已经作者本人审阅。

人，比去年增招了47%。许多地方就不像前些时候那样对高等教育理论研究非常关心。有些省（市）高教学会开会，就只谈具体的工作问题。但是，湖南的高等教育学会能够在这时召开这么一个盛大的会议，而且内容不是关于当前应该解决什么具体的困难和问题，而是关于素质教育和创新教育，说明湖南高等教育学会能够在繁忙之中冷静地考虑未来的、长远的问题。这里，根据过去考虑过的一个素质教育问题，结合当前的一些具体情况，我作一个简单的报告。

一、全面推进素质教育的意义

素质教育本来是普通学校提出来的，是针对应试教育的。经过了几年的实践检验和理论论证，证明素质教育是正确的，是可行的，是有效的，证明了素质教育的正确性、科学性和有效性。因此，第三次全教会吸取了广大教师和理论工作者的实践经验和研究成果，认为可以把素质教育作为21世纪教育的中心指导思想。所以，这次全教会提出"全面推进素质教育"。

什么叫"全面推进素质教育"？首先，素质教育要推进到各级各类教育。素质教育本来是普通教育的东西，现在推进到幼儿教育、职业教育、成人教育和高等教育。本来是学校教育的，现在也力图推进到家庭教育、社会教育。家庭教育和社会教育同等重要，如果仅有学校提倡素质教育，实行素质教育，家庭不搞素质教育，社会不欣赏素质教育，家庭还是实行应试教育，社会还是以应试教育来评价学校教育的话，那么，学校的素质教育也就推不开。所以，现在要全面推进到各级各类教育，甚至推到学校教育以外的家庭和社会教育中去。这是"全面推进"的最基本的意义。

其次，"全面推进"还包含着全面推进到所有学生，全面考虑到所有学生的素质教育。刚开始进行素质教育的时候，往往有些学校只考虑到少数学生，或者即使是多数学生也只是一般的学生，而对于特殊的学生，对于学习水平特高的，或者学习水平特低的学生，就没有很好地考虑到，没有很好地研究如何提高他们的素质。因此，"全面推进"的第二个意义是普遍地推进，每一个学生都应该接受素质教育。

同时，这次全教会的"全面推进"还包含过去所忽略的或者认为不重要的美育。总结这几年来实行素质教育的经验，认为仅仅讲德育、智育、体育不够，全面教育方针应该是德、智、体、美"四育"并重。过去也讲美育，但在我们的文件里面，是德、智、体全面教育方针，而美育跟普通学校的劳动教育只是作为一种任务，是普通教育的任务。普通学校教育包含德、智、体、美、劳，而实际上重点在德、智、体，美、劳是作为任务，而不是作为全面教育的重要组成部分。到了高等学校，美、劳就没有了，只剩德、智、体。这次总结经验，把美育作为重点突出来。为什么把美育突出来呢？是不是叫我们高等学校以后也开音乐课，加一门音乐课作为必修课，再加一门美术课作必修课，或者搞一个舞蹈课？可以。但如果这样来理解美育，那就太狭窄了。美育的实质是情感教育。中国一向提倡思想政治的德育、知识能力的智育以及身体锻炼的健康教育。但是，什么时候提倡过情感教育？没有。这是我们中国长期以来的薄弱环节。而一个人如果要在社会上成为一个完善的人，成功的人，缺乏情感教育的陶冶、情感的素质，缺乏健康的心理素质，恐怕不行。因此，这次很突出地把美育提高到作为全面教育方针之主要组成部分之一。所以，现在提全面发展教育应该叫做德、智、体、美。就是说，培养人应该重视对他进行情感教育，应该重视他的心理素质教育。这里的情感是广义的，而不只是平常说的感情。它包括了人与人的关系即人际关系；包括了对人的关心，对社会的关心，对人类的关心等等。而心理素质呢？它包括了意志、性格、感情，尤其是心理承受力、自我意识等。我们过去在这方面不提倡，或者少提倡，或者根本忽略掉了。学校从前哪里讲到自我意识，提高学生自我意识，提高学生的心理承受力？但是，现在如果不好好地提高学生的心理承受能力，那是不行的。我们的独生子女已经是大学生了，问题多，最重要的问题是心理承受能力太脆弱了。这些都是广义的美育的范畴，广义的情感教育范围。所以，现在很多中小学开展心理咨询，很多大学也进行心理咨询。但要做到心理咨询、心理指导切实有效，不是太容易，因为即使有这个项目，也并不一定就非常重视，尤其在心理咨询、心理指导方面，训练有素的人才太缺乏。这些都是我们全面推进素质教育所要做的事。

二、大学素质教育的特点

那么，全面推进素质教育是否意味着各级各类以至学校以外的教育的推进都是一个模式呢？不。它既有共性，又有其特点。把它推进到大学，有什么特点，需要我们研究。大学提倡的素质教育，不完全是从中小学的素质教育搬过来的。表面上看如此，因为素质教育的概念是从中小学来的，但素质教育的实质，如果不说得过分一点的话，大学提倡素质教育可能比中小学还早。不过那时候不叫"素质教育"，还没有这概念，那时候叫文理渗透。华中理工大学在20世纪70年代末80年代初就在进行文理渗透，实质上就是一种素质教育。这个素质教育，当时是针对狭隘的专业教育。因为我们从50年代以来的专业设置太狭窄，只要求学生学习专业知识，学得越专越好。学自然科学的不但不懂得人文学科的东西，甚至学物理的不懂生物，学生物的虽懂一点化学，但不懂物理和数学。这样培养出来的人很难有所创新。所以，在70年代末80年代初，大学就提倡文理渗透。

事实上，这个思想也还不是最早的。更早的思想是从国外引进来的，我们借鉴了国外20世纪70年代以来大力提倡的加强人文精神的教育。70年代以来，许多国家的高等教育界以至社会各界的有识之士，深深感到20世纪以来，提倡科学教育已培养了许多高科技人才，科技的发展也很迅速。人的科学素质可能高，科学知识、能力可能很高，但是，人的综合素质不高，全面素质不行。科学技术虽然水平越来越高，但是，如果人的素质不高的话，或者说科学家的素质不高的话，科学技术不一定能为人类带来幸福，反而有可能会给人类发展带来灾难。最严重的就是生态环境问题。只顾发展高科技，不顾人类的生存环境，已经造成了严重的后果。社会上有许多人在利用高科技犯罪，有人利用高科技制造战争。对于这些情况，大家看得越来越清楚，能够利用高科技来害人的、来破坏社会秩序的，都是有高科技水平的人。在互联网上当"黑客"的，没有相当的技术是不行的。因此，在70年代以来，世界各国感到光提倡科学还不够，还要倡导提高人的人文素质，提出人文精神与科学教育整合，或者说科学教育人文化。诸如此类的口号对中国也有影响。所以中国就借用"素质教育"这个概念来进行人文素质和科学素养相结合的教育。

那么，大学素质教育针对什么呢？不只是针对狭隘的专业教育（当然跟狭隘的专业教育有关系），而是针对20世纪以来愈演愈烈的功利主义、科学主义。科学是好东西，科学主义就不一定是好东西。科学主义只顾科学的发展，别的都不管。在19世纪末就已开始出现了只管眼前功利的科学主义思想。有人说科学主义最早起源于斯宾塞，不是某个人，而是指整个流派。因为科学主义是要提高生产力，要增加产值，要强国，一心一意提高科学技术，而不顾其他。科学主义在后来愈演愈烈，所以人们提出不能只顾科学，而不顾人文了。因此，就提出在大学里要搞人文教育，要把科学教育和人文教育结合起来。从这里可以看出，大学的素质教育，首先是指在普通学校的全面素质教育的基础上，提高一些，加深一些，使之能够更好地培养一个公民；其次，应该着重提高大学生的人文素质和科学素质。这就是全教会所指出的"着重提高大学生的人文素养和科学素质"。有人把这两个东西概括为"文化素质"。当然，可以这么概括，但没有这么突出。全教会就把它突出来，着重"人文素养和科学素质"，而不仅仅是普通学校所指的全面素质教育。大学应该是在全面素质的基础上，着重强调这个方面，这就是刚才所说的大学素质教育的针对性。

然而，仅仅这么理解也不够，或者说已经不够了，这是20世纪所理解的素质教育。如果我们面对21世纪，单单这样理解还不全面。众所周知，21世纪将是知识经济时代。知识经济已见端倪。知识经济时代的核心是科技，或叫高科技，也有人叫信息。信息时代应该说是高科技时代。而高科技的生命线是创新。因此，21世纪所要求的专门人才应该是有创新精神、实践能力、能够创业的专业人才。

朱镕基总理在上一届人大会上提出"以培养创新精神和实践能力为核心的素质教育"。这个素质教育比我们过去一般所提出的素质教育更深一层。对中国来说，传统的高等教育恰恰就在创新精神的培养上最薄弱。不仅高等教育最薄弱，而且中学、小学，包括幼儿园在这方面也最薄弱。从小学开始，我们的教育就一天到晚在做一些扼杀儿童自发的创新精神的工作。这个不必多说,大家都知道。层层考试,考什么东西呢?考书上的东西,要一字不漏地考,要是有一点创新,就只能"吃零分"。从小学会背书、应试开始,到大学,情况也基本这样。大学也还是鼓励学生背书。但我不是说背书绝对不好,有些知识就是要背,但以背书作为一种固定的模式,就只能鼓励学生"读死书",培养"书呆子",哪能培养出什么创新人才来?我们最缺和最薄弱的就在这方面。同时,实践能力,我们的大学也是最薄弱的,尤其是近十几年来,过去,大学毕业生好不好用,反正一个学生带一个编制到单位去,不好用也得用。现在,情况不同了,用人单位要挑选。目前从用人单位反馈的信息看,大学生专业理论还可以,甚至还不错,但是缺乏两个东西:一是责任心不太强,事业心不太强;二是动手能力不行。最近又有一些大的企业的用人部门反馈来第三个信息:不太动脑筋,不会创新。如果我们的青年人到企业去不会创新,我们听了以后作何感想?因此,我们必须将21世纪大学的素质教育重点摆在培养创新精神和实践能力上面。

  总之,大学素质教育应该有这样三个层次:第一个层次是与普通教育一样有的全面素质教育,即在中学的全面素质教育的基础上,大学应该要求高一点、广一点。这是培养一个公民所必需的,普通中小学的任务就是培养一个合格的公民。第二个层次是20世纪提出来的素质要求,即人文素质与科学知识、科学能力相结合。在21世纪仍然是培养专门人才所必要的基本要求。第三个层次,除了人文素质和科学素质之外,21世纪培养适应知识经济时代的高级专门人才应该更加强调培养大学生的创新能力、实践能力、创新精神。这"两个能力""一个精神",也是全教会做出的决议。但是,这三个层次只是所有高等教育的共性,各级各类的高等教育还应有各自的特别要求。如果说,第一个层次是普通教育的共性,第二、第三个层次是所有高等教育都应该有的,那么,各级各类的高等教育还有所不同,这是当前一个很尖锐的问题。为什么?现在,高等教育要大力地发展,即要往大众化阶段发展,人们就产生了两个疑问:其一,大众化的高等教育是否也要培养学生的创新能力、实践能力和创业精神,也要提高学生的人文素养和科学素质?其二,大众化的高等教育在当前着重发展高等职业技术教育,那么,素质教育与高等职业技术教育又是什么关系?

三、素质教育与高等职业技术教育的教育质量

我们现在的高等教育基本上是"精英教育"。不过,这几年已经往大众化方面发展,已经不完全"精英"了。大体上估计,5%以内的都是精英教育,5%～15%是"精英教育"向"大众化教育"的过渡。我们现在的高等教育正处在这个阶段,从1997年的7.16%,到1998年的9.16%,到1999年大体上百分之十点几,再到2000年即使按计划可达到11%,也只是过渡阶段,到2010年达到15%,才达到大众化阶段的起点。我们处在从"精英教育"到"大众教育"的过渡阶段,既有"精英教育"的部分,又开始发展"大众教育"的部分。问题出来了,用什么来衡量"大众化"高等教育的质量?我们过去常用的就是一个标准。高考用的是一个标准,一份考卷考所有的学生。对大众化高等教育,尤其是高等职业教育,我们也用同一个质量标准,也用同一份考卷,这样恐怕不行。因此,有必要搞清楚教育质量和高等教育质量标准。

去年10月在巴黎召开的首届世界高等教育大会公布了一个"宣言"。宣言写道:"高等教育质量是一个多层面的概念,要考虑多样性和避免用一个统一的尺度来衡量高等教育的质量。"这句话可以说恰恰是针对我们中国的。中国的传统观念就是只有一个学术型的"精英教育"尺度,然后用这个尺度来要求与衡量高等职业技术教育。因此,总认为高等职业技术教育质量太低了。相对而言,精英教育着重培养的学术型、理论型的人才,应该有其学术质量。到了大众化阶段,精英教育仍应坚持它的学术质量,不能动摇。但是,现在发展起来的高等职业教育就不能只用这个尺度来衡量。而应当用职业技术教育的标准来衡量。这样说,是不是高等职业技术教育就是低水平的教育?不要求高质量了?不是。如果这么理解的话,还是在用传统的尺度看问题。

高等职业技术教育应该有它自身的衡量尺度。"这个尺度"不能用"那个尺度"来比,它是另外一个尺度。用"你的尺度"来比,他太低了;用"他的尺度"来比,你可能还不如他。用什么尺度好呢?人才市场需求的尺度,要用"人才是否适合各种各样的职业需求"这个尺度来衡量。学术型的精英

教育，同应用型的职业教育，两者的培养目标不同，价值取向也不同，前者以学术价值的追求为主，着重理论水平的提高，后者以职业价值的追求为主，着重掌握职业知识与技术，理论只求够用，技能则必须有较高的要求。因此，高等职业技术教育的教学计划里要让学生有一半时间在实习基地实习，只用一半时间在课堂上学习。课堂也不全用在听讲课，应包括各种实验活动或其他一些活动。高等职业技术教育要培养应用型的与人才市场对口的人才。根据世界许多国家的经验，在大众化过渡时期，如果是能够培养大量的这方面的人才，就业问题就不成问题。所以很多发达国家都在20世纪五六十年代过渡到大众化，甚至在美国、日本等已经是普及化，没有产生就业问题。用我们的话说，就是培养出来的人才适销对路。高科技、高水平人才，要适当发展，但是在当前人才上的需求是有限的，人才市场需要量大的是职业技术人才。经济的起飞，不管从日本来看，还是从我国台湾来看，都是得益于应用型的高等职业技术人才。

那么，这种人才要不要素质教育呢？要素质教育。一方面，素质教育的要求不能随便放低，同样要求德、智、体、美等全面素质，同样要有创新精神，要有实践能力。两者都不可缺少。另一方面，在具体规格上，要求能够适销对路。这是符合质量的意义的。对于教育质量，按《教育大辞典》的解释："衡量的标准是教育目的和各级各类学校的培养目标。前者规定受培养者的一般质量要求，亦是教育的根本质量要求；后者规定受培养者的具体质量要求，是衡量人才是否合格的质量规格。"对于高等职业技术教育来说，前者指素质质量要求，后者指职业知识与技能。因此，精英教育培养出来的人才有它的适应面，高等职业技术教育培养出来的人才，也有它的适应面。说实在的，过去我们的大专不太成功。不管是本科大学里附属的专科教育，还是独立的专科院校的教育，都不太成功。为什么不成功？因为用一个尺度来衡量大专，大专就向本科看齐，大专办成压缩型的本科。结果，培养出来的人才的理论水平不如本科，动手能力不如中专或职业高中。由于用人单位越来越有自主权，若不是硬性派下来的话，他们不会去挑大专生，而愿意挑理论性强的本科生和能在生产、服务、管理第一线工作的中专生。

现在大量发展高等职业技术教育，叫"新高职"。我现在最担心的是，把新高职办成老大专。假如把新高职办成老大专的话，三年之后见分晓。三年之后又要增加几十万的"老大专"生，就业怎么办？国家的决策本来是很正确的，是要对高等职业教育搞"三改一补"。什么是"三改一补"？第一，把原来的老大专改成新高职。不要按照老大专的模式来办新高职。第二，要把职业大学办成"新高职"，职业大学本来扛的牌子是"职业大学"，但在传统思想影响下，职业大学的校牌往往把"职业"两个字删掉了，因为就中国传统"重学术轻职业"的习惯来说，扛着"职业"两个字不好看。所以原来的职业大学都办得像综合大学，现在也要改办为新高职。第三，要把一部分成人高等教育改成新高职。"一补"是指把办得好的中专、办得好的职业高中，挑一些补上来，补成高等职业技术学校。目前全国有12 000所中专和高等职业技术学校，只要挑出1%，就100多所。"三改一补"完全可以办起来，但不能走老大专的老路，要办成新高职。否则，三年之后，这批学生培养出来，将面临很大的就业问题。三年还不要紧，还只是51万人里面的一部分。问题更大的是，今年仍在增招，明年还要增招，2010年还要增招，不断增加，要达到15%，全国的适龄青年是9 000多万，每增加一个百分点就是90多万人。增加那么多人，不办成新高职，都办成本科，不行；都办成老大专，更糟糕。怎么办？所以，不管是委托给本科大学去招的学生也好，或者独立招的学生也好，一定都要在新高职上去努力，用新高职的质量标准来衡量。这个新高职的质量标准是一般的共性的素质要求加上职业技术要求。

四、从高考改革实施素质教育

现在，我们回到如何实施素质教育的问题上来。我们搞了52所素质教育的试点学校，创造了很好、很丰富的经验，可以学，但不能抄。因为素质教育不是某种教育模式，不是某种教育方法，素质教育是一种教育观念，一种教育思想，一种教育理念。正如应试教育不是一种教育模式，而是一种思想一样，我们不能由于反对应试教育而把考试也反对掉了。我们也不应反对科学主义而把科学教育、专业教育反对掉。不论科学教育、专业教育，凡是符合素质教育思想的就是素质教育，不符合素质教育思想的，哪怕是开了许多课，搞得天花乱坠，没有收到素质教育效果的，终究不是素质教育。实施素质教育的途径很多，如：加强课堂教学，包括开设人文课程，通过专业课程进行素质教育（这一点很重要）；搞好校园文化，使学生在校园里受到熏陶等。由于时间不够，这里我只谈谈通过考试进行素质教育。

通过考试可以进行应试教育，也可以进行素质教育。我们的高考需要改革，怎么改？我问了一些老师、一些干部，他们知道，现在的改革是"3＋X"。广东已经开始试点了，还在扩大。"3＋X"可能有利于实施素质教育，但也可能更强化应试教育。如果大家对"3＋X"用应试教育的思想观念来研究，就会有很多应付"3＋X"的指导书一本一本出来，那还不是应试教育吗？广东今年进行"3＋X"的试点，69.5％的学生选"3＋1"，只有31.5％的学生选"3＋2"。许多大学都说，"3＋1"好，只有清华、北大要考"3＋2"。因为"3＋1"至少可以少一科，本来是5门，现在是4门；"3＋2"仍是5门。至于"3＋综合"千万不要来，那结果会更糟，本来还只考5门，谁知道这"综合"究竟有多少门？所以，没有人选"综合"，也没有学校敢考"综合"。这都是把"3＋X"的本质意义丢掉了。"3"不是简单的三门，不是语文、数学、外语简单的三门；这个"X"不是简单的老一门、老二门或老多门。高考改革的核心问题是在命题上，是在体现考试内容的科学命题上。如果对命题不改变，不管搞什么形式，都可能是应试教育。当然，1999年的命题有比较大的改进，但是，传统的那种考试思想影响还是相当严重。在改善的过程中，有人不习惯；也有人意见很多，说摸不着边际，无法指导学生准备考试。这就给我们高中毕业班的老师出难题，也给我们中学校长出难题。如果应试教育的思想不转变，那么，"3＋X"以及命题的内容方式即使改革了，教师仍会带着学生猜题，而且已经出现了严重的"偏科"现象了。事实上，除了"3＋X"之外，高考改革还有更多的方式。如：心理测试，根据心理素质指导上什么专业；面试，一次面试可能比考试还好；还有技能测验；等等。这些方式在目前实施还有些困难，但首先应转变思想。总之，素质教育是一种教育思想，实施素质教育，要的是转变思想。

高等学校的素质教育与通识教育[①]

通识教育流行于西方,也为我国港台地区所提倡。大陆高教界对通识教育的理论有所探讨,在改造过窄的专业时,也有所借鉴,但没有着意提倡,也没有系统的通识教育实践。近几年大陆高教界广泛探讨并付诸实践的是素质教育。它同欧美的通识教育既有相通之处,又有所不同。而通识教育有长期的研究与实践,当有不少可资借鉴之处。

一、针对性与目标

1. 通识教育的针对性与目标

通识教育的英文是 general education。19 世纪初,部分美国学院开始试行选修制。有鉴于此,耶鲁大学在 1828 年发表了耶鲁报告(The Yale Report of 1828),报告中使用了 general education 一词。耶鲁报告的内容是维护古典语文教育,排斥现代语文及职业性实用学科,轻视社会科学和自然科学课程,其实质仍旧是古代西方的自由教育(liberal education),而不是我们现在所讲的通识教育。1829 年,人们针对选修制导致学生所学各不相同提出了一个问题:大学生学习的课程是否需要一些共同的内容?帕卡德教授撰文支持课程中应有共同的部分:"我们学院预计给青年一种 general education,一种古典

[①] 原载《煤炭高等教育》,2002 年第 1 期。作者:潘懋元,高新发。

的、文学的和科学的,一种尽可能综合的(comprehensive)教育,它是学生进行任何专业学习的准备,为学生提供所有知识分支的教学,这将使得学生在致力于学习一种特殊的专门知识之前对知识的总体状况有一个综合的、全面的了解。"① 帕卡德基本上已经是在通识教育的现代含义上使用 general education。但由于选修制很快就终止了,帕卡德提倡的通识教育也未引起人们的注意。

艾略特在哈佛大学成功推行自由选修制之后,学生选课暴露出一些问题:有的学生选课零散杂乱,不成体系;有的又过度集中在某个专门领域,视野狭窄;同时,由于没有了共同必修课,一所大学难以形成共同的文化,这会使大学更像集贸市场而不是养育英才的摇篮。为此,继任校长劳维尔(Lowell)推行由主修课(concentration)、分类必修课(distribution requirements)和自由选修课(free electives)组成的选课制度。学生必须修满 16 门课才能毕业。其中,主修课 6 门,集中于某一个学科领域;分类必修课 4 门,必须在文学、自然科学、数学和历史四大学科领域各选 1 门;其余 6 门为自由选修课。其中的分类必修课就是帕卡德所提倡的通识教育。此时的通识教育是课程体系的有机组成部分,主要是智育范围内的文理基础教育、轻音乐和涉及伦理道德和价值问题。其目的在于既防止学生选课避难就易,杂乱无章,维持学业标准;又防止学生选课过于专而不博,导致视野狭窄,甚至畸形发展。

第二次世界大战之后,痛定思痛的人们希望大学能够在重建心灵、维护自由民主社会方面有所作为。哈佛大学康南特校长领导的委员会发表了《自由社会中的通识教育》,提出通识教育的目的是培养"完整的人",即能有效地思考、清晰地交流、明智地判断和正确地辨别普遍性价值的人。杜鲁门总统高等教育委员会也发表了《为美国民主服务的高等教育》,强调通识教育是非专门化和非职业化的学习,是所有受过教育的人应有的共同经验。通识教育要给学生某些价值、态度、知识和技能,使其在自由社会中生活得体而美

---

① PACKARD A S. The Substance of Two Reports of the Faculty of Amherst College to the Board of Trustees, with the Doings of the Board There on... [J]. North American Review, 1829, 1 (28): 300.

好；使学生能将现实生活中丰富的文化遗产，可贵的经验智慧，认同、选择、内化为个人的品质；使学生不仅在思想观念上了解认识自由民主，而且在行动上履行公民义务，捍卫自由民主。这一时期的通识教育具有十分浓厚的人文色彩，但受自由放任的社会风气和自我中心论的影响，学生选课多凭兴趣，且趋于浅易。苏联率先发射人造地球卫星，使美国社会痛感教育质量必须提高，大学通识教育必须提高对英语写作、数理统计、自然科学和外语的要求，帮助学生奠定坚实的学术基础。由于20世纪50年代至70年代社会动荡，学潮迭起，此次通识教育改革未能收到预期效果。哈佛校长博克指定文理学院院长罗索夫斯基主持改革通识教育，提出通识教育的目的是培养有教养的人。有教养的人除了要精通某一知识领域外，还需具有下列品质：思维清晰有效，正确而有批判性；表达准确有力；批判性地了解自然、社会和人文方面的知识，掌握实验、数学分析、历史文献分析等基本研究方法；理解异质文化，克服褊狭的文化视野；对伦理道德问题能做出智慧的判断和道德的选择。这一方案以培养有教养的人为目的，将通识教育与专业教育整合在一起，并明确通识教育包含伦理道德和价值观教育。

通识教育是对自由教育的超越，因而既有所继承，又有所舍弃和发展。通识教育继承了自由教育对人性发展的重视，舍弃了只为少数有闲阶级服务的贵族教育色彩，成了为全体公民提供的、紧密联系当前社会、与专门教育有机结合的教育。可以说，通识教育是对自由教育的现代化改造。

2. 素质教育的针对性与目标

大陆高校提倡素质教育，主要是针对高等教育中的两种片面性。其一是知识领域的片面性，表现为重专业轻基础、重做事的教育轻做人的教育、重科学教育轻人文教育。这也是美国通识教育力图防止的。而大陆高等学校人文教育薄弱，严重影响人才培养质量的问题，已引起高教界的深度忧虑。20世纪50年代学习苏联模式，建立高度专门化的高等教育体系，单科院校成了主体，学科之间的联系被割裂。有的单科院校很难找到一位通晓中国历史或中国文学的教授。单科院校，特别是工科院校最早认识到这种学科知识割裂的缺陷。缺少人文关怀的技术人才不能适应社会对技术和产品友善性的要求，缺少美学修养的技术人才不能适应消费者对产品造型和包装的审美要求，缺少人文素质的技术人才不能适应环境保护和可持续发展的需要。而从50年代到70年代，对待文化遗产的粗暴行为更大大摧残了人文学科和人文教育。伦理教育、艺术教育、优秀传统文化教育都受到严重削弱。再加上专业教育背后的工具主义和功利主义教育思想，使基础教育不断被削弱，专业面日趋窄化。结果我们培养的人才质量问题越来越严重。尽管专业知识水平比较高，但视野不广，理想不高，甚至基本的公共道德行为都有所欠缺。总而言之，在做人上有欠缺，从而也自然在做事上有欠缺。这同我国物质文明与精神文明共同繁荣的社会发展目标是极不适应的。这种片面性是科学主义教育和狭隘的专业教育在高等教育中的极端表现。早在素质教育提出之前，"文理渗透"、"引文入理"与"引理入文"的呼声就已很高。因此，素质教育首先考虑的是如何加强人文素质教育，如何加强做人的教育，如何使经济社会的发展同道德水平的提高协调一致。

其二是个性心理品质方面的片面性。在知识、能力、思想观念、道德品质、心理素质和身体素质等教育因素中，最受重视的是知识，实践上落实得最好的是知识传授。政治思想、道德品质以及能力的培养虽也受到重视，但在实践中未能很好落实，心理素质则是在素质教育提出之后才受到重视的。由于高等教育关注的焦点经历了从知识到能力再到素质的转变过程，素质教育观特别强调素质的内在性，强调知识、能力还不是素质，知识要经过思考，能力要经过实践，通过有效的内化过程才能转化为内在的、稳定的素质。大学的素质教育是针对大学生人文素质的缺陷而提出的，但并不局限于此。《中共中央国务院关于深化教育改革　全面推进素质教育的决定》明确指出："高等教育要重视培养大学生的创新能力、实践能力和创业能力，普遍提高大学生的人文素养和科学素质。"也就是说素质教育既要培养人文素养，也要培养科学素质，素质教育的总目标是培养综合素质全面发展的人才，综合素质是一个整体，具体包括思想道德素质、文化素质、业务素质、心理素质和身体素质等。政府确立的素质教育目标将专业教育也包容在内了。但在高等学校的观念和实践中，针对人文素质的欠缺，应当强调的还是全面素质教育基础上的人文素质教育，所以，大学的素质教育往往也被称为"人文素质教育"。

二、教育内容与途径

1. 通识教育的内容与途径

实施通识教育有多种不同的途径。

其一是通过分类必修课实施通识教育。分类必修是"对学生必须修习的学科领域（一般为自然科学、社会科学和人文学科），以及在各领域内至少应修习的课程门数（或最低学分数）做出规定的通识教育课程计划"[①]。这是美国多数院校实施通识教育的模式。分类必修的指导思想是"宽广"，努力向学生展示各个学科领域的知识内容，使学生获得广博的认识。分类必修课主要是各系开设的专业入门课程或基础课程，在单一学科的知识体系内安排教学内容，如法学概论、有机化学之类，不是专门为通识教育设计的课程，由各系的专业课教师对所有选修的学生（包括本专业和外专业的学生）授课。

其二是以核心课程为主实施通识教育，典型的代表是哈佛大学的核心课程，哈佛的本科生课程基本要求为 16 个学年课程（full courses，1 门课每周 4 课时，学习 1 学年，相当于 8 学分）或 32 个学期课程（half courses，1 门课每周 4 课时，学习 1 学期，相当于 4 学分），按学分计算标准折算，相当于 128 学分。其中，基本必修课包括 1 学期的英语写作和数理逻辑，1 学年的外语，占课程总量的 12.5%；核心课程为 8 门学期课程，占课程总量的 25%；主修课程为 12 门学期课程，占课程总量的 37.5%；自由选修课为 8 门学期课程，占总课程量的 25%。[②]

基本必修课的主旨是在语言和数学方面为学生奠定扎实的基础，核心课程则较多地涉及知识体系、研究方法和价值探讨等方面。这两类课程构成通识教育课程，占总课程的 37.5%。目前的核心课程分六大领域十组课程：外国文化，历史研究（包括两组：一组将历史作为长期的必然演化来研究，一

---

① LEVINE A. A Handbook on Undergraduate Curriculum [M]. San Francisco：Jossey-Bass Publishers, 1978：11.

② 黄坤锦. 美国大学的通识教育：美国心灵的攀登 [M]. 台北：师大书苑有限公司，1995：130-131.

组将历史作为独特的事件来研究），文学与艺术（包括文学、视听艺术和文学艺术所产生于其中的文化背景研究三组），伦理思辨（moral reasoning），科学（包括物理科学和生物环境科学两组），社会分析。核心课程以向所有学生提供共同知识背景为目的，综合多学科的基本内容，而不是按单一学科设课，如"正义""时间、空间和运动"等。又如：哥伦比亚大学开设的"当代文明"是一门广泛介绍西方文明的综合性概论课程，涉及历史、哲学、政治、经济等学科领域。这种模式强调跨学科性，重视道德、文化、艺术方面的内容；核心课程的重心是学科方法，而不是知识量。"努力把获取知识的主要方法介绍给学生。每个领域内的课程无论多么不同，他们的着眼点——思维的训练是相同的。"[①]

其三是通过经典名著课程实施通识教育，比较典型的是哈钦斯在芝加哥大学实行的"伟大的经典名著"计划和现在仍在坚持实施的圣约翰学院的名著计划。为了让学生加入到历史上由伟大的思想家就伟大的问题而展开的伟大的辩论中，哈钦斯要求学生精读从荷马到弗洛伊德共74位伟人的一百多部名著。这些名著覆盖了文学、历史、哲学、伦理学、政治学、经济学、心理学、自然科学、艺术、宗教等各个学科领域。哈钦斯等人认为名著作者一般都具有超越时代的睿智卓识，他们思考和讨论的问题在今天仍不失其价值和意义。因此名著具有很高的精神陶冶价值，并能帮助学生学会思考最重要的问题，发展其理智能力。名著课程分为两类：一类要求精读熟记名著原文，再讨论其写作背景内容和当代意义；另一类要求在阅读多本名著之后，由几位教授合上一门以讨论、辩论为主的课程。

其四是住宿学院式通识教育。住宿学院源于英国牛津大学、剑桥大学，是不分专业的学生在一起学习、生活的地方。住宿学院有教师常住。哈佛、耶鲁等大学设有宿舍导师，导师负有督导学生学习的责任。有些宿舍还开设宿舍研讨班，实施通识教育。具有不同兴趣、专长、天赋及学科背景的学生、教师朝夕相处，在一起互相切磋琢磨，这在英美是一种颇受推崇的通识教育途径。

---

① 参见哈佛大学 *Core Curriculum 1991 – 1992*。

此外，学生社团、校园文化、校园环境、学校制度与纪律等潜在课程也是实施通识教育的途径。从19世纪70年代到20世纪30年代，普林斯顿、耶鲁、宾夕法尼亚、芝加哥、华盛顿、杜克等大学大兴哥特式建筑，因为当时人们认为哥特式建筑是对终极真理和美好理念追求的象征，是生命在各个领域、所有阶层的人们中统一的象征。麻省理工学院将工一馆、二馆之类的建筑名改为爱因斯坦馆、牛顿馆，意在诱导学生见贤思齐。潜在课程在通识教育上的作用可能并不亚于正式课程。

美国的通识教育在内容体系和实施模式上并没有一定之规，但一般具有以下特点：首先是力求广博。在学科体系上强调覆盖自然科学、社会科学和人文科学三大领域，在价值体系上重视各种不同文明和文化。其次，通识教育课程既重视有价值的内容，也重视掌握该学科的方法。每个学科都有其分析自然、社会现象的独特方法。在知识剧增的时代，掌握学科方法是充分利用人类知识积累实现自我发展的捷径。再次，重视校园文化、师生关系等潜在课程的作用。我国港、台地区通识教育同样注重纠正专业教育的偏失，但在内涵上有较大的差异。台湾对通识教育作最为狭义的理解，在台湾"教育部"1992年修订的"大学共同必修科目表"中，通识教育是28学分的共同必修科目中，除去总计20学分的国文、外文、本国历史等之外的8学分课程。通识教育课程主要用于文理交叉。香港的通识教育课程通常包括：思想方法、逻辑、中国文化要义、西方文化概论、社会伦理学、现代社会问题、科技与人文价值观念、比较宗教、比较文化、健康与医学、文艺欣赏等科目。学生必须修满18学分的通识教育课程，方准毕业。这些课程由大学统一开设的和各成员书院开设的两个部分构成。

2. 素质教育的内容与途径

大陆高校的素质教育实践主要是文化素质教育，比较普遍的做法是在原有的课程体系中加入一些素质教育课程。如北京大学在政治理论课之外，开设中文、数学、计算机、外语等工具课，培养学生独立获取知识和表达、交流、组织等方面的能力；开设历史和物理，加强世界观和方法论教育，使学生掌握分析自然现象和人与社会现象的方法。① 厦门大学分文史、政法、艺术类、理工类和经济管理类开设基本选修课,要求学生跨类选修3门以上,计18个学分的课程。②

华中科技大学探索了一套比较完整的文化素质教育体系,包括三个层次、六个方面。第一层次是让文化素质教育内容进入教学计划,通过课堂教学实施素质教育;第二层次是开展校园文化活动,通过课外活动实施素质教育;第三层次是广泛开展社会调查、社会实践活动,使学生在这些活动中了解社会,丰富和完善自己,即通过社会大课堂实施素质教育。这三个层次的文化素质教育具体落实在六个方面:第一是前三学期只分理工和文科两大类,不分系科和专业,以加强基础教育和文化素质教育;第二是开设法律、中文、经济外语、哲学、管理等人文学科辅修专业,已有40%的学生选修;第三是开设人文社科选修课及举行中国语文水平达标考试;第四是举办人文社科和自然科学讲座;第五是开展多种形式的校园科技文化活动;第六是将社会实践活动纳入课程体系。③ 素质教育强调专业课程是培养素质的基本途径之一,但在实践方面还缺乏切实可行的有效模式。

三、比较与借鉴

1. 宗旨与课题的异同

通识教育和素质教育都是针对高等教育质量问题,尤其是过度专业化导致学生片面发展的问题而提出的,都以培养完整的人、有教养或高素质的人为宗旨。可以说两者都在试图解决同样的问题,也采取了一些相似的做法,如都十分重视人文素质的培养,都注意将显性课程与潜在课程、正式课程与非正式课程相结合等。但解决问题的立足点不同,面临的主要课题也有所不同。

---

① 王义遒,金顶兵. 再论文化素质教育 [J]. 高等教育研究,1998 (2).
② 参见《厦门大学本科教学计划(1999级起实施)》。
③ 刘献君. 知识经济呼唤人文教育与科学教育的融合 [J]. 高等教育研究,1999 (2).

通识教育试图通过一套专业性的课程来矫正和弥补专业教育的偏失和不足。通识教育渊源于自由教育，虽然不再排斥专业教育，而是与专业教育并行，甚至强调与专业教育有机结合来培养理想人才，但专为通识教育而设计的课程体系是独立于专业课程之外的。完善通识教育课程并使之与专业教育有机结合是通识教育面临的主要课题。20世纪通识教育的演化，一方面表现为通识教育课程的不断完善，一方面表现为通识教育与专业教育此消彼长的矛盾运动。素质教育则强调通过包括专业课在内的课堂教学，培养思想道德素质、文化素质、业务素质、心理素质和身体素质全面发展的人才。素质教育并不是专业教育之外的另一部分，而是对专业教育的超越，表现为从促进学生的认知发展向综合素质全面发展的深化和从专业教育向综合素质教育的拓展。知识的内化（即从认知向综合素质发展的深化）与文化素质课程的建设（即从专业素质向综合素质的拓展）是素质教育面临的主要课题。

文化素质教育课程是当前素质教育的薄弱环节。它与通识课程实质上是相同的，美国大学完善通识课程的经验对改善文化素质教育具有借鉴意义，而在教学（包括专业课教学）中促进知识的内化是素质教育的独特问题和根本问题。杨叔子教授讨论了知识内化为素质的一般过程——思考和实践。素质教育理论注意到要将素质教育贯穿到专业课教学中，通过思考和实践，帮助学生将知识内化为个体稳定的品质。这需要从指导思想到教学模式进行深层的改革。由于素质教育是近期才提出的，实践环节十分薄弱，许多正确的思想还没有形成可操作的实施方案。而通识教育已有数十年的实践，积累了丰富的经验教训。这正是完善素质教育可资借鉴的。

2. 通识教育的经验与启迪

（1）明确通识目标，努力保持非专业教育与专业教育之间的平衡。克服专业教育的狭隘性，造就具备远大目光、融通见识、博雅精神和优美情愫的人才是通识教育和素质教育共同追求的目标。但在科学主义、功利主义盛行的时代，专业教育具有强大的势力。教师和学校的声望都来自专业，学生求学的动机也是为职业做准备，通识课程常被视为广博空疏、不切实际而受到贬低。在自由选课制度中，学生的选课趋于广度专门化，在学术控制被削弱时通识教育几度废弛。卡内基教学促进委员会在1977年指出："通识教育是一个灾难性的区域,它在动摇中发展了一百多年","专业课程、选修课程的增加总是以牺牲通识教育课程为代价的"。① 在缺乏自由教育传统的东方,专业教育失利更大,通识课程比例极低,台湾的通识课程只占6.2%(加上共同必修科目才达到22%),香港为15%左右,大陆文化素质教育课程也只占10%左右(加上公共必修课可以达到35%以上)。而公共必修科目中几乎没有自然科学课程,这是不能满足人文社科类学生通识教育需要的。相比之下,美国的通识教育课程通常占总量的35%以上,这在一定程度上是由于通识教育明确而具体的教学目标,那就是通识课程必须覆盖主要的学科领域,使学生的发展奠基在人类文化的总体之上。

(2)通过分类必修,保障学生对人类文化遗产的总体把握。学科分化和专业分化导致学科之间、专业之间沟通的困难。这些困难不仅存在于科学与人文之间,也存在于科学与人文内部。这与不同学科的分析方法、思维方式以及相应的价值取向等方面的差异有关。通识教育通过对学科做出更细化的分类,如哈佛大学将所有学科领域分为六类十组,要求学生在每一组学科中选修一定量的课程,掌握相应基本知识和方法,讨论其中的价值问题,以跨越大大小小的鸿沟,将自身的发展建筑在人类文化遗产的整体之上。这是在知识和职业分化加剧的时代寻求知识与社会整合的希望之路。

大陆高等学校的素质教育目前还主要致力于增加非专业的课程,通过加宽基础、文理渗透来加强文化素质教育,以克服专业教育的狭隘性,还没有注意到文化素质教育集中于某个学科领域时同样会有狭隘性。如用辅修一个专业拓展学生的视野,或者文化素质教育课程不是分类必修的,就容易导致文化素质教育集中于狭隘的范围。文化素质教育课程的建设应借鉴通识教育的课程模式,对人类积累的知识体系、方法体系和价值体系进行科学合理的分类,要求学生对各类学科的方法体系和价值体系都有所把握。这样才能克服学科、专业、职业分化带来的隔阂,培养出视野开阔、能高瞻远瞩的人才。因此,合理的学科分类及相应的学分规定是关键因素。对人类文化遗产,特

---

① The Carnegie Foundation for the Advancement of Teaching. Missions of the College Curriculum: A Contemporary Review with Suggestions [M]. San Francisco: Jossey – Bass Publishers, 1977: 165.

别是中国的优秀文化遗产进行综合分析、合理分类,帮助学生从整体上把握这些宝贵的精神财富,促进自身素质的提高是素质教育亟待解决的问题。

(3) 促进知识内化。通识教育将知识与方法相结合、认知教育与价值教育相结合,且突出方法和价值方面的教育,并注重学生的阅读、思考和讨论,尤其在价值观教育方面强调讨论而不是灌输。学生的价值观是在人类文化遗产的基础上,经历一系列主动选择过程而逐步形成的。这是西方教育的优良传统。这对我们在教育过程中探索促进知识内化为素质的途径很有借鉴意义。

(4) 坚持学业标准与适应学生个性相统一。通识教育在坚持学业标准与适应学生个性方面积累了正反两方面的经验教训,并探索出了能将两者协调起来的柔性课程模式。"二战"后的美国强调要使学生能维护自由民主,课程和教学本身就要遵循自由、民主的原则,结果导致选课兴趣化、浅易化,学术标准废弛,教育质量下降。20世纪50年代矫枉过正,不顾师生实际,提高学业标准,学生难以适应,对立情绪激化,大学校园动荡不已,结果适得其反,质量问题更趋严重。现行通识教育通常分类开设大量选修课,同时分类规定选课的最低标准,形成了一套柔性课程模式,既坚持学业标准,又适应学生的个性差异。大陆高校公共必修课程对学生素质的提高未能发挥应有的作用,一个重要的原因就是单纯强调课程标准而忽视适应学生个性。大量增设选修课,使公共必修课柔性化可能更利于提高学生的思想政治、伦理道德等方面的素质和语言、计算机等方面的能力。

3. 通识教育的问题与警示

通识教育的实施也面临许多难题,这些难题也是文化素质教育难以回避的。

首先,教育科学主义和功利主义盛行带来了许多问题。其一是教师的积极性问题。科学管理在高校学术管理中的渗透迫使教师重研究轻教学。与专业课相比,通识课程通常与研究的关系更少,这样教师投入的时间和精力就得不到应有的回报,有远大志向的教师大都宁愿担任与科研关系更紧密的专业课的教学。其二是学生选课的功利取向问题。在大众型和普及型高等教育中,大多数学生求学的目的是将来能够从事较好的职业。学生通常会选修与职业有关的课程,而回避与职业无关或关系不大的课程,这与通识教育着眼于在非专业领域拓展学生的视野的宗旨是相悖的。其三是资源不足的问题。多数学校没有通识教育的管理和协调机构，即使有，这类机构在学校权力体系中也处于劣势，这使通识教育很难获得必要的资源。多数院校很难坚持为人文、社会类学生提供自然科学教育，就与仪器、设备不足有关。

其次，通识课程在组织形式上也存在难题。如果与专业课程合而为一，可以保证教师的水平，但专业教育与通识教育要求不同，教师的教学一般不会照顾非专业的学生，这类学生常有被歧视的感觉。如果不与专业课程合而为一，各系一般不会派出最好的教师担任通识教育课程的教学，不能保持高水平的师资队伍，通识教育将难以保障质量。近年来，日本的教养教育（相当于通识教育），由独立的教养教育部开课改变为由各个专业学部开课，就在于力图提高教养教育教师的地位与水平。但实施的效果如何尚难预料，可见这是一个不易解决的难题。

高等教育与社会的协调发展[①]

厦门大学高等教育发展研究中心和苏州大学教育学院联合主办了这次高等教育与社会发展的学术研讨会。今天，我们就在历史上的"天堂"，当今最有发展活力的苏州市召开这次会议。首先让我代表两个主办单位，向在座的老朋友、新朋友表示热烈的欢迎。

这次高等教育发展会议的主题是"高等教育与社会发展"，将围绕着"高等教育发展战略与人力资源开发""社会经济发展形态变迁与高等教育体系结构改革""研究型大学与提升国家核心竞争力""高校招生与就业改革""高等教育大众化与农村人口的转移问题"五个子课题展开。很少有一次会议有这么多子课题，我翻阅了送来的部分文章，文章中所涉及的问题比这个还要多。高等教育的大好形势主要体现在从1999年起，全国高等学校连续六年高速发展，大学生增加了300%；大好形势还体现在高等教育发展中问题多如牛毛。问题多，代表了发展形势好；如果没有问题，就没有发展；问题很少，就是发展形势不好；最大的问题是一潭死水；越发展，问题越多。因此，我们这个会在考虑定什么主题的时候，大家提了很多主题。后来没有办法可以涵盖所有的主题，又要顾及到各个方面，所以定下来了这五个子课题，很少有会议涉及这么多的主题。

那么，设五个子课题，是不是意味着这个会议视点分散，是不是代表着

---

① 原载《复旦教育论坛》，2005年第1期。本文是覃红霞根据潘懋元先生在苏州召开的由教育部重点研究基地厦门大学高等教育发展研究中心与苏州大学教育学院联合主办的"高等教育与社会发展"学术研讨会上的发言记录整理而成。

研究的力量分散？不，虽然有五个子课题，虽然我们实际的问题比这五个子课题涉及的内容还要多得多，但是我们有一个共同的内涵。这个内涵是什么呢？内涵就在我们会议的题目上——高等教育与社会发展的关系。也就是说，我们所有的主题都集中在高等教育和社会发展的关系上。如果就教育的本质关系来说，我们的所有主题集中在教育的外部关系规律上，研究如何更好理解教育的外部关系规律在高等教育发展中的作用，或者说如何更好地发挥我们外部关系规律的作用，来促进高等教育更好地发展。

前几天我参加了台湾的一个研讨会，研讨的是海峡两岸私立大学发展的问题。主办单位是台湾第一所，也是最强的一所私立大学——淡江大学，由今天在座的杨莹女士主持操办。私立大学是国际上的通称，在中国大陆，我们一般称为民办高等教育。这次会议是我们到台湾去学习台湾私立大学的发展经验。中国大陆的民办高等教育办到现在，如果从1978年算起，只有20多年的时间，而大规模地发展不过是这两年的事情。台湾的私立大学发展得比我们快，比我们好。台湾的私立大学，占了台湾高等教育的三分之二。会议期间，我参观访问了台湾的8所私立大学、1所公立大学。

在研讨会上，台湾的老教育家、私立淡江大学的创办人张建邦先生，在大会发言的时候，探讨了高等教育发展中的本质问题。他在短短的20分钟的发言中，首先引述了伯顿·克拉克的讲话，就是学校、市场和政府形成的三角关系，在这个三角关系之中，学校、政府和市场，关系密切。近代的大学，是在与教会对抗之中发展起来，于是提出了学校自治，教育独立。后来在与政府对抗之下得到发展，现在是在和市场对抗之下共存。他提出的这个问题有一定的根据，对我们很有启发。同时他提出，台湾的私立大学已经走过第二阶段，也就是说走过了与政府对抗的阶段。政府作用逐渐淡化，现在面临着与市场的对抗。他说中国大陆的民办高等教育恐怕还处在第二阶段，还没有进入第三阶段。应该说这样的论断还是很有私立高等教育发展依据的，对大陆发展民办高等教育也很有启发性，但我不同意他对大陆民办高等教育发展阶段的论述，也不同意他用"对抗"来看待私立大学和政府、市场的关系。

他发言后，是我的发言，我的发言同意他的历史观点，也同意他对伯顿·克拉克的某些理解。但是伯顿·克拉克的理解可能会更加全面，因为伯顿·克拉克接受了近代高等教育发展的事实。大陆的大学也已经进入了第三个发展阶段,事实上也正面临着市场的"挑战"。在面对市场挑战的情况下,学校、政府与市场形成三角关系,在三角关系中,既有矛盾,也有相互依存的关系,不能简单地用"对抗"来看待三者的关系。总而言之,学校和政府,尤其是私立大学和政府是有矛盾的,但是高等教育的发展,包括私立高等教育的发展,必须依靠政府。高等教育与市场有矛盾,市场是双刃剑,高等教育当然要对抗市场,但是也必须依靠市场。20世纪80年代初,在我国市场经济不够成熟的情况下,中国的高等学校,尤其是民办高等学校,是在与政府、市场的矛盾统一之中发展起来的。因此,中国高等教育的发展必须在政府与市场统一中发展,我们必须树立协调发展的观念。

中国的高等教育发展中,正如世界的高等教育发展,有两种思潮:一种是大学教授们的思潮,是代表传统专家、学者的思潮,他们很怀念传统的大学自治、教育独立,很想恢复到几百年前人文主义一统天下的时代。但是按照伯顿·克拉克的观念,这不可能。因为伯顿·克拉克的可贵之处是面对现实,面向发展,伯顿·克拉克不同意我们回到象牙塔中去。另一种是政府、市场、用人单位要求大学按照市场的规律和需求,按照政府的要求来办,他们遵循的是科学主义,是功利主义的理念。也许在政策文件上写上许多以人为本的话,写上许多自由民主的话,但是在操作过程中,以功利主义作为内在的理念,我们是教育工作者,我们应该怎么办呢?我个人看法,两者都应该兼顾,既要为传统的优秀的文化所形成的大学理念来说话,但是也必须考虑到人才市场的需要、政府的支持力度等现实方面的问题;既要考虑到人文主义的理念,也要考虑到科学技术的发展;既要考虑到教育是一种崇高的事业,也要考虑到功利。你可以认为我中庸,但是我认为人文主义和科学主义必须结合,这是客观事实,要把理念的信仰与客观的现实结合起来。因此,我们高等教育理论工作者也只有保持冷静。我们要认识到,要完全恢复到200年前的象牙塔是不可能的,但是要完全跟着功利主义,那我们对不起人的本性,也对不起高等教育的发展。事实上,绝对的功利主义、庸俗的功利主义也不利于社会的可持续发展。所以我们的任务就是协调这两者,找出最佳的结合点。我的观点是协调,是中庸,否则高等教育发展不起来。

现代高等教育思想演变的历程

——从 20 世纪到 21 世纪初

20 世纪走向 21 世纪的进程中,世界高等教育思想同世界高等教育发展共生互动,经历了前所未有的深刻改变,演绎出了现代高等教育思想演变的宏大篇章。分析这一演变历程,有助于丰富高等教育思想研究资源,为现代高等教育的发展方向和中国高等教育的发展道路提供借鉴。①

一、20 世纪高等教育思想回眸

1. 20 世纪世界高等教育发展的脉络

20 世纪以来的世界政治、经济、文化、科学技术等发生了巨大的变化。在此背景下,世界高等教育在制度、组织、管理、规模、质量、结构和效益等方面都发生了巨大变化,这些变化主要表现为:(1)规模持续扩张,模式不断创新;(2)日益强调高等教育的质量和效益;(3)课程设置与教学更加科学化;(4)产、学、研之间建立了互动机制和发展链;(5)形成了灵活多样的高等教育制度。

---

① 原载《高等教育研究》,2007 年第 8 期。作者:潘懋元,肖海涛。本文源于教育部"新世纪高等教育教学改革工程"重点项目"21 世纪初高等教育思想研究"。该课题的研究成果《现代高等教育思想的演变——从 20 世纪到 21 世纪初》已于 2008 年 1 月由广东高等教育出版社出版。本文综合了参与该项目研究的柯佑祥、赵婷婷、高新发、卢晓中、张彤等博士的研究成果。

2. 20 世纪世界高等教育思想发展的脉络

20 世纪世界高等教育思想发展可分为两个时期：20 世纪上半叶的现代高等教育制度初步形成时期和 20 世纪下半叶的高等教育发展时期。20 世纪上半叶工商业发展、新人文主义和功利主义思潮的冲击，改变了人类社会的结构和生活方式，促进了世界高等教育的变革，这种变革不仅促成了高等教育由传统向现代发展的重要转折，而且奠定了现代高等教育的制度基础和思想基础。20 世纪下半叶，高等教育进一步发展，形成了一些主流的高等教育理念，如高等教育民主化、高等教育国际化、高等教育私营化等。

20 世纪世界高等教育思想的发展，基本上是围绕着高等教育及高等教育机构存在的合理性、存在的价值及发展道路而展开的，可概括为认识论的高等教育哲学和政治论的高等教育哲学两种哲学。另一方面，对高等教育的价值判断大体分为两个维度：一是高等教育发展的时间维度，二是高等教育发展的空间维度。从时间维度看，高等教育的发展是着眼于当前利益、解决实际问题，还是着眼于长远利益，维系大学的文化功能和精神价值？从空间维度看，高等教育是着重对人的开发，还是对自然的开发利用？对这些问题的不同回答和态度，反映了理性主义与功利主义的区别。

3. 20 世纪世界高等教育思想的发展体现出理性主义与功利主义的冲突、消长及融合

理性主义与功利主义的分歧主要体现在：（1）理性主义者主张，大学的使命是培养完人，探索真理，应该依据大学自身的发展目标，重点进行基础理论和传统学科专业的人才培养和科学研究；功利主义者主张，优先发展有重大经济价值、能为社会带来巨大利益的学科专业，削减甚至停办无实际经济价值的实用学科专业，根据社会和市场的需要配置大学资源。（2）理性主义者更青睐于"大师"而非"大楼"，认为大学所培养的人才不仅应该"会做事"，更应该"会做人"；功利主义者则非常重视教学、科研等的实用作用，强调大学人才培养和科学研究应该与企业生产和社会经济发展的密切合作。（3）理性主义者主张大学作为"象牙塔"，应独立于政府、社会之外；功利主义者强调大学适应政府及社会发展的需要。功利主义教育思想在 20 世纪西方高等教育中一度占据主导地位，世界高等教育发展中的市场化、私营化、

大众化、国际化思潮和发展趋势皆与社会现实需求息息相关，同时也体现了功利主义思想强大的影响力。但是，随着功利主义消极作用的日渐显现，理性主义又展开了强大的理论攻势。理性主义认为，功利主义流行是大学教育的悲哀，现代大学要远离社会的尘嚣和功利诱惑，树立和培育自己的理想，坚持大学自治与学术自由，以"培养完人"为办学目标，充分实现大学的教育功能和学术价值，成为学术圣地和知识殿堂。

功利主义更多地体现为政治、经济、文化和科学技术对高等教育的影响，理性主义主要体现在高等教育内部的发展因素，它们各有其合理性。因此，折中、调和的观点体现了二者的融合，并发挥着重要作用。理性主义逐渐接纳和满足政治、经济等外部因素的需求；功利主义的办学思想和模式也引入了理性主义色彩，遵循大学教育自身的发展规律，建立系统、规范、科学的运作规则。实践中，高等学校一方面竭尽所能地维护大学自治、学术自由，另一方面又在不同程度地走向社会、走向市场，运用市场经济的运行机制，提高办学效率和效益。

二、20世纪西方教育流派及其高等教育思想

20世纪西方教育思潮大体有自由主义、实用主义、要素主义、永恒主义、存在主义等几大流派。

自由主义。自由主义教育思想最初主要是针对学前教育和普通中小学教育的，但是以罗素和怀特海为代表的教育家的视野更多地体现在高等教育领域。他们主张：（1）大学教育应该培养人的理性、智慧和心灵；（2）不应将专业教育和普通教育对立起来；（3）重视学术自由在大学中的地位和作用。

实用主义。实用主义教育流派对美国乃至世界高等教育产生了巨大影响，其主要代表人物是杜威。实用主义教育流派在高等教育领域的思想和影响主要有：（1）以个体生长为主线，把高等教育统一在整个教育体系之中。这一方面确立了经验在高等教育中的地位，同时也动摇了高等教育的贵族特性，为高等教育民主化和大众化奠定了观念基础。（2）职业教育与文化修养应该而且能够统一起来，也就是职业教育可以达到自由教育的目的，体现自由的

精神。(3) 民主意味着自由，也意味着广泛的参与和承担社会责任，并且它从根本上影响着 20 世纪美国式学术自由的基调。

要素主义。要素主义是在反思实用主义和进步教育运动的过程中产生的，其内部又有诸多小流派。要素主义主要有两个方面：一是教育作为社会的"要素"，二是在教育中"要素"的内涵。前者主要是指教育在国家和社会中具有核心地位，发挥着重要作用；后者侧重知识的要素，认为系统的学科知识是教育的普遍要素，因为它们是人类文化的精华，是人类赖以生存和发展的基础。要素主义对高等教育的影响主要有：(1) 重新肯定了人类知识和文化中的共同经验、传统、要素等的存在和价值，重视高等教育中的系统知识和学科教育；(2) 强化了选修制和研究生教育；(3) 强调高等教育与国家之间的密切关系，增强了高等教育的社会责任感；(4) 赋予自由教育以鲜明的时代特征，确立了普通教育的地位。

永恒主义。永恒主义也是在反思进步教育运动和实用主义流派的过程中发展起来的。与要素主义不同的是，永恒主义更注重复归传统，体现出鲜明的保守主义倾向，其代表人物是赫钦斯。永恒主义对高等教育的影响主要有：(1) 重新张扬了西方理性主义的教育传统，体现了强烈的古典主义倾向；(2) 将人的理性发展当成教育的目的，强调普通教育的重要性；(3) 在大学中赋予古典名著及古典人文学科以重要地位，对保存和发扬西方优秀文化遗产和精神做出了重要贡献；(4) 强调大学应与社会保持距离，避免过度功利化。

存在主义。存在主义是对要素主义和永恒主义反思的结果，体现了西方人本主义教育思想，其代表人物是德国的存在主义哲学家雅斯贝尔斯。存在主义对高等教育的影响主要有：(1) 将人的精神和灵魂作为教育的目的；(2) 强调大学是精神交往的场所，不能为现实所左右，应该拥有学术上的自由；(3) 强调大学中的各种任务、活动和知识应该交融在一起，不应为任何偏见和隔阂所束缚。

合而观之，20 世纪西方教育思想呈波浪式发展态势，主要表现如下。

1. 在教育目的上，经历了理性—经验—理性—精神的发展过程

自由主义流派主张，教育尤其是大学教育应该注重培养人的理性、智慧

和心灵。这是西方教育重视人的发展的传统的体现。实用主义流派则完全摆脱了西方的理性传统，从个人主义出发，以个体的生长为主线，确立了经验在教育中的地位。要素主义流派的出现，又部分地恢复了理性教育传统，重新肯定了人类知识和文化中的共同要素，系统的知识和学科教育又受到重视。永恒主义则从另一方面张扬了理性传统，进一步强调了人的理智发展的重要性。存在主义流派的盛行又带来了对理性传统的再反思，它将人的精神和灵魂的发展作为教育的目的，是继实用主义后个人主义在教育中的又一次张扬和发展。

2. 在大学教育领域，自由（普通）教育与专业教育孰重孰轻一直是争论的焦点

不同的教育流派都主张，自由（普通）教育与专业教育应该协调发展，但实际上它们从来就无法获得真正的平衡：自由主义流派更倾向于自由教育；实用主义更重视专业和职业教育；要素主义流派提出了改革自由教育的观点，从而确立了普通教育的地位，也使得自由教育重新焕发出时代的生命力；永恒主义则认为大学中应实施普通教育，但与要素主义强调普通教育在于发展人的普遍知识所不同的是，永恒主义的普通教育更强调发展人的理性和智慧；存在主义流派则从更广阔的视角看待两者的关系，认为大学中的各种知识、活动都应该交融在一起，使得大学能够成为真正的社会精神机构。

3. 在教育与国家、民族的发展关系上，经历了从普遍主义到对民族和国家的利益做出回应，再回到普遍主义的过程

自由主义、永恒主义、存在主义是普遍主义的反映，它们主张教育应致力于促进人的发展，而不应为国家现实的发展所左右；要素主义则十分强调教育与国家、民族发展的密切关系，增强教育的社会责任感；实用主义虽然也是以个人主义为基调的，但它强调社会的改良，它所说的个人发展也是建立在这种改良的社会基础之上的。

4. 在大学的地位和作用方面，各派观点都在大学应远离社会与大学应为社会和国家服务之间徘徊

自由主义倾向于大学应该远离社会，这样才能发挥其促进新知识和社会精神发展方面的作用。实用主义实际上是把教育看成民主改造的工具，因此

它强调大学应与社会保持密切的联系。永恒主义和要素主义在这一点上的主张刚好相反：前者认为大学应该与社会保持一定的距离，避免过度的功利化；后者则十分强调大学要为国家和民族服务。存在主义的观点更为超脱，它从大学作为精神交往场所的角度出发，认为它应该拥有学术上的自由。

5. 在学术自由方面，体现了从绝对自由到相对自由的变化

自由主义流派赋予学术自由以重要地位，认为它是大学一切活动的保证，应该坚决维护。实用主义的观点则改变了学术自由的传统内涵，它认为民主既意味着自由，也意味着广泛的参与和承担社会责任，这在传统学术自由中增加了社会责任感。在以后的发展中，要素主义进一步加强了学术自由中社会责任感的分量，而存在主义则更强调自由的本来意义。

三、21世纪初的高等教育思想

进入21世纪，人类迈向知识经济时代。知识的加速发展、知识价值的提高、职业劳动的变化、现代信息技术的发展和应用、全球化和市场化的影响等等，都对高等教育提出了新的挑战。这些挑战无论是从高等教育系统内部，还是高等教育系统外部，都形成了强大的变革力量，使得高等教育的时空界限被突破，呈现出一些新的功能、新的价值观。

由于知识价值和学生地位的提高，高等教育体现出多重性质：高等教育不仅是一种人才培养活动，也是重要的知识生产活动和教育服务活动；学生接受教育活动与职业活动相互交织、相互影响；高等教育功能向新的领域拓展，出现了大量的营利性活动，非营利性高等教育也不同程度地市场化；高等教育既具有公益性也具有私人性，既具有全球性也具有本土性；等等。21世纪高等教育的发展，需要重新认识高等教育的性质，并在此基础上调整高等教育价值观、质量观和发展观。

1. 在价值观方面，高等教育成为经济社会的中心以后形成了复杂的价值关系

高等教育成为经济社会的中心后，教师、学生、学校以及不同的社会利益集团都有自己的价值追求，从而形成了多样化的价值观。因此，价值观的

冲突在所难免。综观高等教育发展的历史，高等教育价值取向的主导者往往是多元主体之间博弈的结果。例如，在欧洲中世纪大学，学者们凭借其知识权威，运用迁校、罢教等手段，在同教会、政府、学生的博弈中赢得了高等教育价值取向的主导权；在工业经济时代，高等教育走出象牙塔，主导高等教育价值取向的格局发生了变化，国家和地方政府的意志得到了更多的体现；在知识经济时代，高等教育进入社会的中心，更多的生产主体和消费主体参与了争夺高等教育价值取向主导权的博弈。博弈的理想结果是双赢或多赢。为此，需要广阔的制度创新空间，以保障在博弈中无法取得价值取向主导权的主体可以做出新的选择，使不同主体的价值取向都能得到实现，具有不同价值观的高等教育都能存在和发展。

2. 高等教育质量观与其多重性质相适应

随着高等教育走向大众化和普及化，高等教育要面向所有需要的人提供服务。不同类型的学生对高等教育服务有不同的要求。作为教育服务的高等教育质量标准也应是多样化的，学术性教育服务的质量标准必然不同于职业性教育服务的质量标准；面向全日制学生提供的教育服务质量标准也不同于向非全日制学生提供的教育服务的质量标准。总之，知识经济时代，高等教育质量标准是多样化的，而且非常重视消费者的满意度，更多的是以消费者（包括学生以及不同的社会利益集团）的需求为依据确定。

3. 高等教育的多重性质、多样化的价值观、多样化的质量观等形成了高等教育多样化发展的内在动力

适应知识经济时代的挑战，适应社会多样化的需求，为高等教育的多样化发展提供了更为广阔的外部空间，创造了多样化的高等教育发展机制。多样化的高等教育发展机制至少包括三个方面：一是高等教育机构高度自治，二是高等教育系统高度开放，三是高等教育办学体制高度多元。这样，高等教育才能在政府部门、营利部门和非营利部门中协调发展，创造丰富多样的、适应各种不同需要的模式。

四、21世纪初世界高等教育思想的影响与高等教育发展的趋势

21世纪初世界高等教育思想的影响及高等教育发展的趋势，主要包括高

等教育的大众化、私营化、终身化、国际化等。

1. 高等教育大众化

高等教育大众化主要是受人力资本理论和高等教育民主化思想所推动。人力资本理论认为，通过投资教育形成和增加的人力资本，能给个人、企业和国家带来丰厚的回报；民主化思想将接受高等教育由一种特权转变成了一种个人应该享有的公民权利。人力资本理论和高等教育民主化思想，极大地刺激了个人、企业和国家对高等教育的投资和需求，使高等教育规模和结构发生了巨大变化。最早从这种变化中正式提出高等教育大众化概念的，是美国著名教育社会学家马丁·特罗教授，他明确阐述了高等教育由精英型向大众型、普及型发展的阶段理论，并概括出了高等教育将出现的量和质两方面的变化。高等教育大众化发展涉及时机、资源分配、就业、质量等实际问题，这些都需要在实践中不断解决。

2. 高等教育私营化

高等教育私营化大体包括两方面内涵：一是高等教育经费中私有成分不断加大，个人、团体、私营部门等投资办学，同时国家和学生共同承担办学经费；二是公立高等院校按照私营模式来管理和运作。高等教育私营化出现的原因主要有：（1）为了解决高等教育经费短缺与国家扩展高等教育规模的矛盾，这是高等教育私营化最直接、最主要的动因；（2）为了提高学生的学习动力和学习的自主性；（3）为了促进高等教育供给方式的多样化和可选择性；（4）为了提高高等院校的经营管理效率；（5）为了增强高等院校对其消费者的责任感和质量意识。

高等教育私营化发展需要注意以下实际问题：

（1）高等教育私营化并不意味着国家可以免除承担发展高等教育的责任。国家有责任对私立高等教育进行资助，这不只是一个简单的经费问题，更重要的是它有利于提高私立高等教育的地位，在全社会形成有利于私立高等教育发展的良好外部环境。（2）私营化的"度"的问题。其中一个重要问题就是收取多少学费合理，这不仅涉及社会公正与教育平等问题，而且在一定程度上影响着学科流向和人才培养结构。（3）高等教育的私营化与高等教育自身发展规律的问题。（4）高等教育私营化与高等教育质量的关系问题以及高等教育的私营化与高等院校的竞争问题等。

3. 高等教育终身化

高等教育终身化既是一种随着社会经济、科技、教育发展而出现的现代教育思想，也是高等教育发展实践的一种重要趋势。而且，随着社会的进步和教育自身的发展，高等教育作为通向终身教育桥梁的特征日益显著。现代高等教育要融入终身教育体系之中，满足个人对高层次继续教育的需要。终身教育是面向未来的，不仅要使学生取得好的成绩和顺利毕业，或者毕业后找到合适的工作和胜任现有的工作，还要着眼于他们一生更好地生存和发展所需素质的养成。终身教育体现了教育对人的终身关怀。

4. 高等教育国际化

高等教育国际化是一国高等教育面向国际发展的趋势和过程，包括高等教育目标的国际化、课程的国际内容、学者（教师和学生）从事与教育科研有关的国际流动、教育系统从事跨国界的技术援助和教育合作计划等内涵。高等教育国际化的发展主要有以下几方面原因：一是经济全球化进程的要求，二是多元文化融合的需要，三是信息技术发展的需要与支持，四是高等教育自身质量提高的需要，五是高等教育资源共享的需要，等等。

高等教育国际化成为当代的"宏伟话题"，比以往任何时候更凸现出世界性和全球性，呈现出明显的时代特征：（1）作为对高等教育的学术自由和机构自治的一种强调；（2）作为对提高高等教育质量和增强其针对性的一种强调；（3）作为对解决发展中国家和转型国家的人才外流的一种强调。另外，需要注意一些问题，如：构建高等教育国际化的基础和依据；克服"西方中心主义"倾向，强调各国、各地区结合自身实际，选择自己的高等教育发展道路；等等。

五、中国高等教育的选择与回应

世界高等教育思潮与发展趋势增强了中国发展高等教育的紧迫感，世纪之交，中国政府采取了积极政策大力推动高等教育的发展，如大力推进高等教育大众化、投资和办学体制多元化、积极推进职业技术教育、注重教育质量的提升等。

当然，中国高等教育在发展中还存在种种矛盾，需要在实践中不断解决。

1. 宏观领域

主要矛盾为高等教育发展的要求与高等教育自身适应性之间的矛盾。这种矛盾主要体现在发展速度与稳定性之间、近期发展目标与长远发展目标之间、数量与质量之间、公办高校与民办高校之间、国际化与民族化之间的关系之中。解决这种矛盾需要从理念、制度、实践的可持续发展三个方面入手。在转变理念方面，要抑制过度的功利倾向，从长远考虑高等教育宏观领域的战略发展目标，从社会和谐统一的整体观念出发，将人文与功利相结合作为改革的基本指导思想，推动各方面可持续发展；要协调外部社会要求与高等教育自身发展逻辑的要求，将高等学校的内部目标同高等教育宏观领域的发展目标统一起来，发挥办学主体的主动性和创造性，使整体发展寓于灵活多样的办学实践之中。在制度创新方面，要在宏观调控和市场机制下，尊重主体（高校）的价值选择，分散权力；要适应社会和市场的要求，尊重高等教育自身的发展逻辑，确立若干"发展阈限"，把握好大众化、民营化、国际化的度。其中，可持续发展是解决现有矛盾的原则。

2. 微观领域

主要矛盾为通才教育与专才教育、专业目录化和专业灵活化、课程体系的规划性与人才发展的自主性和多样性、教育的人文性与功利性等。

解决途径也需要从理念、制度、实践三方面入手。在转变理念方面，要协调人的发展与社会发展的关系、功利与人文的关系，以人为本，服务于培养21世纪所需要的新型人才；要坚持民族性与国际性相结合，协调扬弃传统、借鉴与创新的关系，既顺应国际高等教育的发展方向，又考虑国情实际，特别应重视改革的整体性、系统性、协调性和持续性。在制度创新方面，要实施整体配套改革，实现高等学校内部管理的科学化与民主化。

3. 如何建构21世纪中国高等教育的思想体系

（1）中国高等教育大众化的发展。"在公平与效率之间"是对中国高等教育体系和结构的未来走向或政策平衡的取向。这个"之间"，并没有明确具体的位置，也不是预先计划好的，而是通过宏观调控和市场机制的双重作用，动态地获得二者的平衡。这也体现出良好的高等教育运行环境的内涵。

（2）中国高等教育民营化和国际化的发展。民办高等教育在中国高等教育体系中的重要地位和作用，折射出 21 世纪中国高等教育发展战略的若干走向。另一方面，中国加入 WTO 之后，中国高等教育政策必须随之做出调整，在政策调整中要有一系列长期的、正确的指导思想和理念。

（3）中国高校人才培养模式改革。21 世纪中国高校人才培养模式改革涉及高校专业设置方式、课程体系和教学管理制度等方面，整体性原则、协调性原则、持续性原则、公平性原则是改革应遵循的基本原则。

（4）高校素质教育改革。21 世纪的中国社会发展实践，对高校素质教育改革提出了现实要求，而困扰素质教育领域的若干难题，也有可能在新的社会背景下得以缓解或克服。应该通过引导高校内部改革，积极创造条件，形成新的素质教育机制，适应未来人与社会和谐发展的需要。特别是对大学理工教育的素质培养目标，提出了"权衡沉思"的概念来整合素质教育和专业教育。

（5）产、学、研一体化实践。21 世纪中国高等学校产、学、研一体化的实践既要融入知识创新体系之中，又要协调高等学校教学科研规律与市场经济规律。

总之，梳理现代高等教育思想演变的历程，包括从整体上把握 20 世纪高等教育思想发展的脉络及其对高等教育实践的影响，探讨 21 世纪高等教育思想的转变与深化，并特别落脚到中国高等教育的选择与回应上，将有助于从理论上丰富高等教育思想研究，明确 21 世纪高等教育发展大趋势，克服高等教育改革与发展的思想阻力，促进高等教育良性发展。

中国高等教育思想发展 30 年[①]

改革开放 30 年来，中国高等教育改革生机勃勃，百花争艳；中国高等教育事业蓬勃发展，春意盎然；中国高等教育发展与时俱进，成就斐然。回顾 30 年来中国高等教育所取得的伟大成就，可以说，思想的解放、观念的变革是高等教育改革与发展的关键和先导。30 年来中国高等教育发展大体经历了三个阶段：20 世纪 70 年代末期到 80 年代中期的拨乱反正，80 年代中期至 90 年代末期的高等教育体制改革全面展开，新世纪改革开放步伐的加快。贯穿这一改革历程的，是高等教育思想的不断丰富与发展。

一、解放思想，重新认识高等教育的性质

"文化大革命"结束以后，百废待兴。而在当时一系列拨乱反正工作中，改革遇到的阻力还是很大。主要原因在于没有从根本上摆脱"两个凡是"的束缚，走不出思想路线上的迷茫和误区。因此当时面临的首要问题，是要进行思想大解放。

1978 年 5 月 11 日，《光明日报》以特约评论员名义发表了《实践是检验真理的唯一标准》的文章，从此引发了一场全国性的关于真理标准的大讨论。同年 12 月 18 日，中国共产党第十一届三中全会在北京召开。三中全会确立了"解放思想，实事求是"的思想路线，把全党工作重点转移到社会主义现

[①] 原载《教育研究》，2008 年第 10 期。作者：潘懋元，肖海涛。

代化建设上来。这是我们党历史上具有深远意义的伟大转折，标志着中国进入了改革开放的新时期。从此，教育进入了改革与发展的新时期，在这一过程中，教育界开展了解放教育思想大讨论。

（一）开展教育真理标准大讨论

"文化大革命"期间，由于极"左"思潮的影响，教育成为"无产阶级专政"的工具，特别是"四人帮"一伙还炮制了对教育的"两个估计"，即"文化大革命"前17年教育战线是资产阶级专了无产阶级的政（黑线专政论）；知识分子的大多数世界观基本上是资产阶级的，是资产阶级分子（资产阶级知识分子论）。"两个估计"全面否定了"文化大革命"前17年教育工作的成就，是"四人帮"推行极左教育路线的理论基础，是教育工作者的思想桎梏。改革开放以后，首先就要解放思想，推翻"两个估计"的错误认识，为教育改革铺平道路。

1979年4月15日，中央教育科学研究所主办的《教育研究》杂志创刊。《教育研究》创刊号发表《根据实践是检验真理的唯一标准，探讨教育工作中的规律》的文章，对"文化大革命"期间教育上的种种谬论进行了批驳。①《教育研究》创刊后的第四期发表了特约评论员的文章《补好真理标准讨论这一课，教育问题要来一次大讨论》，把纠正"两个凡是"提到"两种思想大论战"的高度去认识。从1980年秋季开始，《教育研究》还开辟专栏，讨论"关于进一步解放思想，搞好教育科学研究问题"，将解放教育思想的讨论逐步引向深入。与此同时，《光明日报》《文汇报》等也发表一系列文章，进行教育思想大讨论。在这些讨论中，许多文章直指过去的理论禁区，如对"兴无灭资""教育为无产阶级政治服务""语录代替科学""革命导师的论述代替教育科学研究"等提出异议，指出不能生搬硬套革命导师的论述，而应当实事求是，发展科学。②还有学者提出，对"文化大革命"前17年的经验也

---

① 余立. 根据实践是检验真理的唯一标准，探讨教育工作中的规律 [J]. 教育研究，1979（创刊号）.
② 程凯. 当代中国教育思想史 [M]. 开封：河南大学出版社，1999：353.

要进行具体分析，不能把它当做理想境界。① 总体来看，这些讨论都直接指向教育思想的禁区，从理论上推翻了"两个估计"及其带来的危害，引发了人们对教育问题的理性反思，为进一步拨乱反正、正本清源奠定了理论基础，有力推动了教育思想大解放。

（二）讨论教育本质和社会属性

20世纪50年代以来，我国教育学理论主要受苏联影响，主张教育是社会的上层建筑。从这一理论前提出发，又把教育职能简单归结为"为无产阶级政治服务"。"文化大革命"期间，这一命题被进一步绝对化和极端化，给教育造成了巨大伤害。1978年3月，经济学家于光远发表文章，对教育属于上层建筑的正统观念提出挑战。② 于光远的文章揭开了一场大讨论的序幕。从此，一场旷日持久的关于教育本质和社会属性的教育思想大讨论轰轰烈烈地展开了，而且哲学界和经济学界的很多学者也参与了讨论。

讨论中先后出现了五种相关而又相对的观点。第一种观点认为，教育是上层建筑。③ 第二种观点认为，教育是生产力。④ 第三种观点认为，教育不能简单地归入生产力、经济基础或上层建筑的范畴，而只能作为一个特殊的范畴加以研究。第四种观点认为，教育具有多重属性。多重属性说又分为两种观点：一是认为教育部分是上层建筑，部分是生产力，具有生产力和上层建筑的双重属性；二是认为教育是社会性、阶级性、生产性等的统一。第五种观点认为，教育是培养人的一种社会实践活动。

很有意思的是，这场讨论虽延续10年之久，但争来争去，没有结论。而恰恰是没有结论的争论，有着丰富的积极意义：第一，它有助于人们纠正长期以来对"教育是社会的上层建筑"这一命题的误用，引导人们走出"教育政治化"的误区；第二，它有助于人们明确教育在经济发展中的作用，确立教育在我国社会主义现代化建设中的战略地位；第三，它活跃了学术空气，

---

① 贺应师. 十七年并非完美无缺：用实践标准看"文革"前的教育工作［N］. 文汇报，1980-12-12.
② 于光远. 重视培养人的研究［J］. 学术研究，1978（3）.
③ 李放. 教育是社会的上层建筑［J］. 教育研究，1979（1）.
④ 黄凤漳. 教育本质新探［J］. 教育研究（丛刊），1979（1）.

促进了教育思想的解放。

（三）探讨人的全面发展和全面发展的教育

新中国成立以来，马克思主义关于人的全面发展学说，是我国教育目的和教育方针的理论基础。但对其精神实质，人们有着不同的理解，特别是"文化大革命"中将马克思主义教条化，简单地以为"人的全面发展"等于"德智体"，"德智体"等于"革命觉悟＋生产劳动"。1980年，全国马克思主义教育思想研究会年会讨论了"德智体全面发展"是否符合马克思主义"人的全面发展"的概念原意，由此引起了另一场旷日持久的关于人的全面发展的大讨论。

这场讨论涉及内容相当广泛，主要集中于以下内容：第一，如何更全面地理解马克思主义关于"人的全面发展"真谛，而不是简单地理解为德智体"三育"；第二，如何辩证理解马克思主义"人的全面发展"学说与我国教育目的的关系；第三，如何正确理解人的全面发展与全面发展的教育目的、培养目标之间的关系，特别是如何正确理解各育之间的关系。这场讨论对于确立社会主义教育目的具有重要意义，它不仅有助于人们正确认识马克思主义"人的全面发展"学说的精神实质，而且从过去热衷于讨论教育的社会价值，转向了对人的价值、个体价值的关注。另外，人们还对知识、能力、非智力因素的关系进行了讨论。这一讨论，在20世纪80年代中后期开始的素质教育大讨论中又进一步得到深化，并一直伴随着整个高等教育改革过程。

（四）探讨高等教育特点，认识高等教育性质

在思想解放的社会大背景下，高等教育研究开始受到高度重视，并建立了具有中国特色的高等教育学科。这既是高等教育思想解放的表现，也是高等教育思想解放的结果。

1. 建立高等教育学科

中国高等教育科学的建立经历了"从无到有、从少到多、由粗到细、由浅入深"的过程。它大体经历了两个阶段：第一阶段，宣传高等教育理论研究的重要性和必要性，从思想上提高人们的认识，动员大家开展研究。这一阶段的倡导者主要有潘懋元、刘佛年、朱九思、张健、汪永铨等；第二阶段，研究范围逐渐扩大，研究内容逐渐加深，研究方法逐渐科学化，并在全国范

围内形成了研究热潮。代表性的成果是潘懋元于 1983 年和 1984 年先后编写出版的《高等教育学讲座》和《高等教育学》,特别是《高等教育学》,是中国乃至世界高等教育研究史上第一部具有相对完整体系的高等教育学专著,"它的出版标志着中国高等教育学科的正式建立"①。

高等教育学科的建立,有助于深入认识高等教育的本质,为高等教育研究开创了"创造一种存在"的喜人局面和宽阔的组织平台。从此,高等教育思想研究渐渐从一般普通教育思想研究中分离出来,成为一个相对独立的专门研究领域。

2. 树立新型高等教育人才观

在以高等教育的视野研究高等教育的特殊问题之中,人们将注意的目光聚焦于如何树立新型高等教育人才观上。

新中国成立以后,受苏联模式影响,高等学校一直是按专业来培养专才。从 20 世纪 80 年代初期开始,许多学者对专才培养模式提出了质疑,主张高等教育要培养"开拓型""创造型""协调型"人才。由此,引起人们对高等教育究竟是培养"通才"还是"专才"展开讨论。有学者认为,专业教育已经不能适应时代需要,高等教育应当由专才教育向通才教育转变;也有学者主张,通才教育不适合中国国情,应当坚持专业教育的培养目标;更多学者则认为,通才与专才应当相结合,要在通的基础上有所专,掌握一定的专门知识又能融会贯通;还有学者认为,要将培养模式从单一化转变为多样化,允许不同层次、不同类别的学校有不同的培养目标,在培养规格上注意共性和个性的统一。

二、转变思想,建立现代高等教育思想体系

1985 年 5 月,中共中央颁布了《中共中央关于教育体制改革的决定》,明确提出:"教育必须为社会主义建设服务,社会主义建设必须依靠教育。"从此,我国高等教育改革进入了一个全面、系统、深入推进的新阶段。这期

---

① 李均. 中国高等教育研究史 [M]. 广州:广东高等教育出版社,2005:151.

间，我国经济体制改革不断深入，逐步发展了商品经济体制和进一步的市场经济体制，从而使得中国高等教育所面临的挑战和动力主要来自两个方面：一是世界科技革命的浪潮，二是社会主义市场经济形势。在这样的社会大背景下，进行全面教育改革的理论探索，努力构建现代高等教育思想体系，构成了这一时期教育思想发展的主旋律。

（一）探讨传统高等教育与现代高等教育的关系

20 世纪 80 年代中后期，全国范围内掀起了一场关于传统教育与现代教育的思想大讨论。大家首先从"时间概念"和"性质概念"等方面对"传统教育"与"现代教育"的含义进行了区分，但讨论的重点是如何处理好二者的关系。本着对传统教育"取其精华，去其糟粕"的态度，大家认为，现代教育与传统教育之间有着内在的渊源关系，二者并不是完全对立、互不相容的两种教育。传统教育是现代教育的基础，现代教育是传统教育的发展结果；现代教育不是对传统教育的全盘否定，而是对其不断继承和改造。特别要注意不能把旧的东西全部否定掉。

大家还认为，要转变传统教育思想，就要从理论与实际相结合上提高认识。首先，要树立为社会主义现代化建设服务的高等教育价值观。其次，要转变高等教育人才观、质量观、教学观。在教学目的上，把以传授知识为主，转变到知识与能力并重上来；在教学方式上，把"以教师为中心"的单向灌输，转变到"以学生为主体，教师为主导"的轨道上来；在教学模式上，把整齐划一转变为因材施教；等等。

（二）探讨高等教育与商品经济（市场经济）的关系

自 20 世纪 80 年代中期以来，商品经济、市场经济日益成为我国经济生活中不可忽视的事实。面对商品经济、市场经济对高等教育的冲击，高等教育界以极大的热情展开了讨论。

1. 认识商品经济（市场经济）对高等教育冲击的必然性和两重性

随着商品经济的发展，高等学校出现了一些令人困惑不安的新问题，社会上对此出现了不同的声音。通过讨论，学者们指出，商品经济对高等教育的冲击具有客观必然性，其根据就是教育外部关系规律。① 问题的关键是，要分析商品经济对高等教育冲击的双重性，即积极影响和消极影响，发挥主体判断与选择作用，"主动适应"市场经济。

2. "主动适应"市场经济的冲击

高等教育要"主动适应"市场经济的发展，引入竞争机制就不可避免，而且是深化教育改革的关键。因此，要建立健全合理的制度和政策，来保证竞争机制的顺利运行。② 当然，"引进"不是"照搬"，不是把商品经济领域的竞争生搬硬套地搬到高等教育中来，而是要"有选择地引入竞争机制"，特别是在办学质量、培养人才的质量上进行竞争。③ 另外，人们对市场经济条件下高校的有偿服务即"创收"也进行了讨论，认为这是高校职能向多样化发展的必然结果，但要注意正确处理"教学、科研、服务"三者的关系，不能因此影响正常的教学、科研工作。

这场讨论不仅使人们在市场经济的冲击面前保持了清醒的头脑，而且深刻地认识了高等教育与社会经济的关系，促进了中国高等教育思想的深刻变革与突破。后来民办高等教育得以兴起，离不开上述理论探索的奠基作用。

（三）探讨高等教育与文化传统的关系

20世纪80年代中后期开始，随着改革开放的深入，社会上掀起了一股"文化热"，教育与文化的关系逐渐受到关注，并促使人们更深刻地认识高等教育的本质。

在相当长一个时期里，人们多从政治、经济的视角考虑教育与社会发展的关系，文化的因素常常被忽略，有意无意地形成了一种简单化的思维方式，导致了"教育政治化""教育商品化"等倾向，给中国教育发展造成了极大的消极影响。1983年，潘懋元在《高等教育学讲座》中提出了教育内外部关系基本规律，指出："教育必须受一定社会的政治、经济、文化科学所制约，

---

① 潘懋元. 正确对待商品经济对高等教育的冲击 [J]. 高等教育研究，1989（3）.
② 李杰. 引入竞争机制是深化教育改革的关键：访武汉大学校长刘道玉 [N]. 中国青年报，1988-02-12.
③ 潘懋元，王伟廉. 引进竞争机制与教育规律的关系 [J]. 江苏高教，1989（1）.

并为一定社会的政治、经济、文化科学服务。"① 明确提出,教育发展要受文化的影响,而不单纯是政治、经济的影响。并在继续深入研究后,进一步提出了一些有价值的观点,诸如高等教育与文化传统之间具有潜在的、更深层次的本质联系;文化的作用不可低估,文化传统也是制约教育的重要因素;从文化视野研究高等教育,走出"本质的遮蔽和实践中的褊狭"② 等。

学者们提出,教育与文化之间是双重关系与双重作用。所谓双重关系,是指教育与文化的关系既是外部关系,又是内部关系。所谓双重作用,是指一方面教育要受社会文化的制约并促进文化的发展;另一方面,一定社会的经济、政治对教育的制约作用和教育对经济、政治的作用一般要通过文化的折射,文化成为教育与经济、政治等关系的中介。正视这种双重关系与双重作用,有助于正视文化对高等教育改革的阻力和助力,有助于正确对待不同文化背景、不同国家的教育模式,促进教育改革顺利发展。学者们还提出,文化传统与高等教育的密切关系特别突出地体现在它的文化功能上,因为高等教育是通过文化的选择、传递、传播、保存、批判、创造等方式对社会发生作用,特别是要充分发挥高等教育的文化创新功能。

(四)推进大学素质教育和文化素质教育

从 20 世纪 80 年代后期开始,"素质教育"的概念进入人们的视野,引起教育界乃至整个社会的热烈讨论。

1. 素质教育成为教育改革的指导思想

素质教育刚刚提出的时候,教育理论界和心理学界进行了热烈讨论,出现了不同的声音,但经过理论探索和实践总结,素质教育的提法得到认同:(1)素质是先天遗传禀赋与后天环境影响、教育作用的结合而形成的相对稳定的基本品质结构;(2)素质教育是以提高人的全面素质为目的的教育;(3)素质教育的提法丰富了全面发展教育的内涵。

素质教育首先是从中小学教育提出的,针对"应试教育"的弊端。后来素质教育引入高等教育,主要是针对片面的科学主义教育以及狭隘的专业教

---

① 潘懋元. 高等教育学讲座 [M]. 北京:人民教育出版社,1983:34.
② 张应强. 文化视野中的高等教育 [M]. 南京:南京师范大学出版社,1999:导论.

育的弊端。它强调正确处理知识、能力、素质三者的关系，强调"做事"与"做人"有机结合，促进科学教育与人文教育协调和谐。不仅如此，素质的提高与完善是一个终身的过程，素质教育也是一个终身的过程。

2. 以大学文化素质教育深化素质教育

20 世纪 90 年代中期以后，大学文化素质教育的概念被创造性地提出来了，并成为高等学校全面推进素质教育的一个重要切入点和抓手。① 人们对文化素质教育内涵的认识经历了三次飞跃——从"三注"到"三提高"再到"三结合"。② 第一阶段，教育界认为，大学应该重视"三注"："注重素质教育，注视创新能力培养，注意个性发展"，强调文理渗透，强调文化素质教育要渗透到专业教育之中，强调促进知识、能力、素质协调发展等。第二阶段，提出文化素质教育必须注重"三提高"："提高大学生的文化素质，提高大学教师的文化素养，提高大学的文化品位与格调"。③ 第三阶段，提出文化素质教育应着重"三结合"：文化素质教育与教师文化素养的提高相结合，文化素质教育与思想政治教育相结合，人文教育与科学教育相结合。

在开展大学文化素质教育过程中，人们意识到必须把科学教育与人文教育相融合。教育界还对我国大学文化素质教育与西方及我国港澳台的通识教育进行了比较研究，认为二者具有一致性，但是我国大学文化素质教育具有更丰富、更深刻的内涵，④ 更符合我国高等教育发展的要求，是我国高等教育理论的本土化创新。⑤

（五）追求高等教育可持续发展理念

可持续发展是 20 世纪 80 年代开始在国际上出现的一种新的发展理念，90 年代末以来，中国高等教育界掀起了探讨可持续发展问题的热潮。

---

① 袁贵仁. 转变教育思想观念，全面推进素质教育，构建中国特色的高等教育人才培养体系［J］. 中国大学教学，2003（5）.

②③ 周远清，等. 从"三注"、"三提高"到"三结合"：由大学生文化素质教育看高等学校素质教育的深化［J］. 中国高等教育，2005（22）.

④ 潘懋元. 试论素质教育［J］. 教育评论，1997（5）.

⑤ 杨叔子，余东升. 文化素质教育与通识教育之比较［J］. 高等教育研究，2007（6）.

1. 高等教育要为社会可持续发展服务

可持续发展是一种新的社会发展观，它是针对传统的片面追求物质发展的社会发展观而提出的，强调保证人类社会具有长远的持续发展的能力。这一理念坚持"以人为本"，体现了新的自然观、价值观、道德观、思维方式，以及发展的持续性、发展的整体性、发展的公平性、发展的协调性等原则，是关乎人类生存与发展的最重要的价值选择之一。这也决定了作为培养人的活动的教育在其中的基础和保障性地位，决定了高等教育的根本使命是促进社会的可持续发展和进步。

2. 树立可持续发展的高等教育发展观

可持续发展的高等教育的发展观，不是只顾眼前、不顾未来的"急功近利"，也不是"头痛医头、脚痛医脚"的被动适应，而是在综合考虑过去、现在、未来的基础上，科学解决高等教育发展中可能出现的问题；既能满足高等教育自身不断发展的需要，又能促进社会可持续发展的需要。可持续发展的高等教育的发展观，无论是从宏观上还是从微观上，都深刻影响了中国高等教育发展战略。它不断纠正实践中有意无意形成的"重数量、轻质量""重当前功利，轻长远效益"的急功近利教育发展观，促使人们从可持续发展的战略，考虑高等教育的改革与发展。特别是在以下几方面体现出可持续发展战略的影响：（1）实施"科教兴国"战略和"教育优先发展"战略；（2）实施高等教育大众化战略；（3）多渠道筹措教育经费，发展民办高等教育战略。

三、继往开来，新世纪高等教育思想的多元化发展

进入新世纪，历史翻开新的一页，人类迈向知识经济和全球化时代，高等教育面临更严峻的挑战，促进高等教育前所未有的变革。同时，中国高等教育与世界高等教育更加密切互动，高等教育思想发展表现出"丰富多彩、共生互动、多元发展、相得益彰"的特性，各种各样的高等教育思想不断涌现，从不同角度、不同层面、不同程度对高等教育实践产生影响。

（一）高等教育国际化

改革开放政策打开了中国高等教育对外开放的大门。1983年10月，邓小

平同志提出"三个面向"之后,"面向世界"发展中国高等教育得到高度重视。中国日益注重在世界范围内开展广泛的高等教育国际交流,使中国高等教育不断吸收、借鉴、创新国际高等教育思想和制度,增强中国教育和文化在国际上的竞争力、吸引力和影响力。研究中,学者们不仅研究高等教育国际化的内涵和意义,更着重探讨如何推进高等教育国际化,同时注意防范高等教育国际化可能带来的负面影响。通过讨论,大家认为,首先,要深刻认识高等教育国际化的战略意义,促进其为国家政治、经济、文化发展服务。其次,应注意分析高等教育国际化的进程、形式、规模、方向和效益,促进教育目标、内容、方法、手段等适应高等教育国际化的要求,同时要处理好一些关系,诸如:正确处理高等教育国际化与民族化的关系;[①] 正确处理高等教育主权与教育服务的关系;防止"西方中心主义",建设有中国特色的高等教育体系;加强国际化人才培养,并防止人才外流;增进国际理解,促进世界和平;等等。

(二) 高等教育多元化

在改革开放的背景下,中国民办高等教育重新出现了。在民办高等教育发展过程中,经历了三次思想认识上的突破,每一次突破都有力地促进了民办高等教育大发展。

1. 解决认识上的"姓资姓社"问题

民办高等教育重新兴起之初,许多人还没有从认识上明确民办高等教育到底是"姓资"还是"姓社"的性质。学者们研究指出,中国民办高等教育的出现有其必然性,它符合教育外部关系规律。[②] 一所学校的性质,不是决定于经费来源,而是决定于按什么样的教育方针办学。中国的学校都要按社会主义教育方针办学,也都是社会主义的教育。民办教育的"姓资""姓社"问题,在1992年邓小平同志南方讲话之后基本得到解决,这促进了民办高等教育快速发展。

2. 从认识和政策上解决"公益性"和"营利性"问题

随着民办高等教育的发展,民办高校实力不断增强与学校产权不清晰的

---

① 涂又光. 文明本土化与大学 [J]. 高等教育研究, 1998 (6).
② 潘懋元. 关于民办高等教育体制的探讨 [N]. 光明日报, 1988-06-22.

矛盾日益显露出来，需要从认识上解决民办高等教育发展中的"公益性"还是"营利性"问题。通过讨论，大家认为，我国《教育法》明确规定"不得以营利为办学宗旨"，这符合教育事业的社会性质。但是，教育既是公益事业，也具有产业属性。要允许民办高等学校进行正常的营利性活动，并取得合理回报，这样才能刺激民间资金投向高等教育，开发高等教育资源，促进民办高等教育发展。

3. 促进民办高等教育与资本市场"联姻"问题

随着民办高等教育规模进一步扩大，民办学校产权问题、合理回报问题、融资问题等日益受到重视。因此，必然要求解决民办高等教育进入资本市场的问题，以促进民办高等教育与资本市场"联姻"，并解决产权问题。[①] 这既有认识上的问题，需要从思想观念上得到解决，也有实际困难需要解决，需要从政策上得到支持。

从这三个思想认识上的突破来看，在这个过程中，每一阶段都涉及民办高校与政府、与市场的关系。应该说，民办高等教育发展与政府、与市场有矛盾，但还必须依靠政府，依靠市场，从而体现为民办高校—政府—市场之间的一种博弈关系。而且，中国民办高等教育思想认识和实践发展上的每一次突破，都向计划经济条件下形成的办学体制、投资体制和管理体制等提出了挑战，并促使中国高等教育朝着多元化方向发展。现在，中国民办高等教育从"有益补充"逐步成为中国高等教育的"重要组成部分"，这无论是在理论上，还是实践上都有重要的意义。

（三）高等教育大众化

自1999年以来，中国进入了高等教育大众化进程，中国高等教育界在大众化研究方面取得了一些理论成就，乃至创新性的贡献。大体来说，可概括为"四大理论贡献、三大政策性原则"。

1. 中国教育界对大众化的"四大理论贡献"

第一，高等教育大众化"过渡阶段"论。

---

① 邬大光. 民办高等教育与资本市场联姻：国际经验与我国的道路选择［J］. 教育研究，2003（12）.

马丁·特罗教授在20世纪60年代末70年代初提出高等教育大众化理论时，主要以战后美国和西欧国家高等教育发展为研究对象，讨论高等教育发展过程中量变与质变问题，认为高等教育发展中是"量变先于质变"，"由量的增长带动质的变化"。有学者通过考察中国大众化进程发现，中国高等教育在从精英教育到大众化教育的进程中，存在一个质的局部变化先于量的总体达标的"过渡阶段"。①"过渡阶段"理论有助于全面思考大众化进程中的政策问题，闯出一条有中国特色的高等教育大众化道路，同时，对发展中国家亦具有普遍性意义。

第二，高等教育大众化的"规模波动"理论。

大众化进度以及规模扩张的合理波动区间，一直是学术界激烈争论的难题。中国学者通过对我国1949—2003年高等学校学生数和高等教育毛入学率的发展趋势、固定周期进行探讨，构建了50多年来我国高等教育规模扩张的时间序列模型。② 从中得出，我国高等教育规模扩张波动的合理区间为±10%，但结合实际，规模扩张最好不出现负增长。这一规模扩张的数学模型将复杂的概念转变成可以套用的公式，便于实践操作。它不仅可从宏观上预测今后我国高等教育规模扩张的趋势，而且能对扩张过程中出现的过急或过慢现象起到预警作用，为政府宏观调控提供了理论依据。

第三，高等教育大众化的多样化质量观。

在大众化进程中，"质量"一直是个有争议的问题。学者们提出，高等教育大众化阶段存在多样化教育质量观，它包括如下内涵。首先，高等教育大众化的前提是办学模式的多样化，核心则是教育质量的多样化。其次，质量多样化不等于不求质量，更不是不求学术质量。不同类型、不同培养目标与规格的高等教育，应有各自的质量标准，努力达到各自的高质量要求，不要盲目攀比，相互趋同。另外，多样化质量观的确立，需要政策上的引导。③

---

① 潘懋元，谢作栩. 试论从精英到大众高等教育的"过渡阶段"[J]. 高等教育研究，2001（2）.

② 谢作栩，黄荣坦. 中国高等教育规模波动的政策效益探讨[J]. 江西社会科学，2006（10）.

③ 潘懋元. 高等教育大众化的教育质量观[J]. 中国高教研究，2000（1）.

第四，高等教育大众化有着不同的支持道路。

经过国际比较，学者们发现，如何增加经费投入以实现规模扩张，是各国大众化进程中核心问题之一。在解决这个问题的过程中，大致形成了四种模式：(1) 美国模式，表现出"公私共济，协调发展"的特点；(2) 西欧模式，表现出"依靠公立高校，倚重政府投入"的特点；(3) 东南亚以及拉丁美洲模式，表现出"倚重私立高教，以学费收入为主"的特点；(4) 转型国家模式，表现出"前期政府垄断，后期民间发力"的特点。

2. 中国高等教育大众化"三大政策性原则"

在上述重要理论贡献的基础上，结合国情，中国高等教育界进一步提出了高等教育大众化发展的三大原则。

第一，发展速度应遵循"适度超前"的原则。

在高等教育大众化的发展速度上，曾有不同的主张，如"稳步发展""控制发展""适度发展""积极发展""加快发展"等。这些观点不是偏于保守，就是有些过激。中国高等教育界在研究中，特别是在政策研究中提出了"适度超前发展"的原则，以校正实践不是过慢就是过快的偏差。

第二，坚持内涵式发展与外延式发展并重，以外延式发展为主的原则。

学者们通过研究，在指导思想上基本上明确，中国高等教育大众化应该坚持走"内涵式发展与外延式发展并重，以外延式发展为主"的道路。所谓外延式发展，是指在原有高等教育系统外部，建立新的高等教育体系和结构。这种新的高等教育系统在价值取向、功能、定位等方面有别于精英教育系统。

第三，在大众化进程中保护精英教育的原则。

精英教育机构曾一度受到大众化教育的冲击，并影响到精英教育的质量。对此，学者们提出大众化进程中保护精英教育的原则，认为21世纪中国高等教育必然要向精英教育和大众化教育两个方向发展。这一原则具有积极意义，它促使一些重点大学放弃大众化教育的任务，而将主要精力放在本科生教育、研究生教育上，并促使职业技术教育和民办高等教育大力发展，以承担大众化教育任务。

另外，在上述研究基础上，对高等教育大众化结构与体系的研究进一步深入，对各层次、各类型的高等学校进行分类定位研究、中国高等教育学校制度系统研究等正在成为热点。

（四）高等教育终身化

随着现代经济社会发展而出现的终身教育，既是一种思想，也是一种实践趋势，它与中国传统"活到老，学到老"的终身教育哲学精神相通。高等教育终身化改变了传统高等教育的时空概念，体现出以下内涵：（1）终身教育成为个人生活必需；（2）高等教育成为通向终身教育的桥梁，高等教育必然成为面向个体生涯全程的、开放式的终身教育，为越来越多的人提供广泛而有效的学习机会，并为营造终身学习的学习型社会服务；（3）终身教育的价值取向多元化。

高等教育终身化与高等教育大众化相互促进。在高等教育终身化思想影响下，高等教育在结构和学校制度上向纵、横两个方向发展。一方面，终身教育的理念影响着高等教育的学制年限不断延长，并向"中等后教育"概念延伸或发展；另一方面，在终身教育理念影响下，高等教育的形式结构更加丰富多彩，不同类型的高等教育机构得到空前发展。另外，高等教育终身化要求与之相适应的高等教育制度建设，从制度上保障个人的终身学习成为可能，并保障个人教育选择的自主性和灵活性。

从30年来中国高等教育的发展变化，可以发现，中国高等教育的精神面貌发生了翻天覆地的变化，它既经历了质的飞跃——使教育从以阶级斗争为纲转变到为社会主义现代化服务，也经历了体制的转变——由适应计划经济的教育体制向适应社会主义市场经济的教育体制转变。而总体上是主题鲜明，环环相扣，不断将中国高等教育改革与发展引向深入，演绎出当代中国高等教育思想发展的宏大篇章。这既是教育思想解放的伟大成果，也是教育思想的重大突破，完成了高等教育价值观从社会本位向社会发展和个人发展相统一的转变，高等教育发展观从急功近利向追求可持续发展理念的转变，高等教育质量观从片面知识观向素质主导的多元化的转变，初步形成了具有中国特色的高等教育思想体系。它所产生的巨大能量，不断在中国高等教育改革与发展中释放出来，在整个社会进步和发展中显示出来，对世界高等教育思想发展具有独特的理论贡献。

改革开放 30 年
中国高等教育思想的转变[①]

回顾 30 年来中国高等教育的发展变化，可以发现，中国高等教育的精神面貌发生了翻天覆地的变化：从"教育是无产阶级专政的工具"到"教育为社会主义现代化建设服务"；从"读书无用"到"科教兴国"；从"以阶级斗争为纲"到"优先发展教育"；从知识分子是"臭老九""专政的对象"到"尊重知识，尊重人才"……这一系列观念的转变，既是教育思想解放的伟大成果，也是教育思想的重大突破。这种转变所产生的巨大能量，不断在中国高等教育的改革与发展中释放出来，将中国高等教育改革与发展不断引向深入；不断在整个社会进步和发展中显示出来，体现出了高等教育在国家综合实力提升和社会发展中的战略意义。

30 年来中国高等教育思想的发展变化，涵盖了高等教育思想体系的方方面面，而影响最为深刻的，是高等教育价值观、高等教育发展观和高等教育质量观等方面的变化。

一、高等教育价值观：从社会本位向社会发展和个人发展相统一转变

教育价值观是指人们对教育与人的价值关系的认识，并在这一认识基础

[①] 原载《高等教育研究》，2008 年第 10 期。作者：潘懋元，肖海涛。

上确定的教育行为的价值取向。教育价值观与教育功能观密切关联。就客观而言，教育具有社会功能与个体功能两个方面。就高等教育功能来说，其社会功能包括经济功能、政治功能、文化功能等，个体功能包括升迁功能、职业功能、成长功能等。完整的高等教育，应体现完整的高等教育功能。但是，教育价值观反映的不是教育本身，而是教育与人、社会之间的价值关系。由于认识不同，价值判断不同，教育价值取向各不相同。同时，教育价值观虽是潜在的，却无时无处不起作用。在教育上，如果只强调某种功能，忽视甚至贬抑其他功能，就会出现偏差。

30 年来，中国高等教育价值观发生了深刻的转变，并深刻地影响了中国高等教育的发展道路，而最主要的是经历了从社会本位向兼顾社会发展和个人发展相统一的转变。

1. 随着对高等教育功能认识的深化，高等教育价值观从片面走向全面

20 世纪 50 年代以来，我国教育学理论受苏联影响，主张教育是社会的上层建筑，比较注重教育的社会功能，特别重视社会功能中的政治功能。"文化大革命"期间，由于受极左思想影响，更进一步强调"以阶级斗争为纲""教育为无产阶级政治服务""教育是阶级斗争的工具"，强调以"政治方式"推动"教育革命"，导致"教育政治化"的命题被绝对化和极端化，给教育造成了巨大伤害。从另一面来说，它不仅贬抑了教育的经济功能与文化功能，而且忽视了教育的个体功能，且把人看成工具，从而导致"读书无用论"以及轻视教育、轻视知识、轻视人才的错误思想盛行。这不仅破坏了教育事业，而且搞乱了人们的思想。

1978 年 12 月党的十一届三中全会以来，随着"改革开放""解放思想""实事求是"战略决策的确立，在整个社会思想大解放的背景下，教育战线开展了关于教育上真理标准大讨论，关于教育本质、属性和功能的大讨论，解放了人们的思想，端正了人们对于教育本质和功能的认识。

首先，在关于真理标准大讨论的背景下开展解放教育思想大讨论，突破思想的禁锢，突破过去的理论禁区，并对"兴无灭资""教育为无产阶级政治服务"等提出异议。接下来，从理论上探讨教育的本质和属性。1978 年 3 月，

经济学家于光远发表文章，对教育属于上层建筑的正统观念提出挑战，[①] 引发了一场旷日持久的关于教育本质和社会属性的大讨论，哲学界和经济学界很多学者也参与了讨论。讨论中先后出现了五种观点，包括"上层建筑说""生产力说""特殊范畴说""多重属性说""实践活动说"等。这场讨论虽延续10年之久，争来争去没有结论，却有着深远的积极意义，它不仅活跃了学术空气，促进了教育思想的解放，而且引导人们走出了"教育政治化"的误区，明确了教育在经济发展中的作用。

另一方面，教育界开展了另一场旷日持久的关于"人的全面发展和全面发展的教育"的大讨论，帮助人们更全面理解：（1）马克思主义关于"人的全面发展"真谛，不是将马克思主义教条化，简单以为"人的全面发展"等于"德、智、体"，更不是"文化大革命"中的简单以为"德、智、体"等于"革命觉悟＋生产劳动"；（2）辩证理解马克思主义"人的全面发展"学说与我国教育目的和教育方针的关系；（3）正确理解人的全面发展与全面发展的教育目的、培养目标之间的关系，特别是正确理解各育之间的关系。这场讨论不仅帮助人们正确理解马克思主义"人的全面发展"学说的精神实质，而且从过去热衷于讨论教育的社会价值，转向对人的价值、个体价值的关注。

2. 兼顾社会发展和个人发展，树立科学的高等教育价值观

1985年，中共中央《关于教育体制改革的决定》明确提出："教育必须为社会主义建设服务，社会主义建设必须依靠教育"，从而更为全面地认识教育的功能，强调教育要为社会主义现代化建设服务。这里，教育如何为社会主义建设服务引起了高等教育界的热烈讨论。通过讨论，人们认识到，"服务"和"依靠"包含了这样的逻辑：衡量高等教育是否为社会主义建设服务，要看它是否培养出了能够满足和适应社会主义现代化建设需要的高级专门人才，即教育是否通过促进人的发展来促进社会发展。也就是说，高等教育要兼顾社会发展功能和个人发展功能的统一，通过促进个人发展来促进社会发展。反过来说，如果只强调教育促进社会发展的功能，忽视、轻视或者反对教育促进人的发展的功能，就会扼杀教育的生机与活力。但是，也不能因此

[①] 于光远. 重视培养人的研究[J]. 学术研究，1978（3）.

走向极端，片面强调个体功能而不顾社会功能。在一部分教师和大学生中一度出现的唯个人主义，就是只强调个体功能的体现，这也是一种偏差。

实践中，30年来关于高等教育价值观的争论，集中体现在如何处理社会发展和个人发展的关系上，表现为：一方面体现在对教育社会功能为本位与个体功能为本位之争论中，同时也体现在高等学校师生对教育社会价值与主体价值的不同理解上。结合中国高等教育的实践，涉及如何处理一些对立统一的矛盾，诸如：（1）高等教育发展公平与效率之间的矛盾；（2）高等教育发展中的短期利益与长远利益之间的矛盾；（3）高等教育办学中的经济效益与社会效益之间的矛盾；（4）高等教育中专业教育与素质教育之间的矛盾；（5）通才教育与专才教育之间的矛盾；（6）学术导向与社会导向的矛盾；（7）"以人为本"的高等教育发展与高等教育政治、经济目标之间的矛盾；（8）高等教育宏观调控目标与高等教育市场机制不断扩展之间的矛盾；（9）建立高等教育文化自身优势与高等教育文化开放之间的矛盾；等等。总之，教育是人类社会发展的必要条件，也是人发展的需要。在中国高等教育改革与发展过程中，中国高等教育不断努力解决高等教育的各种内部和外部的矛盾，不断将片面的唯社会价值观或片面的唯个体价值观转变为在满足社会发展需要的前提下，充分尊重人的主体价值，使社会价值与主体价值协调平衡发展，即兼顾社会发展和人的发展的功能相统一。

二、高等教育发展观：从急功近利向追求可持续发展、科学发展理念转变

高等教育发展观是针对高等教育发展的价值选择，通过思想和理念制约着高等教育发展的全过程。高等教育发展观与社会政治、经济、文化背景的联系十分紧密。30年来，中国高等教育发展观经历了深刻的转变——从单纯强调数量、急功近利转变为追求可持续发展、科学发展理念，促进着中国高等教育在"规模、结构、质量、效益"等方面协调发展。

1. 高等教育发展观与时俱进，从急功近利到可持续发展、科学发展

改革开放之前，中国高等教育发展受到计划体制的制约，发展理念上不

免含有"被动性""限制性"等内涵。改革开放之后，发展思路是"以包括计划在内的宏观调控与市场机制相结合"为基础，其发展理念在1993年颁布的《中国教育改革和发展纲要》（以下简称《纲要》）中得到了鲜明体现。《纲要》对于高等教育发展所提的目标是："规模有较大发展，结构更加合理，质量和效益明显提高。"后来被概括为"规模、结构、质量、效益"相互协调。这一发展目标既注意到数量，又注意到结构、质量、效益，强调四者协调发展，是全面正确的指导方针。

但在具体执行上，多少存在着一种"重数量、轻质量""重规模扩张、轻结构优化""重当前功利、轻长远效益"的急功近利的发展倾向。不论在总结发展成绩或是制订发展规划上，见到的都是一系列数字，诸如数量如何增加、规模如何扩大等，而对于质量如何提高、效益如何增强，则办法不多，或语焉不详，一语带过。总体来看，在规模有较大发展方面，执行得较好，在较短时间内实现了高等教育大众化。但是，由于经费投入不足，仪器设备老化，领导和教师精力分散，人才培养质量并不尽如人意。至于高等教育结构，经过多年调整，应该说比较合理；但由于急功近利，又出现了新的比例失调。效益方面，人们的兴奋点只是"规模效益"，而不注意"质量效益"。20世纪90年代以后，国际上的可持续发展理念引入中国。中国高教研究界掀起了一场探讨可持续发展问题的热潮。主要集中在两个方面：（1）高等教育要为社会可持续发展服务；（2）树立可持续发展的高等教育发展观。逐步明确了可持续发展观，强调保证人类社会具有长远的持续发展的能力；体现了"以人为本"；体现了新的自然观、价值观、道德观等思维方式；体现了发展的持续性、整体性、公平性、协调性等原则；从而决定了高等教育的根本使命是促进社会可持续发展和进步。[①] 进入新世纪，党中央进一步提出坚持科学发展观，科学发展观也因此成为高等教育发展的重要指针。科学发展观与可持续发展观在精神上一脉相承，并丰富了可持续发展观的内涵。

2. 高等教育可持续发展观、科学发展观影响了中国高等教育发展战略

通过不断地理论探索和实践总结，高等教育可持续发展观、科学发展观

---

① 潘懋元. 21世纪：可持续发展的中国高等教育［J］. 天津市教科院学报，1999（3）.

深刻影响了中国高等教育发展战略，无论是对宏观高等教育事业的持续发展，还是对微观高等教育对象发展潜力的持续提升，都产生了重要影响。或者说，高等教育改革与发展中方方面面的问题，从发展战略、培养目标、专业设置到教学内容、课程体系、教学方法、教学管理，都贯彻可持续发展、科学发展的理念与原则，包括高等教育改革开放30年中国高等教育思想的转变发展的速度问题，多渠道筹集高等学校办学经费问题，专业设置与调整问题，知识、能力、素质结构问题，科学教育与人文精神融合问题，高等教育的学术取向与职业取向问题，基础学科与应用学科的比例问题，学校管理中行政权力与学术权威的协调问题，等等。

正是由于可持续发展观和科学发展观的引入，促使不断纠正人们有意无意形成的"重数量、轻质量""重当前功利，轻长远效益"的急功近利教育发展观，从更高的角度、更长远的利益制定高等教育可持续发展、科学发展战略，在以下几方面体现得特别鲜明。

（1）实施科教兴国战略和教育优先发展战略。科教兴国、教育优先发展战略，其精神实质体现了可持续发展、科学发展的精神。百年大计，教育为本，科教兴国，优先发展教育等，体现的不是单纯追求物质文明的发展观，而是物质文明与精神文明共同发展的可持续发展的发展观。这里，"教育优先发展"战略，不是教育的战略，而是整个社会可持续发展战略的重要组成部分。所谓优先，是同社会其他部门相比较而言，教育部门自身不存在优先发展与否的问题。对整个社会来说，不把教育摆在优先发展的地位，只顾在物质层面上增加投入，提高产值，这是急功近利的；现代社会如果不注意提高全民族的文化素质，不培养大批高科技、高素质的专门人才，经济与社会就不可能持续发展，也就谈不上科学发展。

（2）实施高等教育大众化战略。中国高等教育大众化战略的启动，离不开可持续发展、科学发展理念引入高等教育发展观。高等教育大众化是经济与社会可持续发展、科学发展的必然选择。因为，一个国家国力的强弱，物质文明与精神文明的进步，很大程度上取决于高等教育所培养的人才的数量和质量。同时，国民经济发展了，社会生活水平提高了，人民接受高等教育的需求也会增长。因此，高等教育的大众化、普及化，不仅成为20世纪60

年代以来世界高等教育发展的大趋势,也是中国高等教育发展的必然趋势,对中国而言,更有着从人口大国到人力资源强国的战略意义。

(3) 多渠道筹措教育经费,发展民办高等教育战略。大众化与政府资金投入不足的矛盾,是世界性的问题,更是中国当前的难题。为了解决这一矛盾,中国采取了"节支"与"增收"两种办法。节支,就是采取非精英教育的消费水平、增加大众高等教育的比例,以此来扩大高等教育规模。如大力发展成人高等教育、短期高等教育、远距离高等教育、自学考试等,以减轻规模扩大之后的资金负担。增收,就是多渠道筹集教育资金,以减轻政府的财政压力。中国民办高等教育得到大力发展,使之为公立高等教育分担大众化的重任,并形成了公办高校与民办高校优势互补、共同发展的多元办学体制,从而促进中国高等教育事业科学而可持续地发展。

三、高等教育质量观:从片面知识观向素质主导的多元化质量观转变

高等教育质量观是指用什么样的标准来评价学生的质量和高等教育的效果。质量观包含两个基本方面:一是质量,二是质量标准。所谓质量,与数量相对,是作为评价对象的载体或承受者(质量包括哪些内容);所谓质量标准,是赋予质量以某种特定内涵和价值观的基本尺度。当人们选择了作为质量的载体之后,再赋予一定的评价标准,在思想上就具备了某种质量观。质量的高低,是高等教育活动效果达到一定目标的程度,也即满足社会及受教育者需求的程度。

30年来,中国高等教育质量观经历了深刻的转变——从片面知识观向素质主导的多元化质量观的转变,并努力使科学教育与人文精神相结合,培养高科技与高素质的专门人才。

1. 高等教育质量观的核心是培养高素质的人才

高等教育质量观与人才观密切联系,人才观不同,对教育质量的评价就可能存在差异。传统的教育质量观是"知识质量观"。它是以知识的多寡、深浅为主,甚至被看成是唯一的质量标准,这种知识质量观根深蒂固。"文化大

革命"前虽受所谓"白专道路""知识越多越反动"的冲击,但并未被冲垮,大多数教师、家长,甚至大学生本人所重视的还是业务知识。"文化大革命"后20世纪70年代末到80年代初,一批"知青"上大学,更是如饥似渴地刻苦读书。

20世纪80年代中期以后,随着高等教育改革的不断深入,人们对知识、能力、非智力因素的关系展开了讨论,也使得能力培养不断受到重视,甚至有"能力比知识更重要"的说法,促使知识质量观开始向能力质量观转变。20世纪80年代后期及90年代,"素质"的概念逐渐得到社会的普遍认同,高等教育质量观逐步向素质教育质量观转变。

素质教育刚提出的时候备受争议,但经过理论探索和实践总结,素质教育的提法得到认同,并从中小学教育引入高等教育。① 主要观点是:(1)素质是先天遗传禀赋与后天环境影响、教育作用结合而形成相对稳定的基本品质结构;(2)素质教育是以提高人的全面素质为目的的教育;(3)素质教育的提法丰富了全面发展教育的内涵;(4)中小学素质教育主要是针对应试教育的弊端,大学素质教育主要是针对片面的科学主义教育以及狭隘的专业教育的弊端,强调正确处理知识、能力、素质三者的关系,强调"做事"与"做人"有机结合,促进科学教育与人文教育协调和谐;②(5)素质的提高与完善是一个终身的过程,素质教育是终身的。③ 总之,素质教育的提出,是中国教育理论本土化的创新,也使得人才素质成为衡量教育质量的重要标尺。

2. 高等教育大众化挑战了传统高等教育质量观

传统的精英时代的高等教育质量观,最基本的是知识、学术取向的质量观。随着高等教育大众化的发展,这种片面的质量观带来的最深刻的矛盾是质量的学术性评价与职业性评价的矛盾。因而,在高等教育大众化时代,需要挑战传统的高等教育质量观,使高等教育质量观从一元向多元化发展。在高等教育质量取向上,从精英教育走向大众教育的过程,是从片面强调知识

---

① 潘懋元. 试论素质教育[J]. 教育评论,1997(5).
② 杨叔子. 绿色教育:科学教育与人文教育的交融[M]//《中国大学人文启思录》编委会. 中国大学人文启思录:第6卷. 武汉:华中科技大学出版社,2003.
③ 肖海涛. 素质教育终身论[J]. 有色金属高教研究,1999(2).

性和学术性走向不断增强能力、素质和职业性的过程。第一，在精英高等教育时代，注重高等教育的知识性和学术性。第二，在大众化高等教育时代，高等教育的职业性日益受到重视，能力、素质日益受到重视。大众化时代，高等教育成为人们的权利乃至义务，是为人们生活做准备的。高等教育质量评价的主体不再仅是高校自身，还包括政府、学生、社会各方面。当越来越多的人接受高等教育时，学术标准不再是一个统一的衡量高等教育质量的标准，高等教育的职业性特征受到越来越多的关注，人才的能力和素质越来越受到重视。

因此，大众化的质量观是多元化的质量观。[①] 它包括以下含义：第一，高等教育质量是一个多层面的概念，反映了高等教育对社会的"多层面"责任。不同类型、不同培养目标与规格的高等教育，应有各自的质量标准。第二，质量观是切适或适宜的。它强调在特定条件下，满足国家、社会和受教育者实际需要的质量，它不仅有以知识为基础的学术标准，还有效能、创新、负责任等更广泛的内涵。质量观适宜要求高校有针对性地提供多样化的服务。第三，高等教育质量评估应该多元化和特色化，力求使各级、各类、各地高等教育办出多样化和特色化。第四，避免同质化，不仅要避免大众教育向精英教育标准看齐，而且要避免向某一国教育标准看齐。另外，需要注意质量多样化不等于不求质量，更不是不求学术质量。多样化质量观又是"最低标准的多样化质量观"，应通过设置若干质量阈限的方式掌握"最低标准"。

也就是说，我们已经走进高等教育大众化的新时代，衡量高等教育质量观的维度是多样的：从质量的个体价值看，衡量高等教育质量的标准经历了从知识到能力，再到素质的转变；从质量的社会价值看，衡量高等教育质量的标准既有学术性的，又有职业性的；从质量的系统价值看，衡量标准可以是单一的，也可以是多元化的。对质量问题的不同看法，既影响人才培养目标和模式，更制约着高等教育的发展进程。总的来看，衡量高等教育质量观的关键在于人才培养的质量。因此，高等教育大众化时代，传统的片面知识质量观、以学术为唯一取向的单纯学术质量观已经不合时宜。现代社会发展

---

① 潘懋元. 高等教育大众化的教育质量观 [J]. 中国高教研究, 2000 (1).

需要与现代高科技时代相适应的全面发展的高素质人才，要求高等教育树立以素质为基础的多元质量观，积极构建质量保证机制和改革人才培养模式。

总之，改革开放30年来，中国高等教育思想不断丰富和发展，构建了具有中国特色的现代高等教育思想体系，演绎出了高等教育思想发展的宏大篇章。它既经历了质的飞跃——使教育从"以阶级斗争为纲"转变到"为社会主义现代化服务"；也经历了体制的转变——由适应计划经济的教育体制向适应社会主义市场经济的教育体制转变。

教育基本规律及其在教育研究中的运用[①]

一、教育基本规律的提出

理论联系实际既是对实践工作的要求，也是对理论研究工作的要求。这一要求在理论研究工作中具体体现为如下两个方面：（1）理论联系实际——理论来源于实践，以事实验证理论。（2）实际"联系"理论——以理论指导研究，将具体经验上升到理论层面。教育研究，要掌握充分的实证材料，总结丰富的实践经验，要将经验提高到理论层面上来认识。从教育经验到教育理论是一个"飞跃"的过程。掌握教育规律、运用教育规律研究教育问题，有助于完成这个过程，获得有理有据的研究结论。

教育学的研究就是揭示教育规律。一本教育学，处处都是规律，但没有说清有哪些规律，不能够像经济学那样很明确地提出一些规律，如价值规律。在"文化大革命"之后，大家反思中国经济失败的原因在于违反经济规律。而教育呢，其之所以失败则在于违反教育规律。所以"文化大革命"之后，中央就提出今后要按规律办事。在这种情况下，教育界就纷纷向教育理论工作者提出要求说，你们搞教育理论的人要告诉我们有哪些教育规律，这样我们才能按规律办事。但是你去问教育理论工作者，他很难回答，说不清楚。

[①] 原载《江苏教育研究》，2009（2A）。本文根据作者的讲话录音整理而成。

有的干脆就说，整本教育学都在谈规律，按教育学的书做就是按规律办事。那也不对啊。教育学的书所研究的是教育规律以及教育规律的运用，不完全是教育规律。把读教育学书看作是学习教育规律，这是不对的。更糟糕的是，原来的教育学所讲的内容，并不一定都符合教育规律，很多都是教育政策的堆砌。我想，作为教育理论工作者，不能回避教育规律问题，有必要做出正面回答。

1980年，湖南大学办了一个高校校长学习班，要我去做报告。我第一次提出教育外部与内部关系的两个基本规律。在这里，这两条规律我就不详细讲了。外部关系规律，简单地说就是教育必须与社会发展相适应，引申开来说，就是教育必须受社会经济、政治、文化的制约，并为社会的经济、政治、文化发展所束缚、制约；内部规律，是从人的全面发展的角度来说的，就是德育、智育、体育、美育的协调发展。后来，我在许多地方也讲了这两条规律。

不过我应当申明，不是我首先发现这两条规律的。这两条规律实际上在普通教育学里面早就有了。"文化大革命"前的普通教育学谈教育学的历史性和阶级性，历史性、阶级性是什么呢？就是教育所受的外部影响。后来不谈历史性和阶级性了，谈教育学与社会的关系，这就涉及教育的外部关系，但没有作为规律提出来。教育学谈到遗传、环境、教育这三者的关系，实际上谈的就是教育的内部规律。全面发展教育，实际上就是教育的内部关系规律，比如在学生年龄特征、师生关系这些章节，都涉及很多教育内部规律，不过以前都没有作为规律提出来。

二、教育基本规律的内容

教育作为一种社会活动，其活动过程要遵循一定的客观规律。规律具有层次性。教育最基本的规律有两条：一条是关于教育与社会发展关系的规律，称为教育的外部关系规律；一条是关于教育和人的发展关系的规律，称为教育的内部关系规律。

（一）教育外部关系规律

教育是适应社会发展的需要而产生与发展的，又对社会的发展起推动作用。

按照系统论的观点，社会是一个大系统，教育是这个大系统中的一个子系统，它与社会的其他子系统，如经济系统、政治系统、文化系统，以及社会的各种要素，如人口、资源、地理、生态、民族、宗教等等，存在必然的联系与本质之间的关系——教育要受社会其他子系统和诸多因素的制约，也对其他子系统和诸多要素起作用。

"规律即关系。……本质关系或本质之间的关系。"（列宁语）教育系统与其他子系统以及社会诸多要素之间的本质关系，就是教育的外部关系规律。外部关系规律表述为：教育要受社会的经济、政治、文化等制约，并对社会的经济、政治、文化的发展起作用。

（二）教育内部关系基本规律

教育活动是一个复杂的过程。在这个过程中，存在诸多因素。它们之间具有必然联系，在不同层次、不同方面对教育效果产生影响。最基本的关系与作用有：

1. 教育要求与教育对象的身心发展以及个性特征的关系。教育（教学）过程既要受教育对象身心发展、个性特征的制约，又要引导和促使教育对象的成长朝向预期的培养目标健康发展。

2. 人的全面发展各个组成部分的关系。在教育过程中，必须促使德、智、体、美和谐发展。

3. 教育者（教师）、教育对象（学生）、教育影响（教育载体及其运用的方式、方法）诸要素在教育（教学）过程中的关系。要充分发挥学生的主体能动性与教师的主导作用，善于运用教育影响，以获得最佳的教育效果。

教育内部关系规律，是指这些关系与作用的总和。这些关系与作用，制约着教育的全过程。要正确协调这些关系，充分发挥其作用，以达到最佳的教育效果。

（三）两条教育基本规律的关系

教育外部关系规律制约着教育内部关系规律的作用，教育外部关系规律只能通过教育内部规律来实现。教育活动，既要遵循教育自身的内部规律，又要受外部关系规律的制约；既不能不顾社会的需要与条件，"就教育谈教育",也不能以经济规律、法规政策代替或违反教育自身的规律。

三、教育基本规律在教育研究中的运用

在教育研究中,如果对基本规律掌握得好,运用得当,可以得到较好的研究成果:(1)解释教育现象,解决教育问题,可以知其然也知其所以然,加深认识,提高理论力度。(2)决策,可以起理论指导的作用,避免凭经验办事,拍脑袋做决定,以致制定政策时左右摇摆。(3)制订发展战略,可以看得较准较远,使战略具有预见性、前瞻性,避免急功近利。但如果掌握不好,运用不当,也可能犯生搬硬套的教条主义错误。

1. 运用教育外部关系研究宏观的高等教育问题,包括民办高等教育的兴办与发展,高等教育通向农村,现代信息技术对教学过程的挑战,应用型高校的发展。

2. 运用教育内部关系规律研究微观的高等教育问题,如高等职业教育的素质教育问题,大学生的情感生活问题。

3. 结合两条基本规律研究高等教育问题,如高等教育与市场经济的关系问题,主动适应与被动适应的问题,高等教育大众化的规模、速度问题。

我现在举一下民办高等教育的例子。大家都知道,我对民办高等教育情有独钟。为什么情有独钟?理由有两条。从理性来说,我认为民办高等教育的恢复与发展是符合教育的外部关系规律的,这是理论思维。从情感来说,我看到许多民办高等教育的创办者,不管是校长也好,董事长也好,他们的那种追求和执着是很令人佩服的。我现在从理性的角度来解释,搞民办高等教育是必然的。我写了第一篇关于民办高等教育的论文,现在有人说是给民办高等教育开拓了一条路。我提到的主要根据是什么?中国当时的所有制已经在变化,而且当时中国的政策是几种所有制并存。过去只是发展国有制,保护集体所有制,而抵制私有制。后来是保护国有制,还要集体所有制,还要发展私有制。所以,建立在私有制基础上的私立教育就是必然的。所以,从所有制改革这一趋势来看,民办高等教育就必将恢复与发展。

又有人说,民办高等教育不是社会主义的。我说民办高等教育是社会主

义性质的还是资本主义性质的，不是由谁出钱来办来决定的，而是由它是根据什么方针来办学决定的。如果私人出钱，按照社会主义教育方针办就是正确的。不能因为私人出钱就说它是资本主义的。这里我用的就是教育外部关系规律，所以我敢这么说。文章发表以后，很多民办教育的校长给我写感谢信。

四、教育规律同教育实践的矛盾关系

第一，规律的抽象性、一般性与实践的具体性、特殊性的矛盾。教育规律是抽象的、一般的，而教育实践都是具体的、特殊的。从一般规律到具体的实践，中间有许多环节，如果忽略了这些中间环节的话，规律就成为空洞的口号。现在我们有很多口号是正确的，但如果没有通过中间环节，直接套用到实践中，就是教条主义了。所以很多教育实践者抱怨我们教育理论工作者脱离教育实际。我们的理论没有错，但我们缺乏把基本规律转化为实践的中间环节。基本规律转化为实践的中间环节有许多，概括起来主要有这么几个：(1) 规律要转成原则，原则比规律具体，但仍然很抽象；(2) 还要转变为政策、制度，但有政策、制度还不够；(3) 还应转变为措施和办法、方案等等，然后才能转化为实践。如果缺乏这些中间环节，教育规律与教育实践的矛盾就很难解决。所以，这是第一个矛盾。

第二，规律的客观性和实践的主观性的矛盾。规律是客观的，而认识是主观的，这中间会产生矛盾。规律客观存在，不以人的意志为转移，原则是主观对客观的认识，所以原则具有主观性。而教育原则要转变为政策就更加带有主观性了。这就是说对教育规律的认识往往带有个人或某一个群体的主观成分。比如说，你认为这样做是符合规律的，但其实恰恰相反。

第三，规律的存在是无条件的，规律的应用则是有条件的。规律无处不起作用，但规律的应用要有条件。所以马克思说，具体问题具体分析，也就是说一切依时间条件为转移。我们常常强调要符合校情、省情、国情，就是指条件不同，不能生搬硬套。比如说20世纪有两个口号，对高等教育的影响最大，尤其对亚洲的高等教育影响最大：一个是人力资源理论，另一个是教育机会均等理论。20世纪下半叶以来，全世界的高等教育发展差不多每四年翻一番，就是这两个理论起作用。教育机会要平等，但是教育机会均等，不看时间，不看条件，就把高等教育弄得不再高等了。比如菲律宾，20世纪80年代末90年代初，我去过两次，一次带团。他们认为自己的高等教育很好，而实际上让人不敢恭维，我们去看他们的工科高等教育，所用的教材还没有我们中专的教材水平高。还有一个理论是人力资本理论，强调大力培养专家、培养专门人才，强调加大教育投资，这都是正确的，但是如果跟经济发展不配套的话，就会造成人才浪费的严重问题，导致大量的待业、失业，反而产生负面影响。

因此，总的说来，认识规律不难，应用规律不易。刚刚我说的那些体验，大家看起来很简单，其实过程很复杂。

教学理论

潘懋元文集
PANMAOYUAN WENJI

凝思

试论理论联系实际的教学原则①

一、马克思列宁主义认识论与理论联系实际的教学原则

我国过渡时期高等学校的性质是社会主义的。社会主义性质的高等学校的培养目标，是培养"适合国家社会主义建设需要，具有马列主义世界观，全心全意忠实于祖国人民事业、体格健全、掌握先进科学和技术的各种专门人才"②。即是培养全面发展的掌握先进科学技术的自觉积极的社会主义建设的专门人才。为了实现这一目标，必须贯彻理论联系实际的教学原则。

理论联系实际的教学原则，其理论根据何在呢？

实际，是客观存在的事物。从人类认识过程来说，就是人类实践中的问题或矛盾。理论，是人类从实践中所累积的经验的概括，假如它是正确地反映客观存在并符合于科学的抽象的话，就是真理，就体现了主观世界与客观世界的一致、科学规律与客观物质运动的一致、理论与实际的一致。

如何达到理论与实际一致呢？必须遵循科学的认识过程，即马列主义认识论所揭示的人类认识客观世界的过程的规律。关于这个认识过程，列宁这样明确地指出："从生动的直观到抽象的思维，再从思维到实践，这就是认识

---

① 原文为《论理论联系实际的教学方针》，原载《厦门大学学报（社会科学版）》，1956 年第 3 期，有删改。当时以"厦门大学教育学教研组"名义发表。

② 马叙伦. 关于全国综合大学会议、全国高等财经教育会议、中国人民大学经验讨论会、全国政法教育会议的报告 [J]. 高等教育通讯，1954（15）.

真理、认识客观实在的辩证法道路。"① 马列主义的认识论，在毛泽东的《实践论》中得到进一步的发展。毛主席把认识过程分为感性认识与理性认识两个阶段。感性认识是指人类在社会实践中，接触外界事物所得到的感觉经验。只有感觉的材料十分丰富和合于实际，人们才能很好地据以认识客观事物。理性认识是综合感觉材料，加以整理和改造，属于概念、判断和推理的阶段。只有发展到这个阶段，对于客观事物的认识才能更深刻、更正确、更完全，才能解决事物的本质问题。但是辩证唯物论的认识过程，并不只到理性认识为止，因为马克思主义的哲学不只是为了解释世界，而且是为了改造世界，理论的必要性乃在于指导实践。所以从实践中获得并提高了的理论知识，还须回到实践中去，用以指导实践，同时以之检验理论与发展理论。人们变革客观现实的实践，一次又一次地向前，人们对于客观现实的认识也就一次又一次地深化。

《实践论》把实践在认识过程的地位突出地揭示出来："理论的基础是实践，又转过来为实践服务。判定认识或理论之是否真理，不是依主观上觉得如何而定，而是依客观上社会实践的结果而定。真理的标准只能是社会实践，实践的观点是辩证唯物论的认识论之第一的和基本的观点。"② 另一方面又强调"认识的深化运动"，即从感性经验深化为理论的认识的重要性："是因为感性的认识是属于事物之片面的、现象的、外部联系的东西，理论的认识则推进了一大步，到达了事物的全体的、本质的、内部联系的东西，到达了暴露周围世界的内在的矛盾，因而能在周围世界的总体上，在周围世界一切方面的内部联系上去把握周围世界的发展"③。这样，把认识过程中两个主要概念——实践与理论辩证地统一起来，得出"理论与实践一致"这一唯一符合认识过程的科学规律来。从人类的认识过程来说，既然实际就是人类实践中的问题或矛盾，这一规律也就指出了"理论联系实际"的本质意义。

这就是马列主义认识论所揭示的人类认识过程的规律。这一认识过程的

---

① 列宁．黑格尔《逻辑学》一书摘要［M］．中共中央马克思恩格斯列宁斯大林著作编译局，译．北京：人民出版社，1965．
② 毛泽东选集：第一卷［M］．北京：人民出版社，1952：283．
③ 毛泽东选集：第一卷［M］．北京：人民出版社，1952：285．

规律，就认识的总过程来说，是人类各种形式的认识活动（科学研究、艺术创作、自我教育、教学等等）的基础。但每种形式的认识活动又有它自己的特点。

科学研究，科学家认识客观世界的过程，一般上说是比较接近于这个认识总过程的。马克思这样来叙述研究的过程："研究必须搜集丰富的材料，分析它的不同的发展形态，并探寻出这各种形态的内部联系。不先完成这种工作，便不能对于现实的运动，有适当的说明。"① 这里所指搜集丰富的材料，应当是包括调查、观察（还有自然科学的实验）等，当然也包括了前人研究的成果。

学生在教学过程中认识活动的特点是什么呢？

学生在学校求学的短短时期内，应当掌握人类数千年才能获得的基本知识。如果要让学生走历史上人类认识科学真理与检验真理所走过的道路，那是不可设想的。这就决定了教学过程的一个主要特点："学生学习人类已经在过去和现在认识了的，系统化的和概括了的有关客观现实世界的知识。"② 学生在教学过程中所认识的，是自己主观上新的东西，客观上已不是新的东西，乃是科学上早已发现的东西。这样就使得学生的学习活动往往可以从理论开始。同时，学生已获得的理论，即使在专门学校中，也仅能对其主要部分给予实验或其他方式的实践检验，而不可能对所有理论——加以实践检验。这样是否把教学过程放在人类认识过程的规律之外呢？恰恰不是这样。教学过程是不能离开人类认识过程规律的，但也不能简单化地把马列主义认识论的公式套在教学过程的认识活动而不顾教学过程的特点。《实践论》中这样解决这个问题："一切真知都是从直接经验发源的。但人不能事事直接经验，事实上多数的知识都是间接经验的东西，这就是一切古代的和外域的知识。……所以，一个人的知识，不外直接经验的和间接经验的两部分。而且在我为间

---

① 马克思. 资本论：第一卷 [M]. 郭大力，王亚南，译. 北京：人民出版社，1953：17.

② 申比廖夫，奥哥洛德尼柯夫. 教育学 [M]. 陈侠，熊承涤，译. 北京：人民教育出版社，1955：103.

接经验者，在人则仍为直接经验。"① 由此可见，教学过程虽然往往从前人经验总结开始，但就知识的总体来说，仍是与一般认识过程符合的。不仅如此，在教学过程中应当尽可能地使学生掌握知识的基础建立在直接经验上，观察、参观、直观形象在教学活动中占着重要的位置，在教学过程中也应当尽可能地使学生印证他所获得的知识，实验、调查、实习都是很重要的。更重要的是学生的学习，经常由有经验的教师来指导。教师具有丰富的科学知识，又掌握教学方法，就能够保证学生在短期间内掌握人类长年累月积累起来的基本知识，而不走弯路，也能指导学生如何从理论过渡到实践去。这就是为什么必须强调教师的主导作用。

但是，问题也有消极的一面。"学生们的书本知识是什么呢？假定他们的知识都是真理，也是他们的前人总结生产斗争和阶级斗争的经验写成的理论，不是他们自己亲自得来的知识。他们接受这种知识是完全必要的，但是必须知道，就一定情况说来，这种知识对他们还是片面性的。这种知识，是人家证明了，而在他们还没有证明的。"② 正是教学过程的特点潜伏了这样一个消极的因素，学生所获得的知识是从书本中来的。这种知识就一定的情况来说，对他们只有理性认识而没有通过实践，缺乏感性认识，即是片面性的。长期地习惯于从书本上获得知识，往往会导致学生满足于抽象的理论，不研究理论与其所发生的实际的内在联系，也不愿把理论知识应用于实践并到实践中去检查与发展它，以致理论脱离人们在实践中所发生的问题或矛盾，也就是说，形成理论脱离实际、教条主义错误的学习态度。

实际上，这种错误的学习态度，已经发生并且给我们带来了很多的害处，学习了哲学、马列主义基础、政治经济学等课程，不能运用理论来理解党的政策，解释当前社会主义的种种现象与问题，更谈不到运用理论来正确地改造世界，建设社会主义事业。学习了自然科学，名词公式背上一大堆，生搬硬套，有的学生竟会计算出他所不知道的物理现象与推导出究竟是气体抑固体还搞不清楚的化学变化。不知道自然科学知识的来源是生产实践，好像乃

---

① 毛泽东选集：第一卷 [M]．北京：人民出版社，1952：287．
② 毛泽东选集：第三卷 [M]．北京：人民出版社，1952：838．

是书堆里或计算室中所抽象地推导出来的东西,更谈不到运用自然科学知识来解决生产实践的问题。

这种理论脱离实际、教条主义的学习态度,成为保守思想、个人崇拜的温床。因为这种人只咀嚼着由过去一定历史情况所得到的个别结论,而不能结合当前实际的情况,通过实践来创造性地运用与发展理论。他们只寻摘着个别字句而不是深究其精神实质,不敢大胆地怀疑更不能创造性地提出自己的见解,这样,将使科学停滞不前。

这是谁的责任呢?应当这样说,主要责任是教师负的。毛主席早就批驳过这样教师的错误教学方法:"在学校的教育中,在在职干部的教育中,教哲学的不引导学生研究中国革命的逻辑,教经济学的不引导学生研究中国经济的特点,教政治学的不引导学生研究中国革命的策略,教军事学的不引导学生研究适合中国特点的战略和战术,诸如此类。其结果,谬种谬传,误人不浅。"①

不幸的是,这种"误人不浅"的教学方法,即教条主义、书呆子气、理论脱离实际的教学,在我们的高等学校中还是严重地存在着。这种情况是与我们社会主义性质的高等学校的培养目标不相符的,必须大力扭转。为了实现高等学校培养目标,必须贯彻"理论联系实际"的教学原则,以理论联系实际的方法,来达到理论与实际一致的目的。也就是使教学工作、理论传授工作,"有的放矢",同时,既然当前理论脱离实际、教条主义的教学情况很严重,就必须把贯彻这一原则当为中心任务,大力地提倡,反复地研究、讨论,并采取各种有效措施来保证其实现。

为此,首先必须揭示理论联系实际的教学原则和高等学校的培养目标的内在关系:根据前面所述培养目标,社会主义建设的专门人才必须掌握先进科学和技术。如何才算掌握了先进科学技术呢?必须通晓理论;运用理论解决实际问题,即在实际中运用理论;具有高度的独立思考与独立工作能力。为要达到上述要求,必须在教学上做到理论联系实际。

(1)教学过程,如前所述,往往是从通晓理论开始,因为学生认识客观

---

① 毛泽东选集:第三卷[M].北京:人民出版社,1952:818-819.

事物一般是从接受前人所获得的科学知识开始。但是，通晓理论不是一件简单的事。背熟理论条文或公式，就不能算作通晓理论，必须是深刻地体会理论的精神实质，并掌握了理论与实际间的内在联系，才能说是通晓理论。教师如果一般地解释了理论概念和公式，并要求学生记住这些理论概念和公式，不能达到通晓理论的要求。任何理论的产生，都有其一定的时间和条件因素，特别是社会科学理论，这些因素很显著，教师就必须使理论联系历史实际，并从发展中去阐明理论概念的实质，使学生能结合历史实际、结合发展变化去理解理论概念的实质，免得学生离开一定的历史条件去记诵理论。诸如学生学习政治经济学往往把一种生产方式的经济规律硬搬到另一种生产方式中去，他们不了解，每一种生产方式都有其特有的经济规律；自然科学理论，也不是没有条件限制的，诸如苏联的草田轮作制理论，就不适宜于中国华南一年三熟的农业地区。背诵草田轮作理论而不是通晓这一理论实质的教条主义者，还曾经在中国陕西、甘肃一带铲去多年生牧草苜蓿以迁就这一理论的形式。[①] 由此可见，要使学生通晓理论，必须在教学中做到联系实际来讲授理论。

（2）《中共中央关于延安干部学校的决定》指出，必须"使学生学得理论，又学得实际，并把二者生动地联系起来"[②]。这是由于马克思列宁主义理论的性质，即理论的实践性所决定的，仅有理论，而无实际，其理论也就不成为理论了。但是学生当前一般的情况，恰恰相反，只学得理论，多未学得实际。教师就必须引导他们"学得理论，又学得实际"。在自然科学上也是如此，许多学生比较容易理解自然规律，至于自然规律与生产理论的联系则较难于了解，在生产实际中的运用就更难于掌握。自然规律与生产理论之间，是有一定距离的。生产理论乃是根据自然规律按照生产实际的需要来组织的，即使在综合大学中，也不能仅理解物理的、化学的、生物的自然规律以及数学的理论，必须联系生产理论以及生产实际，学会在生产的设计与实际操作中运用自然规律。这也就要求教学必须理论联系实际。

---

① 大胆开展自由讨论，做到百家争鸣 [N]. 光明日报, 1956 – 05 – 21.
② 解放社. 整风文献 [M]. 北京：苏北新华书店印行, 1949：83.

（3）学校里只能学习一些基本的知识，实际工作将比学校里所学习的东西复杂得多，具体变化也很大，如果学生仅懂得某些基本知识及其在典型情况中的运用，则将无法解决复杂的、变化的实际问题；而且，不论实际或总结实际经验的理论，都是在迅速发展中，学习不可能一次完成的。这就需要培养学生的独立思考、独立工作能力。

培养学生独立思考、独立工作能力，是社会主义性质的学校主要的教学任务之一，这是由于我们的培养目标是自觉积极的社会主义建设者而不是会说话的工具。为了社会主义建设，必须具有创造性，能突破成规，提高生产技术水平。这种独立能力，甚至比大堆的知识与经验更可贵。当然我们非常需要很多的知识与经验，而且一定的科学的系统知识是最基本的东西，但知识与经验是发展的、无穷的，就这一点来说，我们更重要的事就是尽可能地发展学生这种能力，宁可学少一点，切不要堆得很多理论而妨碍了学生独立能力的发展。

显然，背诵教条或仅仅诉之抽象的逻辑思维，是不能发展独立能力的，必须使学生结合实际来学习。从解决实际问题中锻炼他们分析问题、处理问题、解决问题的独立能力。综上所述，为了达到社会主义学校的培养目标，必须以理论联系实际为教学原则。

二、什么是"实际"？反对以实用主义思想来理解"理论联系实际"

在讨论理论联系实际这个问题时，我们时常碰到一个很有趣而也很重要的问题，那就是"什么是实际"？如果不知道什么是实际，那么，我们来贯彻理论联系实际教学原则，岂不是"无的放矢"吗？

事实正是如此，由于"实际"这个概念没弄清楚，我们走了许多冤枉路，甚至某种程度引起混乱与降低教学效果。在教学经验总结之类的报告中，我们往往可以发现下面这些片面性或错误的说法：

"理论就是实际，讲透理论就是联系实际。"

"实例就是实际，理论联系实际就是举例说明理论。"

"凡是理论，就有其相应实际，应当'普遍联系'。"

"'纯粹理论'的科学，没有相应的实际可联系。"

"'应用科学'的教材本身就是实际，因此不存在理论脱离实际的问题。"

"学生政治思想才是实际，物理、数学等课程，都要处处联系学生政治思想实际。"

"学生水平就是实际，理论联系实际就是根据学生的水平与能力进行教学。"

诸如此类，不胜枚举，还有人认为"实际就是实用"，美其名曰理论联系实际而贩运实用主义。那么，什么是"实际"呢？理论，是从解决实践中的问题而总结提升出来的，而学习理论，又是为了解决实践中的问题，不是为理论而理论。毛主席对"问题"作过如下解释："什么叫做问题？问题就是事物的矛盾。哪里有没有解决的矛盾，哪里就有问题。"由此可见，理论源于客观事物的矛盾而为解决客观事物的矛盾。实际就是客观存在的问题也就是事物的矛盾。

客观存在的问题，事物的矛盾，不胜枚举，但从人类的实践过程来说，不外社会的和自然的。毛主席说："自然科学，社会科学，就是这两门知识的结晶，哲学则是关于自然知识和社会知识的概括和总结。"[1] 这就说明，与自然科学理论相对应的实际，是指人类掌握自然规律与自然作斗争的客观存在问题，或产生的矛盾；与社会科学理论相对应的实际则是指社会的问题或阶级的斗争。把自然科学理论与社会科学理论所应联系的实际混为一谈，抹杀了自然科学的特点，是不恰当的。当然，自然科学的研究也具有一定的立场、观点、方法，因而也有其社会的或阶级的思想基础。

把知识分为两大类，并指出这两类科学理论相对应的实际有区别，这就为我们提供了解决"什么是实际"的基本思路。即，应当根据不同科学的对象来决定其所联系的"实际"。

但是，还不能具体地解决每门课程的实际是什么的问题。为了解决每门课程的实际是什么，必须深入研究每门课程的专门特点，并研究该门课程所

---

[1] 毛泽东选集：第三卷 [M]．北京：人民出版社，1952：838.

要解决的主要问题,即事物的矛盾中的主要矛盾。否则,将会形成堆积实际材料,或目的不明的所谓"普遍的联系"。

在专业教学计划中,一方面全部课程构成一个有机的整体,以完成该专业所要培养的社会主义建设的专门人才。另一方面,每门课程又以其专门特点来服务于这个目的。只有掌握专业教学计划的整体,才能明确每门课程的地位;但也只有掌握每门课程的专门特点,才能把它统一起来成为有机的整体。有人把专业教学计划的整体比喻为一个乐队,而各门课程乃是组成这个乐队的各种乐器,这个比喻颇为恰当。我们也曾发现某些不符合统一整体要求的现象,在财经科某些专业中,曾经有同样的教材同样的讲法出现在五六门课程中,也曾经有把历史课程、财经课程当做政治课程来讲授的事实。由于没有掌握课程的专门特点,因而破坏了统一整体。

课程的专门特点是根据教学任务(专业培养目标以及该课程在完成培养目标所应负的任务)和课程的研究对象来确定的。

下面举出我校教育学教研组在总结教育学贯彻理论联系实际教学方针的经验中,根据课程的专门特点,确定理论联系实际的主要对象。[①]

1. 综合大学的教育学

作为培养中学师资和大学助教的重要组成部分,其主要对象是中等学校的教育与教学的实际,因此必须密切联系中学实际——面向中学,要求在教学中联系党与政府有关中学的教育政策法令,中外的中学教育与教学经验,本地的中学教育情况;同时,也必要适当联系高等教育的实际,以针对一部分毕业生任大学助教的需要。

2. 教育学是一门具有高度的政治思想教育意义的学科

特别是直接地针对学校中的学生进行全面发展的教育目的,共产主义品德、集体组织与活动等思想教育。因此,必须通过这门课程来提高学生的思想认识,特别是培养学生担任人民教师的责任感与光荣感。教学理论讲述教学过程(学习过程)的原理及其方法,必须联系学生学习思想与学习方法的

---

① 厦门大学教育学教研组. 在教育学与教学法课程中贯彻理论联系实际教学方针的经验 [Z] //厦门大学教学经验交流会特辑, 1956 年 4 月.

实际,培养学生独立思考与独立工作能力。

其他如历史课程、语言学课程、自然科学课程等,显然也各有其专门特点,因而各有其具体的"实际"。诸如,历史课程,它的专门特点是:(1)历史事件均有其具体的时间、地点、条件;(2)学习历史必须从具体的历史事件到抽象的历史发展规律。因此,其主要的"实际"应当是指"历史实际"。即从历史唯物主义观点来分析研究历史事件从而掌握历史发展规律,而不是抽象地或公式化地来叙述历史事件,更不能简单化地来讲解历史发展规律,把历史课与政治课混淆起来。现代问题也应当是历史课程所应联系的重要的"实际",那应当是从历史的规律,内在地来联系现代问题,而不应从历史事件的表面来比附,这个问题将在第三部分详谈。

在社会主义建设时期,自然科学理论应当联系社会主义工农业生产、国防建设以及其他与人民生活福利有关的实际问题。"面向生产",是自然科学理论联系实际的主要方面。至于每门课程的主要的"实际"是什么,很遗憾的,我们所见到的理科各个教研组在这方面所做的研究总结工作还不多,因而还不能举出较恰当的例子。一般来说,物理学课程,应着重物理规律在生产上的重要的应用,力能、机器、工艺的基本原理,特别是自动操纵和无线电的原理、各种测量的技术、一般的机械安装的技能。生物学课程,应着重生物规律在农业生产上的应用,耕作、栽培及动物饲养的科学原理,种子春化处理、播种、人工授粉及人工杂交、嫁接等的技能技巧。这样做,并不是把物理学与工科的课程混淆起来,或把农科的任务放在生物学上。而是说,我们绝不能仅抽象地叙述科学的规律,必须引导学生去认识人们如何把自然规律应用到工农业生产上,也引导学生能够从周围各种现象、各种机器生产、各种技术中找到他们所熟悉的自然规律,要培养学生一些现代生产必要的基本技能。

有些教师,以为只要把自然规律讲解清楚就够,至于生产原理、技术应用等材料,仅看做可有可无的例证;甚至轻视这些材料,认为那是"应用科学"的事。这样就会导致自然科学脱离生产实际,会培养出一些只会背规律、套公式,而不能解决生产实际问题的"物理学家"或不懂农业生产实际的"生物学家""植物学家"。

有一种不正确的见解，把科学分成"纯理科学"与"应用科学"，仿佛"纯理科学"是纯粹理论上的研究，与生产实践无关。诚然，物理学与电工学是不同的，生物学与农业技术学也是不同的。后者是与生产实践直接联系并根据生产过程来组织教材的，但并不是说前者就可以离开生产实践仅从事纯理的研究。如果有所谓"纯粹科学"的话，那么最"纯粹"的莫过于数学了。关于这个问题，还是让我们的数学家出来讲话吧。重庆大学数学教研组教授王元吉在《怎样运用辩证唯物主义的观点和方法来认识数学理论、安排教学法》一文中说：

"数学概念是反映客观实际的一种思维形式。数学概念不是停滞不前的；客观事物与现象不断运动，不断发展，概念将随之而运动、而发展，数学概念不是孤立绝缘的；客观事物与现象互相转变，互相过渡，概念将随之而转变、而过渡。在概念运动的过程中，数学理论及反映客观实际将日益深刻，日益普遍。数学概念通过判断（定理）与推理（定理的导来）的逻辑形式而运动，但形式逻辑指导概念运动的力量是微弱的。数学家只有从实际出发，具体分析问题，才能认识抽象概念的实质，才能找到推移概念的正确方向，才能取得推移概念的充足力量。

"数学理论的高深部分不直接接触物理、工程等实际，数学家如何从实际出发呢？——这个问题是对实际的意义有误解。任何数学理论推演到一定阶段，必然有一定的关键性的问题露头，这种问题，不论它的内容如何抽象，仍是实际问题，它仍然反映着（更隐蔽地）一定的客观事物、现象及其关系。对这个问题我们不能丝毫含糊，它是根本的观点问题。"①

显然，"纯粹理论"而不"沾染"实际的科学是不存在的。即使是数学理论，也是联系实际的。

但是，另一方面，是否有一些所谓"应用科学"本身就是"实际的"，因而在教学上不存在理论脱离实际的问题，也用不着贯彻理论联系实际的教学方针呢？在我校所举行的一次教学经验讨论上，经济系有一位教师的发言

---

① 王元吉. 怎样运用辩证唯物主义的观点和方法来认识数学理论、安排教学法 [J]. 高等教育，1956（6）.

解答了这个问题。他说,认为某些"应用科学"的教学仅是传授一些应用技术,或是法令、实物的铺叙,这种看法是错误的。因为如果这样,则教学内容是僵死的、无生命的。我们必须引导学生从理解理论来运用方法技术,不能仅告诉学生一些方法技术。正如我们必须用理论来解释指标,不能用指标来说明指标。任何方法技术的运用都有它一定的条件,如果不讲清理论,则条件改变了,方法技术就不适用。这个意见是很对的,高等学校所培养的是专门人才,任何一门专业课程都应深究它的理论,不能把它看成简单的应用技术。只用理论才能解决本质问题,指导人们在改变了的条件之下如何正确地运用技术。现时某些所谓"应用科学"质量提不高,主要是由于没有把指导技术的理论研究透彻,因而只能搬运现成的、不一定适合中国具体情况的教材。这也正是理论与实际脱节的严重问题。

对于某些课程,如普通俄语、体育课,它们的实际是什么?解决这个问题,我们曾生硬地去规定这些课程的教材一定要联系阶级斗争与生产斗争的问题,这样做是不顾这些课程的特殊性质,本身就犯了教条主义的毛病,必须从这些课程的教学任务去研究它们的特点。诸如体育乃是为了增进学生的身体健康,并根据劳动与保卫祖国的需要来组织锻炼并培养学生某些体育技能技巧,这些就是实际,但却不是斤斤于哪些"理论"联系哪些"实际";普通俄语乃是训练外国语言文字的基本课程,其实际就是语言技能与技巧,不能像一般理论课那样来硬套联系什么"实际"。

可见,什么是"实际",必须根据每门课程的专门特点来决定。一般化地制好一个"实际"的框子,不能符合各种不同任务、不同性质与不同内容的课程要求。这种看法本身就是不符合"实际"的教条主义。

由此可见,曾有一个时期我们狭隘地把"实际"看成只是学生政治思想实际,千篇一律地要求在自然科学、语言课程教学中,生硬牵扯学生思想批判,借以迁就这个框子,那是对理论联系实际的片面理解。

当然,我们不应因此忽视联系学生政治思想实际的重要性。社会科学教学,一般都应当联系学生的思想实际。上述教育学的"实际"已说明此点,特别是政治课程,如马列主义基础、哲学等,更应以联系学生政治思想"实际"为主要对象。因为这类课程,按其任务与性质说,就是为了树立学生的共产主义思想、信念。有的同学希望政治课，特别是哲学课，应当以联系业务、指导业务为主，少谈思想问题，这种要求未必恰当。我们不应把政治课降为一般业务课的"绪论"，联系业务实际仅是次要的，联系学生政治思想实际才是主要的。自然科学、语言课程的思想教育，只能是通过自然科学规律与语言科学规律更深刻地形成学生科学的世界观，这是主要的；在必要处，也应当联系学生的政治思想实际，但毕竟不是主要的，尤忌生硬联系。

在贯彻理论联系实际的教学原则上，最易混淆的是关于学生业务水平的实际这个问题。无疑地，教学必须从学生的实际水平出发，不应脱离学生的水平，做过高或过低的要求，在教学中实现理论联系实际，也必须正确地了解学生已有的实际经验，这就是教学的可接受性原则的意义。但是学生业务水平的实际，并不包含在"理论联系实际"的"实际"这个概念中，不应当以教学工作联系"实际"这个概念来代替理论联系"实际"这个概念。这种代替的实质就是取消了理论联系实际的教学原则。这种由于概念混淆因而取消了联系实际的例子，已经多次出现在我校一些经验总结中。

更严重的问题是，把马列主义认识论的理论联系实际的"实际"与主观唯心论的实用主义的"实用"混淆起来，以庸俗的实用观点来代替辩证唯物论的"实践"的意义。比如，有人认为联系实际就是联系对我们有用的事物。必须指出，理论联系实际的"实际"与实用主义的"实用"乃是两个思想体系的概念，毫无共同之处。

如所周知，实用主义者否认客观真理，认为真理仅是对我们有用的东西，所谓有用又是依少数人的主观的"经验"，认为没有经验，就没有存在；而存在就是被经验着的。

在这个理论基础上，建立了实用主义的教学理论：教学目的是为了获得所谓有用的知识——在主观经验中有作用价值的知识；教学方法是"从做中学"，实际生活需要什么，便在实际生活中去学些什么，学生在实际经验中有什么就学什么，认为只有这样才能使学生适应生活。在教学过程中把生活经验的作用过分夸大以致抹杀了理论的作用，企图以片断的、琐碎的实际经验代替系统的理论，反对教学的科学性、系统性，鼓吹资产阶级的主观唯心主义。把知识限制在狭隘的实用圈子中，以便于培养符合资产阶级驱使的企业管理者与机器的奴隶,这种人只要具有"一技之长"的狭隘的实用知识与技能就够了。

理论联系实际教学原则的意义与此相反。

首先,马列主义的认识论重视理论的作用。理论——科学的抽象,正如列宁所说,是"更深刻、更正确、更完全地反映着自然"。也如毛主席所说,"感觉只解决现象问题,理论才解决本质问题"。任何轻视或抹杀理论作用的观点都是不对的。更不能以片面的实际经验来代替概括性的理论。不但如此,从教学过程的特点来说,理论是起着主导作用的。学生不是"从做中学",而是从接受前人所总结的科学知识开始。我们要求在教学中根据理论来联系实际,却不能要求学生根据自己的实践经验然后自己去总结提升为理论。我们要求理论能够解决社会主义建设的实践问题,却不斤斤于狭隘的实用。

其次,理论联系实际,与教学的科学性、系统性、思想性内在地联系着。我们所指的理论,乃符合客观存在,经过实践检验的真理,不是狭隘的实用知识,不是主观唯心的"有用"的信仰。它是依照科学本身的体系,结合学生学习循序渐进的特点,组成严整的、连贯的教学大纲,不是随着生活现象转移的零碎的应用知识。因此,必须把理论联系实际教学原则,与实用主义的从学生实际经验出发的教学理论区别开来。

三、在教学上如何做到理论联系实际?反对教学上的简单化、庸俗化

理论联系实际的教学原则,直接针对教条主义、书呆子气、理论脱离实际的现象。在贯彻这一原则中,由于缺少经验,也由于教条主义作祟,出现了简单化、庸俗化的偏向。必须指出,简单化、庸俗化就是教条主义地对待理论联系实际的表现,必须与这种倾向作斗争!

季米特洛夫把理论联系实际简单化、庸俗化的方法与正确的方法这样区别开来:

"在我们的党校中,可以用两种方法来培养干部。

"第一种方法就是:用抽象的理论来培养人才,给他们灌输一大堆干燥知

识，教他们用美丽辞藻起草提纲和决议，只是顺便涉及该国实际问题，该国工人运动、工人运动底历史、工人运动底传统以及该国共产党底经验。实在只是顺便涉及！

"第二种方法，就是要学生在学习理论时，在学习马克思列宁主义底根本原则时，必须实际研究本国无产阶级斗争底具体问题，以便他们后来回去做实际工作的时候，能够独立决定方向，能够成为独立的实际组织者、领导者，能够引导群众去作反对阶级敌人的斗争。"①

什么是简单化、庸俗化的方法，就是季米特洛夫所指的"实在只是顺便涉及"，就是"原则加例子"，表面上的牵扯，就是所谓"全面的联系"以及非历史主义的联系"现实"等等。这样的联系，对于掌握理论、运用理论以及培养学生独立思考能力都没有好处，而且往往会造成错误，因为某些表面上仿佛的东西未必实质上有联系；或者时间、条件改变了，原来是对的东西，可能转化为其对立面，勉强联系上，恰恰就错误。

什么是正确的联系方法？就是季米特洛夫所指的第二种方法，即理论与实际取得了内在的、本质的联系，从而训练学生这种联系的能力。

那么，应当如何去联系实际呢？我们的理解是：

（1）必须使学生从分析理解理论所发生的实际而掌握理论的精神实质，才能指引学生从理论实质，从方法论来联系实际，即毛主席所说的是"找立场，找观点，找方法"。

（2）必须根据实际的问题，深入实际问题的核心，引导学生运用理论去解决它，而不是顺便地涉及一下，把偶然的事例凑合在一起。

上述两点，是互相联系，缺一不可的。讲清理论的精神实质，就为学生运用理论解决实际问题打下了坚实的基础，它本身也是在教学过程中理论联系实际的有机组成中的基础部分；但是，不应当满足于这一部分，教学的目的归根到底是为培养学生运用理论以解决实际问题，若教学过程就此中止，目的仍不能达到。我校有一个教研组在讨论理论联系实际时，曾认为要学生运用理论去解决实际问题，要求太高，学生水平不够，因此决定先达到讲清

---

① 季米特洛夫. 反战反法西斯斗争的当前问题［M］. 汉口：中国出版社，1938.

理论的要求，等待学生水平提高了，再来运用理论解决问题，这种划分阶段是错误的。有些人认为讲透理论，举例说明，就是联系实际，也同样在这个关键问题上发生错误。因为理论与实践固然是统一的，但也是矛盾的，从理论到解决实际问题——实践，中间总有一个飞跃过程。如理论的科学性，并不等于实践的正确性（合乎理论的科学规律），理论的科学性给予实践的正确性以可能的前提，而实践的正确性的实现，还有待于发挥主观能动作用，正确运用科学性的理论。取消理论与实践的矛盾，实际上就是教条主义的思想表现。

我校政治经济学教研组就在政治经济学教学中怎样联系实际提出了下列四个原则①，这四项原则与上述两点基本上是相符合的。

"第一，要遵循理论和实际相统一的原则。这就是要求从产生经济范畴、经济理论原理的客观事实去阐明相应的经济范畴和经济理论原理。第二，要遵循理论正确运用的原则。这就是要求运用马列主义的经济理论来正确地解决世界各国社会生产关系发展问题，特别是要着重解决我国现代生产关系发展的实际问题。第三，要遵循对实际必须进行科学分析然后综合做出结论的原则。这就要求在联系实际时，不能以简单的事例来阐明，必须充分分析大量经济现象后，才能论证经济理论原理，也不能以罗列事实不作分析综合来阐明经济理论。第四，还要从政治经济学的对象的观点来联系实际。这就是要求对所联系的实际，必须从政治经济学对象的观点来阐明经济理论。"

我校国家与法权基础教研组总结如何在讲授中贯彻理论联系实际时，指出必须要让同学们理解经典著作理论产生的历史背景，当时所要解决的实际问题，在往后发展中又解决了哪些新的实际问题。同时还要告诉同学们，列宁、斯大林如何运用马克思、恩格斯的经典理论，并以新的原理、新的说明方式，丰富发展了马克思主义，解决了当时的实际问题，以启发学生创造性地学习马克思主义。

从上述两个教研组的总结中，我们看到，要做好理论联系实际，必须深

---

① 厦门大学政治经济学教研组. 在政治经济学教学工作中贯彻理论联系实际教学方针的初步经验［Z］//厦门大学教学经验交流会特辑，1956年4月.

入分析理论的实质，反对简单化、庸俗化。

简单化、庸俗化的错误，特别容易发生于历史事件联系现代实际与理论联系学生思想问题上。

历史事件联系现代实际毫无疑问是联系实际的一个重要部分。根据一定的历史事件，分析综合、归纳、抽象而获得历史规律。规律乃是带有普遍性的，但也不是毫无限制。由于带有普遍性，因此，许多规律在一定条件下可以，也必须联系现代实际，联系现代实际富有现实意义。但并不是所有规律，在任何情况下，都可以联系现代实际的，更不可不经规律的中介而直接地把历史事件与现代实际作无条件的比附。如简单地以今天的爱国主义实际来比附资产阶级民主主义的爱国主义，把平均利润的理论一般地用来说明帝国主义时期的垄断资本家的最高利润。爱国主义、平均利润，都可能联系现代实际，但是必须注意历史规律、概念与现代实际的不同之处。同时，也不是讲述任何历史事件都要与现代实际拉一下关系，这将会陷于烦琐的、狭隘的实用观点的窠臼。

联系学生思想实际，如前所述，具有特殊的教育意义。特别是对于一向不关心学生思想品德的教师，提出这个方面，具有很重要的启发作用。但在联系之时，特别要防止既抓不住理论实质，又摸不清学生思想实际的公式化的联系。联系学生思想实际，必须做到：（1）从理论实质到学生思想实质，即是说，所联系的学生思想实际的确是与理论的实质有内在联系的。同时，所联系的又是学生的世界观、人生观上的东西，而不只是形形色色的表现形式。列举现象、乱扣帽子，往往是不能解决问题的。（2）必须联系重要的思想，富有典型性的、具有现实意义的。抓一个解决一个，不是教学中的任务，应当是个别的教育说服工作。（3）必须重视正面教育，发扬正面东西往往比批判错误收效会更好些，当然也较难些。许多人所理解的联系思想实际就是错误思想的批判，未免理解得太狭窄。当然，批判错误思想仍是必需的。但即使是批判错误思想，也应避免形成单纯的"思想批判会"，更不应以讽刺、嘲笑的态度来进行批判。

为什么会发生简单化、庸俗化的联系呢？我们的理解有如下原因：（1）理论水平不够，不能掌握理论的内在实质，只能铺叙理论的条文，因此，也就没有办法从精神实质，从内在规律，从立场、观点、方法来联系实际，仅能找些表面上雷同的事例；（2）对实际事物缺少感性经验，或虽有感性经验而缺少深刻的观察，理解实际问题的深度不够；（3）持着形而上学的观点，不能辩证地来抓住理论与实际内在的矛盾关系，仅能从形而上学观点，作浮浅机械的联系；（4）思想的懒汉，把联系实际看成次要的事情或额外的负担，信手拈来，应付了事，不肯深入思考。如要深入地贯彻理论联系实际教学原则，而不成为简单化、庸俗化的联系，就必须解决上述问题，而首先是解决认识上的问题。对于"理论联系实际"的意义正确而深刻的认识无疑是保证这一教学方针贯彻执行的首要条件。想想，假如教师还搞不清"什么是实际"，我们要求教师们在教学中理论联系实际岂不是要求他们无的放矢？有一个教研组，据说理论联系实际做得很好，当我们去总结他们的经验时，却发现是可接受性原则实现得很好，一个问题被另一个问题所替换了；另一个教研组据说也是做得很好的，而且很受学生欢迎，我们去听课之后，才发现是教师在讲授中运用例子很丰富、很生动，但也有点庸俗。诸如此类，说明了解决认识问题的重要。因此，必须在贯彻这一原则之前求得认识问题的基本解决，而在实践过程中加深。

当然，绝不应理解为只要理论上认识了这一原则就万事大吉，还必须采取一连串的措施来保证它的实现。因为它的实现是具体地体现在各门课程的教学内容（教学大纲、教材等）和教学方法（讲授、课堂讨论、习题、实习、考试等环节）上。教师不只应在认识上明确了理论联系实际的重大意义和联系的途径，解决了认识问题之后，重要的事情就是掌握理论实质与丰富的实际经验。

只有当教师已经深入地掌握了理论的实质，才能正确与深刻地联系实际，也才敢于大胆地联系实际。有些教师宁可照本宣科，不敢联系实际，怕犯错误，就是由于对理论理解得不深不透。

当然，不应当说等待理论水平提高之后才来联系实际，联系实际既然是与讲授理论同时存在，就不容一刻稍迟。同时，教师们应当理解联系实际的过程也正是提高自己理论水平的过程。在联系实际过程中，推动我们去研究党的政策，研究党的政策如何体现马克思列宁主义政治的、经济的、教育的科学原理；研究社会生活实际与生产实际所发生的问题并创造性地运用理论去解决它。这样，就一方面丰富了我们的实际经验，一方面学会了理论联系实际的方法。由此可见，结合生产实际、社会实际与教学需要来从事科学研究工作，对于贯彻理论联系实际教学原则也是有特殊意义的。我校马克思列宁主义基础教研组，由于讲授民族问题的需要，结合我国民族国家形式的实际问题进行科学研究，就是实现这一方向的例子。

只有当教师已经占有丰富的实际经验时，才能生动地做好理论联系实际的工作。因此社会科学和自然科学教师，都必须对社会主义建设过程中政治、经济、文化科学的发展实际有充分了解，密切注意社会主义建设和科学研究上的最新成就，这种对新鲜事物的敏感性是一个教师的重要的品德。

调查研究，参加实际工作，对于加强理论联系实际有头等重要的意义。毛主席指出："有什么办法使这种仅有书本知识的人变为名副其实的知识分子呢？唯一的办法就是使他们参加到实际工作中去，变为实际工作者，使从事理论工作的人去研究重要的实际问题，这样就可达到目的。"[1] 又说："有书本知识的人向实际方面发展，然后才可以不停止在书本上，才可以不犯教条主义的错误。"[2] 平常我们也可见到这种情形：缺少实际经验的人，虽然努力去联系实际，讲来讲去不免仍是抽象空洞，兴趣劲头往往也不大；实际经验丰富的人，在讲台上讲起话来，自然容易把具体实际逼真地描绘出来。那么，如何使教师参加实际工作？中国人民大学等校提倡一种"感性补课"的方式，是很重要的。我校近来也进行了一连串发动教师到实际工作中去的工作。诸如有的教研组派教师参加生产实习，以便接触工厂的实际；有的教研组派教师参加生产部门所召开的各种会议，总结生产经验或听传达报告，深入了解实际的情况与问题；贸易经济教研组参加了厦门市的贸易业务座谈会，接触贸易业务的实际问题；政治经济学教研组结合科学研究工作，调查了厦门市的手工业生产合作社；教育学教研组为准备开生物教学法课程，到各中学作生物教学的观摩、调查；此外，各教研组常组织参观工厂、农村、学校等。

---

[1] 毛泽东选集：第三卷［M］. 北京：人民出版社，1952：839.
[2] 毛泽东选集：第三卷［M］. 北京：人民出版社，1952：841.

但也必须指出，这些活动还不够计划化与经常化，目的不够明确，质量也不够高；很多教师还认为农村、工厂、企业的实际太落后，太简单，要参观就得上大工厂、大企业去，最好到苏联或国内的鞍钢、友谊农庄去。这些想法本身就是脱离实际的。

搜集材料也是一个重要的方式。我校政治经济学、国民经济计划、工业经济、国家与法权基础等教研组，经常地分工搜集实际资料，对教学工作很有帮助。交通大学马列主义基础教研组与有关机关联系，搜集实际问题与情况，如讲"民族问题"之前，向民族事务委员会了解社会上关于贯彻党的民族政策中的情况①，也是很好的方式。

既然联系学生思想实际，是理论联系实际的重要内容之一，摸清学生思想实际便是很重要的。只有摸清学生思想实际，才能对症下药，避免乱扣帽子。为了摸清学生思想实际，教师最好深入一个班作为典型，同时广泛地与团、学生会的干部接触。我校辅导处经常出版学生思想通报，供我校教师对学生进行思想教育工作参考，同时，也是理论联系学生思想实际很好的依据。

---

① 交通大学马列主义基础教研组. 在马列主义基础教学中怎样进行有系统有重点的讲授，贯彻理论联系实际的方针 [J]. 高等教育，1956 (6).

坚持理论联系实际的教学原则[①]

理论联系实际，是社会主义学校教学上的基本原则，这个原则使我们的教学和资产阶级的理论脱离实际的教学从本质上区分开来。因此，我们必须坚决地在教学中贯彻这个原则。过去，由于许多教师受资产阶级的教育思想影响很深，对这个原则重视不够，所以曾经出现过忽视政治、轻视劳动、只谈理论不重视实际等偏向。近几年来，特别是从去年教育革命以来，学习了党的教育方针，批判了过去存在的错误与缺点，许多教师把"教育为无产阶级政治服务、教育与生产劳动相结合"的方针精神具体贯彻到教学工作中去，普遍重视在教学中联系生产劳动实际、政治斗争实际和学生的思想与生活实际，因而教学上出现了朝气蓬勃的局面，教学质量有了显著的提高。

许多教师在贯彻理论联系实际的原则上做得很好，成绩很大。但有些教师由于对这个原则的理解还不够深入透彻，经验也较少，在做法上有些缺点，诸如简单化、形式化、生硬联系等等。有的教师没有看到这些缺点产生的原因是由于经验不足、方法不对头，却怀疑起理论联系实际这个原则是否正确；有的还认为既然学校教学的主要任务是传授间接经验，只要把知识讲解清楚就行了；有的又认为正确的教材本身就是理论和实际统一的产物，光抓书本知识就能完成任务，无须再搞什么联系实际；还有的认为联系实际就是搞现场教学，既然现场教学有其局限性，不能课课堂堂搞现场，那就不必重视联系实际了。因此，这学期来，有些教师在备课时，考虑联系实际的问题就不

[①] 原载《福建教育》，1959年。

够认真了。

必须指出，学校教学固然主要在于传授间接经验，但学生接受间接经验却必须和一定的直接经验有联系，否则是抽象的、不易理解的，因而学习就不会深入也不会巩固。科学的知识是前人总结经验的成果，本身固然是体现了理论与实际的统一，但对于学生来说，如果不回到实际中去，这种知识对他们还是片面性的。借口只传授间接经验或书本知识已经是理论与实际的统一，因而不回到实际中去，实质上乃是资产阶级的理论脱离实际的思想残余。至于把贯彻执行理论联系实际的原则中做法上的一些缺点，说成是原则本身的缺点，或夸大做法上的缺点而抹杀已经获得的成绩，实质上是右倾思想的表现。这都是我们必须坚决反对的。

我们要进一步贯彻执行党的教育方针，继续提高教育质量，在教学工作中就必须坚决地而又深入细致地贯彻理论联系实际的原则。要贯彻理论联系实际的原则，必须对这一原则有正确的理解，并要知道哪些做法是对的，哪些做法是不够好或不对的。那么应该如何联系实际呢？这是个复杂的问题，因为教材内容是多种多样的，实际也是多方面的。但是归纳起来，有三个方面的实际：（1）生产建设的实际；（2）政治斗争的实际，包括国内外的政治形势和我们当前的任务；（3）学生的思想和生活实际。这种划分，只是从概念上划分，在具体联系的时候，这三者往往又是相互联系的，因为生产建设和政治斗争有密切联系，学生的思想、生活和前两者更是紧密相关。因此，联系些什么，如何联系，还要具体分析每一课的教学任务和教材内容。下面举几个例子来说明联系实际的几个做法上的原则。

（1）《袁大妈喂牛》：有的教师教这一课的时候，带学生到生产队的牛栏旁边作"现场教学"，说明应当如何喂牛。这样的联系不对头。为什么？因为这一课的教学目的是："教育学生学习袁大妈爱社如家、舍己为公的精神，随时随地爱护公共财物，爱护牲畜。培养学生大公无私的思想，教育学生把个人利益服从集体利益。"［初级小学课本《语文》（第六册）教学参考书］因此，应当联系"本地方本校先进人物的模范事迹，让学生了解模范事迹人人可以创造，只要他具有大公无私、舍己为公的思想。结合本课的讲授，教育学生在集体生活中，正确地处理个人跟集体之间的关系"（同上）。至于喂牛的方法，不是本课的教学目的。这就告诉我们一条原则：必须根据课文的教学目的（主题思想）来联系实际，而不是只抓住课文的某些非本质方面的教材来联系实际，那样做就会把教学目的分散了。

（2）《拔萝卜》：教这一课的时候，有的教师带学生到菜园里，看萝卜的生长，或看农民伯伯如何拔萝卜；有的教师则让学生回忆公社里修水库那种热火朝天的情景，问学生说："为什么从前我们村子里修不起水库，公社成立后，水库就修成了？"前者联系得不好，后者联系很好。从表面看，课文是拔萝卜，就带学生去看拔萝卜；萝卜对萝卜，很对头。但是，课文里是一个童话式的大萝卜，而菜园里的萝卜却是现实的萝卜，学生看了拔萝卜之后反而会这样问："这样的萝卜我两只手可以拔两个，干嘛要一家人拉猫带狗一起去拔呢？"公社修水库和拔萝卜从表面看来完全是两回事，但拔大萝卜要集体力量，修水库也要集体力量，从对学生进行集体主义思想教育这个本质意义上说，这两件事有着内在的联系。拔萝卜是童话式的生动故事，修水库却是现实性的生动场面，这样联系起来，就加强了集体主义教育的效果。这就告诉我们一条原则：必须根据教材的本质属性和实际事物进行内在的联系，而不应满足于表面的、非本质属性的联系。

（3）《老婆婆》：有的教师教这一课的时候，带学生去访问敬老院的老公公、老婆婆，了解他们的生活。这样对不对呢？让我们先看这一课的教学目的："教育儿童尊敬老人。对老人、小孩、病人、行动困难的人，让路、让座、给予可能的帮助。"［初级小学课文《语文》（第二册）教学参考书］带学生去访问敬老院，让孩子们怀着尊敬的心情去和老公公、老婆婆接触，对学生加强尊敬老人的教育，有很大的意义。所以，这是一种可取的联系方式。但是，如果仅仅到此为止，却是不完全的。和老公公、老婆婆接触，加强了学生的感性认识，还必须在这个基础上，启发学生应当尊敬老人，以至于帮助小孩、病人等一切需要我们帮助的人，让学生思考为什么要尊敬老人和帮助需要帮助的人，最好还能组织一些为老人服务的活动。这就告诉我们又一条原则：联系实际，不能仅停留在实际上，还必须作理论的提高，并以之指导实践。所联系的实际往往只是具体的、个别的，而教学目的在于使学生获得概括的理论知识，并以之指导同样性质的实践。

这里只是举几个例子说明几个原则,并不完全。上面说过,教材是多种多样的,所以要深入细致地联系实际,必须对每一教材认真备课,深入钻研,否则难免只抓皮毛,牵强附会;实际也是多方面的,要深入联系,教师首先必须对实际情况有充分的了解。实际归纳起来有生产建设、政治斗争和学生思想与生活三方面,教师就必须熟悉生产建设的具体情况,政治斗争的形势任务,了解学生的思想和生活,才能做到"有的放矢"。同时,还必须从学生的生活经验和知识水平的实际出发,才能为学生所接受。

再论教学过程中的
理论联系实际[①]

1956年,厦门大学教育学教研组曾写了《试论理论联系实际的教育方针》一文。这篇论文是根据1956年以前我国高等学校在贯彻理论联系实际的教学方针中的一些经验与问题,提出我们的意见的。论文的主要论点是:

其一,马克思列宁主义认识论所揭示的人类认识过程规律,是人类总的认识过程的一般规律,也是各种形式的认识活动的基础,但是每种形式的认识活动又以它自己的特点来体现认识过程的一般规律。作为认识过程特殊形式之一的教学过程的特点是:学生在有经验的教师指导下,借助于书本及其他工具接受前人已经获得的间接经验。这一特点由于学生在短短的求学时期必须掌握人类在数千年的劳动中所获得的基本知识,因而是必要的;又由于学生在接受间接经验时,已有了一定的直接经验作为基础,因而是可能的。但是,这个特点也潜伏着一个消极的因素,即学生所获得的知识,就一定情况来说,是片面的;又由于长期从书本上获得知识,没有随时与实际联系起来,因而容易导致理论脱离实际、教条主义的学习态度。

其二,高等学校的专业教育是培养为社会主义建设服务的各种专门人才,必须使其掌握先进的科学技术,而要掌握先进的科学技术,必须做到:(1)通晓理论;(2)能运用理论解决实际问题;(3)具有高度的独立思考、独立工作能力。为达到这些要求,必须在教学中贯彻理论联系实际的教学方针。

[①] 原载《厦门大学学报(哲学社会科学版)》,1962年第2期。

在专业教育中，教学计划的全部课程构成了一个完整的体系，以达到该专业所要培养的社会主义建设专门人才的目标，每门课程则以其专门的特点来服务于这个目标。所以，必须根据每门课程的研究对象及其在专业培养目标下所应负的教学任务，来确定该门课程所应联系的"实际"是什么。不应一般化地制定一个"实际"的框框来要求所有课程，或以主观的经验、狭隘的"实用"来替代客观事物的确实性和理论的科学性。

其三，理论联系实际正确的方法是理论与实际取得了内在的、本质的联系，即从教材的内在实质来联系实际。因此，必须教会学生理解理论并由此发生的实际，从而掌握理论的精神实质；并须根据实际问题，深入实际问题的核心，引导学生运用理论去解决它，应当反对简单化、庸俗化的做法。产生简单化、庸俗化的原因，首先是由于理论水平不够，不能掌握理论的内在实质；其次也由于对实际事物缺乏感性经验或虽有一定的感性经验而缺乏深刻的观察，理解问题的深度不够；以及由于形而上学地对待理论与实际的关系，不能抓住理论与实际内在的对立统一关系；等等。

其四，要正确地贯彻理论联系实际的教学方针，首先，必须对理论联系实际的意义及方法有正确的认识；其次，必须从教学内容到教学方法采取一连串的措施来保证它的实现。教师既要深入地掌握理论，又要占有丰富的实际经验，既要认真钻研理论，又要调查研究、搜集资料以及参加实际工作。

这篇论文的主要论点，现在我们重新加以检查，认为基本上还是正确的。但自从1958年党提出了"教育为无产阶级政治服务、教育与生产劳动相结合"的方针以来，在教育中，根据党的教育方针，结合中国的实际情况，在群众中创造了许多理论联系实际的生动经验。这些经验为进一步研究教学过程中理论联系实际的问题提供了丰富的材料，但在做法上也出现过一些错误与缺点。这些错误与缺点，有的是在教育史上已经出现过，由于我们缺乏自己的经验因而重蹈，更多的是在新情况下出现的新问题。不论是丰富的经验或存在的问题，都有待于我们运用马克思列宁主义的原理来分析研究、总结提高它。这就显得从理论上进一步研究教学过程中理论联系实际的问题具有重大意义。这是一项艰巨的工作，作者限于材料与水平，不可能全面总结几年来高等学校教学中理论联系实际的经验与问题，仅就几个问题提出一些不成熟的意见，以待指正。论文的要点是：

（1）从教学实践到社会实践，是教学过程中理论联系实际的一个重要发展。

（2）教学过程中理论联系实际的两个公式的探讨。

（3）理论与实践的对立统一观点，对于处理教学过程中理论与实践的关系的指导意义。

（4）如何根据学科、课程、教学形式的特点贯彻理论联系实际的原则。

一

认识与实践统一的观点，是马克思列宁主义认识论的基本观点。这一观点运用于教学上，就是教学过程中理论联系实际的原则。这是高等学校教学过程的重要原则，它对一切教学方法起指导作用，所以有时也称之为教学方针。

几年前，在高等学校教学中，就已提倡这一原则，并收到很显著的成绩。比如在教材编写和讲课中，尽量简述理论所由产生的实践基础，引述各种实例来讲解理论，重视直观形象的演示，通过练习、参观、实验、观察、实习等方式和作业来引导学生接触实际，获得直接的感性认识，尤其是通过生产实习，使学生在一定程度上参加了社会实践。

但是，过去这些方式，除了生产实习之外，都是学校范围内的教学活动，称为教学实践或作业实践，还不是参加生产活动与社会活动实践。正如刘佛年同志所说："学校里教学上的活动和社会的实际活动还是存在区别的，仅仅有了教学生的实践还没有完全解决脱离实践的问题。学生还是脱离社会实践的。"[1] 因为认识的问题，归根到底是"认识对社会实践的依赖关系，即认识对生产和阶级斗争的依赖关系"[2]；在高等学校教学中，必须有一定的社会实践，才能比较完全地解决脱离实践的问题。教学实践和社会实践的区别在哪

---

[1] 刘佛年.再论教学工作中理论与实践联系的问题［N］.解放日报，1959－10－16.

[2] 毛泽东选集：第一卷［M］.北京：人民出版社，1952：281.

里？所谓教学实践，是指在教学过程中，安排一定的活动，这些活动是模拟社会实践（生产活动、社会活动等）的实际情况来制定的，它不是活生生的社会实践本身。如学生解答习题中所设定的生产过程中可能发生的问题，在工厂实习中仿制产品等，它并不是直接地参加社会实践。某些教学形式，如生产实习，过去虽然也有社会实践的因素，但总的来说，这些方式还是在教学实践的思想指导下进行的，因而大多数活动还是模拟的，很少负有实际的社会实践责任，它的社会实践因素过去还没有被师生所充分重视。

教学实践既是社会实践的模拟，它与社会实践有必然的内在联系，所以它在理论联系实际上有很重要的意义。如果这种模拟是经过周密的安排，能够反映社会实践的本质方面的东西，它就具有典型性的实践的意义，学生通过这种间接实践之后，就能够比较顺利地投入到社会实践中去。同时，学生所应学习的理论知识很多，不可能也不必要都通过直接的社会实践来获取感性经验，检验理论与运用理论，只能通过间接的教学实践来与实际联系。所以这种教学实践，过去是必要的，今后仍然是必要的，而且还是需要大量地进行的。

但是，理论联系实际，认识论的根据是认识与实践的统一，是"认识对社会实践的依赖关系"。马克思说："理论上诸对立面的解决本身，只有通过实践方式，只有通过人们的实践的努力才有可能，所以各对立面的解决绝不只是认识的任务，而是一个现实的切身的任务"[①]。教学实践，只是根据于"认识的任务"，依赖于知识的传授，而对社会实践作模拟活动，它不是"现实的切身的任务"，不是学生亲自参加变革现实的社会实践，因而还不能深刻地掌握知识，解决理论上诸对立面的矛盾。尽管学生经过了大量的教学实践，对于社会实践的认识还是间接的。再者，模拟即使是正确的，它与被模拟者之间总是有差别的，矛盾的模拟总是不完全的，带有一定的片面性，并把模拟的对象简单化了。经验也证明了这一点：尽管学生在学校里参加了大量的教学实践，完成了大量的作业，他们还是不能很好地了解生产活动和社会活

---

① 马克思. 1844 年经济学－哲学手稿［M］//马克思恩格斯论教育. 北京：人民教育出版社，1958：70.

动中种种具体、复杂的情况与问题，当他进入社会实际工作时，还被认为是一个没有经验的生手。也就是说，在他身上，还不能完全解决理论与实际相脱离的问题。譬如闭门造车，虽然严格地依照一定的尺寸（理论），动手制造模型（作业实践），但还不能保证出而合辙。何况，有许多社会实践是无法模拟的，或者虽能模拟而不够正确，或落在被模拟者的发展之后的，那就更和实际脱节了。

有什么办法解决这个问题呢？"唯一的办法就是使他们参加到实际工作中去"，就是使学生参加一定的社会实践，到生动具体的生产活动和社会活动中去。

近年来，丰富的经验证明了这个论点是正确的。学生参加了生产劳动和社会实践工作，参加政治运动、基层工作，参加技术革新技术革命运动和其他支援城乡社会主义建设工作等，在这些社会实践中获得了丰富的直接经验，来充实提高他们的理论知识。相应地，在教学过程中创造了许多理论联系实际的新的教学方式，如现场教学、社会调查与历史调查、基层工作、解决生产上的实践问题的毕业设计与毕业论文，等等。这些活动，虽然由于认识的片面性和经验不足，存在不少问题，主要是夸大了它们的作用，甚至以参加社会实践来代替系统的理论教学，但却找到了一条解决理论脱离社会实践的重要途径。路是走出来的，当人们用自己的双脚走这条道路时，它总是曲折的小道，然后才逐渐地修成康庄大道。必须承认，我们现在还没有修成康庄大道，但路总是走出来了。也就是说，我们肯定参加社会实践是一条正确的途径，但却不是肯定几年来所有的做法都是正确的。

直接参加社会实践，和模拟式的教学实践比较，在教学上有什么积极的作用呢？

我们知道，教学过程是一个以知识、技能、技巧武装学生的过程，要在这个过程中发展学生的智力，并在这个基础上培养学生正确的世界观和道德品质。学生直接参加生产劳动和社会实际工作，对于掌握理论来说，能够更明确地理解理论知识产生的根源及其条件，从而较容易理解理论的精神实质；在社会实践中练习技能，能够使之更快地转化为技巧，并且能够使其技巧更灵活圆熟，更符合于实际工作的要求；还能够养成学生善于在实际工作中发现问题，并为解决实际问题而深思熟虑，钻研理论，既培养了学生解决实际问题的能力，发展了学生的智力，又从而加深了理论的认识。同时，学生参加了政治运动和生产劳动，对于树立无产阶级观点、劳动观点，都有积极的意义。

试举生产实习和参观两种教学形式的比较来说明，生产实习和参观都是面临现场的教学，不同的是参观仅仅是看一看、听一听、摸一摸而已，生产实习则必须参加一定的生产劳动或实际工作，它不是从外面看看，而是亲身参加变革现实的活动，它不是只看到一个静止的横断面，而是看到了发展变化的历程。听听、看看、摸摸的参观，不能深入了解生产的过程或实际工作复杂的内容，不能很好地体会到事物内在的本质、复杂的关系及其运动发展的规律，必须使学生深入实际，动脑动手，才能达到这个要求，所以生产实习的实质意义，在于亲身参加实践。一般的参观，对于教学是重要的，因为它能够使学生对事物的现象有直接的感知，能扩大学生的眼界，丰富学生的知识，但它缺乏生产实习所具有的社会实践意义，因而单靠参观不能解决理论与实践相脱离的问题，当然，只参加实践，单纯地搞劳动、搞工作，也不能认为就是理论联系实际。教学过程是一个从对事物的现象及其变化的感知到抽象概括地认识事物本质及其规律的过程。哪怕是生动的实践，没有抽象概括的过程，以达到理论的认识，教学的任务仍没有完成。生产实习是指有计划、有目的地，在掌握一定的理论知识和方法的基础上，组织学生参加生产活动，获得直接的经验，加以总结提高，从而更好地掌握理论与技能的教学形式。它是密切地把理论和实践结合起来的一种教学形式。问题在于还未能真正掌握生产实习的意义与方法。

生产实习，过去虽已有一些社会实践因素，如工科的学生到工厂中实习，师范学生到学校实习，就这一点说，已经是社会实践了。但是就整个指导思想来说，它还是作为教学实践而不是独立的社会实践，着重从教学过程的角度来安排学生的活动，而不是从生产活动或社会活动本身来组织学生的活动。学生对其活动的结果，也很少负有社会实践的责任。如过去在实习工厂里，学生把技术员和工人已经准备好的材料，按照一定的指示，进行一定的操作，制成成品，成品制出来后就回炉。这样，学生既不需要了解整个生产过程中各种复杂的关系和具体条件，也不需要解决现实的问题如成本、劳动生产率等，一般也不关心其成品的实际价值。在教育实习中，学生参加了一些备课活动，上了几堂课，当几个星期的班主任，总之，他们参加了一个时期的学校教育和教学工作。但是他们对于教育的实际情况所了解的却往往是肤浅的、片面的，他们对于学校工作的各个方面及其相互联系所构成的教育整体还是茫然无知。参加财会机关实习的财经专业学生，同样也埋怨机关所给予的工作只是一些虚拟的数字，而没有让他们参加具体的经济活动分析，等等。因为在这些实习活动中，学生已参加了一定的生产活动和社会实际工作，所以我们认为过去的实习已有一定的社会实践因素，但因为只是从教学过程的需要来截取实践中的某个片断或片面，对社会实践的结果不负独立的责任，所以它还是属于教学实践的范围。近年来，学生参加了工厂、工地、农场的生产劳动，参加了基层工作、学校工作，等等。因此，他们所接触到的是社会实践真实的活动极其复杂具体的关系，不再停留在片断、片面的现象上。应当指出，有一个时期，学生所参加的社会运动多了，也有活动，在教学上意义不大而所花时间和力量过多过大，这是计划安排上的缺点。今后应当更有计划地来安排这活动，提高其在教学上的效率。如上所述，让学生较全面地亲身接触社会实践的各个方面是教学过程中理论联系实际的一个重要发展，这个发展，不仅有其教育意义，而且有其社会意义。又如毕业设计和毕业论文，过去虽也提设计与论文结合生产实习，但是，由于生产实习和设计、论文在教学计划中的安排不完全合理，由于生产实习本身的实践性还成问题，更由于人们对理论与实践结合的认识不足，所以收效很小。多数设计或论文，还是纸上谈兵，从一般理论原则出发，用假设的任务和条件进行设计，或凭推理得出论文的结论，没有拿到实践中去检验。教师的评定，一般也只看所根据的原理原则是否正确，形式是否完满，或推理是否合乎逻辑，而不问或很少问它是否与实际要求相符。因此，有许多设计是与实际不符的甚至是荒谬的，有许多论文充满了教条气味或属东抄西摘的。近来所提倡的毕业设计和论文与实践紧密结合，选择现实的题目，接受国家的任务，实地进行考察，搜集真实材料，设计的东西或所研究的成果，还要拿到实践中去检验，是一条较好的途径。在这个过程中，学生必须运用其所学的理论知识，掌握实际情况，考虑各种具体的条件，才能完成真实的任务。这样，学生既丰富了知识，又在实践中受到锻炼，还完成了国家的任务。这就是设计或论文与社会实践结合的好处。

总之，教学过程中的理论联系实际，从教学实践到社会实践，是一个重大的发展。但是，并不是说教学实践被否定了。如上所述，教学实践在教学过程中还是必要与大量的，甚至可以说还是主要的。这是由于学校教育的特点是以教学为主，而教学的特点是学生所获得的知识大量的还是间接经验而不是直接经验。如果否定或轻视了教学实践，就会产生偏向，例如以生产劳动代替实验，以社会活动代替实习，以及现场教学搞得太多，练习作业做得太少等等，这是不利于提高教学质量的。另一方面，我们说学生所参加的社会活动、生产劳动不能过多，却不是说可以忽视社会实践。因为从教学实践到社会实践，毕竟是一个重大的发展，有重大的教育意义与社会意义。如果忽视了这个发展，又会重新出现另一个偏向。例如近来由于强调教学为主，有些人竟因此怀疑社会实践是否必要，对于社会实践的意义有所忽视，这也是不正确的。教学实践与社会实践，在教学过程中都是必要的，应当在教学计划中全面安排，使之密切结合。

二

学生参加教学实践时，一般是先学习理论，然后以理论来指导实践，在这个基础上再进一步学习理论。例如练习，先弄清概念，掌握公式和运算方法，然后做习题；实验，先弄通原理、掌握变化过程和实验程序、方法，然后做实验。其他如参观、观察、实习等，大致都是如此。所以一般就把教学过程归结为"知识—技能（技巧）—知识"或"理论—实践—理论"的公式（这两个公式大致相同，但不完全相等）。简单的公式虽有不够恰切之处，但把它作为对教学过程的示意，还是可以理解的。

自从1958年以来，学生参加了社会实践，强调了从实践中亲自获得直接经验的重要性，而且许多学生先参加了社会实践，然后学习理论，对于理论学习，也的确起了一些作用。如对于和实践经验有直接联系的那些理论就比较容易掌握。于是就有人提出,教学过程和人类认识的一般过程应当是同样的,即"实践—理论—实践"。这个公式在1958年至1959年初很是流行。但是上述那种先实践后理论的做法,很快就被事实证明为行不通的。现在再没有人主张让大学一年级学生不读书就去搞生产活动或社会活动了。但是,把"实践—理论—实践"这个公式作为教学过程的一般公式,是否正确?如果不正确,它的错误何在?还有不同的见解,值得提出来研究。把"实践—理论—实践"这个公式作为教学过程的一般公式,有三个理由:

(1) 学生的学习必须从实践出发,在实践中自己总结经验,认识事物,掌握理论。

(2) 学生先实践,后学习理论。理论虽还是前人所总结的间接经验,但由于学生已有直接经验为基础,因而对于间接经验的理解较易较深。

(3) 学生在学习的一定阶段中,虽然可以从间接经验开始,但归根到底,总要有一定直接经验为基础。所以就学生个人的整个认识过程来说,也是和人类总的认识过程一样。

第一种理由把人类认识过程一般的公式作为认识的特殊阶段教学过程的一般公式,显然是不正确的。因为教学的主要任务是继承而不是创造发明,学生所接受的知识,不可能都从亲身实践中获得,自己总结提高,大量的还是间接经验。

第二种理由有一定道理:学生参加了实践,有了直接经验,的确对其后来的理论学习有好处,诸如工人出身的学生,当学习他们所操作过的机器的原理时,比较其他学生的确理解得具体、明确、深入。因此,我们必须比较详细地研究这个意见。

作为教学过程的实践,是指有目的、有计划的实践,它的目的是掌握理论,因而它的计划是密切配合理论教学的需要,不是自发的摸索过程。从事这种实践,必须先有必要的基础知识与方法,即必须有一定的理论与方法为指导;否则,在实践中,只能见到一些表面现象,不能有意识地去掌握内部规律。因为,"感觉到了的东西,我们不能立刻理解它,只有理解了的东西才能更深刻地感觉它。感觉只解决现象问题,理论才解决本质问题"①,如果连起码的基本知识与方法都不具备,则生产活动和社会活动许多工作就很难参加。例如,学生没有学习政治经济学理论,没有学习党的经济政策和调查统计方法,参加经济调查,就很难发现问题、总结经验,判明是非真假、主流支流、现象本质等等。又如,学生没有一定的数学的、物理的基础理论和工艺知识,在车间参加生产,往往只能从事机械的操作,甚至连机械的操作也不可能。所以,学生参加实践之前,必须具备一定的理论知识和方法。其次,有了直接经验,对于理论学习虽有些有利之处,但从教学效率来说,却不能夸大这种作用。因为先实践、后理论,实践在前,学生所能接触的只是一些外部现象,不可能理解、掌握对象的内部规律,因此,它的作用还是有限的。如果这种直接经验是在教学过程以外获得的,如工人出身的学生,在入学之前就有生产经验,那是另一回事。如果在教学过程中,以有限时间来安排理论学习与实践活动,我们就必须权衡利益的大小、效率的高低,判明究竟是先理论后实践,抑或是先实践后理论,能够以较少的时间学得较多较深的知识。

第三种理由是正确的,但是却不能证明教学过程要从实践开始。这个意见可以补充"理论—实践—理论"的公式,却不能推翻它;因为教学过程恰恰不是指学生个人的整个认识过程而仅仅指整个认识过程的一个特殊阶段。由此可见,不管作哪种解释,对于教学过程一般地提"实践—理论—实践"都是不对的。那么,教学过程的公式,是否就是"理论—实践—理论"呢?它的根据是什么?如果说,它的根据是教学过程的特殊性,即学生所接受的知识大量的为前人所总结的间接经验。那么,还有几个问题应当解决:(1)间接经验是否就是理论?(2)教学过程的终点是否也是理论?如果教学过程终止于理论,那么是否就是"为理论而理论"?(3)就学生个人的整个认识过程来说,接受间接经验,仍需有一定的直接经验为基础,应当如何表达?这些问题的提出,促使我们必须分析研究"理论—实践—理论"这个公式是否有不足之处,应当如何补充。首先必须指出,间接经验不等于理论,这是两

---

① 毛泽东选集:第一卷[M].北京:人民出版社,1952:286.

个不同的概念。间接经验是相对于直接经验来说的。直接经验是指通过实践，与客观事物直接接触所获得的经验；间接经验则是指不亲自参加实践，不与客观事物直接接触，而凭借语言、文字或其他工具为中介所获得的前人经验。理论，则是指运用抽象的概念进行判断、推理所获得的合乎论理的结论，它是以原理、规律、原则等形式出现的。通过语言、文字或其他工具为中介所获得的经验并不都是原理、规律、原则等等。教科书的叙述，教师的讲课，可以从学生已经掌握了的基础理论出发，经过判断、推理而得出新的结论，或一开始就提出定义然后予以证明；但也可以从现象的叙述、描绘开始，在学生的脑中形成一些印象。这些印象虽非学生直接接触客观事物的反映，但它却同样是感性认识的东西而不是抽象的概念。即它同样是片面的、现象的、外部联系的东西，而不是达到全体的、本质的、内部联系的东西，不是理性认识阶段的东西。这种感性认识之所以能够不由直接接触而借助于第二信号系统的语言、文字的叙述、描绘获得，是由于语言、文字的描绘能够唤起与重组学生的直接经验，因而它本身虽不是直观的却具有"直观性"。也就是说，间接经验之所以有被"感知"的可能，是由于它可和学生已有的直接经验联系起来。

　　间接经验既然是指借助于语言、文字为中介而引起的感性认识，还不是用语言、文字所表达的以原理、规律、原则等形式出现的理性认识，那么，正确的说法应当是教学过程一般从间接经验开始而不应说从理论开始。但是，我们知道，无论叙述或描绘，它仅仅是这个阶段的一个过渡，它并不是这个阶段的本质的东西。教学必须使学生掌握理论而不是让学生停留在感性认识上面。因为感性认识既然只是"事物的片面的、现象的、外部联系的东西"，学习只感知这些东西是不够的。所以尽管教学可以借助于叙述、描绘以引起直接经验，但终需飞跃至理性认识阶段，通过判断、推理以得出结论，使学生掌握理论。因此，就这个阶段的本质来说，仍然是理论的认识阶段。"理论—实践—理论"这个公式，虽未能详尽表达作为教学过程的认识起点的间接经验，但它基本上仍是正确的。那么，把理论作为教学过程的终点是否正确呢？人类一般认识过程，从实践中所获得的经验、理论，必须回到实践中去，理论是手段，实践才是目的；学生学习理论，归根到底，也必须回到实践中去，不是为理论而理论，为读书而读书。但是，就教学过程这一特定的阶段来说，掌握理论却是目的，而教学过程中的实践，恰恰是使学生更好地掌握理论的手段。作为教学过程组成部分的生产活动，虽然也可创造物质财富，但就其主要方面来说，是为了教学和教育，至少在全日制学校是如此。其次，学生所掌握的理论知识，也并不要求立即回到实践中去，而是为了在毕业之后参加社会主义建设，即在教学过程之外，才以其所学的专业知识的整体，回到实践中去。毕业设计或毕业论文，如果它是现实的题目，实际的任务，它的本身已经是把专业知识的整体运用于实践，并完成了国家所交给的任务。但是就这些教学形式的性质来说，它的主要目的，也还是在于加深与提高理论知识、培养独立工作能力。总之，作为认识过程的特殊形式与特殊阶段的教学过程，"理论—实践—理论"这个公式，把理论作为这个过程的终点也是正确的。

但是，学生接受间接经验，要有一定的直接经验为基础。学生掌握了理论，归根到底要用以指导实践，所以，从理论开始与以理论为终点，只是相对的。如果把它绝对化了，那就犯了理论脱离实践的错误。为了避免这个公式所可能产生的误解，更为了指明"理论—实践—理论"这个公式仅是"实践—理论—实践"的总公式中的一个特殊阶段，建议对它作出补充。列为"实践……理论—实践—理论……实践"，虚线是表示特定阶段的教学过程之外的实践基础与实践目的。这样，这个公式就既表达了教学过程又包括了整个认识过程。

还有两点补充说明：（1）这个公式仅是教学过程基本阶段简单的示意，事实上教学过程中的实践与理论学习是复杂交错的。（2）这个公式仅是一般的公式，即就大量的间接经验而言，有些知识，如某一门专门组课程，或某种工艺技术，可以先参加实践，后学习理论。或在学生实践中给予必要的启发，让他们自己总结经验，得出结论。

明确这个公式，对于在教学中贯彻理论联系实际的原则，有什么指导意义呢？

（1）学生虽然应当参加一定的社会实践，但在参加社会实践之前，必须掌握一定的理论知识和技能方法，而在参加社会实践之后，又必须把从实践中所获得的直接经验提高到理论认识层面。

（2）教学应该重视理论的传授，但在传授理论的时候，既应考虑学生的基础（包括学生已有的直接经验和基础理论），又应考虑学生将来在实际工作中的运用。

（3）教学过程中的理论联系实际，是以理论为主体来联系实际，不是从实践出发来学习理论的"从做中学"。

（4）学生在学习理论的时候，应当尽可能地随时参加实践（教学实践与社会实践），在实践中检验与运用其所学习的理论，但不要求立即承担太多的实际任务，即不应把学生当做干部或技术人员使用。

三

理论与实践是对立统一的。理论依赖于实践，科学的理论是客观实际的正确反映；理论指导实践，正确地运用理论是发挥理论的能动作用。在反映与被反映之间、指导与被指导之间，存在着差别、矛盾。客观事物通过人类的实践活动和思维活动转化为理论，就这个意义来说，理论包含了它的对立物——客观事物；理论又转化为实践，就这个意义来说，有理论指导的自觉的实践包含了它的对立物——理论；因而理论与实践的矛盾、转化促使人类认识不断地提高，实践不断地向前发展。

理论与实践的对立统一，是客观世界与主观认识的对立统一的关系的反映。但是，不仅如此，它包括了具体与抽象的关系（实践是具体的，而理论是抽象的）；特殊与一般的关系（每一次具体的实践是特殊的，而理论是抽象，其共同的东西带有一定的普遍性）；复杂与简单的关系（实践是多方面复杂的，理论是把客观世界简单化为一般的规律）以及变动不居和相对平静的关系（实践是变动不居的，而"规律把握住平静的东西"）。在这里，我们不可能阐述这些关系，只是说明理论与实践的关系是复杂多样的，以及理论有其相对的独立性。

具体的实践中存在着复杂多样的关系，有本质的、非本质的，有必然性的、偶然性的，有个别的、共同的。从实践中所获得的感性认识，只是这些复杂多样的关系的现象的、片面的及其外部联系；理论，则是将这些东西加以去粗存精、去伪存真、由此及彼、由表及里的改造制作过程。它是排除非本质的东西抓住本质的东西，排除偶然性抓住必然性，排除个别属性抓住共同属性。一方面，正如列宁所说，"任何规律都是狭隘的、不完全的、近似的"。另一方面，它却是更深刻地反映了客观事物，并且具有普遍性，能够对同一系列的实践起作用。理论的价值，也就在于它仅仅是从实践中抽取客观事物共同的、必然的、本质的东西，而舍去个别的、偶然的、非本质的东西，以普遍性的规律和"纯粹的"形式出现。这些普遍性的规律和纯粹的形式具有比感性认识更高的价值。它不但能说明世界形形色色的现象，而且对于事物的发展有一定的预见性。某些理论的预见性甚至远远地跑在现实的前头，而不立即为实践证明或应用。总之，"纯粹"形式的理论具有其相对的独立性。恩格斯曾经举卞尔诺的理想的蒸汽机作为生动的例子："他研究了蒸汽机，分析了它，发现了蒸汽机中的基本过程并不是以纯粹的形式出现，而是被各种各样的辅助过程所掩盖住了；于是他撇开了对这主要过程无关重要的辅助条件而构造了一部理想的蒸汽机（或是煤气机），的确，这样一部机器就像几何学的线或面一样是绝不可能制造出来的，但是它却按照自己的方式作了像这些数学的抽象所作的同样的服务；它表现着纯粹的、独立的、真正的过程。"① 事实上，任何科学的原理都是尽力地使其不被非本质的东西所掩盖而独立地以"纯粹的"形式出现，使其具有普遍性与预见性。数学是各门科学中最抽象"纯粹的"科学，然而它却是任何一门自然科学和任何一种现代化生产过程所最普遍有用的科学，它在自然科学中具有最多的预见性，以至于许多理论远远跑在现代生产实践的前头。

理论的相对独立性还表现于这样一个事实：生产过程是各门科学理论、各种规律的综合运用，某一门科学理论，往往只反映了实践的一个方面、一个属性。因而在认识过程中只抽取了具体事物的某一个方面、某一个属性来进行分析研究，而暂时撇开其他方面、其他属性，这完全是必要的；否则，眉毛胡子一把抓，对客观事物的认识将永远是一片混乱。所以马克思说："物

---

① 恩格斯.自然辩证法［M］.北京：人民出版社，1955：190.

理学者考察自然过程时,要在它表现在最精确的形态且最不受扰乱影响的地方去考察。"① 马克思研究资本主义社会复杂的经济现象,也正是这样抽取最单纯的商品作为其研究的开始。在客观实际中,这种"纯粹的"东西是不可能独立存在的,在人们的思维中,它却可以独立存在,而且构成了一门一门科学理论的体系。

理论这种相对的独立性的意义,在教学过程中表现得更为突出。因为教学的任务,如前所说,主要是在于使学生掌握理论知识,而不是使学生只懂得一个个关于具体事物的具体经验。所以,不能因为传授了"纯粹的"形式的理论而怀疑它的价值。暂时撇开了具体的东西,撇开了实践中各种具体的条件与问题,只要不是唯心主义地认为这些理论是独立自足的,或教条主义地满足于纯粹理论的世界,则这种"纯粹的"形式的理论传授是完全必要与正确的,不能因此认为就是理论脱离实际。在教学过程中,我们不能要求理论的传授时时刻刻和具体的实践联在一起,即时时刻刻把非本质的东西、辅助性的条件等杂糅在一起。在一定情况下,教师可以只从理论推导而暂时不联系实际。那种认为课课要联系实际,课课要用实践来检验,是把理论与实际的联系简单化了,事实上也是行不通的。其次学生在学习理论时,由于对理论还未全面掌握,更由于对辅助条件或非本质的但在生产过程中必要的东西尚未掌握,因而不能立即解决具体的实践问题,也不能因此怀疑理论在指导实践上的意义。例如,学生学习了物理学或化学,但还未学习工艺学;学习了工艺学,但还未掌握生产过程中具体的设备、材料、管理、操作等问题,因此,不能立即运用物理的、化学的规律生产出产品来,这是完全可以理解的。再者,理论虽有普遍性与预见性,但由于技术问题尚未过关,或设备条件尚未具备,因此一时还用不上,甚至对于它的实用价值还不十分明确,也不能说学了这样的理论就没有价值。

应当指出,"纯粹的"形式的理论,如果它是"科学的抽象",则它是"更深刻、更正确、更完全地反映着自然",它不是离开真理,而是接近真

---

① 马克思. 资本论:第一卷[M]. 北京:人民出版社,1953:3.

理。① 但是它归根到底是从实践中产生，要通过实践的检验，要回到实践中去。指出它在一定情况下的相对独立性是必要的，如果把这种相对独立性夸大了，绝对化了，就要堕落到唯心主义的泥坑去。在教学上，就要回到理论脱离实际的窠臼。理论的相对独立性与预见性，不应当成为唯心主义与教条主义的借口，在教学中贯彻理论联系实际的原则时，我们既要避免简单化的做法，更要防止理论脱离实际的重现。几年来，一方面既有把理论联系实际简单化、庸俗化的倾向，例如认为只有讲当前生产上有用的东西才是联系实际，教材中实际材料多，缺少必要的理论概括；或"以生产为纲"，削弱了理论本身的系统性。另一方面还仍然存在理论脱离实际、教条主义倾向，不过往往是以另一种形式出现。例如"以论代史""以虚代实"，其一般表现为：在教材中史实不充实，结论公式化、概念化，或注意规律本身的介绍，不重视从大量现象、素材的分析、概括以获得论理的结论。所以，我们对于理论的"纯粹性"、相对独立性、预见性等等，必须有一个全面的认识。

四

因为理论与实践间存在上述对立统一的关系，所以在教学过程中的理论联系实际，必然是复杂多样的，必须具体分析，分别对待，不能用一个简单化的公式套上去，也不能要求一切理论都立刻与生产活动、社会活动直接联系起来。要根据不同的学科、不同的课程以及不同的教学形式采取不同的措施。

（一）不同的学科，其所研究的对象不同，因而其所联系的实际也就不同

首先就社会科学和自然科学的区别来说，一为联系社会活动的实际，一为联系自然现象的实际。这是很显然的。过去曾发生过不管社会科学或自然科学的教学，都要联系国内外形势、当前的政治中心任务和学生政治思想等等，因而产生牵强附会的现象。这问题现在虽已基本上解决了，但从这几年

---

① 列宁. 黑格尔"逻辑学"一书摘要［M］//中共中央马克思恩格斯列宁斯大林著作编译局. 列宁哲学笔记. 北京：人民出版社，1957：155.

的经验看来，尚有几个问题必须进一步解决。

（1）历史科学联系的实际是什么？社会科学所联系的实际是社会生活。历史科学是社会科学，恩格斯就径直地把社会科学称为历史科学。这门科学中包括了历史和现状两个方面。联系历史，是否就是联系实际？如果历史事实就是历史科学的实际，那么如何体现"古为今用"的原则？如果历史事实不算历史科学在教学过程中所应联系的实际，那么历史学科的教学是否一定要与现状联系起来才成，这样会不会产生历史现象与当前现状的牵强比附？我们认为历史科学的研究对象是历史规律，历史学科所应联系的实际主要的就是与历史规律有着内在的本质的联系的历史事实，历史学科的教学首要的就是观点与材料的统一。不能只有空洞的史论而无丰富的史实，当然更要避免史论不是从史实所总结出来而把现成的理论强加于历史事实，这些都是当前历史教学上常见的问题。其次，历史学科的教学，可以而且必须以历史规律为中介来联系现状，但要避免不经规律的中介而直接地把历史事件和现状作无条件的比附。因为历史事件是特殊的，在不同的历史阶段间不再重现的；只有历史规律才带有一定的普遍性。但是，即使是历史规律，其普遍性也不是毫无限制的。如果过分热衷于把历史和现状联系起来，不但容易发生牵强附会的流弊，而且也不利于对历史规律作深刻的阐发。至于"古为今用"的意义，主要是吸取历史经验、树立历史观点、认识历史规律、掌握历史方法，从而有助于我们研究现状和预见未来。

（2）自然科学所联系的实际，应当是自然现象、生产斗争。问题在于自然科学是否应当联系社会主义建设？是否有必要通过自然学科对学生进行思想教育？如果自然科学应当联系上述这些实际，是否与社会科学混淆起来？我们认为，自然科学的研究对象既然是自然规律，其所联系的实际主要的就是自然现象、生产过程；但生产总是社会性的，生产力的发展和生产关系有着密切的联系，因此，它能够适当地联系社会生活，尤其是社会主义建设，能够对学生进行辩证唯物主义观点、劳动观点、爱国主义教育。但必须是与教材内容有密切联系，而不是一般地联系社会主义建设，一般地对学生进行思想教育。它是通过科学观点的论述和生产过程的讲解来联系上述这些实际的。

其次，在自然科学之中，还有理论学科和技术学科的区别。理论学科，是依自然界的物质运动形态来分类的，一门理论学科，总是以某种物质运动作为其研究对象，它和依生产过程而建立起来的技术学科、应用学科、专业学科不同。任何一个生产过程，都是综合各种物质运动形态而构成。每门理论学科只能反映生产过程中的一个方面、一个因素（主要的或辅助的）；同时，任何一个生产过程，又不能够全面地系统地体现一门理论学科的全部规律。因此，理论学科之联系生产过程，就不如技术学科那样紧密。一般来说，它是通过技术学科为中介来间接地联系生产过程的，因此不可能也不必要处处把理论学科的教学和生产过程的实际联系起来。再者，各门理论学科之间，与生产实际的联系也有较近较远的区别。诸如物理学就比数学和生产实际较为接近，因此数学联系物理的尤其是力学的规律，也应当视为理论联系实际的一个重要的，甚至是主要的途径。

把理论学科看成与生产实际无关的理论是不对的，但如果由于要直接与生产过程联系起来，从而忽视了理论学科的特点，取消了理论科学的系统性；或由于学了理论学科，不能立即转化为具体的生产实践而责之为"理论脱离实际"，也是不对的。如有人主张："按生产系统化和程序来学习，按照专业性质，在生产劳动中有了什么技术实践，在教育中就学习什么科学理论，这种在'专业基础上理论化'的学习程序不是比在'理论基础上专业化'的程序更为符合《实践论》中'实践、认识、再实践、再认识'的指示吗？符合这种学习程序的科学就是生产系统化的专业科学。……如果必须要掌握某一学科的专门科学（按：指理论学科），在已经学习了某一行业的专业科学的基础上来进行，也就必然会事半功倍了。……甚至在中小学的文化学习中，也只宜按照生产系统化的精神，就日常生活中的感性知识，进行学科综合的科学教育。"① 教育史上的教训、教学改革的经验，都证明了这种主张是错误的。其所以错误，就是打乱了理论学科的系统性、连贯性。而学科的系统性、连贯性是根据客观世界物质运动的固有规律以及它的内在联系，并依照由浅而深、由已知到未知、循序渐进的教学原则而编制的。打乱了它的系统性，必

---

① 茅以升. 试论专业科学与专门科学［N］. 光明日报，1961-03-06.

然影响学生掌握系统的理论知识，从而影响教学质量。在教学改革中，有的学校把理论学科的系统打乱，在教学计划中以生产为纲来增减合并课程，在课程中以生产为纲来重组教材，企图使理论学科与生产过程更直接地结合起来，结果证明那种做法是行不通的。当然，学科的体系，不是绝对固定、一成不变的，随着人类对于客观物质运动规律认识的深入与丰富，随着教学法的改进，可以而且必然会不断地小改或大改，但是理论学科的根据仍然是客观物质运动的规律和教学法上的要求，而不是按照生产过程的要求。

其实就是技术学科，也不可能和具体的生产过程相同。具体的生产过程是具体的、复杂的、多方面的，而作为科学概括的技术学科，它不是工艺课程，还是一定程度的普遍性的生产理论和技术方法，企图以具体的生产过程作为学科的内容及其系统，则足以使学科的内容过于狭窄与烦琐，从而降低培养人才的质量。

（二）不同的课程，其内容各不相同，因而其所联系的实际也各不相同

先就基础课程和专业课程的区别来说。在工农医等专业中，理论学科一般是基础理论课程，而技术学科一般是专业课程（综合大学则基础课程与专业课程无明显的界限，一般都是理论学科）。所以基础课程与专业课程在理论联系实际上的区别，与上述理论学科和技术学科的区别，原则上是相同的。基础课程与实践的联系，一般是通过专业课程为中介的。因此，基础课程的理论联系实践，一般不表现为与生产过程和社会实际工作的直接联系，而表现为与专业知识、技术的联系。有人提出基础课程为专业服务，如果所指的是整个专业的培养目标与要求，同时不把它理解为只是限定于为专业知识"直接有用"的东西，则这个提法是对的。但不能够把它理解为基础课只为某一门专业课服务，只传授与专业课程直接有关的基础理论知识；更不能够理解为可以打乱基础课本身的系统性，凭所谓专业课程的"需要"取舍编排。教育革命以前所开的基础课程，虽然有些理论体系和教材内容是值得商榷的，但大多数理论体系，尤其是自然科学课程的体系，大体上是反映了客观规律内在联系的。如果不能保证学生系统地掌握这些基础知识，那就会降低教学质量。这种降低质量往往不是立即见到它的害处，是在较长时期内影响到继续学习和独立工作的。因此，对于原先的理论体系不要轻易根据是否与专业直接有关去改变它的顺序或决定它的内容取舍。正确的做法是基础课程在保持其自身的完整性与系统性的前提下，适当结合专业。基础课程首先应当保持那些反映客观普遍规律的理论知识的系统传授和讲解透彻，对于专业学习和专业发展关系比较密切的理论可以比较着重些，如说明它在专业的作用与应用，把专业上所需解决的一些问题有意识地安排在教材中、实践中或习题中。其次，基础课程于必要时也可以与生产活动直接联系，有重点地通过典型性的实践活动，使学生看到理论、规律在生产活动或社会活动中的真实面貌，改变过去"只见典型情况下的典型材料，不见真实情况下的真实面貌"的缺点。这样还能促使学生在学习基础课程时目的性更明确，信心更强。所以，基础课程的理论联系实际有两条基本途径，一条是联系专业从而间接地联系实际，一条是适当地直接联系实际。前者是基本的、主要的途径。

基础课程贯彻理论联系实际的原则，另一个突出的问题是如何删除陈旧落后教材与如何反映科学技术上的最新成就。有人认为基础课程中许多规律、原理，是几十年前的东西，自然科学基础课中甚至有几百年前、一两千年前的东西，而科学的发展日新月异，必须把这些古老的东西大力删除或压缩，以便最大地加进反映科学技术最新成就的内容。这个意见无疑有对的一面：因为过去的基础课程，确实存在不少陈旧落后的东西；而科学技术上最新的成就，也必须尽可能迅速地吸收到基础课程中。例如物理中的半导体、超声波、原子能、放射性同位素、热核反应等等，过去的教材中反映得很少，而今天在生产技术上日见其重要，今后对生产技术发展的作用将越发重要，因此，物理学就必须尽可能阐述这些科学知识的基本原理、规律。但是，另一方面也应该看到，基础理论知识，尤其是自然科学的基本规律，是比较稳定的东西。正如列宁引黑格尔所说的话："规律的王国是现存世界或现象世界的平静的反映。"列宁认为"这是极其唯物主义的，极其确切的（从'平静的'这几个字眼来看）规定"①。许多古老的、经典的规律，不一定就是陈旧落后的，应当审慎以定其取舍。许多科学技术上的新成就，可以丰富、发展这些

---

① 列宁. 黑格尔"逻辑学"一书摘要［M］//中共中央马克思恩格斯列宁斯大林著作编译局. 列宁哲学笔记. 北京：人民出版社，1957：133.

经典的规律，但却不一定就能推翻经典的规律，而是建立在经典的规律基础之上的东西。在这个意义上说，如对必要的经典规律讲解不透，学生对科学技术上新成就的理解也就不深。至于科学技术最新成就可以吸收到基础课程中的，应当是那些对于基础理论有重大意义的，或可引导人们对基础理论在实践中的作用有新认识的。因此在选材上，必须考虑到这些成就的稳定性、典型性与普遍性，不能把大量的科学技术的新成就都作为基础课程的教材，以免削弱了基础理论的阐述。同时，科学技术的成就是日新月异、变动不居的，今天认为是最新的成就，明天可能变成陈旧落后的东西，而基本规律是比较稳定的，具有较广的普遍性与较强的预见性。我们所培养的专业人才，不只是今天的人才，而且是十年、二十年以至四十年、五十年之后还要在社会主义建设中起作用的人才，掌握好基本的东西，他就能够比较容易地吸取不断更新的科学成就，这对于提高培养人才的质量是有利的。

其次，各种各类的课程，都各有其具体的内容，贯彻理论联系实际的原则，必须根据其具体的内容来考虑所应当联系的实际，因为课程门类繁多，不可能一一铺叙。

（三）不同的教学形式各具特点，在理论联系实际的做法上也就各有所不同

先就现场教学说，这是理论和社会实践结合的最直接形式。它直接地在生产活动或社会活动中进行教学。从整个专业或整门课程的教学过程来说，现场教学只是系统理论的传授到了一定阶段的一个特殊环节。因此，必须有计划地选择现场教学的内容，使之能适应系统理论传授的需要，并密切与课堂教学、实验等环节配合。但在现场上进行教学的时候，却必须保持现场的本来面貌，根据生产现场的实际情况或生产过程来组织教学，不能人为地改变生产过程来凑合教学过程。所以，单独就这个环节看，可以说是按照"实践—理论—实践"这个公式来安排的。当根据系统理论教学的需要选定了现场之后，现场教学就是从现场的实践中学习，有目的有计划地做什么、学什么，通过在现场实践中所接触到的现象、问题来分析研究，总结经验。换言之，作为整个教学计划的一个环节的现场教学，是遵循着整个教学过程的系统性的；但在现场进行教学活动的时候，它的系统性却是围绕着生产任务、随着生产过程的发展而形成的。由此可见，现场教学不是课堂搬家，不是把课堂搬到工厂、农场去进行系统理论讲授，然后根据教学内容的进度去撷取生产过程中某一片断或某一侧面来说明理论。把现场当做一个任意取舍的大教室，不是现场教学的实质意义。

但是，现场教学又是教学形式之一，它与一般的生产劳动或社会工作仍然是有所不同的。在现场中必须进行一定的教学活动。那种只把学生带到现场中去参加实际工作而不安排教学活动的做法也是不对的。在现场中进行教学，可以根据课程的性质、需要和现场的特点，采取多种多样的方式。如通过生产会议、经验交流、技术总结、听有经验的工人农民和技术人员作报告以及讨论会、座谈会等形式进行学习，也可以指定一些参考书让学生自学。只要能够抓住中心问题，有计划地安排这些活动，使之和现场的实践相结合，上述方式都能收到一定的教学效果。但是仅仅通过上述方式，还不能完全满足学生理论提高的要求。教师还要在现场根据现场情况与问题，分析综合，概括这些直接经验作成合乎论理的结论，或根据理论来解决实践中的现实问题。这样才能更好地做到理论与现场实践密切结合。

至于课堂教学理论联系实际应当采取另外的方式。在课堂上应当进行系统的理论讲授（某些专门组课程除外），使学生系统地掌握科学规律。在系统理论讲授中来联系实际，其要求是：

（1）理论的目的性要明确。就是要使学生明了抽象的理论如何为社会实践服务（包括经过技术科学的中介为社会实践服务），即使是最抽象的数学教学，也应在师生思想中明确地解决这个问题。

（2）遵循历史与逻辑统一的原则，叙述、分析理论所由发生的客观实际及其转化发展的过程，从而使学生掌握理论的精神实质，引导学生从精神实质、从方法论上来联系实际。

（3）符合观点与材料统一的原则，应当掌握丰富的材料，根据这些材料进行分析综合，合乎逻辑地得出结论；或提出论点（定义、原理），然后以丰富的、典型的实际材料来证明。既不能下空洞的结论，或材料与观点缺乏内在的必然联系，仅举一些偶然性的例子来说明；也不能仅罗列事实现象，不加分析综合，得不出明确的结论。

（4）有重点地介绍一些实际的情况、实践的过程，或适当地组织一些参观，必要时在可能条件下也可组织一些社会实践性的活动。

此外，如课堂讨论，讨论现实问题，练习作业解决一些实践问题，生产实习尽可能参加完整的生产过程的活动，设计与论文尽可能选择现实题目，以至于考试考查引导学生以理论解决一些实际的问题，等等。又如，课外引导学生关心国内外形势和社会主义建设的成就，阅读有关科学技术最新成就的资料，参加学术界的争鸣等。方式是多样化的，但是都必须根据可能与需要，适当运用，避免生搬硬套。

总之，理论联系什么实际，如何联系实际，都必须根据学科、课程、教学形式的特点来选定。

最后，还必须指出，教学过程中理论联系实际的复杂性、多样性，还表现在教学中对于这些关系虽然各有其不同的含义，但在教学过程中所存在的问题，其实质就是理论与实际的关系问题。因此，正确地处理这些关系，也是贯彻理论联系实际原则的重要问题。

教学、生产劳动、科学研究的矛盾与统一[①]

高等学校贯彻"教育与生产劳动相结合"的方针,必须把教学、生产劳动、科学研究结合起来。因为教学、生产劳动、科学研究三种活动,存在着内在的本质联系——理论与实践的联系。三者正确的结合,必然能起相互促进、相辅相成的积极作用:对教学来说,生产劳动使学生所获得的知识建立在生动的直接经验的基础上,并有利于培养学生的劳动观点;科学研究使学生对所获得的知识作进一步的理论提高和培养学生运用知识解决实际问题的能力;对科学研究来说,教学和生产劳动促使科学研究联系实际;对生产劳动来说,教学和科学研究推动技术革新,师生参加生产劳动还能完成一定的生产任务。再者,学习知识、研究科学,归根结底,是为了更好地培养社会主义建设者,所以,"三结合"就其本质联系来说,必然提高教学—教育质量,提高科学研究质量与提高生产劳动效率。

但是,教学、生产劳动、科学研究,毕竟是三种不同的社会活动,具有不同的任务、活动过程和规律。如果忽视了这一点,就会发生两种偏向:或者是把教学、生产劳动、科学研究雷同起来,以生产劳动代替教学,以科学研究任务代替学科;或者是把"三结合"简单化,仅仅是时间上形式上的安排,混合而非结合,各自孤立而不结合。这就不能提高教学质量,甚至会降低教学质量,也不能为科学研究、生产劳动带来真正的、长远的好处。

必须指出:提高教学—教育质量、科学研究质量和生产劳动效率,是

---

① 原载《厦门大学学报(哲学社会科学版)》,1959 年第 1 期。

"三结合"的本质的必然性，缺点是由于我们认识不全面、经验不足所产生的暂时现象。我们既要认识教学、生产劳动、科学研究的本质联系，也要认识教学、生产劳动、科学研究的任务和活动过程的矛盾。抓住矛盾，掌握规律，才能够全面地深入地把三者结合起来。

一、教学与生产劳动的矛盾及解决矛盾的基本原则

在教学、生产劳动、科学研究的矛盾中，教学与生产劳动的矛盾是主要的矛盾。

教学和生产劳动的矛盾，表现在以下几方面：

第一，教学任务与生产任务：教学必须在一定时间内，完成一个专业或一门课程的知识和技能学习任务；生产劳动必须在一定时间内，完成某种产品和一定数量的生产任务。前者依据教学计划的要求与进度，后者依据国家生产计划的要求与进度，并根据具体的生产情况变动。在同一个时期两者的口径往往是对不上的。例如我校化学系接受地质勘探队的矿石分析任务，这和分析化学的教学任务是可以结合的，但在一定时期内，地质勘探队交给大量铁矿石的分析任务，而学生学习分析的知识与技术，显然不只满足于铁矿石的分析，在教学进度上也不容易对得上，而且在一个短期间内大量铁矿石分析任务给学生带来过重的负担。

第二，教学过程与生产过程：教学必须按科学性质分成若干课程，按学科系统和学生学习能力循序渐进，它是分科的、渐进的；生产是依照产品的生产过程而综合各种科学知识，同时并进的。一方面，一个生产现场往往包括了多门课程的知识与技能；另一方面，一门课程的知识与技能往往在许多生产现场还包括不了。同时，许多知识（如基础理论）并不直接体现在生产现场上。

第三，专业培养要求与生产劳动要求：教学要求每个学生在专业范围内掌握较宽较全面的知识与技能，不能固定在一个车间、一个工种上；生产要求熟练的技术，因而必须较长的时间固定在一个车间、一个工种的重复操作上。这种不同的要求，在培养较高水平的专门人才比在培养技工上分歧更大。

第四，生产组织与教学中的劳动组织：生产必须连续地进行，有的工厂日夜二十四小时终年不能停工，不能产产停停；在教学中组织学生参加劳动，一般不宜值夜班，也不能一年到头干。学校办工厂，产产停停，设备有浪费，参加校外工厂劳动，工厂在定员上有困难。至于农业、渔业和有季节性的加工业，与教学进度虽不一致，配合还较容易。

上述矛盾是客观存在的，因而在教学和生产劳动的结合上，必然遇到许多困难。在困难面前有两种态度：一种是对于这些矛盾没有充分的估计，把"三结合"简单化了，一碰到困难就失掉信心；一种是充分认识到这些矛盾的存在，也就是认识到"三结合"是一项复杂的细致的工作，对于困难，耐心地分析其原因，寻找正确的解决办法。

我们搞"三结合"的时间还短，全国各高等学校虽然已经创造了不少好的经验，但总的说来，经验还不够成熟，好的经验也还来不及深入地总结提高。要比较圆满地解决上述的矛盾，摸清楚"三结合"的规律，还需要经过一段较长的时间，积累经验，分析研究，反复实践以检验证明。但是，对于教学与生产劳动的结合，有几条基本原则已经比较明确了。这就是：

（1）全日制学校的主要任务是培养有文化的劳动者，主要工作是教学，所以，教学、生产劳动、科学研究的结合，应以教学为中心，围绕教学，进行生产劳动和科学研究。在教学与生产劳动的关系上，总的来说，必须把生产劳动纳入教学过程之中，而不是把教学纳入生产过程之中。

（2）教学、生产劳动、科学研究，既然各有自己的任务、活动过程和规律，教学与生产劳动结合，就必须保持各自的特点。不能取消或歪曲一个方面来凑合另一个方面。割裂学科系统性或以生产劳动代替教学是不对的；人为地改变生产过程来迎合教学的需要，失却其本来面目也是不对的。

（3）高等学校各个专业的性质不同，各门课程的性质也不同，教学与生产劳动结合的要求与方法不能强求一致。在要求上，有的可以直接结合，有的只能间接结合；有的比较全面结合，有的只能部分结合。在方式上，有的在学校自办工厂劳动，有的以下乡下厂为宜，有的直接参加工农业生产劳动，有的则在调查考察中参加一定的工农业生产劳动。

二、全面安排，有机结合

根据上述原则，来解决教学、生产劳动的矛盾，首先必须做到"全面安排，有机结合"。全面安排是指以整个专业的培养过程和以整门课程的教学过程为纲，全面地安排教学、生产劳动和科学研究活动。但全面安排不只是一个时间和活动形式的问题，时间和活动形式是三结合的形式，而其实质是教学、生产劳动和科学研究内容的有机结合。只有做到有机结合，才能做到正确的全面安排。去年大搞生产劳动，在若干重点课程的重点内容上，搞得比较突出。一旦因为对全面安排注意不够，对内容的有机结合更缺乏经验，产生了割裂教材、单纯劳动和理论学习不足等缺点。因此，有人就认为"搞运动方式可以结合，在经常的教学过程中不好结合"；有人则认为"时间是常数，搞了生产劳动就必定减少教学的时间"。前一个问题是由于没有解决全面安排的问题，后一个问题是没有解决有机结合的问题。全面安排，要使教学和生产劳动的结合落实在经常性的活动中，那就必须使内容有机结合起来，使各种活动在时间常数之中相辅相成，提高单位时间的利用价值。

进行全面安排，首先要把学生所应学到的知识排队，保证必要的知识都能按顺序学到；其次要考虑到生产劳动的条件，包括劳动场所、生产设备、生产任务和科学研究任务等；最后应考虑教学和生产、科学研究的指导力量。只有以教学过程为纲，考虑了这些因素，才能做出全面的安排。如哈尔滨工业大学，根据教学的顺序、各年级的特点，结合专业安排生产劳动，使学生顺序地从徒工到工人到技术人员。一、二年级学生在学习基础理论的同时，学习一种以上与专业有关的基本劳动技能，如车、铣、电焊、装配等；三、四年级在一、二年级所学得的劳动技能基础上，结合专业理论知识进行比较精密和复杂产品的生产劳动，经过劳动后要达到二、三级工的水平；五年级结合毕业设计参加科学研究，进行尖端产品和新产品的试制和设计工作。各种专业、各个学校的具体情况不同，全面安排是一件复杂的工作，须掌握较多的材料和经验才能做得好。

在时间安排上，必须使每个学生每年都有工有读，这样才能使脑力劳动和体力劳动经常地结合，但读要多而工较少。这是因为在学校中学习必须接受较多的间接经验。教学与劳动的比例有"1：3：8""1：2：9"等，可根据各专业的性质和各年级的情况适当伸缩，在计算上不必过于呆板。如果把生产劳动中所进行的一些教学工作作为生产劳动时间计算，理工科的生产劳动时间应当较文财科长些，因为理工科便于结合；如果把生产劳动中的一些教学工作作为教学时间计算，则理工科的生产劳动时间不能太长，甚至应比文财科短些。因为理工科的一些教学工作如工厂实习等，学生已参加了劳动，而且理工科的教学总时数又比文财科多。总之，应当根据"又工又读，以读为主"的精神灵活掌握。

在安排理论学习与生产实践活动的顺序上，既不能拘于人类一般的认识过程"实践—理论—实践"公式，也不能片面强调教学过程的特殊性而认为一定要遵循"理论—实践—理论"的公式。有的可以先实践而后从事理论的提高，有的应当掌握了一定的理论知识然后在实践中检验理论或运用理论解决实际问题。但一般来说，掌握了一定的基础理论知识和必要的专业知识，然后从事复杂的、综合性的生产劳动，学习效果较好。学过物理学、电工学和制图学的学生，在车间能够比较顺利地掌握生产技术；学过政治经济学和部门经济的学生，在经济调查中才能分析、判断问题。这是由于知识和实践之间，就其本质来说总是密切联系的。因此，低年级学生应当较多地学习基础理论和必要的专业知识，高年级可以较多地在生产现场上进行劳动并学习知识。但绝对不能理解为低年级只读书不劳动或读了书之后才能劳动，即使是学习基础理论知识，先获得一定的生产经验也非常重要。我校工科一年级学生参加工厂劳动之后，学习投影几何和制图课程，看图纸就有"立体感"，因为他们已经接触过许多机械零件。何况劳动不仅有教学的意义，而且有教育意义。

安排各种教学形式和生产劳动的关系，决定于教材内容和生产内容。有些知识，能够在生产劳动中掌握或基本掌握的，应当尽量安排在生产劳动中学习，诸如分析化学、群落学、动物饲养，等等，这样时间省、效率高；有的知识必须有一定生产现场的感性认识作为基础；有的知识必须先学习理论然后在生产现场加以提高，都必须使生产劳动与之密切配合。但是，由于生产劳动的任务、过程、要求与组织等和教学有矛盾,即生产现场有一定的局限性,只有生产现场的活动不能够全面地带动理论,因此,在全面安排中,对于带有一定实践性的其他教学形式如实习、实验、生产实习等仍应给予必要的地位,才能够全面地实现理论和实践结合。例如,生产劳动可以代替一部分的实验,而且可能代替得比实验室中的工作更好,因为它既以生动姿态出现,又体现了事物的普遍联系,因而使学生对知识掌握得更全面更深入,同时学生对于生产成品的责任感比在实验室中准备实验报告的责任感更强。但是生产劳动显然不能代替全部的实验,因为实验过程可以根据教学过程的需要来控制,而生产现场却不能根据教学过程的需要来安排。在基础课程方面,所能代替的部分就更少。南京大学某单位曾对基础理论教学进行两种试验,一种是只讲理论不进行实践,用生产劳动来代替实验;一种是只讲授工艺过程不讲理论,经过生产之后来补授理论。两种试验收效都不好,形成另一种形式的理论与实际脱节。他们的结论是:基础理论课仍须系统进行,实验课也必须认真做好。生产劳动能代替一部分实验,但不能完全代替实验。[1]其他如实习、参观等教学形式都有其作用,不能一概否定。即使是生产实习,也不能完全为生产劳动所代替。学生参加生产劳动,虽然可以更好地掌握操作技能,而生产实习中全面掌握生产过程的要求却不是生产劳动所能代替的,因此必须生产实习和生产劳动相互配合。

"全面安排,有机结合",对于教学与生产劳动可以直接结合的专业或课程和教学与生产劳动只能间接结合的都同样是必要的。有人认为只有直接结合的才需要全面安排,才能够有机结合,间接结合的只要安排一定的生产劳动时间就成,也不必考虑内容的结合。这种看法是不对的。间接结合的文财科,也同样必须根据教学过程的要求来安排教学和生产劳动。例如财经科方面的专业,应当根据各专业各年级的课程的要求,具体研究什么时候下乡,结合农村经济的调查,参加农业生产劳动;什么时候下厂,结合工厂矿山的经济调查或统计、会计、企业管理等实际工作,参加工厂车间的劳动。安排

---

[1] 郭影秋. 教学工作必须坚持理论联系实际的原则 [N]. 人民日报, 1959 – 04 – 10.

得好，有助于理论联系实际，使学生深刻体会经济理论与工农业、财经政策；安排得不好，只能起一般的劳动锻炼的作用。

"全面安排，有机结合"，主要体现在专业教学计划和有关课程的教学大纲上，因此，全面安排，编订"三结合"的教学计划和教学大纲，是实现全面安排的基本工作，但是教学计划只能对生产劳动做基本的安排，教学大纲只能体现生产劳动与一门课程的教学内容的结合，因此，以整个专业所需要的生产劳动为纲，编订生产劳动大纲，具体规定每次生产劳动的目的、任务、内容、要求和时间等等，使师生对劳动结合教学有明确的了解和计划的依据，也可作为工厂、农场接纳学生参加劳动的依据。现时由于经验不足，资料缺乏，要制订出完整切实的生产劳动大纲是有困难的，但这是一个全面安排的基本工作。

三、正确组织生产劳动，是解决教学与生产劳动的矛盾的最直接途径

学生参加生产劳动，根据专业的性质和客观的条件，应当是多种多样的。一般有三种基本形式：（1）学校自办工厂、农场；（2）下厂、下乡参加劳动；（3）参加社会公益劳动。这三种基本形式各有优点：第一种形式便于和学校的教学任务与教学工作配合；第二种形式可以更多地和工人农民在一起，培养劳动观念，还便于文财科的社会调查和理工科接触现代化的生产技术设备；第三种形式可以培养学生不计报酬的服务精神和共产主义风格。教学与生产劳动结合的问题，存在于第一、第二种形式，所以这两种形式的安排也比较复杂，但是第三种形式在学生的思想教育上有重大意义，不容忽视，一般来说，每个学生每年都应当有一定期限的义务的社会公益劳动。学校自办工厂、农场，可以按照专业的需要来建，根据教学的任务来接受生产任务，也比较容易根据教学过程的节奏来控制生产过程。但是，一方面，上述优点只是相对的：学校自办工厂、农场，不能不纳入国家计划，不能不与其他生产部门发生联系，这样，在选择生产任务、安排生产计划上，如何既能完成国家计划，又能配合教学需要，就是一件复杂的工作。而管理工厂、农场的

干部，又比较容易看到具体的产值而忽略学校办工厂、农场的首要意义是为教育服务。例如我校某自办工厂，为了搞大厂规模，宁可招收几百名学徒而不接纳大学生的劳动；为了追求产值，制造较容易生产和产值较高的产品而不愿承担结合教学所需要的任务。这就必须经常对管理干部进行教育。另一方面，启办工厂的规模和教学的要求有矛盾：学校办工厂、农场的困难，首先是生产管理的问题。虽说学校不能不管理生产，但学校的主要任务毕竟是教育和教学工作，过多的供销、设备、运输和生产管理的具体工作会分散学校的领导力量，因此，学校办工厂、农场，规模不能太大，内容不宜太复杂，设备要求也不能过高；而这往往不能满足高等学校培养掌握现代化生产知识和技术人才的要求。除此之外，当前学校的工厂多数还在建设中，不能全部投入生产，原材料供应又有困难，这虽是一个暂时现象，但在一定时期内，和教学的迫切要求也存在矛盾。校内自办工厂、农场，在解决教学与生产劳动的矛盾上，可以采取下列措施。

1. 尽可能根据教学需要和进度选择与安排生产任务

生产计划要多留余地，一般应有30%左右的余地；限期完成的迫切生产任务如果不是有充分的把握就不能轻易接受，以免临时停课或开夜工赶生产任务。

2. 要配备专职的管理干部和基本工人

专职干部应当了解学校的教学任务，主动地配合教学要求；基本的任务，第一是为指导学生的技术操作，第二是在必要时负起继续生产和值夜班的工作。但专职干部和基本工人不宜过多，例如邮电系统的院校规定学生4 000人，固定工人不超过200人；更不应自搞一套，和学校的教学任务脱节，把学校自办工厂变成"摆在学校里的独立工厂"。

3. 办理中间生产的工厂

根据高等学校结合教学和科学研究工作的要求，应当多办中间生产的工厂。中间工厂一般规模较小，和专业尤其是专门化结合紧密，对于高年级学生的生产劳动意义大，而且对于高等学校科学研究工作面向生产实际有推动作用。没有中间工厂的实验室研究工作，即使成功了，和生产成品还有一段不小的距离。如我校物理系半导体二极管去年国庆就试制成功，但到目前在生产上还有许多问题不能解决。中间工厂可以结合科学研究，应用新技术，试制新产品。至于大量生产，应当移给校外的工厂。当然，中间工厂在追求产值上是不太合算的，但高等学校的科学研究工作应当有更大的经济眼光和教育意义，而不局限于一个学校工作的产值。中间工厂容纳的劳动力较少，也还必须办一些一般性的工厂供给低年级从事比较一般的劳动，或者是校外工厂在学校设立车间。

4. 学校和工厂协作

工厂在学校设立车间，是保留学校办厂有利条件，解决办厂困难的良好形式。这种形式首先是使学校加强与社会联系。工厂的工人直接到学校来指导学生的生产劳动和培养学生的优秀道德品质，学生在车间劳动可以及时看到劳动成果，容易引起他们的劳动兴趣和劳动热情。其次，既便于安排学生的生产劳动，又可解决生产管理、设备材料等困难。但由于与专业专门化的结合不可能很紧密，所以一般以解决低年级的劳动问题较合宜。

第二种形式，学生下厂下乡参加生产劳动，不但是文财等科的主要形式，而且是理工等科的必要形式。对于文财科学生来说，主要应当到工厂、农村去，参加社会实践，接触工人农民，进行社会调查，同时参加生产劳动。下乡下厂使社会实践和生产实践统一起来，对于理工等科的学生来说，校内自办工厂不能满足现代化生产技术与设备的要求，也必须到规模较大的厂矿劳动。又由于当前学校建厂在基建与原材料供应上不容易在短期内解决，因此除基础较好的工科大学之外，今后一段时间内，理工科的生产劳动主要也将在较好的厂矿进行。

近年来，全国各高等学校在下厂下乡进行经济调查与参加生产劳动上，获得了很大的成绩和经验，建立了很多校外的"三结合"基地。我校生物、经济等系在这方面的成绩也是不小的。但下乡下厂，教学与生产劳动的矛盾也较大。去年我校有的系在解决这个矛盾时，所根据的原则是"以完成生产任务为主"，因此有些教学任务未能很好完成。这和"三结合""以教学为主"的原则是不符的。当然，也不应当以对校内自办工厂、农场那样来要求校外的工厂、农场完全服从教学的需要。我校经济系总结在厦门第一机器厂和电机厂的经验，提出了"互利原则"；从总的安排来说，要保证完成教学任务；在学生参加业务管理时间，多考虑工厂生产的需要，协助工厂进行业务改革，遇工厂有突击任务时，也利用机动时间协助工作。这个原则是值得参考的。

但是要和校外厂矿、农村和学校协作得好，贯彻"互利原则"，还必须从务虚务实双方进行。首先是协作双方都必须从社会主义建设事业的长远利益出发，从培养人才出发。工厂方面要见物又见人，不能只算经济账；学校方面要见人又见物，既要保证完成教学任务，也要保证完成一定的生产任务，只有完成一定的生产任务，才能完成思想教育的任务。其次，应当有详细的合同，具体规定教学要求、生产任务和双方的责任。双方不但要努力负起规定的责任，而且随时为对方考虑，搞好协作关系。

学生生产劳动的安排，原则上应当有集中、有分散。因为集中与分散，各有它的教育意义：集中能使学生与工农群众较长时期相处，培养工阶级感情，同时能够比较完整地掌握生产技能；分散使学生经常地既从事脑力劳动，又从事体力劳动，使脑力体力劳动的结合经常化。但从近年来的经验看出，集中的优点较显著，尤其是下厂下乡要有较长时期的集中。因为这样比较容易解决教学要求和生产劳动要求之间的矛盾。在集中劳动时间，学生可以较快地掌握生产技能，保证工厂一定的技术操作水平。此外，工种的轮换，也不宜过于频繁。清华大学等校，采取"精一通多"的原则，除了使学生能掌握某一技能达到相当熟练的水平外，同时采取适当轮换工种、集体讨论生产任务、开生产会议、总结生产经验等方法，使学生对整个工程都能掌握或了解，这也是一个解决矛盾的方法。

现场教学是教学与生产劳动相结合的直接形式。教学和生产劳动的矛盾与统一，突出地表现在现场教学和课堂教学中理论与实践、教学与生产劳动的关系上，也表现在现场教学与课堂教学两种形式之间的关系上。如何正确地处理这个关系，是解决教学与生产劳动的矛盾，贯彻"三结合"原则的重要问题。现场教学是教学与生产劳动密切相结合的最直接的形式。因为是一种新的创造，它的概念还不是很明确的，有各种不同的看法：有人认为现场教学就是直观教学；有人认为现场教学就是把课堂搬到农村、工厂去，以便在系统的课堂教学中联系实际；有人认为现场教学就是搞生产，搞工作，从做中学；还有人认为现场教学就是为科学研究搜集材料；等等。这认识都有一定的实践根据和理论根据，但都没有全面地掌握现场教学的实质。现场教学，顾名思义，是在现场中进行教学。但现场中进行教学，可以只是看一看、摸一摸，也可以真刀真枪参加生产劳动或实际工作；可以作为系统的课堂教学的一个辅助部分，如参观或自然观察；也可以以生产活动为中心来组织教学。顾名思义的解释不能理解它的实质意义，必须从它的发生和前述三个基本原则来认识它。现场教学不应只是看一看、摸一摸的直观教学。参观或观察，必须使学生深入实际，动手动脑，亲自参加生产实践或社会实践才能达到真正的结合，才能起检验与提高理论的作用。所以，现场教学的实质意义在于生产实践和社会实践，实践必须在现场进行，到了现场却不一定就是参加实践，直观教学只是指在教学过程中学生对于事物和现象的感知，现场教学固然必须通过直观，课堂教学也必须直接地或间接地以直观为基础；参观必须在现场进行，它对于扩大学生眼界、丰富学生知识很重要，但同样缺乏参加劳动实践的意义。

　　但是，只有实践，也不能认为就是现场教学。现场教学，必须有教学，而且同样必须符合于"以教学为中心"的原则。教学过程是一个由对于事物和现象的感知到抽象概括认识事物和现象本质的过程，哪怕是生动的实践，没有抽象的提高以获得关于事物和现象本质的知识，仍然没有完成教学过程。因此现场教学不等于单纯搞生产、搞工作，现场教学是指有计划、有目的地组织学生参加生产实践或社会实践，获得生动的实践经验或技能，加以抽象地提高，从而掌握知识与技能的教学形式。经验证明，在现场上只劳动不教学，只就现场讲现场，不讲理论，学生是不满足的。

　　那么，组织现场教学，应当从理论系统出发，抑或从生产现场的具体情况出发？从整个专业或整门课程的教学过程来说，现场教学是其中的组成部分，因此，它是根据理论系统来组织的，必须有计划地选择现场教学的内容，使之密切配合课堂讲授、实验等环节。但是，在现场上进行教学的时候，却必须保持现场的本来面貌，不能人为地改变生产过程来凑合教学的需要。因此，它是根据生产现场的具体情况来组织的。这正体现了现场教学中理论与实践的矛盾统一。当根据系统理论教学之需要选定现场教学之后，现场教学就是从生产实践和社会实践中学习，有计划有目的地做什么，学什么，通过现场的现象、问题，参加现场的劳动来学习的。它遵循着整个教学过程的系统来进行安排，但在进行现场教学时，它的系统性却是围绕着生产任务，随着生产过程的发展而形成的。例如，参加农业劳动，围绕一项生产任务，选种、播种、施肥、中耕、收获……以至总结经验是它的系统；参加经济调查，围绕一项调查任务，编订计划，进行调查访问，搜集有关资料，并参加工农业劳动使工作深入实际，研究总结、编写报告是它的系统。由此可见，现场教学不是课堂搬家，把课堂搬到工厂、农场，进行系统理论讲授，然后根据教学内容的进度需要去撷取生产过程中的其一片断来说明或检验系统理论。把现场当成一个任意取舍的大实验室，不是现场教学的实质。（在现场教学的同时，带一两门课程去上课，在保持生产过程的完整性前提下，同时进行系统理论讲授，使现场教学与系统理论讲授并行，而且能及时地重点结合，那是更好的。）

现场教学和生产劳动的结合，应当根据各专业、各课程的性质和生产现场的特点，采用多种多样的方式。可以在参加生产实践或社会实践的基础上，通过生产会议、经验交流、技术总结、技术革新报告会和讨论会、座谈会等，进行学习，也可以指定一些参考资料让学生自学，再请有经验的工人、农民和技术人员做报告。只要能够抓住主题，有计划地安排这些活动，使它们和学生现场实践相结合，上述方式，都能收到一定的教学效果。但仅仅通过这些方式，还不能完全满足学生理论提高的要求。我校生物系有些班级前一阶段的现场教学，只是安排了各种生产现场的活动和请土专家作报告，学生反映内容很生动很丰富，但理论提高不够，只停留在具体的经验上，不能提高到原则规律来认识，概括性不够。因此，教师在现场上还要尽可能地根据现场情况与问题，分析综合，提高到理论上来进行讲解。这样，才能更好地达到实践和理论密切结合的要求。

由于现场教学必须有理论的提高，所以土洋专家的结合，即教师与有经验的工人、农民、技术人员在现场教学上的配合，是搞好现场教学的关键所在。土专家经验丰富而理论较少，教师理论较深而经验不足，这不仅是一个当前存在的问题，而且一般来说，将是一个较长期存在的问题。根据我校生物系邀请土专家指导现场教学的经验看来，土专家对于现场的情况熟悉，能提供许多书本上所没有的实际经验和技术，能解决生产实际上的问题和反映技术上最新的成就，而且讲述内容具体生动、通俗浅显，听了容易接受，印象深刻。但土专家的指导也有不够的地方。他们的经验往往局限在特定的地区与情况，概括性较低，理论提高不够；土专家对于教学的要求也较不明确，组织教材的系统性逻辑性较差，缺乏教学经验。因此，教师必须主动地和土专家配合。首先是帮助土专家备课，根据教学任务提出教学要求，帮助分析问题、提炼经验、组织教材、掌握教学方法等等。不仅如此，教师自己也要有一定的实践经验和技能，并善于把土专家的经验加以提高概括，帮助同学通过感性认识提高到理性认识；善于把土专家的具体经验与人类已有的科学知识联系起来；如果现场是比较简单的，还应该把其他地方新的技术设备和方法做适当的介绍，以扩大学生的知识面。

在课堂教学上，教师要起主导作用；在现场教学上，教师也同样要起主导作用，对整个现场教学过程负责。现场教学的任务复杂，对教师也提出更高的要求，目前教师的生产知识不够丰富，技术操作不够熟悉，但一般来说，教师的科学理论知识是较丰富的，熟悉了现场情况与生产知识之后，他的理论是能够起重要作用的。因此教师到了现场，应当采取虚心向群众学习、积极和土专家合作的态度，一方面大胆地负起指导与组织的责任，一方面迅速补足自己所缺的经验。

经验证明，正确地组织起来的现场教学，是贯彻"三结合"原则的重要教学形式。它不但能够提高教学质量，推动科学研究和技术革新；而且对于加强思想教育和密切师生关系，都有重大的意义。我校生物系在和溪、白礁、金定、杏林港进行现场教学，经济系在工厂和农村进行经济调查和科学研究，所获得的成绩，都充分证明了现场教学这种形式的优越性。但是，现场教学毕竟有它的局限性。现场教学的局限性实质上就是教学和生产劳动之间的矛盾。一个现场，它一方面综合了若干门课程的知识，另一方面却不能包括一门课程所应有的知识（个别专门化课程除外），也不能按照课程的系统性进行学习。同时，在复杂的现场中，也难以保证每个学生参加同一性质的现场活动与学习，一批学生到工厂，可能分配在不同工种的车间；一支经济调查队到农村，各个小组所进行的工作也不相同。现场教学能够使某一部分知识，从理论到实践都很明确，但是它不能保证学生获得全面的系统的知识。而必要的全面系统的知识却是我们培养一个有较宽厚基础的专门劳动者所必需的。

我们应当承认现场教学这种局限性，对它提出恰如其分的要求，而不应提出超乎它的局限性的要求。前者是选择具有典型性的现场和活动项目，使学生参加这些活动，看到知识在生产实践和社会实践中的普遍联系，举一反三，解决同性质的理论与实践间的关系；后者是指不恰当地要求以现场教学代替课堂教学和实验实习等等。

四、课堂教学中理论与实践必须紧密结合

由于教学内容中，通过间接经验而获得的知识要比通过直接经验所获得的知识多得多，因此，作为接受间接经验的主要形式的课堂教学就仍然是教学的主要形式。既然课堂教学仍然是教学的主要形式，那么，我们贯彻"教育与生产劳动相结合"的方针，实现"三结合"的原则，使教学和生产劳动紧密结合，就不能不重视这个环节。如果我们仅仅在现场教学上做到教学与生产劳动相结合，而作为教学主要形式的课堂教学仍然只有理论教学，脱离生产实践与社会实践，则我们所走的路是很窄的。必须使我们的课堂教学不仅成为教学的主要形式，而且成为"三结合"的主要形式，成为理论与实践紧密结合的新的课堂教学。

但是，恰恰在这个主要形式上，我们的重视是不够的，经验是很缺乏的。这主要是一个认识问题。很多人认为现场教学才能使教学和生产劳动结合，课堂教学就是只讲理论的；有人则认为课堂上理论联系生产实际，只能在讲解理论时举些生产上的例子来说明；还有人认为理论要结合实践，就必须打破理论系统，以生产为纲来讲授理论。诸如我校有机化学就曾经以工业为纲编订大纲，实际上是以工业的门类为纲而把有机化学的内容分别塞进去，只有形式的混合而非实质的结合，而且不得不在一定程度上割裂学科的系统性。

课堂教学上理论与实践的结合，是另一种形式的结合，不能以现场教学上的结合概念来设想这种结合。在课堂教学上，应当以系统理论的讲授为纲

（某些专门化课程除外），尤其是基础理论课的教学，这样才能使学生系统地掌握科学规律。教育革命前所开的课程中，有些理论体系和教材内容是值得商榷的，但大多数的理论体系，尤其是自然科学的体系，大体上是反映了客观规律的内在联系的。教材内容上，专业课是从同一性质的专业生产活动中所提炼的这个范围内的重要论点、基本经验和技术，基础课是从自然现象和社会现象中所提炼的最基本的现象与规律，如果不能保证学生掌握这些基本的知识，那就会降低教学质量。而且这种降低质量往往不是立即见到它的害处，是在较长的时期内影响到继续学习和独立工作的。因此，对于原先的理论体系不宜轻易根据人们应用它时的顺序去变动它，也不宜依是否和生产实际有直接的联系而轻易决定取舍。如有人认为政治经济学应先讲社会主义部分后讲或不讲资本主义部分，是不正确的。没有透彻地理解资本主义社会的经济概念和法则，对于社会主义的经济概念和法则很难理解，何况资本主义社会的经济法则在一定的情况下还起作用。物理学中力、光、电、热、分子物理、原子物理几个部分之间都有极密切的联系，不能任意削减或分散到各专业课程去讲。数学是一门高度抽象的课程，数学规律具有高度的普遍性，可以说是一切自然科学理论的基础课程。有些专业企图把它变成一门应用课程，根据专业的实用来选择数学教材和改变其体系，无疑也是不恰当的。对于理论教学，特别是基础理论教学，应当有远见而不能急功近利，但是，绝不是说课堂上的理论教学可以脱离生产实际或者只要做到"原则加例子"就够，课堂教学根据自己的特点，它和生产实践的结合，应当从三方面提出要求：

（1）理论的目的性要明确。即抽象性的理论为生产服务的目的应当在教师和学生思想上都很明确，即使最抽象的数学教学，也应当解决这个问题。过去的数学教学，缺点就在于只抓住数学理论中的逻辑推导和计算能力这方面，学生学习之后，不知道它在生产实际中甚至在物理、力学中起什么作用和如何应用。我校数学系在讨论贯彻"教育与生产劳动相结合"的方针时，许多教师对数学能否联系实际有怀疑，有些学生因此想转专业。后来师生深入工厂、企业跑任务，才逐渐摸索出数学和生产实际的关系，因而现时数学教学在联系实际上的目的性比较明确了。

（2）教材内容体现了理论和生产实践的结合。从选择教材重点到引入理论、运用理论，都融合在丰富的实践气息中。去年全国的农林学院、财经学院各个专业，组织大量师生到各基层参加实际活动，搜集大量材料，回来编写教材，所编的教材就具有丰富的实践气息，和过去坐在书房中编教材、找例子，面貌完全不同；工科许多专业的施工课程，教师深入到工地之后，写出来的教材就不再是干巴巴的条条，而是生动有用的知识了。课堂教学的形式依旧，而课堂讲授的内容有了性质的变化。

应当指出，对于基础理论课程的要求和专业理论课应有区别。基础理论课联系实际有两方面，一是直接联系生产实际，一是联系专业实际。一般情况下，后者是更为重要的。在保证基本理论系统的前提下，应当依据专业的需要，选择教材的重点，甚至重新安排教材，把专业所需解决的一些问题有意识地安排在教材中、实验中或习题中。

（3）有重点地通过典型性的实践活动，使学生看到理论、规律在复杂的生产实践和社会实践中的真实面貌和普遍联系。改变过去"只见典型情况下的典型材料，不是真实情况中的真实面貌"和"只教、只学、只实验而不用"的缺点。因此，课堂教学就应当与现场教学结合起来。

我校生物系在课堂教学"三结合"上，也积累了一些经验。例如普通植物学是一门基础理论课，过去总是在课堂上孤立地讲形态构造，没有与环境条件、生理功能联系起来，几乎没有反映科学新成就及生产实践上的问题，教材几乎年年不必怎样更动。贯彻"教育与生产劳动相结合"的方针以来，教师努力面向生产实际。教学上仍旧以系统知识的课程教学为主，配合实验。但根据该系重点发展亚热带植物的方向，选择香叶作为结合教学的科学研究和生产劳动的对象：讲课结合香叶为材料，把植物体与环境条件联系起来，以生理功能为主来讲形态构造。同学参加香叶丰产田的生产劳动和科学研究，根据香叶所要求的环境条件培植它。这样基本上达到了基础理论课课堂教学"三结合"的要求。不是每门课程都能够这样做，但每门课程都能够按照它的特点来联系生产实践和社会实践。

由于在课堂教学上体现理论与生产实践的结合是更为深入细致的，它不像现场教学那样通过一定的形式来进行，主要是依靠教材的内在条件，因此，教师所起的作用就更为重要。不能设想一个缺乏实践经验的教师，能够在教材内容的编写和讲授上达到上述要求的。有些缺乏实践经验的教师，为了要使理论联系实际，只能从报纸上、小册子中找些材料来用，对于教师的努力来说，是无可厚非的，但其联系实际的成绩，终不能超出"原则加例子"的圈子。因此，供给教师参加生产实践和社会实践的条件是实现理论结合实践的根本保证。

五、教学和科学研究的矛盾与统一

教学和科学研究之间，也存在着一定的矛盾。教学和科学研究的矛盾本来是一个老问题，因为高等学校具有教学与科学研究的双重任务是早就确定了的。但在贯彻"教育与生产劳动相结合"的方针中，出现了新的情况，因而不能完全沿用以往解决矛盾的老办法。所谓新的情况是：（1）以往高等学校搞科学研究，一般只是教师的事，学生不参加或很少参加；现在是作为"三结合"的一个组成部分提出来，学生成为一支庞大的科学研究工作者队伍，学生既要学习，又要搞科学研究了。这个新情况指出教学与科学研究的矛盾不但存在于教师方面，而且存在于学生方面，问题就比较复杂了。对于教师来说，只要教学任务不太紧，可以分出一部分时间力量去搞科学研究而不一定要与教学紧密结合；对于学生来说，却不能在任何时间都结合教学来进行。（2）以往教学一般是脱离生产劳动、脱离实际的，科学研究也是同样情形；现在生产劳动是"三结合"的组成部分之一，科学研究既要考虑如何与教学结合，又要考虑如何与生产劳动结合。这有有利的一面，即教学与科学研究的矛盾可以通过生产劳动这条途径结合起来，搞现场教学、搞真刀真枪的设计就是很好的例子；但也使得情况更加复杂，解决的办法要求更加细致了。

教学与科学研究的矛盾主要有三：（1）任务的矛盾。国家所提出的科学研究任务和学校各专业培养干部的任务并不完全一致，在较短期间内，往往是不一致的。（2）时间的矛盾。教师教学与科学研究时间的矛盾，还有学生学习时间与科学研究时间的矛盾。（3）指导力量（师资）也存在一定的矛盾。此外，仪器设备也有一些问题，但这不是根本性的问题。

解决上述矛盾的基本原则，正如解决教学与生产劳动的矛盾的基本原则一样。学校应当以教学为主要任务，以教学为中心来组织生产劳动与科学研究。如果这个位置摆得不对，那就不但会影响学校的教学质量，而且从长远考虑，也不利于提高科学研究质量。科学研究原不是什么神秘的东西，但如果没有一定的理论基础，进行科学研究是有困难的，尤其是尖端性的科学研究，需要各种有关基础学科理论知识的综合运用。其次，从新产品的仿造和解决局部的生产建设中的技术问题，进而到从先进生产经验概括新的科学规律，也必须要有较深较厚的理论基础。在科学研究实践中，学生能够学得很多知识，而且可能在某一点上学得很深刻，但从整个系统的基础知识来说，却不是通过科学研究实践就能学好的。而且，没有必要的基础，参加了科学研究实践，往往所学的只是一些现象、技术，很难深入到问题的本质。有时一项科学研究成功了，却还是知其然而不知其所以然。因此，学校安排教学与科学研究工作时，应当以教学为主。但是，科学研究也是高等学校的重要任务，尤其是综合大学以培养科学研究人才为其主要任务，开展科学研究更有其深刻的意义。一方面，它直接地充实与丰富教学内容，另一方面它又是培养工作的一个重要组成部分。近年来的经验证明，凡是参加了科学研究工作的学生，对科学研究的兴趣和从事科学研究的能力都有显著的提高。那么，是否应当以任务带动学科呢？任务（仅指科学研究任务）与学科的关系，在高等学校中实质上就是科学研究任务与教学任务的关系。从科学研究机关来说，任务带动学科，除基础学科某些理论研究工作外，在一般情况之下，是完全正确与必要的，因为这是科学研究联系实际、结合生产建设的保证。但在学校中，根据上述原则，就必须要求任务和学科能对得上口径，带动得好才成，否则不能勉强修削学科以适应任务，以至于以任务代替学科，那更是不正确的。学校必须根据各专业的培养目标和发展方向来选择任务，只有这样，才能做到既满足培养干部、提高教学质量的要求，又满足国家所提出的科学研究任务和提高科学研究水平。其次，对于基础学科的理论研究和非国家当前急切的任务而有重大学术价值的，如果高等学校中有这方面的学科和力量，也应当研究，这对于发挥研究人员的潜力有好处。尤其是综合大学，应当比专门学院和科学研究机关更加重视基础理论学科的研究；对于试制新产品和研究先进经验，也必须尽可能提到科学理论上来，这样才能更好地使教学任务和科学研究任务紧密结合，对于提高教学质量和科学研究水平也才有更大的好处。我校现时有的系已经注意上述的要求，订出解决生产任务和提高学科的理论水平相结合的科学研究计划，但有些系却还停留在单纯仿制或试制新产品的阶段而缺乏长远计划。

学生参加科学研究有双重意义：除了一般科学研究的意义，还有学习知识和科学研究方法的作用。所以组织学生参加科学研究，不能仅仅作为劳动力使用，更要考虑利用科学研究的培养作用。科学研究应当同生产劳动一样，纳入教学计划，以便全面安排，有机结合，但不一定要另定科学研究的时间。集中的科学研究，应当是与专门化课程的研究工作、毕业论文、毕业设计等结合起来，也可以通过社会调查、现场教学来进行。学生有时间、有兴趣可鼓励其在课外进行小型的科学研究工作，但不一定要作为教学计划的组成部分硬性规定，而且对于低年级的学生，应多安排调查、搜集、整理等基本方法的训练。总之，处理教学与科学研究的矛盾，也应当做到"全面安排，有机结合"。

教学、生产劳动、科学研究，在高等学校教育上是矛盾的统一体，存在着内在的必然的联系。正确地把三者组织起来，统一起来，必然提高教学与教育的质量，使知识分子劳动化，为达到脑力劳动与体力劳动相结合的主要途径。但是要使三者结合得好，就必须深刻地分析三者的矛盾，面向矛盾，解决矛盾。由于我们在这方面的经验还很少，对于矛盾的分析还不深刻，对于教学、生产劳动、科学研究"三结合"的规律还摸不透，今后，一方面，要根据各专业和各课程的特点，具体研究如何实现"三结合"的原则，并在实践中不断地加以检验与改进；另一方面，要根据各种成功的经验和失败的教训，从理论研究上来掌握"三结合"的规律。所以，摆在我们面前的还是艰巨的、长期的任务。党的方针已经正确地指出了方向，在党的领导下，走群众路线，多谋善断，必定能把"三结合"的道路走出来。

略谈教师在教学中的主导作用[1]

教师在教学中起主导作用,是教学过程的客观规律之一。正确地发挥这个规律的作用,不但能够调动教师的积极性,提高教学质量;而且能够调动学生的积极性,提高学习质量。因此,必须在师生平等、教学相长的原则下,发挥教师的主导作用。

为什么教师在教学中起主导作用是客观规律呢?这是由教学过程性质所规定的。教学过程是一个教师以已知启发未知,学生由未知到知的过程,学生的学习活动是受教师的教学活动所制约的,所以教师在这个过程中站在主导方面。

当然,学生的知识不完全来自教师,他们可以从书籍报刊上获得间接经验,也可以从参加生产劳动和社会活动等实践中获得直接经验,尤其是高等学校的学生,从自学和实践中获得广泛的知识经验是完全必要的。但是书本这个知识宝库有赖于教师引导学生去开启,否则有的读不懂,有的抓不到主要问题或对问题理解不深不透;学生从实践中获得了生动具体的直接经验,也有赖于教师的引导,才能由现象到本质,由感性经验到理性知识。而且古今中外的知识浩如烟海,任何一门科学的著述也往往多不胜计,学生则必须在短短的几年十几年间,有系统地掌握前人数千年来经验的精华,只有由教师依照国家所订的计划,精细地选择和组织教材,才能够以最经济的时间,最高的效率,循序渐进而又多快好省地学习前人丰富经验的精华。教师在教

---

[1] 原载《厦门大学学报(哲学社会科学版)》,1960 年第 1 期。

学中，必须有目的地对学生进行政治思想教育，使学生逐渐形成辩证唯物主义的世界观，培养学生的共产主义道德，发展学生的认识能力和养成各种技能。由此可见，要使教学多快好省，就必须充分发挥教师的主导作用。

但是，教师是否能够充分地发挥主导作用，还要看教师自己的主观认识和努力。有些教师认为自己辛勤地工作，尽量把自己所有的知识教给学生，就已经尽了自己的责任，起了主导作用。不错，辛勤是发挥教师主导作用的必要条件，不能设想一个不认真负责的教师能起主导作用，但是只靠辛勤还不能算已经起了主导作用。

发挥教师的主导作用，首先应当解决教学的方向性问题，是引导学生走社会主义道路还是资本主义道路？引导学生理论脱离实际还是理论和实际相结合？这就是说，主导不能没有目标，也不是任凭教师个人的意图来引导学生，而必须是根据教育方针、培养目标、教学计划，充分发挥主观能动作用，认真负责地来教导学生。

其次，上面已经说过，教师在教学过程中是以已知启发未知，这就必须对已知的东西有正确的充分的掌握，也就是必须努力提高自己的思想水平和业务水平，才能用正确的世界观和科学知识来教导学生，也才能够树立起教师的威信，而树立威信在发挥教师主导作用上是非常重要的。同时，教学活动是一个教和学双方共同活动的过程，教是为了学，所以教师不但要具有教得好的水平，而且应具有使学生学得好的能力，这就要求教师要以认真负责的态度深入了解学生的学习情况，不断地改进教学，提高教学质量。据了解，有些教师虽然学术水平较高，但教学效果却不见得好；又有些教师，水平虽然较前者低，但因为他们能深入到学生中去，认真地了解和分析情况，根据学生的水平和心理特点来进行教学，同时加强课外辅导，针对学生疑难的地方，耐心地加以帮助，因而学生的学习效果反而较好。当然，这不是说可以不重视教学内容的质量，而只注意教学方法。教学内容毕竟是第一位的，但有了正确而丰富的内容，也必须有正确的好的教学态度和教学方法，才能充分地传授好的内容。所以，我们说教师在教学中的主导作用能否真正地得到发挥，是和教师的工作责任感密切相关的。

一个常常引起争论的问题是教师发挥主导作用，是否会妨碍学生的主动性、积极性。有的教师在教学上很认真，但就是包办代替：课堂讲课，不厌其烦，只怕学生笔记有遗漏，一句一字地念给学生记录；实验室的作业安排得很周到，连实验报告也替学生编好，学生只是依照教师的吩咐，依样画葫芦，做出结果，填下数据就算完事。这种教的结果，学生在学习中虽然不发生什么困难，但收获并不多，这就使一部分师生怀疑是否应当强调教师主导作用。其实这种做法并没有真正发挥教师的主导作用。教学过程既是教师和学生双方的共同活动，参加活动的双方都必须发挥主动性，都应处在积极状态中，而不是一方主动，一方被动。教学实践充分证明：凡是教师主导，学生积极学习的课程，学习质量就较高；若是教师只管"主导"，学生却不积极学习的课程，学习质量就较差。所以，正确理解教师起主导作用，应当包括善于调动学生的主动性与积极性。如果学生的主动性、积极性不能充分发挥，只是被动地把知识装进去，教师的主导作用就不能得到真正发挥；反之，如果只有学生的主动性和积极性，而脱离了教师的引导，也不能得到按培养目标和教学计划所预期的学习效果。

要充分发挥教师的主导作用，必须把教师的主导作用和学生的主动性、积极性结合起来。上面已经指出，在社会主义社会里，师生关系和教学关系的原则是师生平等、教学相长。师生平等、教学相长的意义，就是师生在政治原则上和科学真理面前是平等的，教师应认真地教导学生，虚心听取学生的意见，不断改进教学；学生提出问题，可以推动教师进一步钻研；学生在某些方面认识高于教师，也可帮助教师提高。例如厦大历史系去年上学期的中国近代史课，教师讲完"太平天国"之后，指定参考书让同学自学，布置讨论提纲引导学生开展辩论，在辩论中同学提出了许多新问题和新见解，是教师所未预料和所未掌握的，这样就推动教师重新钻研，并在教研组内提出讨论，最后向同学做总结。这个过程，既加深了学生的认识，也加深了教师的认识，丰富了教学内容，既体现了教学相长，又充分发挥了教师的主导作用，师生情绪都很高。这就证明了师生平等、教学相长和发挥教师主导作用也是统一的。但也有部分教师，对于这种正确的师生关系缺乏正确的认识，以为师生平等、教学相长，大家一起来，就无所谓教师起主导作用；有的教师认为学生既可向教师提意见，就按学生的意见办事好了；有的教师说，教学应当根据学生的要求，学生要什么就给什么；还有的教师不敢严格要求学生，这显然是对师生平等、教学相长的误解。学生对教师提意见是正确的，应当很好接受，不正确的应当耐心说服；教师对学生的要求，只要是正确的，就应当严格认真。绝大多数学生欢迎严格认真的教师，对学生的严格要求，正是对工作负责的具体表现。

教师起主导作用，对教学负主要责任，却不等于学生就没有责任。同学的学习态度、学习方法对学习质量直接起作用，也对教师起重大的影响。许多同学艰苦学习的精神，使教师深深地感动；许多同学联系实际，深入钻研，发表水平很高的见解，也推动了教师积极备课。但也有个别同学，学习态度马虎，学习纪律松弛，甚至自高自大，不尊重教师的教导，这样不但自己学习不好，也必然影响到整个教学质量，是必须严肃批评和纠正的。

在社会主义的学校里，师生有共同的理想，教师爱护学生，在教学中起主导作用，学生尊敬老师，在教师引导下主动积极地学习，共同为社会主义教育事业而奋斗。

少而精教学原则初探[①]

少而精，是当前高等学校减轻学生学习负担、提高教学质量的关键之一，是贯彻党的教育方针，使学生在德智体诸方面生动活泼地主动地得到发展的重要措施之一。因此，怎样正确地理解和贯彻少而精，成为高等学校在当前教育中的重要问题，为高等学校教师和教育理论工作者所深切关注。关于少而精在教学上的重要性，已有不少文章阐述；贯彻少而精的具体做法，也有不少经验总结。但是，少而精是否可以作为一个教学原则？它是否具有教育学上所说的教学原则的意义，则还未见论及。从事教育理论工作的同志对此抱着审慎的态度：有的不敢采用"少而精原则"一词，而提"少而精精神""少而精问题"，或只提"少而精"三字；有的则认为它只是为了解决当前学生学习负担过重的临时性措施，并非反映教学过程客观规律的教学原则。其所以如此，因为以前教育学，从未把"少而精"列为教学原则。而人们一般提"少而精原则"，也只是泛指其具有指导教学的重要作用，并未深究它是否具有教学原则的严格科学意义。这对于深入理解和正确贯彻少而精是不利的。因此，研究下列这些问题，就具有理论上和实践上的意义：少而精是否具有教育学上所说的教学原则的意义？如果具有教学原则的意义，则它的含义是什么？它在教学原则体系中占有怎样的地位？和其他教学原则的关系怎样？本文试图对这些问题提出不成熟的意见，以就正于教师们和教育理论工作者。

[①] 原载《厦门大学学报》，1964年第2期。作者：潘懋元，王增炳。

一、少而精是反映教学过程客观规律的教学原则

少而精是否可以作为一条教学原则呢？回答这个问题，首先必须重提一下什么是教学原则。

教学原则是教学过程客观规律的反映。它不是客观规律本身，而是人们根据一定社会的教育目的和教学任务，在总结教师长期积累的教学经验的基础上，经过理论提高而制定的教学基本要求。由于它是受一定社会的教育目的和教学任务所制约的，所以总具有社会性、历史性；如果它正确地反映了教学过程客观规律，就具有客观性、科学性。它体现了人们对于教学过程客观规律的认识与运用，对教学实践起指导作用，为教师进行教学工作所必须遵循的准则。

根据上述教学原则的特点，少而精是不是一条教学原则，应当解决如下三个问题：（1）它是不是反映教学过程的客观规律？（2）它是不是符合社会主义教育目的和教学任务，在总结教师长期积累的经验基础上提出的？（3）它是不是教师进行教学工作所必须遵循的准则？

首先，从教学过程的客观规律来看，教学是学生在教师指导下的认识活动。这种认识活动的基本特点之一是：学生在求学的短时期内，应当迅速有效地掌握前人（古代的和现代的）长期的多方面积累的知识。这一基本特点产生了一系列的矛盾：学生学习时间的有限性与人类知识无限性的矛盾；学生接受知识的基础、能力与知识的深度、难度的矛盾；新科学成就的迅速发展与基本知识的相对稳定性的矛盾；等等。

上述这些矛盾，实质上是教学过程中学生接受知识的数量与质量的矛盾，而往往以教师传授知识的主观要求与学生接受知识的客观可能性的矛盾为其表现形式。解决这些矛盾的正确途径是：学生只能学习一定的基本知识，而对其所学习的基本知识，必须达到一定的理解和巩固的要求，并在一定的程度上转化为技能、技巧。简言之，就是把基本的东西学到手。少而精教学原则，正是教学过程中学生接受知识的数量与质量的对立统一这一客观规律的反映。

教学过程中这一客观规律，早已存在并起作用。为什么以前教育学上没有把少而精列为教学原则呢？这个问题关系到人们对于客观规律的认识问题，关系到总结教师长期积累的经验以制定教学原则的问题。我们知道，客观存在并起作用的规律，人们不一定马上就能认识或完全认识它。只有在矛盾逐渐尖锐，逐渐显露，并经过反复实践与总结之后，才能由浅入深，由不完全到比较完全地认识它的意义，从而才提出反映客观规律的原理原则。少而精教学原则的制定过程也是这样。

现在，让我们从教育发展史上来说明这个问题。

古代，人类关于自然和社会的知识很简单，内容也很浅陋，书本知识不多，学习知识在数量与质量上的矛盾并不明显，当然也并非完全没有问题，例如庄子就曾叹息说："吾生也有涯，而知也无涯。以有涯随无涯，殆矣！"《学记》中也指出："学者有四失，教者必知之：人之学也，或失则多，或失则寡，或失则易，或失则止。此四者，心之莫同也。"可见当时已见到，过多是某些学生在学习上的缺点。尽管如此，对一般的人来说，他们的兴趣却更多地在于"博览""博闻"。

后来，学习内容逐渐丰富，书本知识逐渐增加，经史子集，汗牛充栋。数量与质量的矛盾比较明显，人们不得不在主张"博学"的同时，考虑"专一"。例如朱熹就说："博学，谓天地万物之理，修己治人之方，皆所当学。然亦各有次序，当以其大而急者为先，不可杂而无统也。"① 王守仁在其《教约》中规定："凡授书不在徒多，但贵精熟。量其资禀，能二百字者，止可授以一百字，常使精神力量有余，则无厌苦之患，而有自得之美。"② 但在科举制度之下，士子读书，为应科举而已，范围终究有限。只要"十载寒窗"，也就能尽读应试所必备的经史闱墨了。同时，朱、王等教育家这些有关读书方法的议论，虽具有一定的合理因素，但未能做出科学的论证，不能认为当时就已有了反映教学过程客观规律的教学原则。

中国古代的情况如此，欧洲古代的情况也大抵相同。

---

① 张伯行. 朱子语类辑略［M］. 上海：商务印书馆，1936：47.
② 王守仁. 阳明全书［M］//孟宪承，陈学恂，等. 中国古代教育史资料. 北京：人民教育出版社，1961：381.

及至资本主义社会，由于工商业的迅速发展，科学知识也大大地丰富了。不但学习内容杂驳繁多，而且科学门类越分越细，宗教经典以及古代哲人著作仍然保留在学校教学内容中，而许多与生产、生活有关的科学知识又不得不列为新学科。欧洲于18世纪初开始对中学实行文、实分科，就是为解决这个问题的措施之一。当然，文、实分科仅是缓和矛盾的一种措施，而不是解决矛盾的原则。面临着这种越来越尖锐的矛盾，资产阶级教育家不能不认真考虑，设法解决。远在17世纪，第一个系统地提出教学原则的新兴资产阶级教育家夸美纽斯，在其《大教学论》的扉页上就这样写着："我们这本《大教学论》的主要目的是在：寻找一种教学的方法，使得教员因此可以少教，但是学生可以多学；使得学校因此可以减少喧嚣、烦厌和无益的劳动，多具闲暇、快乐和坚实的进步。"该书提出了"教学的简明性与迅捷性原则"。他认为编写教材应该达到"容易、彻底和时间经济的目标"，"要用少量最简单最明晰的文字写成，同时又包括引导学生去作更精深的研究的规则与定义"。根据当时新兴工商业的需要，他所看重的是知识的"实用"——"对于每门科目，都要提到它的实用问题，务使不学无用的东西"，"聪明的人不是知道得多的人，而是知道什么是有用处的人"。他主张减缩学校里所教的科目，省去"（1）一切不必要的材料；（2）一切不合适的材料；（3）一切细微末节"。如所周知，夸美纽斯是从"自然适应性"这一观点出发来论述教学问题的，没有也不可能探索教学过程的客观规律。

其后，资本主义生产越发展，社会生活越复杂，知识内容也越繁多。如何选择最有用的知识作为学生的学习内容和应用最经济的方法来进行教学，就成为资产阶级所十分关心的事。大多数资产阶级教育家和心理学家，都在这个问题上筹谋献策。教材的实用价值问题和经济的学习方法问题分别成为教学和教育心理学的重要内容。如斯宾塞在其《智育、德育和体育》一书中说："必须记住我们学习的时间是有限的。时间有限，不只由于人生短促，更由于人事纷繁。我们应该力求把我们所有的时间用去做最有益的事情。"因此，他试图从资产阶级的功利主义和个人主义立场出发来探讨"什么知识最有价值"的问题。他认为最有价值的知识就是资本主义发展生产、维持社会秩序以及个人谋生所最实用的知识。他所提出的知识门类主张和知识的比较价值论点，成为资本主义学校选择学科和教材的根据。至于实用主义教学理论，那就更不用说了。一切从主观实用出发，科学知识往往被割裂成一门一门的"实用"课程，或者一个一个的生活单元，让学生去自由选择。从上述情况看来，教学过程中知识的数量与质量的矛盾，在资本主义社会中已经十分显露，十分尖锐，迫使资产阶级教育家去寻求解决问题的办法，也提出了解决问题的原则。但是，他们所提出的原则，只从狭隘的"实用"观点出发，只要求学生学会片面的、粗浅的所谓"实用"知识；只能以降低教学质量，或者以放任自流来消极地避开矛盾或掩盖矛盾。同时，烦琐主义、形式主义的教学方法，也阻碍了这些矛盾的解决。资产阶级教育家不能从人的全面发展的观点出发，不能从提高教学质量的积极要求出发，不能跳出烦琐主义、形式主义的束缚，不能运用唯物辩证法的武器来探讨教学过程的内在规律，正确处理教学过程中知识数量与质量的矛盾。因此，他们不可能提出反映教学过程客观规律，正确处理数量与质量矛盾的科学的教学原则。

在社会主义社会里，新的科学成就更加迅速发展，作为学习对象的科学知识学科内容更加丰富与深刻；社会主义事业对教学质量日益提出更高的要求：不仅应当提高教学质量，还应对学生进行思想政治教育，使学生参加生产劳动和社会锻炼，增进学生的身体健康，使学生在德育、智育、体育诸方面都得到发展。同时，学生的学习积极性和教师的教学责任感大大提高，绝大多数教师都希望把学生教好。这些都是社会主义教育的优越性。但是，由于教师对如何教好学生，认识不清，方法不好，经验不足，往往把教好学好和教多学多混同起来，以为教得多便是教得好。这样，就使得教学过程中知识数量与质量的矛盾更加激化。正是由于这些原则，所以我国自从教学改革以来，就出现了带有普遍性的学习负担过重现象。为此，曾经提出了"学少一点，学好一点"的口号，并采取了调整教学计划，精简大纲教材，改进教学方法，平衡学习作业以及加强教学组织领导等措施。这些措施，虽曾收到一些效果，但由于缺乏教学原则的指导，问题不能得到合理的解决，学习负担过重的现象一直存在，严重地影响到教学质量的提高，影响到德、智、体几方面的发展。因此，必须在总结教师们的经验的基础上，探讨教学过程的客观规律，制定一条反映教学过程客观规律、解决上述矛盾的教学原则，作为统一认识、指导教学的准则。这就是少而精教学原则的产生背景及其实践基础。

我们的教育方针，必须使受教育者在德、智、体诸方面生动活泼地主动地得到发展；社会主义革命和社会主义建设事业要求我们不断地提高教学质量，培养又红又专的人才。因此，在社会主义学校中，不允许采取资本主义学校那种避开矛盾或掩盖矛盾的措施，如降低教学质量，不顾学生身体健康，以及放任自流等等，唯一的途径就是遵循少而精教学原则，以减轻学生学习负担，提高教学质量。

现在，许多调查材料都证明了：如果教学工作违反少而精教学原则，就会产生一连串的缺点和错误。由于教学要求脱离学生实际，教材内容过多过杂，教学方法烦琐刻板，作业考试不加控制，造成学生学习负担过重，使学生失去学习的主动性，即使他们读了许多书，但思想僵化，将来参加工作，也不能很好地解决社会实践中的实际问题。更由于学习负担过重，削弱了思想政治教育，妨碍学生参加劳动和社会锻炼，挤掉自由活动和休息时间，影响了他们的身体健康。总之，既不能保证教学质量，更不利于学生德、智、体诸方面的发展，后果是十分严重的，它关系到办什么样的学校，培养什么样的人的问题。

反之，如果贯彻了少而精教学原则，就不仅能够减轻学生学习负担，发挥学生学习主动性，集中力量把基本理论、基本知识和基本技能切切实实地学到手，培养学生独立思考独立工作能力和实事求是踏踏实实的学习态度；而且有利于对学生进行思想政治教育、劳动教育，使学生劳逸结合，开展课外活动和体育锻炼。所以，少而精教学原则是社会主义学校中，教师教学实践不可违反的准则。

由此可见，少而精教学原则，不只是为了解决学生学习负担过重而采取的措施，而且是提高教学质量的必要途径；不只是对教学质量起直接的作用，而且对贯彻党的教育方针，使学生在德、智、体诸方面生动活泼地主动地得到发展起积极作用。它反映了教学过程的客观规律，总结教师们丰富的教学经验，对教学实践具有重大的、深远的指导意义。所以它不是一种暂时性的措施，而是一条永久的原则，是教师进行教学工作永远必须遵循的准则。但我们必须对它的含义有深刻的认识，以便主动地正确地运用这一教学原则。

二、少而精教学原则的含义

少而精这一原则提出之后，受到了广大师生的欢迎。他们从自己教学和学习的经验中，体会到这一原则的重要性。但在讨论中，也提出许多疑问，产生一些顾虑。例如：如果学少了，是否和专业教育必须建立在宽厚的基础上这一要求不符？是否会降低质量？毕业之后知识是否够用？是否和"多快好省"的精神不符？

还有的教师把贯彻少而精教学原则看得很简单，认为无非是把教材删一些、砍一些；有的则认为某些课程教材内容贫乏，存在如何增加教材的问题，不存在贯彻少而精的问题。

这些疑问和顾虑，多半由于把"少"和"精"对立起来，或离开了"精"而孤立地谈"少"。归根到底，是对于少而精的含义缺乏正确的理解。

那么，如何来理解少而精的含义呢？

少而精的"少"，是指数量而言；"精"是指质量而言。任何事物都有其量与质的规定性，量与质在具体事物中，既是相互矛盾的两面，又是相互依存的两面。事物的存在是一定数量与质量的对立统一体。离开了质量而片面地追求数量，势必破坏了事物的统一性；缺乏一定数量而孤立地强调质量，质量也无法保证，同时，数量与质量的对立统一，又是处于一定条件下，离开了一定条件而谈数量与质量的关系，只是主观设想而已。总之，量与质是不可分割的对立统一体，而量与质的对立统一体又是依存于一定客观条件的。

在生产上，这种关系已经为人们所熟知：片面追求产品的数量，势必降低产品的质量；只问质量，不问数量，则无法完成生产任务。同时，数量的增加，质量的提高，又是与原料、设备、技术水平等条件密切联系的，置这些条件于不顾，则数量与质量的指标都缺乏客观依据，只能是主观的愿望。

在教学过程中，学生接受知识的数量与质量的关系也是如此。

如果离开了知识质量的要求，仅仅从知识数量来看，就会以为知识不厌其多，"多学总比少学好"。问题在于学生的原有基础与认识能力、学习时间、生理条件等都有一定限度，而学习的循序渐进规律也对学习进度起限制作用。如果片面追求数量多、进度快，超过其许可的条件限制，学生疲于应付，势必学得不深入、不巩固，更谈不到灵活运用，甚至因此影响思想政治教育、劳动锻炼和身体健康。其结果，从教的方面看，传授出去的知识数量可能多了，但质量未必就高；从学的方面看，则接受进来的知识数量与质量都降低了。当然，也不应当片面强调质量，不顾一定数量。不适当地删砍教材内容，过多地减去必要的作业，任意去掉课堂讨论、习题课、实验、实习等实践性教学环节，这样也不能保证教学质量。正确的途径是根据教育目的和教学任务，深入细致地调查研究学生的程度、能力、学习时间，遵循学习的循序渐进规律，全面地考虑学生在德、智、体诸方面发展的要求，来制订适当的数量与质量统一的要求。换言之，教学过程应当遵循并运用知识数量与质量对立统一的客观规律。也就是说，教学必须贯彻少而精教学原则。

既然教学过程起作用的客观规律是知识数量与质量的对立统一，何以不直接提出"数量与质量统一原则"，而把这一原则命之为"少而精教学原则"呢？

原则是为指导实践而提出的。在教学实践中，一般的趋势是科学内容不断增加，怎么办？教学质量日益要求其提高，怎么办？少而精教学原则，既正确地反映了知识数量与质量对立统一的客观规律，又鲜明地针对上述问题而起积极的指导作用。

当然，也有一些课程内容贫乏，需要予以丰富充实；任何一门课程，也有某些主要的基本部分，应当随着科学新成就的发展而适当予以充实提高的。少而精教学原则对于这些课程和教材，是否也有指导意义呢？首先，对于内容贫乏的课程，应当做具体分析。所谓内容贫乏，一般是由于理论研究不深，教材精选不当，罗列现象，不能深入探求实质。对于这些课程，问题恰恰不在于求多，而在于求精。其次，少而精的"少"，也不是越少越好，该予以充实的，还应适当增加；重要的基本的科学新成就，也必然要反映到教材内容中。但是，任何增加都必须是适当的，都必须严格控制数量。"少"，无非就是指控制数量而言。控制数量，求其适当，在任何情况下，总是必要的。

同时，少而精教学原则的更重要方面，是标示出质量上的要求——

"精"。精的意义，简单说来，就是提高质量。有人认为讲多讲详、讲深讲透就是"精"，这显然是错误的。因为这种主张忽视了一个重要的事实，就是提高教学质量，归根结蒂，必须落实在提高学习质量上，也就是必须使学生切实地"学到手"。也有人认为"精"就是"学到手"，但这种笼统的说法没有解决把什么东西学到手的问题。学到手只是从学生占有知识这个角度看，而占有什么样的知识，还必须从社会的需要来看。因此，我们认为少而精的"精"，其意义必须包含如下三者：（1）符合社会的需要——这是精的出发点；（2）基本理论、基本知识和基本技能——这是精的内容；（3）学到手——这是精的结果。

概括起来说："精"就是提高质量。少而精就是"控制数量，提高质量"。

在数量与质量的关系上，一般来说，数量的多少，比较容易为人们所知道，而质量如何，却往往必须深入探讨，才能很好地加以把握。少而精教学原则的提出，也是这样。首先是从数量的问题开始，如教材内容太多，学生负担太重，引起人们的注意。但如果仅仅停留在表面的数量删减来解决问题，删砍一些教材，把内容"浓缩"、"去枝留干"、控制学时比例，等等，虽能缓和一些矛盾，起治标作用，但是，由于没有深入到问题的实质，也就不能彻底解决矛盾，不能充分发挥少而精教学原则的积极作用。少而精的内在实质在于："精"。在"少"与"精"，即数量与质量的矛盾中，"精"是矛盾的主要方面。"少"是手段，"精"是目的。控制数量，是为了提高质量。太多，影响质量；太少，也无从保证质量。究竟应该多少，归根到底，决定于提高质量的要求。如果离开了"精"，只在"少"字上面做文章是做不出来的。单纯从数量的增减上考虑问题，不但解决不了质量问题，甚至也解决不了数量问题。例如删砍过多，似乎可以减轻学生学习负担，但从长远来说，反而造成进一步学习的困难，日后不得不补缺漏，既影响了质量，又导致日后更重的负担。所以，谈"少"不能离开"精"，离开质量的要求而谈数量的多寡是没有意义的。

反之，如果紧紧地掌握提高质量的要求，即使在一定时期所学的东西较少较慢，但是把基本理论、基本知识和基本技能切实地学到手，并提高了独立思考、独立工作能力，那么，就可能收到如下的实效：（1）举一反三，对于有关知识比较容易领会；（2）打好基础，学习后继课程比较顺利；（3）毕业之后，依靠已有的基础和能力，从实践和自觉中可以比较迅速有效地掌握更多知识。所以看起来教师教少了一点，但实际上学生能够得到并将得到更多的知识。也就是说，从少而精可以达到多而精。可见，少而精教学原则，不是和"多快好省"精神不符，恰恰是教学上贯彻"多快好省"精神的途径之一。快与慢，多与少，应该算大账，不能只顾眼前小账。

综上所述，我们对于少而精教学原则的含义理解是：少而精教学原则反映了教学过程中学生接受知识的数量与质量的对立统一，它的意义就是控制数量，提高质量，借控制数量的手段，以达到提高质量的目的。而提高质量，又利于增加数量。这是一个辩证的关系。所以，少而精是一条贯彻"多快好省"精神的教学原则。这一原则表明：教学必须根据教育目的和教学任务，从学生的程度、能力、学习时间的实际出发，精简次要的、非基本的教学内容，让学生集中力量把主要的、基本的理论、知识与技能，切切实实地学到手，并且不断地提高学生的独立思考、独立工作能力。

三、少而精在教学原则体系中的地位及与其他教学原则的关系

在讨论少而精教学原则中，师生们还提出了另外一些问题。如：学习是一种艰苦的脑力劳动，必须依靠学生的刻苦钻研，提倡少而精，是否违反这种精神？精简次要的非基本的东西，会不会割裂学科的系统性？强调基本理论，还要不要联系实际，要不要反映科学新成就？减少学时，应当削减课堂讲授，还是削减课堂讨论、习题课，实验实习？等等。

这些问题的产生，除了涉及对这一教学原则的含义的理解之外，还涉及对少而精在整个教学原则体系中的地位、与其他教学原则的关系问题。因此，有必要对这个问题谈谈我们的看法。

众所周知，贯彻教学原则，是保证教学质量的必要条件。但是，对于教学质量的保证，是依赖于教学原则的整体，而不是只要其中的某一条或某几条就够。教学原则在教学实践中，是相互联系、相互制约的。它们从不同方

面来反映教学过程的规律性，从各方面来保证教学质量。任何一条教学原则不能代替其他教学原则，在贯彻时，也不能违背其他原则。每一条教学原则都以自己的特点构成整个教学原则体系。

少而精教学原则，是从数量与质量的关系上来反映教学过程的客观规律，保证教学质量。它只是教学原则体系中的一个组成部分，不是唯一的原则；它只能在统一的教学原则体系中发生作用，不能孤立于教学原则体系之外，置其他教学原则于不顾。

那么，少而精在教学原则体系中占有怎样的地位呢？它是不是方向性原则？不是。具有方向性意义的是科学性与思想性相结合的原则。它是不是基础性的原则呢？不是。具有基础性意义的是理论联系实际的原则。它是不是中心原则呢？也不是。整个教学原则体系的中心原则是教师主导作用与学生自觉性积极性相结合的原则。它只是教学原则体系中一条重要的原则，既不能代替其他原则，在贯彻时也不得违反其他原则。

有的同志从当前学校教学工作着重抓少而精教学原则的贯彻这一事实得出结论说：少而精是提高教学质量的唯一原则，只要贯彻少而精教学原则就够了。我们不同意这种看法。当前之所以着重抓贯彻少而精教学原则，首先是因为数量与质量的矛盾问题比较尖锐，迫切需要解决。其次，正是由于教学原则体系是一个统一的整体，其中各条教学原则是相互联系、相互制约的，任何一条教学原则，往往在一定程度上反映了其他原则的要求。抓好一条教学原则，就能够在一定程度上带动其他原则的实现。在工作方法上，一个时期只能是也应当是抓住最主要的一环，而在认识上，则必须深入地看全面，看联系，不应孤立地看问题。

那么，少而精教学原则和其他原则有什么关系呢？下面试举几个原则来进行分析。

1. 少而精和理论联系实际教学原则的关系

贯彻少而精教学原则，为使学生切实学好基本理论，势必适当精简一些为了联系实际与反映科学新成就而过多增加的教材，这样，会不会违反理论联系实际教学原则呢？

理论联系实际教学原则，所反映的是教学过程中认识和实践的关系，也就是反映教学过程中学生认识活动的客观规律。贯彻这一教学原则，首先，要求学生学好基本理论，深入理解理论的实践基础和实践意义；其次，要求学生具有运用理论解决实际问题的能力。为此，它不需要过多地罗列各种实际事例、材料、方法等等，只要举出能够阐明理论的典型事例、论证理论的典型材料、运用理论的基本方法就够了。罗列过多，足以分散学生对于基本理论的注意力，削弱理论学习；同时，对于培养学生运用理论解决实际问题的能力也没有什么好处。少而精教学原则，要求加强基本理论、基本知识学习和基本技能训练，和理论联系实际的要求是一致的。当然，如果把必要的事例、材料、方法，以及基本的、重要的科学新成就一概删去，或削弱了实践性教学环节，那就违反了理论联系实际的要求。然而，这并不是少而精教学原则所要求的。

2. 少而精和系统性与循序渐进教学原则的关系

少而精教学原则要求精简次要的、非基本性的教材，把主要的、基本的知识重点突出，讲解清楚，启发思维，加强练习和实验、实习，以利于学生较深入地、较牢固地理解这些基本知识。这样，是否破坏学科的系统性呢？

系统性与循序渐进教学原则，反映科学知识内在的逻辑系统，并反映学生学习知识的顺序性。这条原则要求教材的组织和教师的讲授都要有很好的逻辑性，要善于阐明教材的内在联系，并且由浅入深，由简到繁，由易到难，由已知到未知，循序渐进。如果违反了这条原则，诸如把教材的内在联系任意砍断，或者教材组织条理不清、不合逻辑，那就很难设想学生能够很好地理解和掌握基本知识，也就不能达到少而精的要求。但是，如果不以培养目标所规定的教学任务为依据，不顾学生的实际情况，违反少而精教学原则，单纯从科学体系的完整性来要求教学的系统性，求全责备，面面俱到，内容庞杂，主次不分，既不符合少而精的要求，实际上也正是破坏了系统性与循序渐进教学原则。

3. 少而精和符合学生接受能力教学原则的关系

少而精教学原则要求从学生的实际出发，控制数量，使学生能够切实地把知识学到手。这和教学必须符合学生接受能力的教学原则要求是一致的。因此，有的同志认为教育学上已经有符合学生接受能力这一教学原则，何必标新立异，另立一条少而精原则？符合学生接受能力教学原则已经包括了少而精的要求，少而精最多只能算作这一教学原则的一项措施。这个问题值得商榷。

符合学生接受能力的原则要求从学生实际的接受能力出发来进行教学，并通过教学不断地提高学生的接受能力。它所反映的是教学过程中学生身心发展的规律性，是从心理的角度来考虑教学要求的。少而精教学原则，如上所述，其所反映的是学生接受知识的数量与质量关系的规律性，是从学科的角度来考虑教学要求的。当然，这两者是密切联系的，但却不能相互代替。符合学生接受能力的原则要求的是，学习的难度、深度，必须是学生身心条件所能接受的，但问题不仅仅是能否接受，还要解决接受什么和数量多少、质量如何等问题。这就是少而精教学原则所解决的问题。因此，符合学生接受能力的原则运用，还必须以少而精的要求为其必要的依据之一。另一方面，少而精原则的运用又必须从学生实际出发，符合学生的接受能力。例如有人主张把教材"浓缩"，或"去枝留干"，少则少矣，精则精矣，但是学生接受不了，正是因其违反了符合学生接受能力的原则。又如有人认为少而精就是避免教材重复、讲授语言精练等等，无疑这些都是必要的。但是语言过分精练而不易理解，教材中或讲授时必要的重复一概删掉，也会造成学生学习上的困难。这样，就需要很好地考虑符合学生接受能力的原则了。

上面只举少而精与其他若干教学原则的关系为例。此外，少而精必须以科学性与思想性相结合为方向；必须发挥教师的主导作用和学生的自觉性、积极性，也有利于培养学生学习的主动性；必须符合认识由生动直观到抽象思维的规律；也必须考虑因材施教；等等。这些都说明少而精既是一条具有自己特点、不能为其他原则所代替的教学原则，又是与其他教学原则紧密联系、不可分割的一条教学原则。贯彻少而精原则，必须全面考虑其他教学原则的要求。

四、贯彻少而精教学原则的方法问题

根据已有的经验，贯彻少而精教学原则必须抓好下面四个环节：

1. 统一思想

统一思想，提高认识。少而精虽然是一个教学的原则，但是贯彻少而精却不是一个教学方法的问题，它首先是一个教育思想的问题。培养符合社会主义社会所需要的人才，是贯彻少而精教学原则的出发点；克服主观主义和片面观点，树立全局观点和实事求是的科学态度是贯彻少而精教学原则的保证。必须肯定，绝大多数教师具有教好学生的热情和愿望。但是这种热情和愿望如果缺乏全局观点和实事求是的科学态度就可能收到相反的效果。因此，必须使教师具有如下的全局观点：（1）使学生在德、智、体诸方面都得到发展的观点。（2）明确专业培养目标的实现，是以整个教学计划来保证的，每门课程都只是实现专业培养目标的教学计划体系中的一个组成部分而已。（3）既要传授一定的知识，又要发展学生的独立工作能力，掌握学习和工作的方法。

经验证明：统一思想、提高认识的工作，必须把讲道理和摆事实结合起来。摆事实，就要把贯彻少而精教学原则的成功经验和违反这一原则的不良后果，作为说服教育的材料。这样，就必须认真地进行调查研究和总结经验。

2. 调查研究

调查研究，不只是一个方法问题，而且是一个指导思想问题，是以实事求是的科学态度来指导我们的教学工作呢，还是以主观主义的思想来从事教学工作。调查研究，也不仅是为了掌握材料，摸清情况，以便于精选教材，改进方法；更重要的是为了以事实说服教师，使他主动积极地去贯彻少而精的教学原则。所以调查研究是贯彻少而精这一原则的关键性环节。

为了达到上述目的，调查研究，就一门课程来说，一般应注意下列几个方面：（1）本门课程在专业教学计划中的地位任务及与其他课程的关系。（2）本门课程在社会活动和生产实际中的应用以及教材内容的历史发展情况。有些课程，由于科学新成就发展迅速，教师积累材料较多，以致像滚雪球一般，越滚越大。经过前后对比，最能发人深省，促使教师严肃地考虑少而精问题。（3）学生学习情况，包括原有基础、接受能力、学习中的问题和学习效果等等。

为了使调查研究能够更好地推动教师主动地去贯彻少而精教学原则，根据各地的经验，必须由教师亲自动手。发动教师自己调查，自己分析研究，自己做出结论，自己提出改进办法。这样做才能对教师起深刻的说服教育作用，才能深入学生学习实践中去掌握第一手材料，也才能使教师自觉地改进教学工作。其次，调查研究工作，除了某些基本情况必须在开课之前摸清之外，一般要贯串在整个教学过程中，结合各个教学环节，有计划有步骤地经常进行，并辅以开课前和课程结束后的集中调查和总结。

3. 精选教学内容

选择教学内容，是贯彻少而精教学原则的中心环节。一切认识、调查的结果，都必须落实到这一个环节，而在具体地精选教学内容时，还会产生更多的认识问题和实际问题，必须继续再做思想工作和调查研究工作。

精选内容时，首先碰到的问题就是"标准"问题，少而精究竟有没有一个客观标准：究竟"少"到多少合适？"精"到什么程度得当？

既然少而精是反映教学过程中不依主观愿望为转移的客观规律的教学原则，当然有其客观标准。但是，由于具体情况和条件各有不同，标准就只能是相对的。就一门课程来说，制定标准必须符合下列这些要求与情况：（1）专业培养目标。专业培养目标体现了国家培养专门人才的一般要求和某一专业的特殊要求，体现了社会主义建设对某一专业所需要的知识和能力的水平。（2）本门课程在专业教学计划中的任务、地位及与其他课程的关系。专业培养目标之实现，是以整个教学计划来保证的。每门课程，都是实现专业培养目标的整个教学计划中的一个组成部分，承担一定任务，和其他课程发生一定的关系。（3）课程的性质与特点。诸如课程的深浅难易，基本理论、基本知识的范围宽窄，基本技能的繁简及其所要求的熟练程度等等。（4）学生的原来基础和接受能力，估计学生经过一定的努力所能接受的。（5）学生课内外的学习时间，估计大多数学生在规定的时间内能够完成学习任务并略有宽裕时间。这些要求与情况，简单说，就是需要与可能的结合。它是客观存在的，但又是相对的。因此，精选教学内容，就必须从实际出发，具体分析研究，有些教材内容应当删砍，有些只可简而不应删，有些则还应当适当地加以充实，必须分别对待。凡是基本的、原则性的、关键性的主要内容，一般不是删或简的问题，而是如何提高的问题；对于次要的但有一定作用，或在学科系统中必要的组成部分，缺少了便不符系统性与循序渐进教学原则的，也不应当完全砍掉，而应当精简；至于那些与培养目标无关，为后继课程所不需要，或较为高深，只可在后继课程或专门组课程中学习的内容，则应坚决删掉。具体教材，只有具体分析研究，才能做出决定。

在选择教材时，最常发生的问题是：如何正确处理理论与资料、概念与方法、结论与过程、公式与推导等关系。既不应当平均分配，各删若干；也不应当光留理论、概念、结论、公式等。对于资料或方法，有效的处理办法之一是"通过典型，带动一般"；对几种相似的资料或并列的方法，选取典型性的一种，讲解清楚，使学生很好地掌握，其他资料或方法，则或删或简；对于过程的叙述，应当精选那些为得出结论所必要的关节；对于公式的推导，应视培养目标、课程的任务、学生的理解能力而定取舍。经验证明：对于任何公式都进行烦冗的推导是不可能也不必要的。

另一个时常发生的问题，是所谓"有用"的教材取舍问题。有的教师往往以"这是有用的"为理由反对删除或简化某些教材；有些学生（特别是毕业班学生）也以"这将是有用的"来要求教师增加教材；毕业生从不同的工作岗位上写信回来指责某些有用的教材在校未曾学过，也给教师很大的压力。因此，有人提倡以"实用"作为取舍教材的标准。教师必须调查社会生活和生产实际所需要的知识，必须倾听毕业生在不同工作岗位上所提出的意见，但应当分析研究。教材的实用性可作为取舍教材的重要参考，但是，不应以"有用"为选择教材的标准。我们知道，任何教材，除非它是错误的，总有直接间接、或多或少的用处，以"有用"作为选择教材的标准，势必什么教材都精简不了。问题在于教材是否主要的、基本的。有些教材，虽然学生毕业之后，在工作上很可能有用，但只要他掌握了基本知识，就能够通过实际工作或自学去掌握，还是可以精简的。资产阶级教育学，以所谓"知识的比较价值"，即知识的实用性作为选择课程和教材的标准，是一种狭隘的实用主义标准。而我们的标准，应当是以学生能否把基本理论、基本知识和基本技能切实地学到手为依据。

学生是否能够顺利地学到手，不但与教材的选择有关，而且与教材的组织有关。条理分明、重点突出的组织，虽多而少；平铺直叙、乱七八糟的组织，虽少而多。这已是一般人共有的经验。教材的组织必须符合于系统性、逻辑性和重点突出的要求，对于教学各个环节以及课内外的学习内容应有合理的配置，并不是教学大纲上所规定的教学内容都要通过课堂讲授来传授，更不是教科书上所有的教材都要一一讲解。有些知识，通过习题、实验、实习以及课外自学，学生能够充分掌握的，就不必要组织在讲稿中。讲授应当集中于重点、难点，分析清楚，帮助学生理解理论的实质，引导学生自学，自学的内容可以广博些，这样有利于发挥学生的主动性、积极性，培养学生独立思考、独立工作能力，也有利于对不同学生因材施教。

4. 改进教学方法

改进教学方法，是贯彻少而精教学原则的实现环节。因为少而精的任何措施，总要通过各种教学形式来实现。为使学生把知识、技能切实地学到手，教学方法的问题具有特别重要的意义。如何改变注入式教学，运用启发式教学；如何使各个教学环节，课内课外相互配合；如何在有限的时间内，收到最大的教学效果；等等。这些都要求教师在少而精教学原则的指导下，改进教学方法。

最后，还必须着重指出：贯彻少而精教学原则的过程，就是一个培养提高师资水平的过程。因为，贯彻少而精教学原则，首先必须提高教师的思想认识，端正教学态度，转变教学思想，必须克服教书不教人、管教不管学的思想，树立全局观点和实事求是的工作态度。其次，贯彻少而精，也促使教师努力去提高业务水平。少而精，对于学生接受知识来说，是"由少到多"——掌握了基本的东西，有利于学习更多的知识；对于教师来说，却必须"由博返约"。为了"由博返约"，教师就必须深入钻研教材，掌握本质的东西，反复比较推敲，精选教材。这样，对于教师业务水平的提高，大有裨益。如果教师贪多务得，就会满足于累积材料，照搬书本，不仅学生消化不了，教师往往也是食而不化。许多教师都有这样的经验，多而杂容易，少而精困难。克服困难的过程，也就是提高的过程。再次，贯彻少而精，也是不断提高教学水平的途径。为了使学生把知识学到手，教师就不能仅仅满足于注入式教学，必须考虑如何启发学生思维，如何解决学生疑难，如何帮助学生改进学习方法，如何因材施教等等。这样，就会不断改进教学方法，提高了自己的教学水平。

由此可见,大力贯彻少而精教学原则,不但为了教好学生,而且有利于教师的提高。作为认真负责的教师,应当自觉地、积极地来贯彻这一原则。

以上所述,仅从高等学校教学上来探讨少而精教学原则。作为教学原则来说,一般也符合于普通学校的教学过程。但普通学校的教学,应当如何贯彻这一原则,则不在这篇文章探讨的范围。

关于学业成绩负偏态分布问题的初步探讨[①]

在"文化大革命"中,考试评分制度被取消,教学效果与学习质量无法检查,无从反映,这是造成教学秩序混乱、教学质量严重下降的重要原因之一。"文化大革命"之后,学校恢复了考试评分制度,这对于稳定教学秩序,推动学生努力学习,保证与提高教学质量,起了重要的作用。但当前的考试与评分是否严肃、正确,是否使考试能够真正起检查学生学习质量的作用,评分能够准确地反映学生的知识水平与能力,都还是一个有待研究的问题。近年来,许多学校学生的学业成绩,比较普遍地出现了高分数现象。用百分制的,绝大多数学生分数在80分以至90分以上,甚至大多数集中于95分至100分之间;用等级制的,绝大多数都是良好,甚至都是优秀。许多班级全班,甚至许多学校全校,声称消灭了不及格,甚至消灭了70分、80分以下的成绩。这种成绩分布的现象,统计学上叫做负偏态分布。学业成绩,普遍地(不是个别地)呈现负偏态分布现象,是不是真正反映了学生学习质量普遍提高,学业成绩大都优良,因而是值得高兴的好事?抑或存在虚假现象?评分偏高,是否有利于推动学生努力学习,不断提高学习质量?是否有利于教师改进教学,不断提高教学质量?抑或适得其反?这是本文所要探讨的问题。

[①] 原载《教育研究丛刊》,1980年第3期。作者:潘懋元,吴丽卿。

一、学业成绩常态分布与偏态分布的意义

学生学业考核与评定成绩的分布，有两种现象：一种是常态分布，一种是偏态分布。

常态分布，在图形上呈山头状（如图1中的a）。从常态分布的图形上可以看出 y 轴最高点是人数最多的，而在 x 轴上对应的点是成绩中等的地方。所以常态分布的图形表明学生成绩中等的居多，最优和最差的都是少数。

与常态分布相反的另一种分布现象是偏态分布；偏态分布又分为负偏态与正偏态。偏态分布表明学生成绩偏向于一侧（或偏左或偏右）。负偏态的人数大量集中在高分的一侧（如图1中的b）；正偏态的人数大量集中在低分的一侧（如图1中的c）。

教师对学生学业正确考核与评定的成绩分布，一般来说，应当呈现为常态分布，或近似常态分布（完全的常态分布，客观上很少出现，从分布曲线来看，偏态性在 ±0.1 左右，一般可视为近似

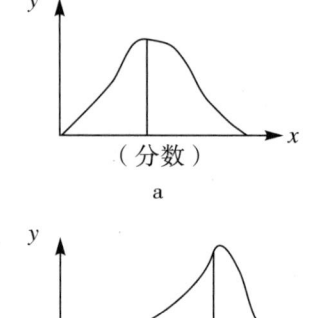

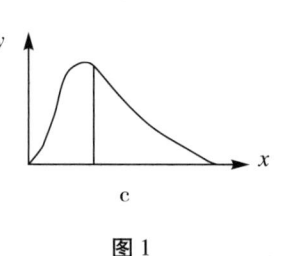

图1

常态分布）。偏态分布，不论正偏态或负偏态分布，除特殊情况外，都不能正确地、客观地反映学生真正的知识水平与能力。

为什么学业成绩一般应呈现为常态分布？因为在正常情况下，一个班级之中学生的学业程度都存在着上、中、下三种不同程度（特别挑选的尖子班或基础班除外），而且中等程度的人数一般所占的比例都比较高，即所谓"两头小，中间大"。这是因为同一个班级的学生，尽管年龄相近，学历相同，但是，人的智力有高低；而智力分布，一般都是呈现着常态分布，即中等智力属于大多数，智力特别高或特别低的总是少数。心理学的研究表明：这种智力的差别及其分布是客观存在的。加上各人的科学文化知识基础有差别，学

习态度与方法有不同，因此，同样学习了一门课程，对教材内容的领会、记忆以及运用知识、技能的能力也会有所不同。有些学生学得好一些，有些学生学得差一些，特别突出的拔尖生总是少数的，特别差的也是少数。

其次，编制教学大纲或编写教材，都有一条原则，就是大纲、教材的难度，必须适应学生的程度。太难了，学生接受不了；太易了，不能调动学生学习的积极性，不能使学生在克服困难中前进。偏难偏易都不能收到应有的教学效果。但学生程度既然有高有低，所谓适应学生的程度，就只能要求其适应绝大多数中等程度学生的接受能力，而不能要求适应少数拔尖的或很差的学生的程度，任意提高或降低大纲、教材的难度。也就是说，大纲、教材要有一定的难度，而这个难度应当是绝大多数中等程度学生经过努力能够克服的。对于少数拔尖或很差的学生，则应通过补充教材或采用辅助性的教学方法来解决。

再次，教师进行考试评定成绩，应当根据教学大纲和教材的要求，考题应适应学生的程度，不应偏难或偏易，但要有一定幅度的难易梯度，评分应当严肃公正，标准应当统一。这样通过考试评分所获得的学业成绩才能够真正反映学生的实际知识水平与能力。

由于学业程度，一般是两头小、中间大，教学大纲、教材是适应大多数学生程度的，考试评分是根据大纲、教材要求的，所以，在通常情况下，班级之中学生的学业成绩就会呈现常态分布或近似常态分布的现象。反之，如果考试要求低于大纲、教材的要求，考题偏易，评分偏宽，或在考试评分中存在不严肃、不认真的情况，就有可能使大量学生包括中等和较差的学生都能得到高分数，呈现负偏态分布现象；如果考试超过大纲、教材要求，考题偏难，或出偏题、怪题，评分标准过高，就有可能使大量学生包括中等以至较高水平的学生都得到低分数甚至不及格，呈现正偏态分布现象。大面积的正、负偏态分布都不能真正反映学生的实际知识水平与能力。但是个别情况可能有例外，如尖子班（快班）或基础班（慢班），教师教学水平特别高或特别差，全班学生学习特别努力或学习特别不认真，等等。即使是这些个别情况，也只是略为呈现偏态分布现象。如果出现大量的极端的偏态分布现象（偏态性很高），或大面积的偏态分布现象（偏态分布现象很普遍），就应当考虑大纲、教材是否太难太易，考题是否太难太易，在考试评分过程中是否存在某种不够严肃认真的问题。

学业成绩常态分布或近似常态分布的积极意义，在于通过考试所评定的成绩能比较客观地反映学生掌握教材的实际程度和学生的能力水平，能使学生明了自己在学习上已达到的水平和差距，从而可以进一步分析学习上的优点和缺点，也能使教师了解学生实际程度和自己的教学效果，从而进一步分析学生的学习和自己教学的优点和缺点。这就有利于推动师生再接再厉地提高学习和教学质量。反之，偏态分布，往往不能反映学生掌握教材的实际程度和学生的能力水平，存在虚假现象。正偏态分布，学生的学业成绩普遍降低了，易使学生失去学习信心，看不到自己的进步，影响学生的学习积极性和进取心；负偏态分布，学生的学业成绩普遍拔高了，易使学生产生盲目自满的情绪，看不到自己学习上的差距和缺点，不利于学生改进学习方法、提高学习水平与能力。正、负偏态分布，也不利于教师了解学生实际程度和自己的教学效果，从而妨碍教师不断改进教学，提高质量。

二、对统计结果的初步分析

最近，我们对厦门地区三所高等院校（厦门水产学院、厦门师范专科学校、厦门大学）七七、七八级学生各专业83门主要课程的考试成绩进行统计：属于常态分布（包括近似常态分布）的10门，占12.0%；属于负偏态分布的71门，占85.6%；属于正偏态分布的两门，占2.4%。详见表1和图2。统计结果表明：三所院校学生学业成绩总的趋势是负偏态分布。也就是说，学业成绩出现大面积的分数偏高的现象。举几个例子：

A课程：修习者112人，成绩91~100分的51人，81~90分的38人，71~80分的17人，60~70分的6人。成绩分布见表2。

表1 厦门地区三所高等院校七七、七八级学生部分主要课程成绩分布统计表

校名		厦门大学				厦门水产学院			厦门师范专科学校			总计/百分比
年级		七七级		七八级		七七级	七八级		七七级	七八级		
学期		第一学年		第一学年	共计/百分比	第一学年	第一学年	共计/百分比	第一学年	第一学年	共计/百分比	
成绩分布曲线的三种形态		第一学期	第二学期	第一学期	第二学期		第一学期	第二学期	第一学期		第一学期	第一学期	
常态分布（包括近似常态分布）		3		1	1	6/12.8%	2		7/7.7%	1	1	2/20%	10/12.0%
偏态分布	负偏态	6	7	6	15	6	40/85.1%	6	9	9	24/42.3%	5	2	7/70%	71/85.6%
	正偏态	1				1/2.1%			/		1	1/10%	2/2.4%
总计		10	7	7	16	7	47	8	9	9	26	7	3	10	83

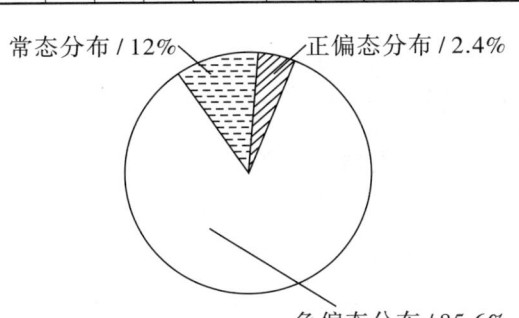

图2 三所高校83门学科成绩分布比例图

表 2

分数/分	60	61~65	66~70	71~75	76~80	81~85	86~90	91~95	96~100
人数/人	3	0	3	5	12	12	26	29	22
百分比		5.4%			15.2%		33.9%		45.5%

B 课程：修习者 141 人，成绩优 61 人，良 52 人，及格 28 人，成绩分布见表 3。

表 3

等级	不及格	及格	良	优
人数/人	0	28	52	61
百分比	0	20%	37%	43%

C 课程：修习者 43 人，成绩 100 分的 12 人，99 分的 13 人，98 分的 3 人，97 分的 15 人，成绩分布见表 4。

表 4

分数/分	60 以下	61~65	66~70	71~75	76~80	81~85	86~90	91~95	96~100
人数/人	0	0	0	0	0	0	0	0	43
百分比	0	0	0	0	0	0	0	0	100%

类似 A、B 课程成绩的负偏态分布甚为普遍。C 课程的成绩分布虽非普遍，但其分数偏高情况，实足惊人。

三所高等院校学生考试分数普遍偏高，是否学生的实际程度与能力都很高，都学得很好，抑或有虚假现象，这是值得研究的。七七、七八级两届学生，实行统招，择优录取，学生的文化科学基础，一般比前几年推荐入学的高，这是事实，但比之"文化大革命"前统招的学生，基础仍然较低。这两届新生入学之后，厦大曾对他们的基础知识与技能进行摸底测验，测验结果表明，他们的文化科学基础多数仍然偏低，测验结果成绩不及格的学生为数不少。当然，我们不否认他们入学之后，在老师的辛勤教育下，努力学习，逐渐适应大学的学习方法，知识水平与能力不断提高，因而学业成绩也会有所提高。但是，由于原来的基础不同，努力程度不同，也必然会有所分化。事实上，有相当多的学生，按照现行的教学大纲和教材学习，平时就感到相当困难。那么，为什么三所高等院校83门课程，几千名学生的学习成绩统计，普遍出现负偏态现象呢？根据我们初步调查了解，形成学生学业成绩普遍偏高的原因，既不是大纲、教材太易，也不是学生学业程度很高，而是考试与评分上的问题。

从考题看，我们抽样分析了若干门理科课程的考题和试卷，发现综合性的题目很少，大多是比较简单的计算题。一种是不需要运用理论来解决实际问题，只要经过简单的步骤就可以计算出来的；一种虽然较复杂，但却有现成公式或例题可套，计算过程可能长一些，但在概念的理解与逻辑推理上并没有什么难度。总的来说，偏易的考题占的比例大。有的考卷，虽也有一两道难度较大的考题，但这些考题往往占分很少，或者只作为附加题而不计算分数。除了考题偏易之外，辅导、评分上也存在一些问题。有的教师出复习提纲不是引导学生全面复习教学内容，而是成为变相地指定考试范围，甚至把范围缩小到近似考题的范围；有的教师在考试前的辅导中暗示考试内容或考题，甚至基本上是把答案告诉学生；有的教师评分标准偏低；有的教师对某些程度较差的学生特别照顾，甚至采取加分的办法；如此等等，不一而足。

应该说，我们大部分教师都是诚诚恳恳为社会主义教育事业呕心沥血，满腔热情想把教学工作搞好，把学生培养成为具有真才实学，能适应四个现代化需要的高水平、高质量的人才。为什么在工作中，在对学生学业成绩的考核与评定上，会自觉或不自觉地出现偏低的要求呢？分析其原因是多方面的，有历史的根源，也有领导作风的影响；有林彪、"四人帮"极"左"思潮的流毒，也有个人责任感与态度的问题。对于这些原因，必须刨根溯源，分清是非，拨乱反正，才能改进工作，纠正成绩分布的负偏态偏向，保证和提高学生的学习质量。

在林彪、"四人帮"推行极左路线时，许多平时敢于严格要求，认真考核与评定学生学业成绩的教师,被扣上"扼杀工农子女""阶级报复"等帽子,屡被揪斗、惨遭迫害,中老年教师搞怕了,青年教师看怕了,至今心有余悸。"复课闹革命"又提出所谓"上、管、改"口号,教师处于被专政的地位,不敢于也不可能对学生进行实事求是的考核与评定。"交白卷英雄"出现,考试制度更被取消,当时教师内心虽然不赞同,但也无可奈何。粉碎"四人帮"之后,考试制度虽然恢复,但是余毒余悸,尚未完全消除。宁可放宽,不可严求,更不可以给学生不及格的评分,以免得罪学生,留下后患。这是学生学业成绩大面积呈现负偏态分布的心理因素。

其次,过去在某个时期曾经不适当地提倡过"门门五分""满堂红"等口号,企图以搞政治运动的方式来代替深入细致的教育工作,突击提高学生的学习成绩,违反了教学的客观规律,形成弄虚作假的不良作风。这种做法虽然不久就被否定了,但至今仍有一定的影响。例如评定优秀班级,在智育方面,不是全面深入考察学生的进步情况,而是简单化地根据高分数比例以及有无不及格等现象考虑。有的领导评价教师的教学效果,也往往不深入教学过程,只是根据所教课程学生的考试成绩。有的领导听教师汇报考试成绩高就表扬,听到考试成绩较低就批评,没有深入分析研究,满足于表面的高分数,使教师感到严有过,宽有功,要求偏低,成绩偏高,上级表扬,学生高兴,家长满意,自己既省心又有利,皆大欢喜,何乐而不为。这里有认识问题(不懂教学规律),也有作风问题(不实事求是)。结果是,学业成绩拔高了,学习质量却降低了。

此外,社会上某些不良风气对考试也有一定影响,考试作弊或变相作弊,并非个别现象。考试时交头接耳、照抄一遍。作弊有理,老实吃亏。考场规则,虽三令五申,但有的监考老师,听之任之,熟视无睹,失掉了考试的严肃性。这也是"四人帮"破坏教育工作的余毒。

由此可见,影响考试不严、评分偏高的因素是多方面的,也是比较长期形成的一种偏向,我们应当进行具体分析,才能针对原因,采取有效措施。

三、几点建议

根据上面初步分析,我们提出如下几点不成熟建议:

第一，对过去提出的一系列不适当的口号和做法，应该通过 30 年的教育实践来检验，总结经验教训，澄清是非曲直，错的就要敢于批判和抛弃，以利于教育工作的顺利进行。至于林彪、"四人帮"猖獗时的一些做法，更应当从理论上、实践上揭深批透，肃清余毒，消除影响，真正做到拨乱反正，正本清源，按照教育规律办事。

第二，教师必须明确正确地、客观地评定学生学业成绩的重要意义，端正态度，加强责任感，把严格要求学生，正确考核与评定学业成绩提高到是对实现祖国社会主义四个现代化负责的高度来认识。我们培养的是实现四个现代化的建设人才，四个现代化对教育的要求，不仅要有一定数量的人才，而且更要求有高质量的专业。对现代科学技术的不断更新和生产的高度发展来说，质量是改进、提高生产的必要条件。单有数量，没有质量，不可能赶超世界先进科学水平，不可能高速度地提高社会生产力，不可能保证社会主义祖国的强盛和发展。所以摆在我们面前的急迫任务是，不仅要培养大量的建设人才，还必须保证所培养的人才是高质量的。应当认识到，把好质量关，培养合格的高质量的人才，这是教师对祖国、对青年负责，也是广大教师对实现社会主义四个现代化的具体贡献，所以每一位教师都应当严格要求学生。对于敢于严格要求的教师，领导应该大力支持。学校工作重点转移到教学、科研上，领导要深入教学过程，进行深入的调查研究，避免根据表面现象，做出不恰当的批评表扬。

第三，要力求考试评分能客观地反映学生学业程度与学习能力的真实水平。

（1）考试内容要符合教学大纲的要求，即学生在某个特定阶段所学习教材的主要内容及其所培养的能力。考题应根据教学大纲的范围，并要有一定难易的梯度。为考试而进行的复习要全面系统并且突出重点和难点，应当避免暗示考题的任何做法。

（2）评分标准应当严格统一，对每一个学生都必须按照严格标准公正评定，不能有所偏颇。如有个别学生对考试与评分态度不端正，对教师评分讨价还价，软硬纠缠者，应当加强说服教育，不能不顾原则，随便提高分数，违反评分标准。对于违反考试规则、作假作弊者，要敢于严肃处理。

（3）学业成绩评定，顾名思义是评定学生掌握知识与技能的质量和能力水平，不涉及学生的政治态度与作风，不能把评分范围扩大。例如，有的学生学习不好，但教师认为政治表现好，工作积极或学习态度好，予以特别照顾，加分提分，这种做法，爱之实是害之，应当避免。对于这些学生，正确的做法是在平时学习时就多予帮助，使他们能达到真正的水平，而不是虚假的水平。

（4）从制度上制定一些切实可行的办法以保证客观地评定学生的学业成绩。如考题应由教研组讨论通过，必要时评分标准也可在教研组讨论，集思广益。领导对学业成绩的考试与评分要定期分析总结，发现问题及时纠正，如发现正、负偏态分布现象，都要深入了解。我们反对降低要求，但并不意味着对学生要求越严越好，出现严重的正偏态分布现象也应及时研究分析其原因。对学生学习考核的依据是教学大纲，偏高偏低、过严过宽，都应当防止。对真正严格按照教学大纲要求考试评定学生成绩的教师，应当给予表扬鼓励，总结经验，介绍推广。

总之，纠正成绩偏态分布，特别是当前普遍存在的负偏态分布现象，正确地、客观地考核与评定学生的学业成绩，是保证和提高学生学习质量的重要措施。只有严格要求学生，才能不断激励学生前进，提高学习质量，发展能力，才能培养合格的高质量的人才，为实现社会主义四个现代化服务。

写在观摩教学之后[①]
——教学漫谈之一

观摩教学,是交流教学经验,提高教学水平,特别是提高教学法水平的一种行之有效的方式。20世纪50年代,观摩教学是我校教研组经常的活动内容。今年1月间,教务处组织了五次基础理论课的课堂讲授观摩。每次观摩之后,立即召开评议会,效果很好。讲者听者,都反映受益匪浅。下面就观摩、评议中所涉及的几个问题,漫谈一些个人的见解。

(一)讲授要能引导学生的积极思维活动

一堂成功的讲授课,在教学法上的主要标志是什么?我认为在大学课堂上,最主要的是,教师的讲授能引导学生的积极思维活动。也就是教师善于把学生的思维活动吸引到老师的思维活动轨道上,从而一步一步地引向预定的目标。讲授,在形式上,是教师讲,学生听,教师板书,学生做笔记;在实质上,是教师的思维活动,通过语言为中介,转化为学生的思维活动,是师生共同的思维活动过程。所以,教师的语言以及其他辅助的活动,能够引导学生的积极思维活动,引起"共鸣",使教师对教学内容的理解,充分地转化为学生对教学内容的诱饵,并培养学生的思维能力,这一堂课就算成功或基本上成功了。反之,如果学生是听之"渺渺",打字机式地记笔记,即使教师费了很大的劲,讲得唾沫横飞,满头大汗,这堂课仍然是不成功或基本上不成功。

---

① 原载《厦门大学校刊》,1980年4月10日。

讲授如何引导学生的积极思维活动呢？

首先，教师备课，要透彻地理解教材内容。只有自己透彻地理解教材内容，才有可能引导学生去理解教材内容。如果自己"昏昏"，当然不能使学生"昭昭"。熟记理论条文或公式，不能说是透彻理解。只能孤立地说明、解释某个论点、某个公式，也还不算是透彻理解。必须能够对于这些论点、公式的精神实质及其上下联系与关系，充分掌握，融会贯通，才算透彻理解了。这是备课的基本功夫。但自己理解了，还得把自己的理解作为一个过程来引导学生，因此，教师还必须内省自己的思维过程，把它整理出条理来，即整理出它的逻辑顺序来。这个整理工作之所以重要，是因为我们理解一个问题，有时并非严格按照"三段论法"，往往忽略某些逻辑环节，跳跃式地前进或"顿悟"式地弄通，而为了要引导学生的积极思维活动，并让学生养成逻辑思维的习惯，则必须按逻辑顺序逐步展开，步步深入，循循善诱地把学生的思维活动引导到最后的结论。思维过程整理清楚之后，还得考虑如何用语言表达，使语言能够恰当而又生动地起思维活动的中介作用，这就要写出讲稿或讲授提纲。写讲稿必须是在前面两个步骤的基础上进行，切忌在教材内容还未透彻理解或思维过程还未整理清楚就急急忙忙地下笔。

其次，在课堂讲授时，要根据教材的重点与难点、学生听课的反应，运用逻辑的力量和语言的艺术，来引起学生的"共鸣"。一般来说，难点应讲得慢些，或作适当的停顿，让学生有思考的时间。有经验的教师，往往有意地把问题的矛盾点尖锐地提出来，适当地迂回停顿，以引起学生激烈的思维活动。这不但可以让学生通过自己的积极思维来理解教材内容，也可以借此训练学生分析问题、解决问题的能力。

教学是艺术，课堂上的讲授，尤其是教学艺术的集中表现，可以作科学分析又难以作科学的详尽分析。"神而明之，存乎其人"，要积累自己的经验，要下功夫揣摩。讲新课要揣摩，讲旧课也要揣摩。一般来说，讲新课对教材内容不够熟练，不容易讲好；讲第二遍时，教材较熟悉了，应当讲得较好。但我个人有个相反的经验，讲第二遍往往不如讲第一遍效果好，就是因为讲第一遍时，认真备课，对于教材内容深思熟虑，对于讲课的每个细节周密思考，印象深刻，感情充沛，讲起来津津有味；讲第二遍时，讲稿现成，有恃无恐,往往不那么认真备课,思虑不周,印象、感情都较淡薄,如果又无新的内容补充,讲起来就感到乏味,效果反而不如第一遍。这就是说,讲第二遍仍应像讲第一遍那样下功夫才行。

(二)课堂讲授中的几个具体问题

1. 基础理论要不要联系专业实际

这是一个有争论的问题。"四人帮"歪曲理论联系实际的原则,片面强调基础理论为专业服务,按照不同专业的需要,任意割裂基础理论,破坏基础理论的学科体系,降低学生掌握基础理论的质量,从而降低了学生学习专业知识水平,这是完全错误的。但是,在不破坏基础理论学科体系的前提下,适当地联系专业实际,启发学生运用基础理论解决专业实际问题,还是必要的。这样做,有利于加强学习基础理论的目的性,提高学习基础理论的兴趣;也有利于培养学生运用理论解决问题的能力。

2. 如何处理讲授与讲义的关系

讲授完全照着讲义讲,照本宣科,索然无味,效果不好;讲授完全离开讲义另讲一套,学生叫苦,特别是低年级学生,很难适应,往往使经验不足的教师左右为难。应当怎样处理好两者的关系?在评议会上,有的教师提出:应当"若即若离""不即不离"。说得很对,但还得对不同课程灵活运用这条原则。大抵理科课程,应当"多即少离",文科课程,不妨"少即多离";低年级课程,应当"多即少离",高年级课程,可以"少即多离",甚至完全离开讲义,另讲一套,也无不可。应当培养学生能够自己把讲义、参考书、听课笔记的内容分析综合,融会贯通,整理成大纲(outline)或摘要(summary)。如果到了高年级,仍然只能抱住一套,不会把两套、多套综合成自己所理解的一套,那么教学效果就大成问题了。

还有一点应当指出:教师讲授,可以"若即若离",学生听课,却不能"若即若离",只应专心听课,积极思维,认真笔记。如果一面听课,一面翻阅讲义,听课不专心,思维不连贯,效果是不好的。

3. 板书如何做到"整而不死,活而不乱"

板书,是教师讲授的辅助工具。它可以帮助教师在讲授中标明要点,加强语气,推导公式,描绘图形。有经验的教师,似乎是随手板书,黑板上却井井有条；没经验的教师，往往该写的不写，不该写的写了一大堆，黑板上凌乱不堪，粉尘横飞。一般来说，板书不宜过多，尤忌大段抄书。一堂课中，哪些东西应在黑板上写，备课时就要准备好。板书大体可分两类，一类是内容要点（如章、节标题或主要论点），最好按次序写在黑板两旁，写后不擦，一堂课讲授完了，大纲要点，条理分明，还可以利用它做课堂小结；一类是公式、图形、名词、难字或为加强语气而写的板书，写在黑板中间，次序不必太过严格，最好显得似乎是随手拈来，但也应有个大体安排，力避凌乱。总之，板书应力求"整而不死，活而不乱"，才有利于集中学生注意力，增强讲授效果。

以上所谈只是几次观摩与评议所看到、听到的几点经验与意见。本学期还准备再组织几次全校性观摩，除课堂讲授之外，还要观摩课堂讨论、习题课和实验课，以此推动各系、各教研室开展广泛的教学观摩活动。这几次观摩，许多系主任、教研室主任和老教师踊跃参加，观摩与评议都很成功，遗憾的是青年教师参加的较少。对于经验不足的青年教师来说，这是很好的学习机会，希望今后有更多的青年教师参加。

复习、考试与评分[①]

——教学漫谈之二

一个学期快要结束了,全校师生即将投入紧张的复习、考试活动中。在这个时候,我想对期终的复习、考试与评分谈一些看法。

有人说:"考试是学生学习的指挥棒。"这话又对又不对。说它不对,因为考试本来是对学生学习的检查,并通过检查反映教师教学效果。学生不是为考试而学习,考试所体现出来的学业成绩是学习的结果而不是学习的目的,不应当因果倒置。说它对,因为不管你承认不承认,考试的命题与要求,总是要对学生的学习起着制约作用。如考试命题偏重记忆事实、定理、公式等,学生读书就拼命背记;命题偏重分析、说理、运用等,学生读书就努力学会运用书本的基本知识去分析问题、解决问题。考试要求严格,学生就刻苦读书;考试要求马虎,学生就不那么认真读书。正如高考是中学生学习的指挥棒一样,大学生的考试,尤其是期终考试,不可避免地要对学生平时学习,尤其是期终复习起着制约作用。事实既然如此,与其无效地反对考试的指挥棒作用,不如正确地运用这一"指挥棒"来引导、指导学生的学习与复习,发挥学生在学习中的主动性、积极性。

考试是教学过程的组成部分,应当遵循教学过程的原则。教学过程有许多原则,例如:科学性与思想性相结合,理论联系实际,在教师主导下发挥学生的主动性积极性,传授知识与发展能力相结合,等等。这些都是考试所

[①] 原载《厦门大学校刊》,1980年6月4日。

必须遵循的原则。正确运用考试"指挥棒",考试命题,就应当研究所出考题是否符合这些原则。偏于记忆性的命题所以不好,就因为它违反发挥学生的主动性积极性、发展学生能力等原则;当然偏于空谈性的命题也不好,因为它违反科学性、理论联系实际等原则。考试命题,不能不包含一定的基本知识的记忆,但对于大学生来说,更重要的是检查学生运用知识分析问题、解决问题的能力。

为了准备考试,就要复习,虽然复习的意义,远不是为了准备考试。复习的真正意义,是"温故而知新",即巩固和加深已知的知识,促使学生从已知知识中去抓住最本质、最重要的东西,把初次学习时还不十分明了或透彻的知识进一步加深理解,以及使知识系统化,使局部的知识连贯成为系统的知识,为进一步学习新的、更深的知识准备条件和为运用知识于实践打好坚实的基础。当然,为准备考试而复习,也是无可厚非的,因为它总是具有现实意义。但要注意这一现实意义后面,往往隐藏着某种消极的因素、错误的做法。例如,对待复习提纲不正确的态度就是一种消极因素、错误做法。至于考场作弊,那就不仅是错误的问题了。

我们并不绝对地反对复习提纲。那种能够引导学生巩固和加深已知的知识,使知识系统化,帮助学生从已知知识中抓住最本质、最重要的东西的复习提纲是有益的。我们反对的是对待复习提纲不正确的态度:复习提纲成为变相地指定考试范围,按复习提纲进行辅导,考题往往也就"呼之欲出"。这样的复习提纲与辅导,可能对提高考试分数立竿见影,但却是骗了自己,误了学生。

近日重读蔡元培的文章,对下面这一段话,颇有所感。抄录于下,以资借鉴:

"等到学期、学年或毕业的考试,教员认真的,学生就拼命地连夜阅读讲义,只要把考试对付过去,就永远不再去翻一翻了。要是教员通融一点,学生就先期要求教员告知他要出的题目,至少要求表示出题目的范围;教员为避免学生的怀恨与顾全自己的体面起见,往往把题目或范围告知他们了。"(《我在北京大学的经历》)

这是蔡元培针对60多年前北京大学的弊端说的。当然,这种弊端是旧社会的事，那时不少学生平日对于学问并没有什么兴会，只要年限满后，可以得到一张毕业文凭，作为"升官发财之阶梯"。今天，绝大多数学生进大学的目的是明确的，是为实现四化，建设社会主义而努力学习的。但是，某些旧社会的流毒和影响，也是不可低估的。

考试的结果，一般体现在评分上。评分应当正确、公平，才能够准确地反映学生的知识与能力，也才能起鼓舞学生刻苦学习的作用。近年来，在许多学校，学生的学业成绩普遍出现了高分数现象。我们曾经对本校和其他大学80多门课程、几千名大学生的考试分数进行统计，发现绝大多数学生考试分数在80分、90分甚至95分以上。这种成绩分布现象，教育统计学上叫做负偏态分布。学业成绩，普遍地（不是个别地）呈现负偏态分布，是不是真实地反映了学生学习质量普遍提高，抑或存在虚伪现象？评分偏高，是否有利于促进学生努力学习，抑或适得其反？这是值得研究的问题。

正确、公平的考试评分，一般应当呈现为常态分布或近似常态分布，即两头小，中间大。为什么学业成绩一般应呈现为常态分布？因为同一班级的学生，尽管年龄相近，学历相同，但是，人的智力有高低，智力分布，一般就是两头小，中间大。加上各人的科学文化知识基础有差别，学习态度与方法有不同，因此，同样学习一门课程，对教材内容的记忆、领会以及运用知识的能力也有所不同。有些学生学得好一些，有些差一些，在一般情况下，特别突出拔尖的是少数，特别差、不及格的也是少数，略有差距的中间程度是多数。

由于智力的分布、学业的程度，一般是两头小，中间大，而教材难度应当适应大多数学生的学业程度，考试、评分应当根据教材的要求。所以，在通常情况下，学生的考试分数，就会呈现常态分布或近似常态分布的现象。如果教材脱离大多数学生的程度，偏难或偏易，考题脱离教材的要求，偏难或偏易，评分不准确，偏严或偏宽，如此等等，就会呈现正、负偏态分布现象。大面积的正、负偏态分布，都不能真正反映学生的实际学业水平与能力。当然，个别课程，个别班级，由于某种特殊原因，可能出现正、负偏态现象，如拔尖班、慢班，教师教学能力特别强或特别差，全班学生特别努力或特别不认真等等。即使这些个别情况，也只是略为呈现偏态分布现象。如果出现大量的极端的偏态分布现象，就应当考虑教材或考题是否太难或太易，考试评分过程中是否存在某种不够严肃认真的问题。考试与评分，如果不能正确检查与准确反映学生学习质量与知识能力，就失去了它的意义。普遍出现负偏态分布现象，有认识问题（不懂教学规律），也有作风问题（不实事求是），结果，考试分数拔高了，学习质量却降低了。

评分要实事求是，拔高、压低都不是负责的态度。复习、考试，也要实事求是。复习、考试与评分，都是手段、方法，不是目的，目的在于掌握知识、发展能力。因此，都要做到实事求是，才能收到应有的教学效果。

应当重视电化教育的理论研究[①]

教育必须为社会主义现代化建设服务，适应四化需要的教育也要现代化。教育现代化的确切含义以及如何促进它的现代化，是教育学尚待研究的新课题。我认为：教育现代化应当包括教育指导思想、教育内容、教育形式、教育方法、教育组织与教育管理等方面，而教学手段的现代化是教育现代化的重要组成部分。

我们通常所指的幻灯、电影、广播、录音、录像、电视、语言实验室、程序教学机以及应用于教学和学校管理的电子计算机等等，是现代化教育手段中可以被广泛使用于各级各类教育的一般性工具。其中如幻灯、唱片、电影等虽然我国在 20 世纪 30 年代已开始试用，五六十年代，广播、录音等有声教学工具在外语教学上也开始使用，但多种电教工具（除电子计算机外）的全面推广则是近几年的事。三年来，电教的发展是相当快的，这不仅是由借鉴国外的经验而起，更重要的是由于我国教育自身发展的需要。但这一时期，还只是着重于电教设备的研究、生产、引进等方面，并开始编制一些电教教材资料，积累一些经验，培训一些技术人才。如何在教学和教育过程中有效地使用电教手段，我们的经验还很不够，电教的理论研究，更未跟上。而电教要能真正起到促进教育事业的发展，特别是要能取得更好的教学效果，提高教学质量，加强电教的理论研究则十分重要。因为，随着电化教育的广泛开展，必将对教学计划、教材内容、教学形式、教学方法以及组织管理等

---

① 原载《电化教育》，1981 年第 2 期。

方面提出许多新的问题，要求新的改革，以求得最佳效果。这些都必须在积累经验的基础上，探索出有别于传统教育手段的新规律。

搞电教设备，必须具备光学、声学、电子学的知识与工艺。而搞电教教材资料光有这些知识与工艺就不够了，还需要综合运用教育学、心理学、数学、语言学、美学以及教学法等方面的知识，得有掌握各科教学内容与方法的教师配合。使用电教手段，也必须具备这些方面的综合知识，才能充分发挥它的作用。所以，电化教育是一门边缘学科。这一学科的任务，是综合地运用各种有关学科的知识，研究电教的特殊规律和资料制作、设备使用等技术。它的研究成果，不仅可以丰富各门学科的知识，对于教育学和教育心理学的发展，也必将起到直接的促进作用。

举几个例子来说。教育，就其传授知识的功能来说，是一种多控的信息传递活动。传统的教学过程，一般是通过教科书和教师的语言来传递信息的，也就是通过第二信号系统进行信息传递。虽然在传递过程中，可以利用图片、模型、实物、现场参观，使学生获得一定的感性知识，但毕竟是有限的。因此，学生的知识往往存在一定的片面性，抽象信息与形象信息、理论与实际，有时不能很好地结合，在培养学生的能力上，也往往发生某些困难。电教通过活动的图像和真实的声音进行教学，辅之以语言、文字的提示、解释，也就是通过第一信号系统进行信息的传递，并通过第二信号系统进行调节，利用多样化的信息，作用于学生的视听感官。空间扩大了，时间缩短了，可以加快、变慢，可以宏观、微观，可以深入事物的内部结构和运动变化。一般来说，运用电教手段传授知识的效果比传统方法的传递信息好，它有利于培养学生的观察能力、思维能力、分析问题和解决问题的能力。电化教育的这些作用，扩大了原先教育学中所论述的直观性原则。研究电化教育在教学过程中的作用，不但能丰富直观性原则，而且将促进整个教学理论的发展。

电教教材的编制，实质上就是信息传递的程序编制。在传统教学中有个教学程序的编制问题，但电化教学的程序更为严密、细致。电教教材不论是幻灯片、录像带、录音带、电影片，对于教学过程中的每一个方面、每一种因素、每一个细节，在编制过程中都要周密地研究它的教学要求。要有细致的功夫，使电教教材的教学程序严格遵照逻辑序列和教学原则。如果所使用的是包括学生的反馈信息在内的双向电教工具,如程序教学机、电子计算机等,还得充分估计学生对学习内容可能产生的种种反应。这就促使我们必须研究学生在学习过程中的心理状态和思维活动,对具体教材可能出现的错误、疑问和特殊的思路(如对一个方程有几种可能的解法)加以重视。为了编制教学程序所做的研究工作无疑可以丰富和加深教育心理学的理论。

此外,在教师的培训、教学的组织、学校的管理上,同样也会出现许多新问题。例如:如何编制电教教学计划、编写电教教材、排电教课、组织电教专业技术与教师队伍、管理与使用电教工具等等,对这些问题的探讨,对于教育科学的理论与实践,也必将有深刻的影响。

总之,推广电化教育,必须进行理论研究工作。电教的理论研究,既能推动电化教育事业的发展,也将对发展教育科学具有深远的意义。

教学法专题报告[①]

20多年前,我也正好在福州开会,来过医学院。20多年后,我也正好在福州开会,今天又有这机会来到医大,跟老师们、同志们研究教育学问题。

20多年前福建医学院高等院校对教学法工作较重视。当时,全国许多大学对教学法工作也比较重视,当时高等学校的教学质量也较高,这是大家所公认的。20多年后,医大的领导,认为当前提高教学质量,必须抓好教学法,因此,可以预见,在今后的一段时间,我们的教学质量必然也会逐步提高。1958年以后,大家就不太敢讲教育理论和教学法了,"文化大革命"时期就更不用说了。只有在粉碎"四人帮"后,教育理论才重新被重视,教学法不仅作为经验看,而且作为理论来研究。这种研究工作,这几年来在全国蓬勃地开展。为什么?因为教育事业要发展,教育质量要提高,就必须研究教育理论和教学法。福建省在这方面比较来说不是太重视。就全国来说,自从1979年我们和华东师大、清华、北师大、上海交大、南京大学、兰州大学等7所高等学校和上海市高教研究会筹备会发起筹备全国高等教育学会,经过1980年在厦门市召开第二次筹备会以来,现全国已有17个省、市、自治区成立了高等教育研究会,130多所高等学校建立了高教研究室或研究会,开展了经常性的高等教育研究工作和教学法的研究工作。现在全国出版的有关高等教育理论研究和教学法理论研究的刊物,一般是内部的刊物,我们全国高等教育学会的筹备会所收到的就有70多种,申请参加全国高等教育学会的学校

---

① 原载《民盟学习资料》,1982年第5期。

单位已经近200所。就是说，教育理论的研究，教学法的研究，由于教育事业的发展，要求提高教育质量，解决教学上的问题，因此迅速发展。一般而言，教育行政领导部门关心的是关于高等教育的领导管理问题，大学教师关心的是教学法问题。现在全国在六大区举办了6个高等学校干部进修班，华东地区高校干部进修班已办了3期。许多大学还举办各种教育学习班，厦门大学去年也搞了一个教学法讲座，为青年讲师开了讲座，开了一年，讲了16讲。在报纸上吹出去了，当然有些效果，但效果并不理想。为什么效果并不理想呢？因为有一个重要的前提没有很好解决，就是教学法工作。提高教学质量，提高教学效果，究竟占什么样的地位，这个认识问题，没有很好地解决，同时考核教师的教学法水平的措施也不落实。例如，还没有把教学水平填写在业务档案中。提职称对教学法的要求也不够具体。所以说医大的领导准备抓教学法工作，很对很及时。但是根据我们的经验或者说失败的教训，需要说一下，提供医大同志参考。就是说要抓这项工作，第一，要把教学法工作的重要性在认识上统一起来，而且不止一次说了算，还要不断宣传；第二，要落实措施，要落实到教研日常工作中去，要落实到升等升级工作中去，要落实到每年教师的业务考核上去，要落实到教师的考核档案中去。这是我们的经验教训，提供参考。

教学法工作在提高教学质量工作上的重要性，不是因为现在要讲教学法就来宣传一番，而是有根据的。学校的中心任务是提高教学质量，如何提高教学质量？决定性的东西是提高教师的水平，因为所有一切的教学工作归根到底要落实到教师身上，通过教学来实现。如何提高教师的水平？一个是政治水平，还有一个就是业务水平。业务水平，第一，基础是不是有所缺漏需要补课；第二，本门学科的学术水平；第三，外语水平。这几年来，我们培养师资的专门机构，一天到晚抓的是什么东西呢？抓的是年轻教师的补课；抓的是中年以上教师如何在业务上提高；抓的是为全校教师开了几十个的外语补习班。当然，提高教师水平除了政治以外，最重要的是本门学科学术水平，这是第一位。我们抓住这个方面没有错。但是，我们也看到一种现象：有的学术水平高的教师，教学水平不一定高，甚至教学效果很差；有的学术水平并不十分高，当然低的不行，也要有相当水平，而他的教学效果比相同水平的教师要好得多，这说明，除了第一位的学术之外，还有第二位的教学法的水平。而教学法本身既是科学，又是艺术。当然对于大学的教师来说，最重要的、最基本的是本门学科的学术水平，除此第一位之外还应有第二位。学术水平指的是他掌握某门学科的科学规律。但我们作为教师，除了掌握这门学科的规律以外，还要掌握教学的规律和教学的艺术。一个教学效果好的教师应该是，第一，掌握本门学科的科学规律；第二，掌握教学法规律。

教育干部要专业化，教师也是干部，也有专业化问题。任何一个老师，哪怕是助教，应该说，就本门学科来说已是专家了，医学院的学生大学毕业就是医师了吧。但是，你所从事的是教学工作这个专门事业，如不掌握教学法的话，你只是半个专业化，不是完整的专业化干部。应该说，中小学老师都应懂得教学法，大学老师也应该懂得教学法。不过，对大学老师来说，学术水平要求更高些，但不等于说，教学法水平可以低一些。一位教师要取得教学质量高，教学效果好，我认为，他应当用百分之九十的力气去钻研他本门学科的知识，也应该花哪怕是百分之十、百分之五的力气来研究他的教学法。例如教师的备课，应当花百分之九十的力量来钻研教学内容，也必须花百分之五、百分之十的时间来考虑如何把你的知识转化为学生的知识。大家知道，教育部规定的教学工作量是1 400小时，在这1 400小时里有120小时的教学法工作。不晓得医大工作量计算了没有，我们厦大许多教研室计算每个教师的工作量时，这120小时往往成为补贴工作量，就是每个人白拿120小时。120小时相当于上课多少小时，如果是1∶4的话，相当于上课30小时，国家定的教学工作量，给你120小时，就是叫你从事教学法的研究。现在我们谈师资培养，认为政治和业务都要。业务方面，第一是基础理论，第二是本门学科学术水平，第三是外语水平，第四是教学法水平。现在搞教师考核，要有业务档案，过去只有人事档案在人事处，现在要建立业务档案了。今后提升教师职称，转为经常工作。会已开过，基本上定下来了，纠正了前一段时间的偏向，一篇论文决定一个人是否升等，而不问他的工作态度，不问他教学的质量与数量。现在有所纠正，规定凡是升等的必须完成国家所规定的教学工作量的三分之二以上，根据会上谈的是平均数的三分之二，从什么时候平均起呢？从你这个学校开始算工作量起。你的教学工作量是否平均完成了三分之二以上，如果没有完成三分之二以上就不能参加评等级。这样就可以纠正过去"教授不教，讲师不讲，助教争上讲台"的现象。升了讲师就不讲了，只想搞篇论文再就升副教授，这样行吗？你没有完成教学工作量的三分之二，你就不能作为考虑的对象了，就没有候选人的资格了。其次，对于研究成果，现在也明确规定，不仅是一篇本门学科的论文。研究成果，包括有质量的教材，教学法的研究成果。过去教学法的研究成果，往往被人家看不起。当然，如果只是几条粗浅的经验，老的一般化的所谓经验总结，当然不能算是研究成果。但是，如果是对教学法的研究有所创见而且行之有效，应该也是研究成果。去年我们注意到这个问题，因此在我们提升的副教授中，就有没有本门学科论文，但有教学法研究论文的，我们照样给予提升。今年我们还要大力扶植这一方面，有的教学法研究成果，为什么不能当论文？对于一篇学术论文来说，只是说掌握一门学科的客观规律，而教学法论文，要掌握两门学科的规律：本门学科的规律，教育学科的规律。人们长期形成的偏见，认为教学法是雕虫小技，是骗小孩子的。有的说，我没有教学法，但我教学效果不比你差，有的人懂得一些教学法，但是教学效果并不见得好。有的没有这个事实，有这个事实的。我们有许多有经验的老师，没有学过教育学，但教学效果很好；而有的师范毕业之后，到大学教书，但教学效果不一定好。原因是什么？我们所说的教学法，第一是理论，第二是实践。有的老师，他有长期的实践经验，在长期的实践过程中，经常考虑我如何教好学生。他们是自发地研究教学法，他们研究的结果，有许多东西是符合于教学原则，也是符合教学规律的。但是，如果他是自觉学习和研究教学法，提高教学法水平，我相信可以更快更好地提高教学质量，收到更快更好的教学效果。至于师范毕业出来在大学教书，教学效果并不好，又是什么原因呢？因为，他在师范学院学的中小学的教学法，不是大学的教学法。教学法的一般原理不管是中小学或大学，基本是一致的，但是具体的方法却大不相同，硬搬中小学那一套教小孩子的教学法来教已经成年的大学生是要失败的。例如，中小学讲启发式，更多是研究在形式上如何能够集中学生的注意力，启发学生思考。大学的启发式，更重要的是在内容上、实质上如何集中学生的注意力，启发学生思考。启发思维是一致的，但如何启发则大不相同。中小学老师往往把一堂课分成几个环节，经常变换花样提问学生，那种启发式用在大学，不但收效甚微，而且影响学生深入思考。如果大学一堂课50分钟中，变换几个花样，肯定教不好。为什么？因为对象不同，小学的对象是少年儿童，中学的对象是少年和青年前期，大学的对象是青年的中、后期。不讲别的不同，就讲注意力不同。小孩子定向的注意力很差，所以，时间一长，他的注意力就无法集中在你所定的这个定向里，所以只好老是变。到了十七八岁以上，而且又受过普通教育的训练，他的定向注意力就强了，他可以在50分钟甚至100分钟以上定在某一个定向，集中他的注意力，所以大学可以1小时连续上课。当然，再长就不行，理论课来说，2小时的定向注意力完全是可以的。因此，启发式可以通过讲课内容来实现，而不要求形式上的变化。如果能够在2小时的讲课中，注意讲课内容的启发式，以你的积极思维来启发学生的积极思维，你就成功。就是说，成功的教师讲课，他是能够在讲课，特别是在讲理论课时，以他自己的思维过程来影响学生，使学生同步地积极思维。这是最有效的启发式。当然必要时也可以搞一点方法。比如说，在讲课时，把学生的思维活动引导到矛盾点，然后让学生去思考这个矛盾点，这样就能更好地启发学生深入理解教材内容。话说得很抽象，举一个自己的例子来说，如对学生讲形式逻辑时，讲到零类概念，可以这样训导学生的积极思维：任何概念都是客观事物的反映（这是学生已知的知识），但有一种名词算不算概念，如上帝、魔鬼、天堂、以太、永动机。如果说它是概念，它没有与之相对应的客观事物；如果说它不是概念，但它明明有概念的内涵。神，就是法力无边的人，鬼，就是死人显形，永动机就是不需要增加任何能量而永远会动的机器。把学生的思想引导到一个二元推理，你说它是概念，它没有相应的客观事物；你说它不是概念，它又有概念的内涵。怎么办？只是你停下20秒钟以上，他们就在那里开动脑筋，积极思维了，不必照搬中小学的教学法。照搬往往发生错误。以上是说明高等学校研究教学法的重要性。下面讲讲教学法的原理、原则。但不可能详细讲，只能谈最基本的原理，即教学过程。以教学过程为纲，把教学任务深化在里头，插谈若干教学原则，作为你们要举办的教学法讲座的第一讲。

教学过程是什么？教学过程是认识过程，是学生的认识过程。因为是学生的认识过程，所以有它的特点。它的特点是什么？第一，有教师来引导他，不是科学家的认识过程，自己在那边探讨；第二，还要根据一定的目的和计划来进行的；第三，它不单是要认识客观事物，而且要发展自己的能力，即培养学生的能力。还有一个特点，不只是认识客观事物，还要有意识地进行思想教育。因此，教学过程一般可以这样表述：教学过程是在教师主导下，学生主动积极地掌握知识技能、发展智能、形成科学的世界观和共产主义道德品质的过程。这个定义，包含四点意义：第一，教学过程是认识过程但不是一般过程，它有特殊性；第二，教学过程是教师主导下发挥学生能动性的过程；第三，教学过程既要使学生掌握知识和技能，又要发展学生的智力和能力；第四，教学过程在传授科学知识的基础上还要对学生进行政治思想教育。下面就按这四点意义来谈。

一、教学过程是认识过程，但有其特殊性

教学过程是认识过程，因此它要服从于人的认识的总的规律：从感性认识到理性认识，从实践到认识，又回到实践，实践认识，再实践再认识，诸如此类。学生的认识从总体来说也是要从感性认识提高到理性认识，要从形象思维活动到抽象思维活动，要从抽象思维活动的理论认识回到实践中，以之指导实践，就是我们常说的"学以致用"。大家学《实践论》，都已熟知了，这里就不必再说了。

但是，对学生传授知识，是不是都要从实践到认识，从感性到理性，从认识又回到实践？不可能！哪怕是小学生的认识过程，也不能都这样。要他们都通过实践，亲自获得感性经验，然后再来提高到理性，又回到实践，那么五年小学也好，六年小学也好，能学多少？至于大学读书，我们一开始就可以从理论开始，从理论认识开始，我们可以从一个概念过渡到另一个概念，从一个已知概念过渡到一个未知概念，不需要也不可能都从感性认识开始然后飞跃到理性认识。小孩子学算术，可以从感性开始，从1个、2个手指头，1支、2支铅笔开始的，从最基础开始，但到一定时候，你就必须把铅笔丢掉，就不再扳手指头。这里抽象的1、抽象的2的数学概念就建立起来了，利

用感性然后丢掉感性，到了大学的数学原理，不可能都从感性开始。医学我不清楚，是不是医学的任何概念都由感性开始？有的东西根本看不到、摸不着，只能够推理推出来。DNA的排列是否都能感觉到？原子是感觉不来的，原子结构更感觉不来，宇宙空间怎么从感性得来？不管是微观的也好，宏观的也好，远的也好，历史的也好，或者无法感到，或者即使能，但是感到要花多少力气，有没有必要？大学生学习短短几年里，要把人类积累的知识精华学到手，不能够都去进行感性认识。这就形成了学生认识过程的特殊性。这就是说，学生的认识可以而且应该利用前人的成果，不必要以学生自己的实践作为教学的起点，可以把前人总结起来的成果，形成的理论、概念，作为起点。同时也不一定把学习到的东西，马上飞跃到实践中去，不能要求今天学到的东西马上飞跃到实践中去。所以有人说，学生在学校学习的这一段的认识过程，不是实践—理论—实践，而是理论—实践—理论。过去提出这个观点的，在"文化大革命"时被批了，说是"反实践论"，也就是"反毛泽东思想"。这个理论—实践—理论，怎么看待，我说有一定道理，但不完整。

　　为什么不完整呢？第一，学生个人虽然可以从读书开始，从学习理论开始，但书本知识是前人经过实践得到的。也就是毛泽东同志所说的，多数知识是间接经验的东西，在我是间接经验的，但是在他人是直接经验，所以，从人类认识总体来说，还是从实践开始的。如果简单说，理论—实践—理论，这个说法不能很好表达学生学习理论的源泉，它不能反映学生的认识过程是人类认识总体里面的组成部分，这是不完整的第一点。第二，即使是学生个人的认识过程来说，超出了学校阶段以外，他的前面、后面还是有实践。也就是说，他的整个认识，包括从小学到大学，还包括在小学以前和在大学以后的个人认识总体来说，还有一定的实践、一定的感性认识作为他的基础，没有基础，也不可能，他的感性基础通过两条途径来获得。第一条，在教学过程之外，例如我们在讲病理，病理学中许多现象，学生自己经历过的，或者，他看过别人经历过的，他对生病、发烧、呕吐等等，总有一点感性的认识作为基础，因此，你就可以利用他已有的东西，就不必要重新叫他去感性一下，什么叫做发烧，什么叫做呕吐，就可以把它抓来作为理论的感性实践基础。第二条,有些的确没有办法建立感性认识基础的概念,可以通过第二信号系统来重新组织学生过去的感性经验或模拟感性经验,如讲原子的时候,我们可以用图表或者通过语言来说,电子是围绕原子核旋转的。这固然不准确,但初步来说,还是可以的。学生看过物体围绕着圆心旋转的现象,你就利用他过去的感性经验,第二信号系统来重新组成电子围绕原子核旋转的感性认识。他没能看见电子运动的现象,并不等于他没有感性认识,是凭空而来的概念、定理。因此,表面上看一堂课从定理开始,从概念开始,但事实上并不是凭空而来的。这样,并没有违反人类的认识过程,而恰恰是符合了教学的特殊规律。这个原理很抽象,但是在教学实践中,明确这一点却是很重要的。为什么?我们知道,"四人帮"否定书本知识,否定课堂教学,就是说,你从书本到书本,从概念到概念,从理论到理论,你违反认识规律。"四人帮"强调要在实践的基础上学习理论。如果说研究工作应该在实践的基础上向理论方面发展,这个观点正确;如果说我们的学习过程都必须在实践的基础上学习理论,向理论方面发展,那是错误的。由于错误的思想指导,所以当时只能搞"开门办学",搞现场教学,只能够把学生所学习的知识限制在学生所能够直接感知到的狭隘的经验之中。培养的医生,只能够看一些常见病。这种论点错误的实质是什么呢?它的错误就是借口人类认识的一般过程来否定教学过程的特殊规律。现在实践证明,这样的做法是无法使学生掌握高深理论的,这样的做法肯定要降低学生的学习质量。只有从概念到概念,从理论到理论,加上必要的演示,直观的教学,必要的实验,必要的实习,我们才能够使学生在有限的时间中掌握大量的知识,学习高深的理论,也才能够很好地培养学生的思维能力,而不是引导学生陷入狭隘的经验之中。不过,话又得回过头来说,我们也要看到,正因为教学过程可以从书本到书本,从概念到概念,从课堂到课堂,因此,隐伏了一个消极因素。这就是容易产生理论脱离实际的问题。学生的认识过程,由于长期从理论到理论,从书本到书本,往往误解为理论本身是完全独立的,是自足的,完整的,因此就容易产生脱离实际的问题。因此在教学过程中,为了解决这个问题,必须强调一条原则,叫做理论联系实际的原则。在"文化大革命"中许多教学原则被批了,只有这一条理论联系实际的原则,"四人帮"不敢批,但却歪曲了这一条原则。注意，这一条原则叫做理论联系实际，不是叫做实际联系理论，更不是叫做实际代替理论。人类一般认识过程，实践是主体，但是，教学这一特殊的认识过程，理论是主体。大学生的学习，就是为了掌握理论。至于实践，主要是毕业以后的事情，所以在这一段过程，不应该颠倒过来，变成实际联系理论。当然，没有人提出过实践联系理论的口号，因为理论联系实际的原则，是毛泽东同志所一再强调的。尽管没有人这么说，但是的的确确有人这么做，不过所采取的手法不是明目张胆而是偷梁换柱。大家都知道，"四人帮"提倡典型产品组织教学，什么是典型产品组织教学？这就是以实际来联系理论，在实践中，需要什么理论，就补一点什么理论。20世纪70年代初的时候，把学生拉到工厂去，让学生做，学生不懂，教师就补一点理论，围绕这个产品，围绕这个工程零零碎碎补一点理论。医科的情况，我不懂。但是，在云南的时候，到昆明医学院去，他们把有"创造性""革命性"的教材拿给我看，他们教材是怎么编法呀，"发烧"是一章，"痛"又是一章，什么什么又是一章，然后这一章讲到这里，就说不是以病理为纲来编教材的。不是掌握了理论，然后去临床，而是临了床有什么现象，为说明现象，补一点病理知识，把知识搞得支离破碎，使学生掌握不了科学的理论。所以，所谓典型产品组织教学，就是以理论联系实际为幌子来违反理论联系实际这一条原则，破坏这一条原则。

理论联系实际，第一，还是要讲清理论，理论联系实际，不能丢掉理论！首先要学好学科的系统理论，要掌握科学的规律。第二，联系实际。如何联系实际，要根据不同的教材内容，不能够只搞一种形式。一般来说：一是说清楚这个理论所产生的实践根据，这个理论从何产生，实践的根据是什么？二是说清楚这个理论在实际上有什么用和如何用。三是要学生做一些用理论来解决实际问题的作业或叫做应用题。四是安排一定的实验来验证理论。五是可能的话，安排一定的参观实习、现场教学以及应用一些现代化的教学工具，使学生有机会接触到实际。以医科来说，临床的实习很重要。顺便说一说，在"文化大革命"时期以前，有人批判过许多东西，现在还没有翻案，例如：当时很流行的批判搞理论的人，是"在黑板上开拖拉机"，"在书本上耕地"。拖拉机如果不在黑板上开，行不行？学农科的要种地，但不在书本上种一种，行不行？这个问题大家可以考虑一下，如果不在黑板上把拖拉机的原理、构造给它分析清楚，就是把学生拉到拖拉机边，看看摸摸，这个排气那个轮子用锤子敲一敲，这样学得了拖拉机的原理与结构吗？在现场上有许多无法看清楚的东西，不在黑板上画一画，行吗？教生理解剖的，不在黑板上画一下神经系统行吗？恩格斯早就说过，十万部蒸汽机不如一部理想的蒸汽机，使人能弄清蒸汽机的基本规程，而这样一部机器就像几何学上的线或面一样是绝不可能制造出来的，就是这个道理。

典型产品组织教学是错误的，违反了理论联系实际的原则。但要批也不要批过头，如果批过了头，认为绝对不能用典型产品来进行教学，不能用典型工程来进行教学，不能用典型的病案来进行教学，那就是批过了头。当时在北戴河召开第一次理科教材会议的时候，大家批判这个东西，我就说过，批是可以，但不要批过头，为什么？工科的某些工艺课程，它是专业生产某一类型产品的工艺课程。或这一章就是专讲某一种产品的生产，是属于应用性的技术课，这一课选一个典型产品，选一个典型工程，选一个典型病案作为解剖麻雀，应该承认这是对的。因此，学科是根据科学规律体系和学习心理组织的，典型产品是根据产品构造及其生产过程组织的。任何产品，可以说都凝聚了许多科学规律；而任何科学规律，都可以用以解决许多不同类型的产品生产。没有掌握系统的科学规律体系而按典型产品来学习，就割裂了科学体系，但在掌握科学规律体系的基础上学习生产工艺，完全可以通过典型产品来学习生产工艺。以典型产品来组织整个教学全过程是错误的，排除典型产品在某些教学环节的应用也是不对的。我们如果掌握了教学原理，人家讲就比较容易判别是非；如果不懂教学原理，人家怎么讲，我也怎么讲，往往说了过头话，原因也就在这里。所以，我们要从理论上来分清是非，就是这个道理。

二、教学过程必须在教师的主导下，发挥学生的主动性与积极性

教师根据一定目的，按一定计划来引导学生。教学是教与学的双边活动，

是教师与学生共同的活动。教师是已知者,学生是未知者,当然这是相对的。我们知道,只有已知者,才能够确定目的、制订计划、安排工作,然后有计划地来引导未知,把未知转化成为已知,因此应由教师起主导作用,而不能由学生起主导作用。在"大跃进"时期,由学生来制订教学计划,教学大纲,编写教材,叫教师来上课,到"四人帮"时期也还有这情况,这个做法是行不通的。为什么行不通,因违反了教师起主导作用的规律。这个做法也不是中国才有,外国的实用主义者也是这样做的,设计教学法,自学辅导法,以及现在美国相当流行的某种"放羊式"的教学法。现在有一股风说美国的教学法好,其实,那种放羊式的教学法并不一定都很好。由于过去我们受了苏联教学法的影响,搞得很死,现在我们请了一些美国专家来讲学,有的也不准备,无计划地讲一段后,叫大家提问题,东提一个问题,西提一个问题,然后,东扯西扯,扯完了,完了。我并不一般地反对美国式的那种教学法,如果是有计划地讲要点、重点、难点而让学生提出疑难问题进行讨论式的教学,我并不反对。我反对的是那种无计划、无准备,教师即席谈感想,学生漫无边际地提他们感兴趣的问题那种放羊式的教学。放羊式的教学法放弃了教师的主导作用,我们强调教师的主导作用,我们不学实用主义的那一套,由学生来主导教师,想到哪里问到哪里,这不行。我们是有计划有目的的,要用最短的时间收到最好的学习效果。

但是教学主体是学生,主导是教师。主体是学生,为什么?教师的一切工作都是为了学生。教学工作的目的,归根到底,是要使学生从未知转化成为已知。而要使学生从未知转化成为已知,这个过程只能够在学生的脑中进行。任何最有本领的老师都只能够引导学生转化而不能够代替学生转化。所以这个转化过程必须通过学生自己的积极思维活动变成学生自己所占有的东西。教师的主导只是外因,而学生的思维活动才是内因。因此,教师在教学过程中,应当起的作用是导,而不是灌。是指导、引导、诱导学生来接受、消化你给他的知识,或者,指导、引导学生自己去读书,从书本获得知识。我们老师往往这一方面疏忽了,总想千方百计要来替学生转化,代替学生转化而不是引导学生转化。灌的结果,学生也可以接受,但不是学生自己消化了成为自己的东西。同时,学生的主动,必须在教师的主导下,否则,是乱动。学生如果缺乏主动性，教师的主导就不能落实。学生所以缺乏主动性，归根到底，主要责任在教师。所以在教学过程中有这一条原则，叫做在教师主导下发挥学生主动性积极性原则。现在我们比较普遍存在的问题是在教师的教学上面，对主导这方面，下的功夫不够，往往以灌输来代替主导。老师好心好意，生怕学生"吃不饱"，学不懂，辛辛苦苦但是效果不好。现在我们在审查各系计划的时候，老是跟各系讨价还价，我们要压缩时间，各系要增加时间，校长同系主任矛盾很大，事实上不是与系主任有矛盾，而是系主任与老师的矛盾很大，每一位教师都要争多一些课时，上课时数老是减不下来。按我们规定，一个学期一般只能够修10学分，也就是说，理论课程20小时上课，如果加实验课可以多一些，体育课2小时算1个学时。但是往往每一学期开课的时候，总是有的系给你搞到二十三四小时，多一小时少一小时讨价还价。为什么？这里面有认识问题，也有方法问题。教师总觉得学生的知识非要从我的口里讲出来不可，如果口里没有讲出来，好像对不起学生，很抱歉，很遗憾。你能够讲多少呀！2个学分的课程给你讲34小时最多吧。34小时你能够讲多少？你能够讲一本书吗？所以我们提倡少而精，但总是少不下来，原因就在于善于灌而不善于导，我们提倡变灌为导，的确不容易，因为，导比灌难。导，第一要把知识掌握得很深透，第二要掌握教学法。听说，我们这里有许多有经验的老师，在这方面有许多好经验，据说你们将要请几个老教师来传授这方面的经验，我相信一定有许多宝贵的经验。当然，各个年级实际情况有所不同，各种教材也要有所不同，不能一概而论。刚进大学的新生，恐怕你还不能不多灌一点，如一下子完全不灌而用比较理想的导，他们适应不了。为什么呢？因为他们在中学已经给灌习惯了，你不灌他不会自己去学。还有，在一年级开始的时候还要多讲一些，还要讲通俗一些，但要有意识地教给学习方法，慢慢培养他们自己能够自学，然后逐步过渡到引导的方法，这里就要有一个过程。但如一直灌，恐怕就会贻误了学生，压制了学生智力、能力的发展。一年级也好，高年级也好，老师都是在"导"字上多下功夫，引导学生发挥学习的主动性，这是一致的。如果引导得法，一般地说，学生学习的潜力很大。大家知道，过去苏联是灌听，但现在也改变了。苏联的中夫，他在小学搞了将近二十年的实验，得出了一个结论，他说小学不必念四年，只要念三年。中学可以多念一年，念七年，十年制过去是四、六制，现在是三、七制。他开始在一个班实验，以后在十几个班实验，又扩大到一千多个班级，最后实验得到公认，现在苏联小学改为三年制，而所学的内容不少于过去四年的内容。他提出的原则叫做高难度原则，高速度原则，要给学生一定的难度，教学要有一定的速度。当然，不能理解为越难越好，越快越好。总的是教师如果引导得好，可以使学生学得更快更好。这条原则不但在小学可以用，在中学也可以用，在大学也可以用。所以教学过程还有两条原则叫做高难度与量力性相结合，高速度和循序渐进相结合。学习要给学生以难度和速度，高难度高速度要力所能及，就是与量力性相结合，现在我们往往强调要让学生学起来轻松容易。不能克服困难就不能前进，只有不断克服困难才能不断前进。当然这个困难是有限度的，是力所能及的。要学得快，当然快也要有一定限度，就是要循序渐进。如果充分发挥学生的主动性积极性，难度和速度是可以加码的，如果只是硬灌，那么时间总是不够。这就得解决知识积累和能力发展的关系。

三、在教学过程中，必须使学生既掌握知识又发展智能

掌握知识与发展智力、能力，这是两个平行的任务。两者既有联系又有区别。一般来说，知识多，能力强，但不完全如此。有些人知识很多但能力不强，书呆子；有些人知识不很多，但工作学习起来能力较强。知识与能力有相关，但不是一码事。所以，教师应当在传授知识的同时发展学生的智力和能力，而不应单纯考虑知识的传授。在大学中，如果只传授知识，哪怕知识讲得清楚明白，学生听得懂，最多只算完成一半的任务，还有一半的任务，即发展智力、能力，没有完成。所以教学过程有一条重要的原则，是传授知识与发展智能相结合的原则。老师备课也好，讲课也好，指导实验、实习也好，都要考虑如何把知识的传授和智能的发展结合起来，如果既传授知识，又发展智力、能力，把两者结合起来，教学质量就高，就能够培养出既有知识又有才能的人才。当然话又得说回来，如果只考虑发展能力行不行？也不行。能力的发展要在一定的知识基础上，没有一定的知识，奢谈智力、能力

的发展，只能培养夸夸其谈者。一个人如果知识贫乏或者知识有缺陷，他这一方面的能力是很难发展。我不知道我们医科大学的情况怎么样，我们现在发现有些中年以上的同志，甚至有些老教师，由于在过去一定时代的条件下，缺乏必要的基础知识，例如生物老教师，他过去只是搞形态、搞生态、搞分类，他的数学、物理、化学基础不够，现在要他搞遗传工程，行吗？我们许多老教师，过去还是比较重视基础，也有一点基础，但是现在对许多新学科也感到困难，什么立体化学，分子生物学，搞起来就很吃力。许多中年教师，还要补某些必要的基础知识。能力要建立在一定的知识基础上，基础贫乏，基础不牢固，能力就发展不起来。而能力发展之后，又为获得更多的知识创造条件，例如有了自学能力，必要的知识少一点，不怕。知识少，有的是受时代的限制，时代发展了，科学发展了，年轻的时候虽没有这些知识，就可能通过自学跟上。现在有的老教师，他虽然过去没有电子计算机的知识，他有自学能力，就能学会，有些生物老教师，遗传工程也可搞上去。还有一个研究能力。培养一个教师也好，培养一个医师也好，都要有研究能力。再一个是表达能力，现在我们非常不重视这方面，文字表达能力和口头表达能力都没有纳进我们的教学计划之中。你准备培养医师，几句话说不清楚行吗？你要写一个东西，文字表达不清楚行吗？再一个是组织管理能力，我们所培养的专门人才，多数将成为各部门的骨干，组织管理能力也是必要的。所有这些能力，它们的基本因素，也是最重要的智力，是抽象思维力。培养大学生的智力、能力，最关键的问题是培养他们的抽象思维力。

偏重知识的传授或偏重能力的培养，可以说是自古以来教育上争论不休的问题。教育史上大体上说，欧洲大陆派或者是传统教育派，是着重于传授知识，苏联教育基本上也是属于大陆派。俄罗斯教育是从欧洲大陆传过去的，苏联那一套东西是大陆派的东西。我们中国现在是什么派？基本上是苏联派也还是大陆派，也是传统派，还是着重知识传授。还有一派就是英美派，主要是美国派，英国不一定，他们自称叫做现代派，是偏重于能力的发展。这个问题争论不休，各有道理。事实上两者都要。但是，当前不论在中国也好，在世界也好，大力提倡的是发展能力。发展大学生的能力，不但是当前中国大学的重要问题，也是当前世界的趋势。道理很简单，现在科学发展很快，叫做"知识爆炸"。你要积累知识，从前只要读完一百本名著就行了，苏联培养副博士研究生，就是着重读书，读几十本，一百本书，你念完考完就行了。现在不行，现在知识发展很快，哪怕你今天读一百本、一千本，明天科学知识发展了，怎么办？我们培养出来的人才，要在20年、30年、50年间发挥作用的，不是只用三五年，所以能力不发展不行，当前着重于能力的发展，包括苏联现在也重视这个问题。现在我们所说的苏联，往往是指20世纪50年代的苏联，70年代的苏联与50年代的苏联不同了。例如苏联现在新的物理学的大纲就比50年代年代旧的物理学大纲，讲课少了百分之五十，实验和讨论增加了一倍，为什么？因为要培养能力。苏联许多大学，现在都开出科学研究原理课程，就是为了培养大学生科研能力。但是苏联积重难返，传统的习惯不是一天能够解决的，所以苏联现在基本上还是以积累知识为主。中国也是这样，包括研究生的培养。一个研究生，你必须开多少基础课，多少专业课，再加政治课、外文等等，把研究生当大学生培养，把大学生当中学生培养。当然，在一段时期内也不可避免，因为原来基础不好，情有可原。但是，如果研究生老是这样培养的话，读多少门，都要得到全优，就很难培养出突出的人才。中国由于过去偏重于知识的传授，今天应该多提倡能力的培养。去年底，湖北省的高等教育研讨会，组织了一次学术讨论会，就集中讨论如何培养大学生的智力、能力，有30多篇论文，大多数是调查研究报告，也有相当理论深度的。现在可以说各方面都很重视这个问题。

我觉得在大学中，教学应该着重，第一，教基础，第二，教方法。千方百计抓住可以培养学生的学习方法、研究方法、工作方法的机会来发展他们的能力。去年毕业生分配，我们对于业务方面的择优办法是根据他们各门课程的学习成绩来评比的。如：有几门是优的，有几门是良好的，有几门是及格的，有几门是不及格的。似乎很科学，实际上不很科学。至少缺乏了一门毕业论文，因为分配时毕业论文还没有评出来。我认为一篇毕业论文比若干门功课更能看出学生的水平。因为一篇论文更能体现出这个学生的研究能力、表达能力、抽象思维。总之，能力的培养非常重要。培养一个医科大学生，必须确确实实地掌握医疗知识，但能力也是很重要的，如果一个医生不善于判断，缺乏判断能力，缺乏综合各方面的因素的分析判断能力，这个医生要想当得好,我看也很难。是不是这样子,我是外行。

四、在传授科学知识的基础上对学生进行思想政治和道德观念的教育

教育属于智育的任务,但还要完成一定的德育任务。特别对大学生,思想政治教育工作要做得深入,教学过程是一个主要途径,而且也是一个从长远的观点来看最有效的途径。因为大学生已经是成人,他们有一定的社会经验,有一定的独立思考能力,要他接受一个观念,如果不经过科学的论证而凭空洞的说教,效率不高。你对小学生,可以告诉他应该这样子,不应该那样子,这个是好的,那个是不好的,这个是好人,那个是坏人,小学生就相信了,因为是老师说的。对大学生,行吗?你要形成他的观念,树立他的信心,如没有科学的论证,科学的分析,很难有说服力。只有经过科学的论证,才有说服力,才能够在他的思想中生根,才能够把你的信念变成他的信念。如果我们所传授的知识是不科学的,是唯心主义的,想通过教学过程来进行思想教育,这不可能的。我们现在要培养的是辩证唯物主义世界观,我们培养的是共产主义的观念。辩证唯物主义世界观是科学的世界观,共产主义是科学的结论。所以,对马列主义来说,思想性和科学性是一致的。因此,我们能够在进行科学教育的同时进行思想教育,两者能够紧密地结合。如果两者不一致,比如说,要进行思想教育但不能依靠科学性,那么,这个思想教育恐怕是非马列主义的。"四人帮"所谓的"马列主义",就是科学性不一致,是假马列主义,是不能为爱动脑筋的大学生所信服的。只有通过科学论证,才有真正的无产阶级思想性。

我们过去对学生进行思想政治教育、道德品质教育的时候,很可惜,往往只重视教学过程以外的思想政治工作,比如说,依靠政治运动,依靠空洞的说教。当然我们也通过党团组织生活,通过班级活动,通过谈心会,通过生活会等来进行。教学过程以外的方式,我认为是必要的,通过组织生活,通过谈心会是必要的,而且的确也有效,见效比较快。但是如果不重视通过教学过程给学生进行政治思想教育,不通过这种长远深入有效的途径,那是

不够的。这一条途径一般说是潜移默化的，不是一夜之间就通的，不像搞运动那样，见效那么快。搞运动，大家批一通，检讨一番表一个态完了，下次再来。再说一下，教学过程以外的政治思想教育工作是必要的，通过教学过程这个途径同样是必要的，不要把两者对立起来。从学校教育来说，学校以教学为主，学生六分之五的时间是学习，学生主要的精力是学习，教师的人数无论如何总比政工人员多。如果我们能动员教师来完成这个任务，放弃这一条途径是很失算的。过去对这条途径不大重视，也是有原因的。过去一般认为思想政治教育工作是政工人员的事，不相信或者不太相信教师能够完成政治思想教育这一任务。知识分子，特别是高级知识分子，是资产阶级的，是改造的对象，革命的对象。依靠你来对学生进行思想政治工作，行吗？依靠你来进行业务教学，那是不得已，还得一天到晚提防你在课堂上放毒，毒害学生哩！所以过去不大重视这一途径是有它的原因，就叫它时代原因吧。

当教师既要读书又要教人。这句话当然不是今天才开始说，早就有了，历来都有。不过老实说，是说说而已，当教师的也就听听而已。过去经常听到，政工干部诉苦说，我们一天到晚跟资产阶级教师争夺青年，争夺来，争夺去，老是争夺不过教师，学生就是听老师的话。我说，现在这个认识应该改变。当然我不是说，我们的教师思想都是很健康的，我们的教师都是无产阶级的，但是应该相信教师的主流，应该相信教师的大多数，应该相信我们的教师绝大多数真心诚意想在课堂上尽量地对学生进行正确的思想政治教育。如果我们能够发挥教师这方面的积极性，那么，思想政治工作就能做得深，从长远观点来说，我们就能够使学生获得正确观点、信念，潜移默化，生根开花。应该把教师这一股力量同政工人员这一股力量合起来，这样，政治思想教育工作就能加强，做得深。而不应该相反，把力量互相抵消。因此，我们在教学过程中应该强调一条原则就是科学性与思想性相结合的原则。所以，应当要求教师负起对学生的进行德育的任务，要求政治辅导员、政工人员经常与教师通气，把学生的思想情况、政治思想工作的要求告诉教师，让教师结合传授科学知识，有计划地来对学生进行与科学知识有关的思想政治教育。但不要勉强教师在课堂上讲一些与教学内容无关的说教。像过去那样，每一堂课念几条语录，那是没有用的。

刚才谈到教学过程四个方面的内容，这样看来，教学过程并不是我们平时讲的那么简单，说这个老师讲得清楚明白，学生听得懂就好，就是好教师。当然，这是好教师的起码条件。但是，达到好老师的要求，必须能起主导作用，必须完成三个方面的任务。即传授知识，发展学生的智力、能力，对学生进行思想政治教育。

我讲得很抽象，具体的东西也没有讲，恐怕还有许多是讲错了的。相信在座许多有经验的老师会纠正我的缺点和错误，谢谢！

高等学校教学原则体系初探[①]

高等教育学是一门新学科,不但尚无完整的科学体系可以遵循,而且缺乏充分的理论研究成果可以依据。我们在试编《高等教育学》过程中,遇到了一连串有待解决的问题,高等学校教学原则体系就是其中的主要问题之一。

学校教育分为初、中、高,主要是以智育划分。高等教育学同普通教育学的差别,以教学理论部分最为突出。教学原则是教学理论的中心,它处于教学理论中承上启下的地位。一方面,它体现教学任务,反映教学规律;另一方面,它又是组织课程,选择教材,运用教学方法,指导教学活动的理论依据。研究教学理论,应当探索具有普遍性、有效性的教学原则;学习教学理论,重点也在于掌握教学原则。

一、教育学史的回顾

远在古代,许多教育家就在教育实践的基础上,提出了一些有价值的教学原则。例如中国的孔子和希腊的苏格拉底,都曾从不同的角度提出启发性教学原则。孔子提出过学而时习、温故知新、学思结合、因材施教等教学原则。《学记》一书,对于教与学、师与生,从兴废、得失、正反各个方面,提出许多意义深刻的教学原则,如教学相长、善喻博喻、学不躐等、长善救失等。中外历代教育家也都曾总结自己的实践经验,提出许多有关教学的原则

[①] 原载《福建高教研究》,1984 年第 1 期。

性意见，其中不乏有益的东西。这些原则与意见，大都只是一些从个别教学的经验中得出来的，缺乏科学的论证，未能构成严密的原则体系。17世纪的夸美纽斯，提出直观性、自觉性、系统性、巩固性、量力性等原则，才构成了比较系统的原则体系。夸美纽斯的教学原则在一定程度上反映了教学的客观规律，但整个原则体系却是建立在"自然适应性"这一非科学的理论基础上；同时，也未能全面地体现教学的基本任务。凯洛夫主编的《教育学》，提出5项教学基本原则，即直观性、自觉积极性、巩固性、系统性、可接受性等，就是全盘继承夸美纽斯的教学原则而否定其理论基础，力图用辩证唯物主义的认识论来论证这些原则。凯洛夫的《教育学》于20世纪50年代修改时，又把教学原则补充、修改为如下7项：（1）在掌握知识的过程中，学生的自觉和积极性原则；（2）教学的直观性；（3）教学上的理论与实践相结合；（4）教学的系统性和连贯性；（5）掌握知识的巩固性；（6）教学的可接受性；（7）在教师对班级进行集体工作的条件下，对学生进行个别指导。[①]

凯洛夫的7项教学原则所构成的教学原则体系，在科学性上比夸美纽斯或其他资产阶级学者所提的较为严密，其理论基础也是唯物主义的。但受传统教育的严重影响，着重于传授知识而对智能的发展不够重视；受形而上学方法论的影响，未能体现教学过程中的矛盾统一规律。同时，作为完整的教学原则体系，7项原则也未能全面地体现教学的基本任务，苏联许多教育家于后一缺点已有所评论，并提出了如"教学的教育性原则""共产主义教育性原则""个性发展的全面性原则""教学的方向性原则"等作补充，但对于在教学过程中发展学生智能仍然不够重视。到了20世纪60年代，赞可夫在他的教学理论中引进发展的概念，提出了5项新原则，纠正这方面的缺点。赞可夫的5项新原则是：（1）以高难度进行教学的原则；（2）以高速度进行教学的原则；（3）理论知识起指导作用的原则；（4）使学生理解学习过程的原则；（5）使全班学生包括"差生"都得到发展的原则。

赞可夫的5项新原则，作为对传统教育教学原则的补充与发展，无疑是

[①] 凯洛夫. 教育学［M］. 陈侠，朱智贤，邵鹤亭，等，译. 北京：人民教育出版社，1957：149-158.

有纠正偏颇的意义。但是人们往往把它作为教学原则的"新体系"而摒弃其他原则，则是不完整、不全面的。同时，这些原则虽在低年级教学中已有一定的实践经验，但在科学性上还缺乏充分的根据。

我国教育理论界对于教学原则的论述，新中国成立前一般只是在教育学或教学法研究中引述中国古代或国外资产阶级教育家的主张。"生活教育""活教育"等教育流派，在他们的教育理论中，往往也论及某些教学原则。如陶行知所主张的"教学做合一""在劳力上劳心"等，可以视为"生活教育"的教学原则。系统的教学原则体系的学习与研究，是20世纪50年代从引进凯洛夫《教育学》开始的。50年代初期，运用凯洛夫7项教学原则，在提高当时的教学质量上，曾起了积极的作用。在教学实践基础上，教育理论工作者又提出了一些不同程度反映教学规律的原则加以补充、发展凯洛夫的7项原则。如思想性原则、科学性原则、理论联系实际原则、因材施教原则、少而精原则、精讲多练原则等等。在"左"的思想影响下，还提出了一些错误的所谓"教学原则"，如"典型产品组织教学""在干中学"等等。党的十一届三中全会之后，拨乱反正，经过教育理论工作者的努力，逐渐形成了一套比较全面地、严谨地反映教学过程矛盾统一规律，体现教学任务的原则体系。有一定代表性的原则体系有如下几种：

华中师范学院等五校合编《教育学》的学校教学原则：（1）科学性和思想性统一原则；（2）理论联系实际的原则；（3）直观性原则；（4）启发性原则；（5）循序渐进原则；（6）巩固性原则；（7）因材施教原则。

《中国大百科全书·教育卷》所订的教学原则条目：（1）科学性与思想性统一原则；（2）理论联系实际原则；（3）教师主导作用与学生自觉性结合原则；（4）传授知识与发展智力统一原则；（5）系统性原则；（6）直观性原则；（7）巩固性原则；（8）量力性原则；（9）因材施教原则。

车文博《教学原则概论》的教学原则：（1）科学性和思想性统一的原则；（2）理论联系实际的原则；（3）传授知识与发展能力统一的原则；（4）教师主导作用和学生自觉性积极性相结合的原则；（5）直观性和抽象性相统一的原则；（6）系统性和循序渐进性相结合的原则；（7）理解性和巩固性相结合的原则；（8）量力性和尽力性相结合的原则；（9）统一要求和因材施教

相结合的原则。

上面所举的三种教学原则体系，五校合编的《教育学》和《中国大百科全书·教育卷》继承传统教育的教学原则较多；车文博《教学原则概论》颇具新意，特别注意到教学过程的矛盾统一规律。三者虽有所不同，但都肯定了科学性与思想性统一、理论联系实际、因材施教等必须作为教学原则；明确曾一度被批判的系统性、循序渐进、量力性（五校合编《教育学》的教学原则作为因材施教原则的组成部分）不可偏废。

对于各家所提出的教学原则体系的得失，并非本文所要探讨的问题，不拟一一罗列。这里只指出一点：某些问题，还有待于探讨。例如，如果教学过程不只是认识过程，而是作为学生的发展过程，那么，教学过程如何全面地体现全面发展的基本教育规律，在教学过程中知、情、意的关系如何处理等。这说明普通学校教学原则，经过大家的努力，已经比较成熟，具有比较完整的体系。

二、高等学校教学原则的根据

如果说普通学校的教学原则已经比较成熟，并已形成比较完整的体系，那么，高等学校的教学原则则仅仅是开始探讨，远未能构成完整的体系。从下列苏联几本高等教育理论书所提出的高等学校教学原则，就不难看到这种情况。

H. H. 科贝利亚茨基《高等学校教育原理》所提出的教育过程的特点：（1）高等学校研究的主要内容是科学的发展；（2）在高等学校的教学过程中，教学和科研是紧密联系的；（3）大学生的学习认识活动具有高度的自觉性、积极性，他们的学习活动近似于研究工作；（4）如果所有学科的教学都能从职业的角度考虑，教学可能取得更好的效果。教学原则：（1）高等学校教学过程中必须既有共产主义的方向性，又有科学性；（2）教师的教学与研究工作的统一性；（3）吸引大学生参加力所能及的研究活动；（4）在教学过程中，应充分发挥大学生的创造性、积极性和独立性；（5）教学和科研是高等学校全面培养未来专家的主要手段；（6）对理论教学和实践训练进行统一的科学调节；（7）保证教学过程的系统性和连贯性；（8）教学过程中抽象与直观相结合；（9）准确地掌握形成大学生内在世界的特点，并考虑其年龄特征和个人特点。

阿尔汉格尔斯基《高等学校教学理论讲义》所提出的教学原则：（1）科学性原则；（2）有系统原则；（3）理论联系实际的原则；（4）自觉性原则；（5）个人集体相结合原则；（6）具体和抽象统一原则；（7）可接受性原则；（8）知识的巩固性原则。

苏联高等和中等专业教育部《高等学校教育学原理课程大纲》所列的教学原则：（1）教学的科学性；（2）理论联系实际；（3）自觉性与积极性；（4）教育性教学；（5）教学中对问题的探讨，教学的量力性及与认识能力相适合；（6）直观性；（7）教学的个别化，职业倾向性。

上述三书所提出的高等学校教学原则，有若干条是相同或相近的，如科学性原则、思想性原则、理论联系实际原则、自觉性原则、系统性原则、量力性原则等等，这些教学原则基本上和普通学校原则相同，这说明高等学校教学过程同普通学校教学过程有其共性。当然，在原则的要求与运用上仍各有自己的特点。其次，他们也提出了若干同普通学校教学原则不同的原则。例如，科贝利亚茨基的教学原则特别强调教学与科学研究的结合；《高等学校教育学原理课程大纲》和科贝利亚茨基都强调了创造性、独立性、抽象性的重要性。这些表明了他们对于高等学校教学过程的特殊性予以充分的重视。但是，不论哪一本书关于教学原则的表述，都很难说已经构成全面的、严整的体系。

应当怎样探讨高等学校教学原则体系呢？我认为一方面应当充分考虑普通学校所总结的那些具有普遍意义的教学原则，但对于高等学校教学上并非十分重要的原则可以不必作为高等学校的主要教学原则罗列无遗，以免高等学校教学原则体系过于庞杂；另一方面，应当根据高等学校教学过程的特点，总结高等教育实践经验，探讨高等学校特殊的教学原则，使之能更好地指导高等学校的教学活动。在上述三书所提出的高等学校教学原则中，科贝利亚茨基过分偏于科学研究这一特点，而且把教学方法和教学原则混淆起来，有所重复，但强调教学与科学研究结合这一高等学校的特点是正确与必要的。

此外，有的重视大学生的创造性和独立性，有的提出职业倾向性，都是值得重视的。因为，它们接触到高等学校教学过程的某些特点。

高等学校教学过程的特点是从高等教育的基本特点所派生的。高等教育的基本特点：（1）高等教育是建立在普通教育基础上的专业性教育，它所培养的是各个学科或专业的高级专门人才。（2）高等教育的培养对象一般是20岁左右的青年，已经具备高度发展抽象思维能力的生理基础与心理基础；他们受过普通教育的训练，并有一定的社会经验，能对一些理论和实际问题进行独立思考。

根据高等教育这两个基本特点，教学过程的特点有：（1）专业课的教学，要具有明确的专业目的性，即专业培养目标的针对性；基础课的教学，也是围绕专业的培养目标来组织的，也要具有间接的专业目的性。（2）在教学中对学生的抽象思维能力发展具有更高的要求，同时，要为大学生从学习生活过渡到独立工作做好准备，应当培养大学生更高的创造性钻研能力与独立性的工作能力。（3）根据培养高级专门人才的社会需要和培养对象所具备的知识程度、能力水平，应当把科学研究引进教学中，教学要和科研相结合，使学生掌握科学方法论，并培养学生的科学研究能力。

三、关于高等学校教学原则体系的设想

根据上述教学原则的普遍性和高等学校教学过程的特点，结合共性与个性，分清主要与次要，初步探讨高等学校教学原则的体系如下：

（1）科学性与思想性结合的原则；（2）理论联系实际原则；（3）知识积累与智能发展相结合的原则，或称传授知识与发展智能相结合的原则；（4）在教师主导下发挥学生自觉性、创造性与独立性原则；（5）专业性与综合性相结合原则；（6）教学与科学研究相结合的原则；（7）量力性原则；（8）系统性与循序渐进原则；（9）少而精原则；（10）统一要求与因材施教相结合原则。

对上述高等学校教学原则体系的几点说明：

（1）这一原则体系是根据全面发展的基本规律，体现教学的基本任务，

并受教学过程的规律所制约。各条原则从不同的侧面反映教学过程的规律性和高等学校教学过程的特殊性。科学性与思想性相结合是方向性原则，决定着社会主义教学的方向；理论联系实际原则是基础性原则，它体现了学生认识过程的规律；知识积累与智能发展相结合原则是发展性原则，对培养专门人才具有深远的意义；在教师主导下发挥学生自觉性、创造性与独立性原则是关键性原则，决定着教学的成效；专业性与综合性相结合原则和教学与科学研究相结合原则是特殊性原则，反映了高等教育培养专门人才的目标与要求。其余四条原则，则是从不同的侧面，反映并解决教学过程中的不同矛盾关系：量力性原则，反映教学过程中学生身心发展规律与教学要求的关系；系统性与循序渐进原则，反映科学体系和学习心理的关系；少而精原则，反映掌握知识的数量与质量关系；统一要求与因材施教相结合原则，反映教学中共性与个性的关系。

（2）多数原则的提法和普通教育学的教学原则相同，但内容、要求及其运用不尽相同。如科学性与思想性相结合原则，除一般要求外，科学性应着重培养学生创新的科学精神和严肃的科学态度，同时，教学内容并不限于科学的结论，可以介绍唯心主义、形而上学的观点，引导学生做出科学性的批判，借以培养大学生的科学修养与能力，科学世界观与科学方法论，而思想性应包括职业道德教育；知识积累与智能发展相结合原则，着重发展大学生的抽象思维力，培养大学生运用知识解决问题的能力；在教师主导下发挥学生自觉性、创造性与独立性原则，教师的主导着重于启发、诱导，"道而弗牵"，并着重于自学方法、研究方法的指导，要更多地发挥学生的独立学习、独立思考、独立工作的能力；量力性原则不仅要求适应学生已有的程度与能力，而且根据大学生的年龄特征，要有较高的难度，借以发展大学生的能力水平。

（3）专业性与综合性相结合原则、教学与科学研究相结合原则和少而精原则，是普通教育学所未提及的。专业目的性是由专业培养目标所决定的。每一门课程，每一种训练，都要有直接或间接的专业针对性，使学生在就业前有充分的专业知识能力和思想准备。但专业必须有比较宽厚的基础，学科之间要相互渗透，避免狭窄偏枯，所以专业性要与综合性相结合。教学与科学研究相结合是由于高等学校把科学研究引进教学过程中，而在普通学校教学中基本是不存在的（在普通学校教学过程中也要涉及科学研究的事例，课外活动还可以搞科学研究兴趣小组，但科学研究还不可能构成教学过程中的主要组成部分）。高等学校贯彻这条原则，不但在整个教学计划中必须安排一定的科学研究训练的环节，如学年论文与课程设计、毕业论文与毕业设计等，而且各门课程都必须把培养学生创造力、抽象思维力以及科学研究方法摆在重要的地位，并着重于使学生掌握科学方法论。少而精原则是由于高等学校掌握知识的数量与质量矛盾特别尖锐，这条原则反映并解决这一尖锐的矛盾关系。应当承认，中小学的教学过程同样也存在一定的数量与质量的矛盾关系，但一般不像高等学校那样尖锐，所以不作为一条主要的教学原则，它可以适当体现于其他原则中。

（4）有人认为：强调大学生学习的自觉性、创造性、独立性，不必再提教师的主导作用，这是误解。主导的方式方法，可以有所不同，也应当有所不同。对于大学生，不但要"道而弗牵"，还可以"开而弗达"，让大学生独立读书、独立做实验、独立分析问题，做出判断，得出结论。但是，只要是学校的教学活动，只要存在师与生、教与学的关系，教师就要起主导作用，研究生也要在导师指导之下进行独立的学习与研究。有人认为：高等学校提倡选修制、学分制，已不存在系统性与循序渐进原则，这也是误解。教学计划总有先修课与后读课、基础课与专业课的区别与衔接。"学不躐等"，不能让学生不学政治经济学就去啃《资本论》，必须克服"好高骛远"，一步一个脚印，循序渐进。有人认为，应当鼓励学生扩大知识面，提倡多读、泛读、快读，不应当提少而精原则，这还是误解。少与多，是相对的。少而精，虽少而多；多而杂，虽多而少。今天的少，控制数量，提高质量，发展能力，正是为了明天的多。泛读必须以精读为基础，囫囵吞枣，贪多务得，杂乱无章，不求甚解，不是治学之道。所以，这几条原则对高等学校教学仍有重要的指导意义，不可偏废。

（5）在高等学校主要教学原则中，未提及直观性原则、巩固性原则，并非高等学校不需要以感性知识为基础，也不是说大学生不需要牢固地掌握所获得的知识。而是这些方面的要求退居次要的地位，它可以体现于其他原则，如理论联系实际、知识积累与智能发展相结合等原则之中。主要的教学原则体系不可能也不应当罗列无遗，不应当像第斯多惠的《德国教师教育指南》那样不分主次并列 33 条原则与规则。

这个高等学校教学原则体系的设想，并不是完善的。首先，正如普通教育学的教学原则体系一样，在教学过程中如何实现全面发展的教育基本规律，如何把教学过程作为发展过程而不仅仅是认识过程，如何体现知、情、意的关系，这些重大的问题并未解决。因为这些不仅是高等教育学需要解决的问题，也是普通教育学尚未解决的问题。其次，对于高等学校教学过程的特殊性，我们的认识还是很不够的。

最后，还有两点需要申明：

（1）这篇论文，作为体系的探讨，对于每条原则的根据、要求与应用并未展开，那是要写一篇较长的文章才能阐述清楚的。

（2）这篇论文，旨在提出问题，并不强求解决问题，因为解决问题的主客观条件都还不成熟。教学原则体系的设想，仅是作为一块引玉之砖。

电化教育与教学改革[①]

厦门大学电教中心承办的"高校电教理论讲习会"在厦大举行。这个讲习会不是"电教技术讲习会",也不是"电教经验交流会",它从一个侧面反映了我国电化教育事业的发展已经深入到一个新的阶段。

为什么这样说呢?

电化教育虽然在 20 世纪 30 年代就开始提倡,但它的全面推广则是到 1978 年才开始,是在教育事业面临着发展的新形势下被人们所重视和推广的。从 1978 年到现在,经历了几个阶段:(1)着重电教设备(硬件)的购置与研制;(2)着重教材(软件)的编制;(3)重视教学方法的研究与传授;(4)感到有必要进行电教理论的研究,探索电教规律。也就是说,从只把电教作为一种教学辅助设备到把电教作为教育科学的一门分支学科,这中间有个过程,这个过程只有 7 年多时间。可见我国电教事业在纵深方面的发展正如它在数量上的发展一样,都是很迅速的。我们这个讲习会,也就是从一个侧面标志着我国电教事业深入发展到一个新的阶段。讲习会虽然规模很小,但它的历史意义将是很重要的。

这个讲习会的意义在于向人们表示:从事电教工作的,不仅要有硬件技术人员,还要有软件制作人员;不仅要懂得管理方法与教学方法,而且要懂得电教理论。只有在正确的理论指导下,才能提高电化教育的质量,推动教学改革。电教,不仅是技术,也不仅是经验,而是科学。如果说,1981 年我

[①] 原载《电教理论研究专题讲座》,1986 年第 3 期。

在《中国电化教育》第 2 期上发表《应当重视电化教育理论研究》时，还只是一种期望，那么今天已经开始实现了。为了表述我进一步的期望，我今天所作的报告是：《电化教育与教学改革》。

一、电化教育是教学改革的一种推动力量

《中共中央关于教育体制改革的决定》着重指出："在高等教育体制改革的同时，改革教学内容、教学方法、教学制度。……要理论联系实际，在辩证唯物主义与历史唯物主义思想指导之下进行改革。"体制改革是一切教育改革的前提条件，是当前首要的任务。同经济、科技改革一样，教育改革也要从体制改革入手，但前提不等于改革的全部内容。教育改革的对象，终归要落实到教育内容、教育方法，特别是教学内容和方法上，因为学校教育以教学为主。

体制改革的根本目的在于促进教学内容、方法和制度的改革，调动教师进行改革的积极性，从而推动教育事业的发展。否则，体制改革就没有意义。教学内容和方法的改革，比体制改革更为复杂多样，涉及面更广。它包含许多方面，教学手段的现代化是它的重要方面。教学手段现代化既是教学改革的组成部分，也是教学改革的推动力量。

现代化教学手段这一概念比电化教育这一概念要大，但电化教育是当前现代化教学手段最活泼、最有生命力的组成部分。它发展迅速，应用广泛。因此，电化教育如能运用得好，可以推动教学改革、教育改革，加速教育事业的发展。历史上印刷术的发明就是一个很好的例证，它使得整个教育起了巨大的变化。在这以前，由于书写困难，教师学生要用大量的时间来抄书，能接触到书的人寥寥无几。印刷术的发明使教育获得了大解放，学生扩大了知识面，接受知识的人数增加，教育的普及成为可能，教学形式从个别教学发展到班级集体教学。因此，可以说没有中世纪印刷术的发明和发展就没有近代的教育，甚至可以说，没有印刷术的发展就没有现代文明。

但大家对电化教育在教学改革中的作用认识还不一致。有些人认为电化教育仅仅是一种工具，但并不是一种简单的工具。这种工具将要在历史上起

深远的作用。它就像历史上印刷术的发明与推广，可以使得教育的面貌、文化的面貌发生变化一样。

当然，电化教育在促进教育面貌的变化上所发生的威力到目前为止还远远比不上十五六世纪之后的印刷术所发挥的威力。这是由于电化教育推广的时间还比较短。电化设备在教育上的应用还没有像在社会上的应用那样广泛和有效，电教的威力还没有充分发挥出来。这里有种种原因，设备不足或不够方便，教材编制困难，技术上的困难，应用方法不得当等。目前，只有一些学科非使用不可，如外语教学。如果要更好地发挥电化教育的作用，当然要解决许多技术问题和方法问题。但我们不能仅局限于此，而要纵观全局，对当前教育改革的情况、问题、趋势，要有正确的认识，使电化教育适应于教育改革的需要。

二、当前世界教育改革需要解决的重大问题

现在，世界各国都在进行教育改革，提出了许多理论和方案，在高等教育改革方面，大概有下面几个重要问题：

1. *高等教育如何反映科学技术发展的新成就*

培养适应现代生产和科学技术发展所需要的人才，其核心问题就是课程改革。一般认为，要培养现代化的人才就要增加基础学科的比重，他们的知识面要宽广。但对基础学科比重到底怎样才算合理，认识并不完全一致。美国主张培养通才，有些改革方案提出一、二年级，甚至本科四年都不要分系科，或者分成文理两大类。我们某些专家也提出类似的设想。但欧洲并不完全如此，欧洲大学也要求课程面宽广，同时学习一定的专业知识。苏联始终主张培养专门人才，但也赞成加宽基础知识。从这里我们可以看出，为了适应现代化科学技术发展的需要而培养人才，有加宽基础这一共同认识，但有不同的看法。美国最宽，欧洲既宽又专，苏联专中有宽。

各国情况不同，我们不能照搬美国的模式。第一，美国中学水平不高，普通文化基础知识不足，所以，在大学阶段要继续打基础。而我国的中学经过整顿和提高已经达到或超过"文化大革命"前的水平。我国高中毕业生的

水平并不低于美国高中毕业生水平,至少数理化知识要扎实些。第二,美国有许多大公司大企业,有适于毕业生对口工作的职业条件和培训条件。我们在这方面条件不充足。由于我国以计划为主,大学毕业后再到某些部门去培训,对我们很不利。要适应新科学技术的成就,我国大学生基础应该加深打牢,不能一进大学就钻到牛角尖中去,但毕竟不能到工作岗位上才学习专业。

2. 如何用更有效的教学方法提高大学生的智力和能力

由于知识更新加快,只传授知识就不能适应时代的要求。因此,应该发展学生的智力和能力,使得学生将来自己能够及时地吸收新的科技信息,发挥应用知识来解决问题的能力。这就要求我们改革教学组织、教学方法、教学技术和工具。这也包含如何运用电教工具来辅助教学,提高效率,更好地发展学生的智能。

传统的教学必须进行改革,但世界各国对如何改革认识不同。美国流行的"发现法""自我发现法",宣称通过自我发现所掌握的知识牢靠,对于培养能力大为有利。确有这种优点,但即使在美国,"发现法"也并没有被普遍使用。因为它并不完全适用于一切课程,也不太经济。苏联流行一种"问题教学法",即教师用提问来启发学生思考,组织学生讨论,而不是将现成结论交给学生。我国目前还是结论式的课堂讲授法,大家认为一定要改。如何改,方案很多,都在试验中。目前看来比较可行的是一种叫"学导式"或"导学式"教学法。这种方法具有较好培养学生思考能力的作用,也不完全否定必要的课堂讲授。有讲授、讨论和相互帮助,能使课内外有机地联系起来,但也不是什么课程都可用的。

教学方法改革的许多方面,都离不开电化教育。在"教学方法改革的条件"中,我将谈到它的作用。

3. 如何以最少的投资来取得人才开发的最大效益

这是教育经济学所要研究的问题。高等教育管理学也研究如何用更经济有效的方法来管大学。目前,我国的高等教育管理学实际上很不成熟。我们现在是引进企业管理的方法来管大学,引进系统工程的理论来探讨大学管理体制的改革。

4. 如何适应劳动力市场的需要来解决大学毕业后的就业问题

外国大学校长的任务有三件:第一想办法弄钱,第二聘请有关专家学者,第三为学生找出路。如果大学校长社会联系广泛，活动能力强，学生还未毕业，社会上就有人"订货"，那这个学校的生源就比较充足。没有出路，学生不来上学，学校就得关门。不愿关门的就得研究劳动力市场的信息，开出适应市场需要的课程，校长还得出力向公司、企业推销本校所培养的人才。

三、教学方法改革的条件

在第二个问题里面，我讲了当前世界高等教育改革的4个主要方面。其中之一就是如何用更有效的教学方法培养和发展大学生的能力问题。这就涉及到教学方法的改革。从教育实践来看，教学方法的改革势在必行，即有了改革的必要性。那么，是否已具备了改革的可能性呢？我们的回答是肯定的，其理由有以下三点：

1. 信息科学技术的迅速发展

其理论和技术为教学方法的改革提供了条件。现在大家都在谈论"信息社会""信息技术"。"信息"这个几年前还很陌生的词，现在已经变得家喻户晓了。但我不同意把知识与信息等同的观点。诚然，知识是信息，但却是一种特殊的信息。利用信息科学技术来传递作为特殊信息的知识，不管是利用视听设备、计算机或其他，无疑是具有优越性的，从而为教学方法的改革提供了条件。这样讲也许很抽象，让我们来举个例子。

在近年来提倡的新教学方法中，有一种叫"程序教学法"，即根据教学内容的逻辑结构和心理规律，把教材编成一个个小步，让学生独立学习。其实，程序教学法在20世纪50年代早已有之，而且在世界各地广泛采用。当时，只能利用机械的程序机，把一个个程序编成纸条，然后转动机械，按程序自学、做作业、核对正误等等。我国也曾经进行程序教学的实验。60年代初，我曾到北京景山学校参观，他们连程序机也没有，就是把程序写在一张张卡片上，应用到小学的算术教学上，就是把加减法分成许多步。如果学生看了卡片上的提示，完成了作业，那么，就进行下一步。如果对照卡片发现不对，那么，卡片就很难告诉学生怎么做下去或找出出错的原因，这时就需要教师的辅导。教师或者让学生去找某一卡片，或者直接告诉学生怎样改正。这样，由于缺乏电化教学设备条件，很难达到学得快、用得好的目的。

小学的算术教学可以利用程序机，那么到中学就不容易了。而要利用程序机来解决大学的教学问题就太难，甚至是不可能的了。因为大学课程内容不是像小学"1+1=2"那样简单，是就是，非就非。许多问题的答案在各种情况下具有模糊性和多样性，问题的答案可能有十几种，甚至几十种，这是卡片程序机所无能为力的。

到了20世纪60年代，程序教学法因为困难重重，难以推广，开始"冷"了。到了70年代初，已经很少人提倡程序教学法了。原因何在？关键是技术跟不上。但是近年来，程序教学法又"热"起来了。这是由于电子计算机，特别是微机进入到教学领域。它比机械程序机，不管是在处理信息的质和量以及灵活性上，都具有无比的优越性。所以说，程序教学法经历了从"热"到"冷"又到"热"这样一条马鞍形的道路，是与信息科学技术的发展有密切联系的。

2. 脑科学的发展

脑科学的发展为教学理论和方法的运用提供了依据。最近几年，对人的大脑的机制和功能及其结构和活动规律的研究成果颇多，为改进教学方法，调动和充分发挥人脑的潜力提供了科学依据。大家都知道，大脑两半球的功能是不同的：左半球主要管抽象思维和语言，右半球主管形象思维，如音乐和美术。我在这里讲话，只能引起大家第二信号系统的活动，一般来说，只能调动大家的左半球，这就太可惜了。怎样在利用一个半球的同时也发挥另一个半球的作用，这是个很重要的问题。

基于对大脑两半球功能的科研成果，保加利亚教育家洛札诺夫创立了外语"暗示教学法"。根据介绍，他的"暗示教学法"是这样实施的：教师用不同的声调朗读教材，在朗读过程中伴之以音乐与教材配合，并告诉学生不要注意外语而只专心听音乐。据说，这种教学法应用于成人外语教学，效率提高了5倍。这种教学法之所以有这样高的效率，可能就是同时发挥大脑两半球功能的结果。

前段，还有人提出了所谓"睡眠教学法"，据说效果很好，但没有发展下去。因为这里有一个非常重要的问题：如果睡眠的时候也可以学习，而且效率很高，那么，这就意味着学习时间要加倍。这样是否会给人的精神带来什么破坏作用？这是个必须正视的问题。

脑科学的研究还发现，潜意识可能具有巨大的作用和潜力。虽然，潜意识这个概念早就提出来了，但迄今对它的研究甚少。

总之，脑科学的研究成果为改进教学法奠定了理论基础，而电化教学在发挥大脑两半球的潜力方面大有可为。

3. 教育理论自身的发展，也为教学方法的改革提供了依据

一般的教育学课本，包括我主编的《高等教育学》在内，都把教学过程视为认识过程。最近几年来的研究，突破了这个传统观点，认为教学过程是全面发展的过程，即个体知情意行的发展过程。这个观点在电化教育中得到了很好的印证。

电化教育是科学与艺术的结合，是理智与情感的结合。各种电影片、电视片和录音，不仅是科学知识的载体，而且包含着艺术和情感，对提高学生的艺术鉴赏力、陶冶学生的情操都有显著效果。

从上述三方面的条件看来，都与电化教育有关，所以说电化教育是教学方法和教育理论改革的促进力量。

四、处理电化教育与教育改革关系的若干原则问题

上面我着重阐述了电化教育在推动教育改革，特别是教学方法改革中的积极作用。应该认识到，要充分发挥这些积极性，促进教育改革，还必须处理好以下几个方面的关系问题。

1. 电化教育方法与传统教学方法的关系问题

在这个问题上，有不同的认识。一种观点认为，应该用电化教育方法代替传统的教学方法。比如，在家里用电视和计算机教学代替课堂教学，用双向电视教学代替班级授课或代替学校。另一种观点认为，电化教育说到底只是一种辅助工具，既然是一种辅助工具，那么就只能是传统教学方法的一种形式，只能起辅助作用，可以用也可以不用。这里实质上涉及到一个重大的理论问题，就是怎样对待传统与改革的问题。这不仅仅是电化教育存在的特

殊问题，而且是整个教育改革乃至整个改革运动普遍存在的问题。

就目前来讲，电化教育还只能是起辅助作用，这是事实。但是，要看到电化教育不会停滞不前。我们不能只把它限制于辅助作用，而要研究，看它怎样能更好地推动传统教学方法的改革，甚至在一些地方可以独立使用。但是，我们不能脱离实际，而认为目前就可以用电化教育方法代替传统教学方法。今天，我们可以有部分课程用电教代替。例如，在局部，我们可以用在计算机上模拟的方法进行教学，可以用程序教学学习某些逻辑严密的学科，还可以用电影和录像部分地代替实地参观，把要看的东西突出来，并加以说明，这样效果会好一些。但是，电影和录像恐怕不能完全取代传统的参观法，因为电影和录像毕竟不能把当时的全部情景和气氛都显现出来。所以，要正确对待电化教育与传统教育的关系，要在传统教学方法的基础上发展电化教育方法，从而反过来改革传统教学方法中那些不适应的部分，而不能简单地对传统教学方法全盘否定。

2. 人与机的关系问题

电化教育的教材上已有对这个问题的不少阐述，总的观点应是这样：机有重要作用，可以代替人的部分脑力劳动，甚至比人做得既快且好。但是，机不能全部代替人，机只能在人的正确运用下起作用。所以，那种认为机器可以代替教师，教师只起辅助作用的观点是错误的。在任何情况下，只要存在教学过程，教师就一定起主导作用。

3. 视、听与思考的关系

绝不能片面地把电化教育仅仅视为看和听，只是诉之于第一信号系统。电化教育必须有第二信号系统的参与。不能因为电化教育的优势在传递第一信号，从而就忽视第二信号系统的作用。从总体来看，在大学阶段第二信号的传递，始终占着主要地位。所以，要处理好第一信号系统与第二信号系统以及形象思维与抽象思维的关系。

以上所谈，都是外行人讲话，其目的只有一个，就是电化教育有广阔的前途，而要发挥电教的作用，就要重视电教理论的研究，否则到了一定程度就很难前进！

传统教育与教学改革[①]

《中共中央关于教育体制改革的决定》（简称《决定》）指出，在高等教育体制改革的同时，改革教学内容、教学方法、提高教学质量，是一项十分重要而迫切的任务。教学改革，首先是教育思想的转变。因此，当前教育理论界正在进行的关于传统教育思想问题的讨论，是非常必要的。这其中的许多重要问题，如什么是传统教育，传统教育有哪些与社会主义现代化不相适应的观点与方法，如何正确对待传统教育，以及如何实现传统教育思想的转变，等等，都应该逐步地探讨清楚。在这里，我想谈谈个人的看法。

一、对传统教育要扬弃，不要全盘抛弃

传统教育这个概念，在我国有泛指与特指两种含义。泛指是指自古代以来，历代教育家的教育思想和主张以及在我国长期教育发展中形成的教育观念与教育经验；特指是指西方教育史上以19世纪初德国教育家赫尔巴特为代表的教育思想体系对我国的影响。两者含义广狭不同，但有密切联系。

赫尔巴特从他的唯心主义伦理学和观念心理学出发，建立了严整的教育理论体系。他把教育的实施分为三个组成部分，即管理、教学和训育。管理是指对学生严格的约束，是教学和训育的前提；教学是以一种"凝集的形式"传授知识，是教育的中心；训育是把统治者的道德观念与规范灌输给学生，

---

① 原载《红旗》，1986年第13期。

以培养"真正善良"的人，是"教育的最高目的"。他把教学作为一个过程，根据学生的学习心理把这个过程分为四个阶段：明了（集中注意力学习新教材）、联想（把所获得的观念与旧有观念联系起来，在旧观念的基础上形成新观念）、系统（把所获得的新知识综合成为系统化的结论或概括）、方法（把系统化了的知识运用于实际，完成作业）。其后，他的后继者把第一个阶段分成两个阶段，共五个阶段：预备、提示、联系、总结、应用。这就是后来广为流传的教学阶段论。新中国成立前我国的中小学教学指导书，一般都把每一课文的课堂教学活动分为：引起动机、决定目的、讲解教材、归纳大意、布置作业几个阶段；新中国成立后我国学习凯洛夫《教育学》之后，中小学所常用的教学方案往往也把一堂课分为组织教学、复习旧教材引入新教材、讲解新教材、巩固新知识、课堂小结、布置作业等几个阶段，其中也有赫尔巴特的教学阶段论的影响。应当指出，赫尔巴特的教学阶段论，在一定程度上揭示了学生学习教材的心理活动顺序，步骤分明，各个阶段的任务明确，有其合理之处，但是它的前提只是传授知识，而它的阶段划分流于形式，比较呆板。还应当指出，赫尔巴特教育思想体系及其教育阶段论之所以在世界各国广为流传，影响很深，是因其在一定历史条件下，比之古代的教学，有进步意义。但随着现代化社会的发展，对人才的培养提出了许多新的要求，这种教育思想体系与教学方法就远不能适应现代化教育的需要了。

　　现在我们通常所说的传统教育，不仅限于赫尔巴特的教育思想体系及其教学阶段论，还包括其他西方传统教育思想、中国古代传统教育思想以及新中国成立前后我们自己积累的经验所形成的教育思想影响。泛指的传统教育，其内容是很复杂的：既有只重视智育不重视德育方面，又有德育与智育并重的主张；既有只重视知识传授方面，也有传授知识与发展智能并重的主张；既有重视理论轻视实践方面，也有实践与知识并重的主张；既有注入式的教学，也有启发式的提倡；既有强调一律的做法，也有"因材施教"的经验；既有"师道尊严"的观念，也有"教学相长"的原则。尽管如此复杂，但就其主要倾向来说，对于泛指的传统教育思想，在教学方面，仍可概括为如下几个特点：（1）德育与智育并重，一般主张通过教学对学生进行德育。如赫尔巴特说："教学如果没有进行道德教育，只是一种没有目的的手段；道德教育如果没有教学，就是一种失去了手段的目的。"（2）在智育上，一般只重视知识的传授，不重视学生智能的发展。即使注意到智能发展的必要性，往往也认为掌握了知识，就发展了智能。（3）在教学内容上，严格按照分科传授文化科学知识，强调教材的逻辑系统，只在不影响逻辑系统的前提下考虑到学习心理规律。（4）在理论与实践的关系上，重视理论知识，不重视或不够重视社会与生活实践。（5）在教学组织上，基本上是班级教学。只在班级教学中有限度地注意因材施教。（6）在教学形式上，以课堂讲授为主，其他形式都只是围绕课堂讲授而展开。（7）在教学方法上，多用注入式，少用或不用启发式。（8）在学生的学习动力上，强调外加的动力，忽视内在的动力。（9）在师生的活动上，强调教师起主导作用，忽视学生的主体作用。（10）在教学管理上，强调自上而下的统一性，反对自下而上的多样化。

由此可见，不论从传统教育的复杂内容看，或是从它的主要倾向看，都是既有合理的因素，又有不合理的东西；既有与现代化不相适应的思想，又有可以为今所用的文化财富。那种认为一提现代化，就得抛弃一切传统教育的想法，是虚无主义的，不符合事物发展的规律。

事物发展的规律是新陈代谢，推陈出新。新的事物总是在旧的事物中发生与发展的，是对旧事物的扬弃而不是对旧事物简单的抛弃。"扬弃"，包括抛弃、保存和提高。抛弃旧事物中腐朽的、消极的东西，保存旧事物中积极的因素并把它作为新事物的组成部分而加以提高发展。要按照社会主义现代化的客观需要和教育发展的内在规律，抛弃传统教育中消极的东西，保存并提高传统教育中积极的因素，使之成为社会主义现代化教育的组成部分。只有这样，教学改革才能较好地为人们所接受，现代化教育才能顺利、健康地发展。

教育史证明，对待传统教育采取虚无主义的态度，无不导致教育质量的下降。杜威曾以"现代教育""进步教育"自居，把赫尔巴特以来的教育称为"传统教育"予以全盘抛弃，走到另一极端，以致学生掌握不了系统的知识；苏联20世纪20年代对帝俄的传统教育采取"革命行动"，引起学校教学的混乱；我国"文化大革命"中"四人帮"把传统教育包括新中国成立后17年的教育斥为资产阶级教育而鼓吹"对着干"，造成了教育的一场灾难。这些教训，使我们认识到，教育的改革是新质代替旧质的质变过程，必须按照理论联系实际的原则，在辩证唯物主义和历史唯物主义的思想指导下，实事求是地分清传统教育的精华与糟粕，对它进行扬弃。在当前教学改革中，特别要辩证地处理一些教学过程中有争议的问题。

二、正确处理教学过程中的几个关系

（一）知识与智能

传统教育的主要倾向之一，就在于只重视知识的传授，不重视学生智能的发展。这种教育观点，在任何时代都是片面的，在科技发展迅速的今天，它的缺陷就更加突出。提倡与研究发展学生智能已经成为世界各国教学改革的中心课题。我国当前的教改，强调要充分重视学生智能发展，在如何培养学生智能上下功夫，是完全必要的。但是有些同志，自觉或不自觉地把知识和智能对立起来，提倡轻知识，重智能。如有的同志说，"当前发展智能比传授知识更为重要"；有的同志认为，适应现代化需要，教育应当变培养知识型人才为智能型或能力型人才。他们往往列举一些统计数字，说明当前面临所谓"知识爆炸"，"知识几年就翻一番"，一个大学生毕业后几年，他所学的知识很多就"老化"了。这种从西方学者那里搬来的理论，从论点到论据，许多都是不正确的。

从论据来看，所谓知识"爆炸""老化""几年翻一番"的科学性是值得怀疑的。我们承认科学技术发展迅速，信息量越来越多，但信息不等于知识。而技术、产品的更新换代也不等于它们所依据的科学理论、基本知识就"老化"了。人们往往引用爱因斯坦的一段名言来论证智能比知识更重要，这段名言是这样说的："发展独立思考和独立判断的一般能力，应当始终放在首位，而不应当把获得专业知识放在首位。如果一个人掌握了他的学科的基础理论，并且学会了独立地思考和工作，他必定会找到他自己的道路，而且比起那种主要以获得细节知识为其培训内容的人来，他一定会更好地适应进步的变化。"这里说得很明白，"不应当放在首位"的是专业知识、细节知识，而"学科的基础理论"恰恰是与"独立思考和工作"相提并论的。爱因斯坦的狭义相对论和广义相对论已经有七八十年的历史，难道已经老化了吗？应该把技术、产品的信息，同基础理论分别开来，产品是日新月异的，技术是推陈出新的，而基础理论虽然也要不断发展，但是具有相对稳定性。这就是我们为什么强调大学的教学，应当着重于加强基础理论、基本知识的缘故。当然，也应注意前沿知识，及时掌握重大的科学技术新成就，因为技术知识虽然推陈出新，发展很快，但从新旧知识的联系与积累来说，推陈才能出新，掌握可能较快过时的重大技术成就，也不是没有价值的，何况在教学上还有开阔眼界，培养创新精神的作用。

把知识与智能分割开来，把所谓知识型与智能型或能力型对立起来进行比较，这种论点也未见得正确。知识与智能，既有区别，又有内在联系。它们是互相依存、互相制约、互相促进、相互转化的。学生的智能，要在掌握知识的基础上才能得到发展，正如列宁所说："我们需要用基本事实的知识来发展和增进每个学习者的思考力。"[①] 什么是智能？说到底，就是运用知识作用于客观事物的智慧和能力。如无必备的知识，智能就成为无源之水，无本之木。知识多了，不等于智力就高，能力就强，智能的发展，除了必须以一定的知识为基础之外，还要有其他条件，例如实践的锻炼等。传统教育的片面性，就在于不重视学生智能的发展，所以，我们提倡教师在传授知识的同时，还要根据智能发展的规律，着重培养学生的智能，而不是要求教师轻视知识的传授，走向另一个极端。传授知识与发展智能，无论在教师的教学中，还是在学生的成才中，都应当辩证地统一起来，不可偏废。由于片面地贬低知识的作用，偏废的现象在大学生中已经有所出现。有的大学生不愿当知识型人才，不肯用功钻研理论；有的大学生误信知识过几年就要老化，只为应付考试而勉强读书。他们往往幼稚地抛开知识而去追求所谓能力，追求不需多少知识作为基础的为人处世的手段和随机应变的能力。加上社会上某些片面的宣传影响所及，"读书无用论"又有所抬头，这不能不令人关注。

（二）专才教育与通才教育

在教学改革中，大家很热心地谈论通才教育，认为在当代科学技术发展

[①] 中共中央马克思恩格斯列宁斯大林著作编译局. 列宁选集：第四卷［M］. 北京：人民出版社，1972：348.

的社会中,"通才取胜"。有的同志提出大学要以"通才教育"代替"专才教育"。对这个问题应当怎样看呢?

高等教育的培养目标与教学内容,总是直接受文化科学发展水平制约的。现代科学的发展,是高度分化与高度综合相结合。过于狭窄的专才教育,已不适应于现代科学技术发展的需要。针对我国专业设置过于狭窄,只重视传统的分科教学而不重视知识的综合的缺点,提倡学科交叉、文理渗透,这是正确的。20世纪50年代,我国按苏联的模式培养人才,只强调专才教育,批判通才教育,是有片面性的。但如果反过来完全否定专才教育,提倡以通才教育代替专才教育,也是不全面的。

国外提倡通才教育或专才教育都是有其社会背景的。西方某些国家(不是所有国家)之所以强调通才教育,以美国为例,一是为了适应劳动力市场的需要,在劳动力市场上,专业对口率很低,如果学得太专,不容易找到职业;二是因为普通中学的普通文化科学知识,尤其是数理课程,学得太少,缺乏系统的知识基础,以致学习比较高深的理论知识困难。水平较高的大学,不得不加强并补学基础知识;大型企业、公司,自己有专业培训机构,也宁愿招收基础比较宽厚的大学生加以短期培训。而苏联所以强调专才教育,则是由于社会主义计划经济、计划人才的要求。一般来说,按专业分配工作的对口率较高,以专门人才为培养目标,确也存在一些学非所用的问题。这主要是由于专业口径太窄,分配制度存在一些缺点。但总的来说,专业对口率远比西方大学生在劳动力市场上自谋职业为高。据上海有关部门调查,新中国成立以来,分配在上海市的各行各业的大学生绝大多数还是基本对口的。如果借鉴通才教育合理之处,把专业口径加宽,把基础适当加厚,并着重培养学生的智能。

从科技发展来看,专而不通的确在高度综合的科学发展面前难以取胜;但如果通而不专,缺乏足够的专门知识与技能,恐怕在高度分化的科学发展面前也难有所作为。现代化的高级人才,应当既通又专,知识又能融会贯通。也就是说,通才教育与专才教育相结合为佳。在通的基础上有所专,掌握专门现代化人才的培养,应当通才教育与专才教育相结合为佳。

那么,专才教育与通才教育如何结合呢?这就必须根据现代化专门人才的最优化知识结构与智能结构来改革我们的教学内容、教学方法和教学制度。一般认为，现代化专门人才的最优化知识结构应当具有比较宽厚的基础知识，有一定深度的专门知识；掌握主要学科以及相邻学科的动态、趋势，也就是所谓前沿知识，以及必要的横向学科知识和科学方法论知识。这些概括起来就是通与专的结合。但这只是一般的要求，如何具体化，还得根据专业培养目标，制订具体的知识结构方案。苏联为适应科学技术发展的新形势，提倡培养"知识面宽的专家"，近年来陆续制定出各专业的"专家质量标准"，作为"制订教学计划和教学大纲，以及制订专家的分配和使用计划"的依据。我国机械工业部，从1984年起组织了33所院校，动员了170多名教师与干部，深入到100多个有关工厂、研究所、院校机关，对1 800多名专家教授、技术工人和历届毕业生进行调查，用了一年多时间，制订出机械制造工艺与设备、精密仪器、工业电气自动化、工业管理四个通用专业的"人才培养业务规格建议书"，经过认真的论证审定，把它"作为制订或修订各个专业的教学计划的依据或参考"。这是一项切实的教学改革工作。

（三）教师与学生

教师与学生在教学过程中的地位与作用及其相互关系，历来是教育理论界所争论的问题。认为"学生对教师必须保持一种被动状态"（赫尔巴特语），这种早期西方传统教育观点早已被后来者所否定，更多的传统教育后继者认为应当在教师主导下发挥学生学习的自觉性、积极性。这个观点是正确的，因为它符合学校教学过程的规律。但由于人们对教师的主导作用的理解不一致，又忽视学生的主体作用，教学论往往只研究教师如何教，很少认真研究学生在掌握知识、发挥智能中的心理活动。教师备课时，往往也只考虑教学的科学性、系统性、逻辑性，很少注意如何使学生学得生动活泼。在灌输知识方面积累了较多经验，对于如何启发学生学习办法不多，以至于学生也惯于呆读死记而不善于独立思考，习惯于按教师的布置来学习而不善于独立工作。这种忽视学生在教学过程中的主体地位与作用的思想和做法，显然不利于发挥学生学习的自觉性、积极性，更不利于培养有开拓精神、创造能力的现代化人才。因此，树立学生在教学过程中的主体地位与作用的观念，是教学改革中带有根本性的问题。

在教学过程中，教师与学生都是教学活动的主体。教师、学生、教材三个因素中，教师与学生都是能动的因素。但由于师生所负担的任务不同，所起的作用也不同。一般来说，教师是已知者，教学的方向、内容、进程、方法主要是由教师负责的。为使教学过程能按照一定的目标，有计划有组织地进行，就必须充分发挥教师的主导作用，而"教是为了学"，要把教师所掌握的知识与技能顺利地转化为学生的知识与技能，就必须发挥学生的主动作用，传统教育中重教轻学的偏向必须转变，但如果重学轻教，否定教师的主导作用，也是不对的。

有哪些否定教师主导作用的论点呢？

1. 外因论

把教师作为教学过程的外因，是颇为流行的一种教学理论。这种理论认为教师的作用是外部条件，外因是必要的，但不是主导的，因为事物变化的根据是事物的内部矛盾。这种主张一方面承认教学过程是教师与学生双边活动的过程，另一方面又把教师作为外因，这是自相矛盾的。其所以产生这种误解，是由于把教学过程和学习过程两个密切联系而又有区别的概念混淆起来了。

2. 现代化教学手段将代替教师的作用

西方有一种说法：由于电视广播教学、电脑辅助教学的普及，学生将可通过人机对话来自学，未来的教育，教师将退出教学活动，或只居于辅助、咨询地位。这种设想在资本主义社会是否行得通，暂置勿论，至少在我国恐怕不能作为努力的方向。现代化教学手段，可以提高教学效率，部分地代替教师的工作，这是无疑的，我国也已经开始这样做了，只是还做得很不够。我国的成人高等教育，也多采用远距离教学形式办学，这种形式今后还应当有所发展，以满足青年（主要是在职青年）提高文化科学水平的需要。但是，机器能否代替教师起潜移默化的教育作用？人机对话能否代替班级集体进行集体主义、组织纪律的教育？远距离教育能否实现全面发展的教育目的？这是值得怀疑的。同时，现代化教学手段的使用，一般也需要教师的指导与检查，教学工具的软件仍然是要由有经验的教师在专家、技术人员的帮助下编制的。而教师的人格、情感、行为等对学生的影响，却不是现代化教学手段所能代替的。

3. 教师只能在普通学校教学过程中起主导作用

在高等学校教学过程中，教师应当退居辅助地位。诚然，随着学生知识与经验的积累，智力能力的提高，大学教师不应再像中小学教师那样，规定学生学习的细节，但这乃是教学方法的不同，而不是教师主导作用的否定。在大学阶段，教师的主导作用，应该着重于指点方向、指示重点、指导自学，更多在"道而弗牵，强而弗抑，开而弗达"上下功夫。但是，只要是学校的教学过程，包括研究生的教学过程，教师就要在方向、进程、方法上起主导作用，负起教师、导师的责任。为什么产生大学教师不再起主导作用的误解呢？这是由于把主导作用简单地理解为教师讲，学生记；教师布置，学生被动执行。而不理解教师主导的形式与方法应当多样化，因材而异。

在教学改革中，对于理论与实践、讲授与自学、教学与科研、继承与创新、求同思维与求异思维等关系，都存在一些争论，都必须用辩证唯物主义和历史唯物主义的思想与方法，正确处理。

三、依靠广大教师，转变传统教育思想

教学改革任务的主要承担者是教师，任何组织和干部，只能领导与组织教师来改革教学，而不能代替教师进行具体的教学内容、教学方法的改革。这不仅由于教师最懂得他所教学科的教学内容，最了解他所教学生的水平和能力；更由于在教学过程中，只有教师能起主导作用。正如列宁所说："学校的真正的性质和方向并不由地方组织和良好愿望决定，不由学生'委员会'的决议决定，也不由'教学大纲'等决定，而是由教学人员决定的。"[①] 只有依靠广大教师主动积极地承担教学改革的任务，具体的教学内容、教学方法的改革才可能实现。因此，《决定》明确地指出："最重要的是要调动教师的积极性。"

应该看到，这是最重要的环节，也是最困难的环节。以往的教学改革，

---

① 列宁. 列宁论国民教育 [M]. 北京：人民教育出版社，1959：111 – 112.

往往上面提号召，教务部门搞方案，而作为改革的真正主力——教师，不是当做依靠力量而是作为改革的对象，这只能使广大教师或则消极等待，奉命行事，或则漠不关心，我行我素。这样的"改革"，表面上可能搞得热火朝天，实际上却收效不大，最后差不多都没有取得应有的成功。现在，改革的目的已经明确，体制的改革已经全面展开，形势很好。教学改革能否深入下去，关键就在于能否真正地调动教师的积极性。如何调动教师的积极性？政策落实是前提，认识提高是关键。所谓落实政策，主要是指真正把广大教师作为办好教育、进行教学改革的主要依靠力量，对他们给以切实的信任、重用和关心；所谓提高认识，主要是使教师认清改革方向，学习教育科学理论，掌握教育规律和教学规律，辨明传统教育以及西方流行的教育理论，哪些是适应社会主义现代化需要的，哪些是不适应的，从而实现传统教育思想的转变，促进教学改革的健康发展。

学习教育科学理论，不仅是为了辨析传统教育，更重要的是为了掌握理论武器，用以指导教改的实践。我们知道，在关于教改的议论与实践中，有许多合理的、正确的见解与经验，也不免出现一些偏颇。如反对"唯书""唯上"就不重视书本知识与组织纪律；提倡培养创造能力就只要求异思维，不要求同思维；强调实践的重要性就轻视理论的学习；提倡自学就以为可以否定讲授；强调学生主体作用就否定教师主导作用；如此等等。影响所及，使学生中出现一些不刻苦学习，不尊重教师，课堂纪律松弛，生活散漫，轻视马列主义理论等现象。当前，大学生要求迎着新技术革命，实现社会主义现代化，改革教学，这种热情是可贵的，是改革的一股推动力，应当倾听和支持他们正确的意见，对于不正确的意见或过急的要求，要做疏导工作，把他们的创新精神和改革热情引到正确的道路上来。这种疏导工作，也要依靠广大教师共同来做。这也要求教师要有马列主义和教育理论的准备。当然，教育科学和其他科学一样，在发展过程中，总会有一些不够正确、不够成熟、不够完善的地方。这正需要我们努力在学习、运用中不断发展它，而不是无端地轻视或全盘地否定它。

有一种偏见，以为只有中小学教师才需要学习教育科学，对于大学教师，只看其学术水平就行了，不必要求他们掌握教育理论，讲求教学方法。有的人还举出许多老教师为例，说他们没有系统地学习过教育科学，也能教好书。我们并不否认有这种事实，但许多老教师之所以能够教好书，收到好的教学效果，除了学术水平之外，还有赖于他们多年积累的教学经验。他们往往要经过一个较长期的反复尝试的过程，从中吸取经验与教训，保留成功的经验，自发地认识一些教学的规律。恩格斯说：自然科学家可以通过自然科学本身所具有的力量而掌握辩证思维方法，"但这是一个比较长期、比较缓慢的过程，在这个过程中有大批多余的阻碍需要克服"①。教育规律的掌握也是如此。尤其是在教学过程中，缺乏充分的理论准备，会出现更多的"多余的阻碍"，甚至可能自觉不自觉地沿着传统教育的老路走。

当然，只有理论原则，还不能保证教学改革顺利开展，还应当有改革的实践经验。应当把具体的教学内容、教学方法的改革任务交给教师，放手让教师去试验，去实践，并给予鼓励与支持。广大教师的积极性调动起来，就能够使教学改革深入持久地发展下去。

---

① 中共中央马克思恩格斯列宁斯大林著作编译局. 马克思恩格斯选集：第三卷［M］. 北京：人民出版社，1972：468.

关于试行"三学期制"的看法[①]

一个学年,分为两学期或三学期,抽象比较,很难说孰优孰劣。世界各国,有的是两学期,有的是三学期,还有的是四学期、一学期的,开学放假时间,也不一致。所以,我并不认为从两学期改为三学期就是改革。

但是,在当前教育改革过程中,试行"三学期制",却有它的现实意义。主要是:(1)用釜底抽薪的办法,减少讲课时数,促使教学内容的精简与教学方法的改进;(2)解决实行选修制所带来的学生个别选修与班级集体教学活动的矛盾。

为什么这样说呢?这是因为。

第一,传统的教学思想,认为教学就只是传授知识,提高教学质量,就得多传授些知识,就必须由教师在课堂上多讲。尽管我们一直强调教学内容要少而精,课堂讲授要抓重点、难点,要指导学生自学等,但积重难返,收效甚微。减少原来两个学期的周数,这种釜底抽薪的办法,可能促使我们不得不在精简讲课内容、指导学生自学上下功夫,吸收一些国内外行之有效的教学方法与教学经验,提高课堂教学效率,培养学生自学以及独立思考能力,从而促使教改的深化。当然,这只是可能,而不是一定能达到这个目的。

第二,实行选修制、学分制之初,困难在于开不出大量选修课程。而现在是,每学期的课程表排满了必修课和"变相必修课",学生很想选点拓宽或加深知识的选修课而选不起,或由于与生产实习、军事训练等以班级集体为

[①] 原载《厦门大学校刊》,1988年4月5日。

单位的教学活动冲突而无法安排。增加一个短学期,"选不起"与"排不下"的困难就比较好解决了。

但是,试行两年来,问题很多,困难重重。对于困难,要进行具体分析。我们高等教育科学研究所曾经就教务处所列举的诸多困难等问题,开会讨论,认为种种困难,可以分为三类:

(1) 客观困难。诸如开学放假,与全国多数高校不同步,全国性的统一活动冲击短学期教学,也增加许多行政管理问题;加上天气炎热,教室缺乏通风降温设备。

(2) 不习惯。7月放假,9月开学,已成习惯,因此把"占用"7月或8月的短学期看成学期的延长,有的甚至认为是额外负担,因而出现思想、秩序松散,教学、学习、办公及后勤工作不正常的现象。

(3) 思想准备不足,认识很不一致。具体的准备工作做了不少,但缺乏教育思想的讨论和深化教改的学习,因而传统教学思想并未触动,深化教学内容、教学改革的必要性并未深入人心,更谈不上紧迫感;对于思想的转变,内容、方法的改革的困难,思想准备不足,更谈不上下克服困难的决心。

现在学校决定在总结两年试行的基础上,做适当的调整,改为一长、一中、一短,与全国大多数学校同步,并对若干具体工作做出安排,看来不同步等客观困难及不习惯的问题,可望逐渐得到解决。但中、长学期的教学计划如何安排,短学期的选修课如何提高质量,还有许多细致的工作要做,相信也能逐步做好。

总之,"三学期制"并非改革的本身。以"三学期制"为契机,促进教学思想的转变,教学内容、教学方法的改革,才是深化教改所要追求的目的。

教学改革的核心地位不能动摇[①]

一、教育改革与教学改革的关系

高等教育改革的主要课题，大体可以分为密切相关的两大部分，一是教育体制的改革，包括教育制度（学制）、教育结构、管理体制等等；一是教学改革，包括教学组织、教学内容、教学方法与手段等等。

教育体制改革与教学改革的关系，体现在当前的一个提法上："体制改革是关键，教学改革是核心。"教育体制改革是教学改革的前提与保证，体制不改革，教学改革很难展开，但高等教育的改革，最终必须落实到培养适应经济与社会发展的人才上，而人才的培养，是通过多种教学活动（课内的与课外的，有组织形式的与隐形的）来进行的。所以，教学改革才是教育改革的核心。一切体制改革工作，必须围绕这个核心，使之有利于教学改革的进行而不是有害于教学改革的开展。如果偏离这个核心，体制改革就可能失去目标，迷失方向，尽管五彩缤纷，往往是开花而不结果或结出的不是教育之果，甚至导致教学质量下降，与教育改革的目标背道而驰。

---

① 原载《中国高等教育》，1995年第4期。作者：潘懋元，王伟廉。

二、高等教育改革的现况

20世纪80年代以来,中国高等教育改革在体制改革方面,取得了较大的进展:第一,在教育制度上,形成了普通高等教育与成人高等教育、本专科教育与研究生教育、学历教育与非学历教育、职前教育与继续教育并举且比较协调的格局,多形式、多层次、多规格培养专门人才,以适应人才市场多方面的需求。第二,在教育结构上,根据人才需求预测与人才市场信息,不断调整高等教育的层次结构、科类结构、形式结构的比例关系。例如,层次结构中专科教育有了较大的发展;科类结构中财经、政法、管理、应用文科、轻工都有较大的发展,使之比较符合市场经济结构。第三,在管理体制上,开始改变中央集权过多,下放某些管理权限,以适应地区性经济发展的需要;根据举办权、管理权与办学权分开的原则,正在向高等学校面向社会自主办学的法人实体的方向改革;对于与市场经济密切相关的招生、就业制度,以及校办产业、学生收费等等,也正在不断进行改革。

相对于教育体制改革来说,教学改革则进展缓慢或停滞不前;其中教学制度的改革,从西方引进了一些制度,如学分制、双学位制、主辅修制等;采取了一些措施,如拓宽专业口径,建设核心课程,应用科学考试方法等;而教学内容、方法与手段的改革则停滞不前,除普遍开设计算机课程、加强外语教学之外,只有少数高校或教师在进行探索。从总体上说,变化不大。而提倡多年的加强实践环节,加强能力训练,提高人才素质,进展缓慢,成效不大。

三、教学改革落后的原因

为什么高等教育的教学改革落后于体制改革?原因是复杂的,大体可以概括为下面三个方面。

1. 认识上的原因

体制改革是教育改革的关键、前提、保证,因而,不论教育管理部门或高等学校领导,顺理成章地认为应先抓好体制改革,体制完善了,再抓教学改革。这种体制改革先行的想法,有一定道理,但却不够全面。体制改革要围绕教学改革这个核心来进行,只有有利于教学改革,有利于提高人才培养的体制改革才有积极的意义,偏离教学改革这个核心,体制改革就失去依据。当前体制改革总的方向是正确的,但许多体制改革的具体措施,并未考虑是否有利于教学改革,是否有利于人才培养。甚至由于分散教学力量而导致教学质量下降。在教育改革中,教学改革向体制改革提出要求,体制改革才据以为教学改革提供条件,两者如鸟之双翼,必须同时展开,相互推动,才能健康发展。如等体制改革完善之后,再抓教学改革,势必坐失时机,贻误一代人才的培养。

2. 实际上的困难

体制的改革,尤其是管理体制的改革,关系到教育资源的重新配置,责、权、利的再分配,阻力很大,困难不小。但教学改革的困难更大。体制改革,一般可以自上而下推行,可以通过行政的、立法的、经济的种种手段来实施;而教学改革,只能发动广大的教师自觉地进行。当前教师队伍,在市场经济的负面冲击下,很不稳定。如果没有充分的激励机制,很难调动他们搞教学改革的积极性。

3. 理论指导的贫乏

长期以来,高等学校的教师习惯于执行教育管理部门所规定的教学计划、教学大纲与教科书,最多是按自己的意愿或凭自己的经验,做些增删的工作,不必要也不可能进行系统的教学理论研究。20世纪50年代的"教育大革命",60—70年代的"文化大革命",80年代的教育改革,领导上虽曾号召"教学要改革",但缺乏理论指导的改革,必然信心不足。有些改革走上歧途,有些改革虽符合教学原则,但很难坚持。多年来许多所谓教学改革,往往是虎头蛇尾,热闹一场,最后又回到老路上。原因就在于缺乏正确的、可行的理论指导。

四、必须加强教学理论研究

当前高等教育的教学理论,需要进行两个方面的研究:一是高等学校教学论自身的学科建设，一是市场经济条件下教学改革的理论研究。前者属于基础理论研究，后者属于应用研究。这两方面的研究都很薄弱。

高等学校教学论研究之所以薄弱，其原因是：第一，它比普通学校教学论的研究起步晚。作为一门学科进行比较系统的研究，世界上是20世纪60年代以后的事，而中国则是80年代才开始，因而它比普通学校的教学论更不成熟。第二，它比普通学校教学论复杂。一方面，它既要与普通学校的教学理论衔接，又具有专业性、职业性。它所传授的是建立在普通教育基础上的专门知识与技能，它所培养的人才要直接进入经济和社会的各个部门。另一方面，高等学校专业众多，学科专深，单靠教育理论家，无法进行研究，必须以各门学科的教师、专家为主力，会同教育学、心理学、教学法专家，协作研究。

市场经济与教学改革关系研究之所以薄弱，其原因是：第一，作为教育改革重要的理论依据的社会主义市场经济理论尚不成熟。社会主义市场经济要求高等教育培养什么样的人才，市场经济与教学改革的接口在哪里，高等学校心中无数。同时，高等学校教学活动的制约因素，并不只是市场经济体制，人们往往把一些并非市场经济所要求的措施，都戴上"市场经济"的帽子，造成理论上的混乱。第二，市场经济对高等教育的制约，在宏观方面已有初步的探索，可以作为体制改革的依据。但在微观方面，如专业设置、课程结构、教材内容、能力培养上，有哪些要求，如何接口，研究不多。因此，在专业设置上，只能根据人才市场的短期信息，争相设置所谓"热门"专业，很少预测市场变化的趋势及其将导致的后果；在课程结构上，只能增开一些与市场经济直接联系的"热门"课程，很少考虑课程结构的整体要求；在教材内容上只能照搬国外同类科目的教材，很少结合中国的国情；在能力培养上，往往受一些肤浅或错误的见解所左右，很少深入研究社会主义市场经济所要求的人才全面素质。

教学改革是核心
——在第一次全国普通高等学校教学工作会议上的发言
（1998年3月25日）

在面向21世纪，中国高等教育改革向纵深发展的时刻，教育部召开第一次全国普通高等学校教学工作会议，总结交流教学改革经验，推动教学改革进一步深入发展。我认为是很及时、很重要的。

20世纪的最后20年，中国高等教育在迎接世界科技革命和本国社会主义市场经济两大挑战中的改革和发展，总的来说，成绩斐然，困难不少，变化很大，但不平衡。如果根据"增加投入是前提，体制改革是关键，教学改革是核心"这三句战略指导性的话来衡量，我认为：

——增加投入是前提：随着国民经济的增长和教育事业的发展，教育经费的绝对数不断地有所增加。"八五"比"七五"增长了146%，扣除物价因素，有一定的增加；"九五"的第一年（1996年）比1995年增长了20.4%，扣除物价因素增长率达11%左右；1997年增加更快，比1996年又增加19%，扣除微乎其微的物价因素，增长率在16%以上。虽然离预定的2000年达GNP的4%还有较大距离，而从种种征兆看，国家较大投入的可能性是存在的。

——体制改革是关键：近20年来，体制改革是热点，有成效，有问题。例如，投资体制由单一政府拨款到多渠道集资；招生体制缓解了"千军万马过独木桥"；就业体制基本上完成了从"统配"到推向人才市场，双向选择；结构的调整使科类、层次比例比较合理；办学形式多样化的体制已经形成；

管理体制在宏观控制、微观搞活,加强地方管理权和学校面向社会自主办学上,都或多或少,或快或慢,取得了一定成效,而也产生了一些新的问题。

——教学改革是核心:相对来说,教学这一核心的改革是比较滞后的。许多大学虽然引进一些国外教学模式,采取了一些课程结构、教学内容、教学方法以及教学管理的改革措施,但因得不到有力的支持,既难以推广,也难以坚持,因而成效不大,进展不快。

为什么作为教育改革核心的教学改革反而滞后呢?原因可能是:(1)对于"关键"与"核心"的关系认识不全面;(2)教学改革比其他方面的改革难度更大——更难操作,见效也较缓慢。

先解决关键问题,再探索核心问题,似乎是顺理成章的思维方式。因此,在很长的一段时间,无论是教育管理部门还是学校领导,都把主要力量用于各种各样的体制改革上,以适应市场经济体制,认为体制理顺了,才能腾出手来抓教学改革。但是,如果换一种思维方式:教育改革的目的是什么?是提高人才培养的质量。培养人才的中心工作是教学,一切增加投入、改革体制,最终都必须落实到提高人才培养的质量上,才能收到实效。也就是说,都应当围绕教学改革这个核心运转,否则就会走偏方向。如果教学如何改革,质量如何提高,心中无数,方向不明,则所谓体制改革,可能有利于提高人才培养的质量,也可能与人才培养的质量无关,还可能不利于提高人才培养质量。近20年的体制改革,这些情况都存在。有的所谓改革,是以降低人才培养的质量、降低高校的学术水平为代价的。因此,我认为必须认识"关键"与"核心"的辩证关系。"关键"要抓,"核心"也要抓,而且两手都要硬。回顾新中国成立初期的教育改革,并不是先抓体制改革,而是于1950年就抓课程改革。即使于1952年开始抓院系调整时,也是"院系调整,教学改革"两句话并提,两方面同时抓的。在搞院系调整的体制改革的同时,发动教师们制订教学计划、编写教学大纲与教材、学习与运用新的教学方法、建立教学研究组织。"文化大革命"后,小平同志抓教育工作,1977年抓招生体制的整顿的同时,就抓教学计划的重新制订与统编教材,先理科,后文科。

值得高兴的是,从1994年以来,也就是第三次全国高教工作会议之后不久,前国家教委采取若干教学改革的措施。正如大家所知道并已启动了的几项重要措施：

——1994年制订的"高等教育面向21世纪教学内容和课程体系改革计划"，已经正式启动了。我认为它的重要意义在于：（1）教学改革是教育改革的核心，而教学内容和课程体系的改革是教学改革的核心，这一措施抓住了核心的核心。（2）教学改革不同于体制改革，必须发动千百万教学第一线的教师在各自的学科上动手，教育管理部门只能发动、领导、支持与管理，不能代替。现在这一计划实施的直接参加者已有一万多人，加上最近立项的高师教学内容和课程体系改革的参加者数千名，各省市、各高校按此自行立项的就更多。这是符合教学改革特点的。

——1995年提出加强大学生文化（人文）素质教育的决定，并组织了52所大学开展试点工作，更多的高校也在试行。我认为这项措施的重要意义在于具体贯彻全面发展教育方针，符合世界高等教育改革大趋势，并且有利于弘扬中华传统文化的精华，转变为可持续发展的教育发展观。

教育价值观、教育质量观、教育发展观的转变，只是就一般而言。根据每所大学的特殊情况，还应针对不同的群体，着重不同的教育观念的转变。如对教师来说，应当着重转变传统的教师观与学生观，即转变单纯的知识传授为教书育人、为人师表的教师观。"经师易得，人师难求。"要转变经师为人师。还要转变将学生只是作为被动接受教育的客体的学生观为学生是参与教育过程的主体的学生观。限于时间，对不同群体教育观念的转变，就不一一论述了。

但还有一点有必要补充的：教育观念的转变，不是指完全抛弃、清除传统教育观念中合理的、有价值的、与时代相适应的观念，而是对传统的教育观念有所否定，有所肯定，否定之中包含肯定。例如，否定单纯知识质量观，应当肯定系统的科学知识在现代化专门人才培养中的重要性；否定片面的数量增长的教育发展观，应当肯定速度、规模、数量增长在增强综合国力上的重要性；否定单纯的社会价值观或单纯主体价值观，正是为了更好地提高教育的社会价值与主体价值。我们只是否定传统教育观念中那些不合教育现代化的、落后的、偏颇的东西，而要充分肯定、弘扬、发展合乎现代化的观念。哪些应予肯定，哪些应予否定，只有开展教育思想大讨论，才能比较明确并取得共识。

基础课程教学也能出名师[①]

一、从北大教师评聘制度改革谈起

北京大学关于教师评聘的人事制度改革，在全国高教界引起广泛的关注和热烈的争论。从媒体报道上可以看到若干争论的焦点，但有一点并非不重要的规定，却未引起人们的注意：《教师聘任和职务晋升制度改革方案》（第二次征求意见稿，以下简称《改革方案》）第10条提出的"根据岗位任务和工作性质，学校对教师进行分类管理，教师岗位分为教学科研岗位和专任教学岗位两类"；第11条规定"专任教学岗位教师的主要职责是教学"；第15条进一步表明，该改革方案的条文"主要针对教学科研岗位的教师制定。有关专任教学岗位教师的聘任、岗位职责和工作量要求，以及考核和晋升等制度，学校将制订单独的实施办法"。

《改革方案》对专任教学岗位未作界定，也未指明哪些岗位是专任教学岗位，只是说这类教师的"主要职责是教学"。我的猜测，大约是指基础课程教师或仅指公共基础课程教师。

在大学里，尤其是在"研究高深学问"的学术性研究型大学里，传统上存在两类职责不同的岗位：一类是主要担任专业课的教师，必须从事科学研究，并以学术水平和科研成果作为评聘的主要依据。另一类是基础课教师，

[①] 原载《中国大学教学》，2003年第9期。

主要职责是教学。他们不一定是不能从事科学研究，而是在其所任课程范围内，很难有适当的研究课题。一般来说，基础课的教学内容，是人类长期积累的基本的科学文化知识，具有相对的稳定性与通适性，教师很难对此有所创新。同时，基础课尤其是公共基础课的教师，教学任务较重，特别是大学扩招以来，他们的负担更重，很难有充裕的时间进行科研工作。就此而言，北大在师资管理上适当分类，分别提出不同要求，是实事求是的，但不宜作一刀切的硬性规定，将一部分教师限定为只能搞教学不能搞科研。任务有所不同，职务并无高低。要改变重专业轻基础的传统偏见，避免伤害专任基础课教学的教师的积极性。

二、矛盾的现象

大学生进入大学之后，一般来说，首先学习的是基础课，首先接触的是基础课教师。基础课程的作用，不仅在于传授基础知识和基本技能，而且大学生的思想品德、人文素养、身心素质、创新精神的形成，在入学后的初始阶段最为重要，因此，基础课的教师，还应承担推进素质教育的职责。

素质教育的实施，可以通过多种途径：课堂教学、课外活动、校园环境、社会实践等等。课堂教学是最主要的途径，基础课程是最基本的载体，基础课教师是启蒙者，是大学生全面素质发展的引导者。因而，加强基础课程建设，提高基础课程质量，是推进素质教育的基础工程；在培养高级专门人才上，基础课教师地位的重要性，任务的光荣性，不亚于专业课教师。

但是，事实并非如此。在大学里一向存在一个矛盾的现象：基础课是重要的，基础课教师是光荣的，然而许多讲师以上教师却愿意开专业课而不愿意教基础课。这并不是因为负担重，而是因为晋升难。现时通行的教师职务晋升条例，主要是以科研成果为实质性的晋升依据。申请晋升副教授、教授者，首先遇到的是论文多少篇、专著多少字的硬指标，而教学业绩除容易达到的最低工作量外，所依据的是满纸褒扬而不足为凭的"评语"。如上所言，基础课教师很难在其所任课程范围内写出有创见的学术论文，为了凑足科研成果硬指标，只能离开基础课到专业课、进修课等课程范围去找课题，或者写有关本门课程教学法的论文或经验总结。政策上规定教学法论文可以算作科研成果，但往往不被评审专家所重视甚至不被认可。而离开所教课程，另辟蹊径，则加重负担，困难重重。教育主管部门为了解决专任教学岗位的教师职称晋升困难，曾试行过"高级讲师评聘制"，让一部分基础课程、实验课程的讲师，不必送交科研论文，只凭教学业绩晋升为相当于副教授的高级讲师，但遭到强烈的反对，原因是社会上认为高级讲师是缺科研能力的另类。并且评上了高级讲师也就到顶，反而堵塞了晋升教授的机会。在部分大学试行一年，便不了了之，已被评上高级讲师的，一律转为副教授。

因此，如何让专任基础课教学的教师安于工作并有继续发展前途，如何让高水平的教授乐于承担基础课教学而不是不得已而为之，是大学管理者需要认真研究的问题。也许日本20世纪末的教养课程改革，可供参考。

日本国立大学，原来专设独立的教养部（相当于中国的基础部）承担基础课、专业基础课、外语课和体育课的教学。它的地位相比于各专业学部（相当于中国的学院）而较低。在体制上，教养部与各专业部职责分明，很少联系，教师的水平与地位也较低。这样不利于加强基础，提高质量，推进通识教育。近年的改革方案是取消教养部，将有关的基础课、公共基础课及其任课教师分别归属各专业学部。专业学部的教授可以担任基础课教学，原教养部教师也可参加专业课教学与科研，从体制上解决基础课与专业课分割的问题，也解决基础课教师提高学术水平与科研能力的问题。更重要的是有利于加强通识教育，提高教育与教学质量。

三、基础课程教学也能出名师

为加强基础课师资力量，提高基础课质量，教育部于2001年颁发的《关于加强高等学校本科教学工作 提高教学质量的若干意见》，特别"提倡教授上讲台，加强本科基础课教学"，规定"教授、副教授必须讲授本科课程"，还"鼓励院士和知名教授为本科生讲授基础课"等等。现在，又启动基础课教学名师评奖活动，以表彰积极承担基础课教学、教学水平高、教学效果好的教授。我认为这一评奖活动的积极意义在于改变人们对基础课教师的传统观念，宣告名师并不限于科学研究有突出成就与贡献的专家、学者，不限于在专业教学科研岗位中推出，基础课程教学也能出名师。

基础课程教学出名师，在国外大学中所在多有。每所知名大学，也都有著名的科学家，包括诺贝尔奖的获得者为大一学生授课。新中国成立前的大学也多如此。我的本科是在厦门大学上的，在我学习期间，全校许多基础课就是名教授开的。例如，将厦门大学推上"南方之强"的前校长、著名的电学专家萨本栋就为理工科学生开普通物理学、微积分；当时的教务长、著名的表面化学教授傅鹰（新中国成立后任北大副校长、中科院学部委员）为化学系开普通化学；文学院院长、国内外知名的语言学专家周辨明（后赴新加坡任南洋大学校长）为全校开大一英文；著名的文学家、小说家施蛰存开大一国文；如此等等。这一优良传统，新中国成立后仍保留在大学中，著名的经济学家、前校长王亚南（中科院学部委员）为全校新生讲授政治经济学、新民主主义论大课；著名的化学家卢嘉锡（后任中科院院长）在 20 世纪 50 年代中期以前，物理化学这门专业基础课一直由他主讲。

名师讲授基础课，不仅是以其深厚的理论、丰富的内容、精辟的见解，深入浅出地为大学生打好专业基础，更为重要的是名师的形象、风格、威信、素养以及思想方法、思维方式对大学生的潜移默化，使基础课成为素质教育的宝贵资源。

因此，评选与表彰基础课名师这一活动是应当充分肯定的。但对于基础课名师评选的条件，似应从基础课程的特点出发，而不应与一般优秀教师的评选条件雷同。例如，对于科学研究不宜过高要求。"长期从事科学技术研究并取得公认的研究成果"，似不宜作为主要条件。已经取得公认的研究成果，已是学术水平高的教授，响应号召，承担基础课教学工作而又成绩突出者，固然应当鼓励、表彰，而长期从事基础课教学，在教书育人上，成绩卓著，为人师表，令人景仰的教师，即使由于晋升条例的限制，还不是教授的，也应予以表彰。因为这项活动所要评的是基础课教学名师而不是学术界名家。要使基础课程也能出名师而不只是成为名师才来当基础课教师，要让长期专任基础课教学教师也有机会成为名师。

产学研合作教育的几个理论问题[①]

近年来,高等学校的教育质量问题越来越引起社会的广泛关注,尤其是作为高校主体部分的本科生教育质量问题更是如此。然而,应该注意的是,现在的本科跟过去并不完全相同,过去只有一种传统的本科,即精英教育本科或者是被认为学术型的本科,现在大量的是应用型本科,因为现在社会大量需求的是应用型人才。产学研合作是培养应用型人才、提高教育质量的重要途径。对此,过去已有不少相关研究成果,出版过许多专著和论文,但多数只停留在政策层面或经验层面上,理论层面的研究数量不多且有待深入。基于此,本文对产学研合作的若干理论问题进行初步探讨。

一、产学研三结合是现代社会发展的规律

一般认为,产学研三结合是高等教育的方针、政策。的确,产学研结合的原则是从高等教育提出来的,但它的深层次意义在于,它不仅是高等教育的方针、政策,而且是现代社会发展的普遍规律。在现代社会发展中,产学研都是不同的知识运行的形式,只不过三者的社会任务和运行程序有所不同而已。

学——传承知识。以学习已有知识为主的学,主要是知识的传承,虽然

---

① 原载《中国大学教学》,2008年第3期。

在学习的过程中也要求学习者有所创新,但主要是教育者传授已有的知识给年青一代。

研——创新知识。无论从事何种研究,包括基础理论研究、应用理论研究或开发性研究,都是在进行知识的创新。

产——应用知识。生产活动是把已有的知识运用到生产实践中,产出社会所需的各种产品。

因此,无论是产还是学和研,本质上都是知识运行的活动形式。围绕知识运行,现代的产学研是相互依存的。

产——依存于掌握知识的专门人才,即依存于"学";产还有赖于技术的开发,即依存于"研"。只有依靠专门人才与创新的科研成果,才能不断提高生产能力,更新产品。因此,产离不开人与科技,即学与研。

研——首先,依存于掌握知识的专门人才。研究的主体是人,需要学校培养科研人才从事研究。其次,科研的课题从何而来?可以说,无论直接还是间接,绝大多数科研的课题来自生产和生活实践。有些科研的课题,虽属于抽象的基础理论,包括最抽象的数学,实质上也或多或少间接地反映了生产能力与社会生活提高的需求。因此,研必须依存于"学"与"产",才能有所创新,有所应用。

学——必须联系物质生产和社会生活实际,即平常所说的理论联系实际,因此必须依靠"产"。同时,学要重视学习最新的成就,只有传承最新的科技新成就,才能培养出站在科技一线的高质量专门人才。

从上述意义而言,围绕着知识运行,产学研存在内在的本质联系,在现代化建设中,产学研是相互依存的。

二、产学研结合的时代性

无论是教育与生产劳动相结合还是教学与科研相结合,这些思想早已有之:德国的洪堡在柏林大学提出教学与科研相结合,是为了更好地提高教学的质量,培养高水平的人才;英国所流行的"三明治"教学,有的也叫做"合作教育",或者"产学交替"的教育,在 20 世纪初就已出现;在中国,20

世纪 50 年代，已经把教育与生产劳动相结合作为教育方针。事实上，当时也已提出过教学、生产劳动与科学研究结合的问题。笔者就曾在 20 世纪 50 年代撰文论述过三者的矛盾与统一。[①] 不过，无论是洪堡的教学与科研相结合，还是英国的"三明治"教学，或是中国的教育与生产劳动相结合，都未能充分体现产学研三者之间的本质联系。产学研结合具有一定的时代特点，时代来临之前，理解难以深入。举例说：中国 20 世纪 50 年代虽已提出教育与生产劳动相结合，并把它作为教育方针，但当时的生产还处于劳动密集型的粗放阶段，不需要太多科技知识，当时所强调的是生产劳动的思想教育意义。其后由于"阶级斗争"的需要，生产劳动更演变为惩罚手段。只有一定的时代到来之际，相应的理解才能逐步深入。具体而言：

（1）知识经济时代的到来，使得产学研三者的结合成为经济与社会发展的核心驱动力，也就是说，掌握高新科技的人才，将知识运用于生产和社会文明建设中，才能不断地驱动经济与社会的现代化发展。如果产学研各自为政，互不相关、互不支持，它们就难以结合成为经济社会的核心驱动力。

（2）市场经济的发达，尤其是市场经济的全球性发展，使人们相信经济竞争的核心是人才竞争。国家与国家的竞争，归根到底是人才的竞争。如何培养人才，如何把产学研相结合作为教育的方针，更加引起关注。

（3）高等教育大众化，要求培养适应人才市场需求的应用型人才。过去，学术型人才尚可以在象牙塔中培养。今天，应用型人才绝不能仅仅在象牙塔中培养，必须要结合"产"与"研"。

从知识经济时代的到来、市场经济的发达、高等教育大众化的实现中，可以发现产学研结合具有一定的时代特点。产学研结合不仅推动应用型人才的培养，而且其人才培养有逐步高位移的趋势。20 世纪上半叶，大学主要培养研究高深学问的学术型人才，也叫做传统的精英型人才。当时应用型人才的培养不是大学的任务，只是中学阶段的职业学校的任务，这一点不论是在"二战"之前的发达国家，还是 1949 年之前的中国，都是如此。"二战"之

---

① 潘懋元. 教学、生产劳动、科学研究的矛盾与统一 [J]. 厦门大学学报（哲学社会科学版），1959（1）.

后,世界发达国家经济发展迅速,特别是到六七十年代,应用型人才的培养已不能满足中等职业教育水平,于是高等职业教育在发达国家迅速发展起来,这从美国社区学院职能的变化就可以看出。美国的社区学院,本来称为初级学院,主要是为方便大学一、二年级的学生就近入学而出现的。"二战"之后,要求提高职业技能的青年越来越多,为了适应这一需要,初级学院大量开办职业培训,名称也纷纷改为社区学院。如今,美国的社区学院80%是培养应用型和职业型人才,只有20%是招收普通大学一、二年级的学生。这说明美国经济、社会的发展大量需要高职。不仅如此,很多高职还上升到本科水平,促使文理学院大量开设应用型、职业型本科课程,进而还出现专业硕士、博士学位课程。专业硕士、博士学位也是侧重于培养应用型人才。这就是说,产学研结合的时代特点是逐步推进、逐步提高的。我国的政策制定在反映这一趋势方面略显滞后。20世纪90年代初,对职业技术教育重视的仍只是中等职业教育。当然,中等职业教育也应重视,因为我国的产业大多数技术水平还不高,不少是劳动密集型产业。一直到90年代末,随着高等教育大众化的推进,才大量发展高职。近期,国务院,特别是温家宝总理的几次报告,都着重强调高职发展。在"十一五"期间,规划培养高职毕业生达1 100万人。但关于如何发展,大家的意见还不一致,毕竟我国现阶段还处于工业化过程中,还没有完全进入高科技、信息化时代,因此应该发展多层次的职业教育、专业教育,现在的本科教育也应大量建设成为应用型本科。

三、产学研的矛盾统一

产学研相结合在本质上存在必然联系,但是它们是三种不同的社会性活动,各有自己的目标、任务,应当遵循各自的运行规律和活动过程。

产的任务是创造物质财富,提高经济效益。它所遵循的是市场经济的规律,追求的是利润最大化(效益最大化);研的任务是创新科技成果(包括新理论、新技术、新产品),所遵循的是创造性思维活动规律,追求的是认识世界与改造世界;学的任务是培养人才,它所遵循的是教育规律,追求的是最大限度地提高教育质量。这三者任务不同,所遵循的规律不同,达到的目的也各异，因此矛盾的存在是必然的。只有重视客观存在的矛盾，才能正确地解决或者消除矛盾。

以下通过教学与生产的矛盾来说明这一道理。

（1）教学任务与生产任务的矛盾。教学的主要任务是培养人，生产的主要任务是制造产品。培养人与生产产品是两码事，是两种不同的任务。在产学研结合的过程中，学校的教学培养与企业的生产往往会产生矛盾。

（2）教学过程与生产流程的矛盾。教学过程主张由浅入深，由简单到复杂，由已知到未知，从而帮助学生逐步提高知识水平；生产流程往往是固定、单调的，具有不断的重复性以生产同一模式的产品。教学的循序渐进与生产的重复性使教学过程与生产流程产生矛盾。比如，学生从学校进入工厂参与生产实践，最初也许兴趣高涨，认为能够学到许多新的知识和技能。一段时间之后，如果反复从事同样的操作，就会认为学不到新东西，他们的兴趣就会有所淡化，产生厌烦情绪，从而与生产流程发生矛盾。

（3）课程组织与工艺组织的矛盾。课程组织基本上是按照学科进行的，而工艺组织，并不是按单一学科组织。一种工艺，往往凝聚了多种学科；一个学科，往往可以应用在多种工艺上。即使是工艺性课程，同生产流程中的工艺组织也有所不同。

（4）人才知识与岗位技能的矛盾。学生掌握的知识面要有一定宽度，不能固定于一种工种。人才培养的知识需要宽、厚，岗位技能则更多地要求专一、熟练。宽、厚与专一、熟练之间，存在一定的矛盾。

客观存在的矛盾不能不重视。如果我们仅仅按照教学任务、教学过程、课程组织的需要对待产学研，这种合作很难持续进行，尤其是一些高校学生，参加工厂、企业的生产劳动，学校考试或寒暑假期间，都要停工，不顾生产单位的生产任务，必然不受生产部门的欢迎。那么如何应对呢？下面提出几点原则性意见。

四、产学研合作教育的若干原则

解决产学研的矛盾，可以遵循下列原则：

(1) 互利性原则（双赢原则）。在产学研结合中，坚持互利、双赢的原则非常重要。仅仅对一方有利的合作难以长久，因此，在合作中，不是只考虑自身的利益，而是相互关心对方利益，尽量使对方利益最大化，使对方困难或损失最小化，力求做到平等、自愿、互惠、利益共享、风险共担。

(2) 协调性原则。在合作过程中，要共同找到最佳的结合点。这就是目标统一、内容明确、责权分明，各方受益。如果确属不能同等受益，一方应主动对另一方提供适当的补偿。例如高校提出以技术革新、开发新产品、协助解决生产上难题以补偿产业部门在学生实训期间所受的损失。

(3) 教育性原则。不论采取何种方式，在校外或校内实训基地参加生产劳动，都要坚持既能通过生产实践使理论与实践结合，使学生学会生产知识技能，又能提高学生的思想道德，特别是职业道德。在实训基地进行职业道德教育是较为有效的，不良的生产环境对于学生的负面影响也是很大的。因此，选择实训基地时，除了看其硬件条件是否先进之外，更要考虑它的环境、氛围是否有利于培养学生的思想品德。这一原则虽然是从高校培养人才的角度提出，但归根到底，有利于生产与科研。

上面探讨了产学研结合的若干原则，它们具有一定的抽象性，在面对具体问题时，还需要运用相应的实践经验和灵活多样的方法解决实际问题，国内已有许多应用型本科院校、高等职业技术院校积累了丰富的、有效的经验；许多产业部门、科研单位，也从合作中培养了可适用人才、提高生产能力和科研水平而受益。

最后要说明的是，在产学研合作中，参与各方都应当具有为国家发展经济，为社会培养人才的崇高理念；积累合作经验，采取适当的合作方法，逐步磨合，通过产学研合作，进一步提高本科和高职教育的教育质量。

（基金项目：新世纪教学研究所高等教育本科教学质量立项项目）

高等教育研究要更加重视微观教学研究[①]

各位领导、各位专家、各位院友、各位同学：

感谢大家参加讨论潘懋元高等教育思想的研讨会。特别要感谢山东省委高校工委的领导亲临指导，济南大学和《山东高等教育》杂志社主办了这次研讨会。下面，简单谈谈我的两点感想。

第一，我读了过去和现在一些有关潘懋元高等教育思想研究的论文，虽然我只看了一部分，但是许多观点、许多理论已经超越了我的认识水平、思想深度。也就是说，许多论文，是大家对高等教育研究的新成果，是高等教育理论的新发展。因此，我的理解是潘懋元教育思想的研讨，只是把潘懋元高等教育思想作为象征性的标志或者作为一个平台，实际上是大家在不断地发展之中的共同思想。现在，高等教育思想已经早就超越了我早期的理论，并且在不断地丰富发展之中。所以，作为一个象征性的标志，我感到既荣幸又很惭愧。

第二，我感觉到惭愧的，还在于我没有完成我应该完成的、哪怕是很粗糙的高等教育学科体系基本工程。30多年来，我没有在高等教育学科的基本理论和核心问题上做好比较完整的工作，而是随波逐流、泛而不深。我国高等教育学的研究，开始时，既不是宏观的理论，也不是宏观政策的研究，而是开始于微观的教学过程的研究。不管是我最早的公开出版的《高等教育学

[①] 本文系潘懋元先生2015年6月13日在济南召开的"潘懋元高等教育思想研讨会"上的发言。原载《中国高教研究》2015年第7期。

讲座》也好，或者是中国第一部《高等教育学》也好，基本上是讨论培养人才的微观的教育学过程的理论、原则与方法；其后，由厦门大学、北京师范大学、华中理工大学的教师合作编写，由我主编的《高等学校教学原理与方法》，也还是微观方面的。但是后来由于适应形势，追逐课题，我差不多放弃了微观的高等学校教学过程的理论研究和课程、教材、教学方法等等方面的应用研究。我们知道，宏观的理论研究、宏观的政策研究是重要的，它为高等教育的改革、发展指明了方向。但是，所有的宏观的理论、宏观的政策，它只有通过微观的教学过程才能够进入人才培养的实践。两者的辩证关系是微观的高教研究，有赖于宏观的高教研究确定价值，指明方向；而宏观的高教研究成果，只通过微观的高教研究，才能转化为实践。因此，应该有更多的人用更多的时间、精力，在微观教学过程，在培养专门人才的实践性问题上。但是我很惭愧，没有很好地进行这方面的研究。现在觉察到这个问题，正在帮助组织人力进行教学质量建设的协同创新研究。质量建设主要是微观教学方面。这个工程是浩大的，现在我已力不从心，心有余而力不足，希望年轻的教育理论工作者和我的同仁、我的学生，能够重视微观教学过程方面的研究，包括课程、教材、教法，也包括评估，等等。这样，才能使我国高等教育研究真正深入到实践中去。今天，我在这里只能够表达我的反省和期望。谢谢！

其 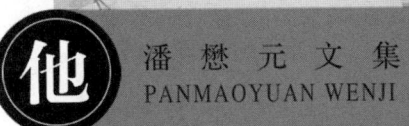 潘懋元文集
PANMAOYUAN WENJI

在台湾举行的海峡两岸学术交流会议上发言（2008年）

高等学校勤工俭学的原则与问题[①]

一

高等学校的勤工俭学，其所根据的原理及其所要达到的基本目的，和普通学校的勤工俭学是一致的。但是，也有它特殊的问题。

那么，这一致的原理和基本目的是什么呢？

勤工俭学所根据的原理，是教学与生产相结合、理论与实际相结合、脑力劳动与体力劳动相结合、知识分子与工农相结合等马列主义的教育基本原理和社会主义多、快、好、省的总路线。其所要达到的基本目的是培养有社会主义觉悟、有文化的劳动者，实现文教事业在质与量两方面的发展。

特殊的问题是什么呢？它与高等学校的某些特点有关。所以首先应当研究高等学校若干有关的特点。

其一，高等学校的学生具有较高的文化水平和科学技术水平，又有擅长各门科学技术的教师和技术人员为指导，又拥有大批优良的仪器设备。这些仪器设备往往是国内中、小型工厂、农场所不能比的，而在教学上的使用率往往不高。比如天津大学一个机械实习工厂，就有100多台机床，很多是新式的，不仅超过全天津市公私合营工厂，有些还超过国有工厂，但是很多机

[①] 原载《学术论坛》，1958年5月24日。

床一年只开过几次车，有的机床因为一直没有利用已经生锈了。北京航空学院的实验室拥有成套的现代化设备，但实验室的门经常是关着的，利用率只有30%。重庆大学的实习工厂有126台金切机床，其他机器39台，金切实验室有各种精密的大量生产能力的机床34台，但使用率一般只不过20%。全国各农学院多拥有数千亩以至万亩以上的良田，西北农学院有5部播种机，全部出动一次就能播种棉花3 000亩，这些土地与农械平时使用率也是很低的。我校也同样备有摄谱仪、X光机以及其他种种贵重的仪器设备，使用率也是不高的。因此，如何发挥高等学校的人力、技术和设备为生产服务，是一个具有现实意义的重大问题。

其二，高等学校是专业教育性质的，各种专业的教学如何与生产相结合，是比普通中学以至中等专业学校更复杂的问题。如何理解勤工俭学的教学与生产相结合的原理与贯彻这一精神，也就比较复杂。大体区分：工科、农科，比较容易直接和生产实际相结合，存在的问题是如何使勤工俭学的生产活动内容和教学的内容密切结合；理科、医科、财经科的结合生产实际就比工、农科不那么直接，而理科之中，化学、物理与数学结合生产实际又大不相同；至于文科、政法科、艺术科等，问题却是如何来理解教学与生产实际结合这一原理从而贯彻这一原理的精神。因此，如何理解教学与生产结合这一原理在不同专业的具体体现，也是高等学校有关实行勤工俭学的一个特殊问题。

其三，高等学校的学生一般在十八九岁以上，是青年后期的年龄，也是成年人的开始，发育已经成熟，体力已经达到一个全劳动力所要求的水平。但是由于长期过着四体不勤的生活，体力的发展与脑力的发展不平衡。身体衰弱，特别是神经衰弱的学生占相当大的比例，胃病也是比较普遍的疾病，肺病近年来已减少，但也还有一定的数量。

上述这些特点，是我们根据勤工俭学的一般原理与基本目的来考虑高等学校的勤工俭学问题所应注意的。

二

开展勤工俭学运动之初，各校对于开辟勤工俭学门路感到困难，所以有

"闯门路关"之说。但由于放手发动群众，多方面寻找门路，又得到社会上各部门的大力支持，更由于工农业生产大跃进，各方面需要劳动力迫切，因此，现时的问题已不是门路太少，而是门路很多，应当如何选择最有利于达到勤工俭学目的的活动对象的问题。

现时各高等学校勤工俭学的门路，根据不完全的了解，有下列各类活动：

1. 利用学校现有设备或稍为扩充增置接受加工订货或根据市场需要，自制成品

这类活动以工业院校和理科为最多。如第一机械工业部所属7所高等工业院校，分配生产排灌机械和其他产品的任务，其中柴油机的生产任务便达数千台；又如重庆大学冶金系的感应电炉投入生产，今年可生产240吨锋钢和不锈钢，电机系将生产1 000台同步发电机；复旦大学化学系开办试剂工厂，生产纯化吡啶、二氧六环等几种试剂，并试制二氧化钛、矽钨酸等30种新试剂；我校化学系也正在筹办化工厂、尼龙厂等，物理系的电表厂已改装了一批旧电表，并在试制电压表与电流表。以高等学校的设备与技术从事工业生产，支援工农业跃进，这条门路是很广阔的。

2. 接受有关部门的委托进行测量、制图、设计、调查等工作

这类活动也是以工业院校和理科为最多，农业院校、医科等也可以承担一定的任务。如华南工学院土木、建筑两系成立建筑设计院和建筑工程公司，由院领导直接负责领导工作，并把工学院中有关设计和施工的力量组织进去。设计院已接受了广东省教育厅、工业厅等单位的大量设计任务；太原工学院电机系和土木系承担起规划洪赵县全县农村电气化工程，建立64个水力、火力发电站的勘测工程；交通大学船舶制造系教师和四年级学生进行造船工业部门委托的4次船舶设计工作；同济大学建筑、结构等系学生进行4种类型工厂的设计工作；南京大学地理系、地质系、生物系、气象系等，与有关部门协作，在苏、浙、皖、闽、赣5省进行测量、普查找矿与植物调查等工作；北京农业大学土壤农化系应届毕业生接受北京市农林局的委托，承担长辛店、南口等地十几万亩田地的土壤调查任务，测绘土壤图，为农场、农业社的土地规划提供资料。以高等学校的人力与技术，结合教学与科学研究，协助有关部门进行调查、设计工作，这条门路也是很广阔的。

3. 与厂矿企业农业社技术协作，接受实验或研究任务，解决生产上的问题或试制新产品

这类活动对理、工、农、医以及其他各科都是合适的。如西北大学成立"科学服务社"，承担厂矿、企业、农业生产及国家文化、财经、法律、学校、科学机关需要协作解决的科学、教学与生产任务，如分析、科学鉴定、讲学等；华中农学院和湖北红安县订立发展山区、果树栽培、果树培育、发展畜牧业生产等工作的协作合同，红安县提供示范试验的乡社、场地和土壤、气象、水利等资料，而农学院负责训练技术人员、技术指导，提供优良品种等工作；许多农学院都设置了试验田，对附近农业社起示范作用；有的大学化学系专替地质探矿队分析矿石，有的专业厂矿试制催化剂以代替舶来品。从提高生产质量与提高学校科学研究质量来说，这些都有重大意义。因为高等学校的研究工作与生产机构挂上钩，生产机构方面可以把高等学校作为自己的研究所，而高等学校的科学研究可以紧密地结合生产实际。

4. 制造仪器设备

这类活动以理科为多，工业院校也可承担一部分。如南京大学的物理、化学、数学各系，组成了精密仪器、光学仪器、计算仪器、木模 4 个工厂，以及半导体、无线电电子学、声学、光学、示教仪器、X 光金属物理、无机和有机化学试制几个生产小组，已试制成功的仪器与化学试剂在本年 4 月间已达 80 个项目，其中光学仪器厂所制成的 9 厘米的反光天文望远镜的镜头、精确度和对称性的质量很高；8 寸大型反光望远镜的镜头成功地拍摄了日食的照片，它的规格已达到科学研究工作的要求。该校生物系生产了 1 100 余种生物标本。北京航空学院生产了国内外很难订购到而在教学或科学研究上急需的试验飞机性能的风洞天平，又自制了 323 种教学仪器，并供应工业上和教学上所需用的静动态应变仪、测应变电阻丝片和混凝土应变计等。上海第一医学院为仪器公司制作模型。厦大物理系修造厂承担了教育厅所委托制造的中学示教仪器 46 种 4 600 多件，生物系也接受了标本订货。新中国成立后我国理、工、农、医各业发展得快，所需仪器设备很多，中学的理化仪器设备数量也大。这些设备大部分是我国高等学校自己能制造的，这样不仅可以节省经费，而且可以节省外汇，还可以节省时间，因为向国外订购，往往要一

年两年后才能交货,一举数得。

5. 农业劳动与饲养活动

这类活动是现时最普遍的对象。差不多所有高等学校都设置了自己的农场,或和农业社合办农场,或参加农业社的劳动,绝大部分学生都参加过农业劳动,小规模饲养兔、猪、鸡、鸭、鱼等很普遍。其中除农业院校有一部为试验或示范性质的农业劳动,生物系和水产学院有一部分结合专业进行种植或养殖之外,其余均为一般性的农业体力劳动。我校也以轮流参加农场的农业劳动为全校的主要勤工俭学活动,生物系试种亚热带植物,历史、化学等系则自辟小块蔬菜、花生的种植园地和饲养兔子等。这类活动虽多数不能直接结合专业,但容纳量大,又是集体的体力劳动,今后也必将是一条最广阔的门路。

6. 手工业活动或搬运工、杂工等活动

这类活动的名目很多。有的学做木工、竹工、泥水工等,有的到工厂、码头、仓库当搬运工或杂工,其特点是较简单的技术要求,较多的体力劳动和一般不与专业结合。如我校经济系剥龙眼干,外文系钉木箱,中文系剥虾米,各系部分学生参加工厂、码头、火车站的建筑与搬运工作。其中也有与专业有一般性的关系的。如上海水产学院养殖系参加养鱼场工作,每年为学校节省1 500个临时工;上海第一医学院规定一年级学生于暑假到医院、基层卫生防疫单位、药厂做一个月的病房工友、消毒等简单劳动。

7. 文化教育工作

这类活动主要是师范学院、综合大学,政法、艺术、外语等学院的门路,有教学、写作、翻译、演出、整理资料等。其中以参加教学活动为最普遍,在文教专业大跃进中,中、小学和业余学校也急切要求高等学校学生的协助;其次为艺术院校组织学生为工农兵演出和辅导群众业余文娱活动,中文、新闻等系的写作工作,历史系整理历史档案资料工作,外语系科的翻译工作等。厦大中文系的文化工厂、外文系与南洋研究所订立翻译合同,属于此类。这类活动的特点是能够结合上述各种专业,但多数是非体力劳动的。其中教学活动,待解决的问题较多,如备课时间太多,全面负责的工作很难做好。

8. 社会服务活动

这类活动的名目也很多,如理发、缝纫、排字、刻蜡版、装订讲义、整理图书、抄写卡片、公共场所食堂的服务员、商店售货员、车站戏院售票员以及擦皮鞋等。这类活动的特点是多数为个体劳动、非生产性的、少结合专业的，体力劳动的特点也不显著，但在打掉娇气、改变风气上有一定好处。开展勤工俭学初期，这类活动较多，但由于问题较多，并关系到一些社会问题，如与民争利，其意义不大，所以现时已逐渐减少，有的地方禁止学生在街上搞个体劳动。

9. 义务劳动

各高等学校的义务劳动，较其他勤工俭学活动为早。许多学校，新中国成立以来，就一直坚持参加校外的建筑、农业等义务劳动和校内的修路、绿化、清洁卫生等工作。我校以前也搞过打石子、挖防空壕、修路等工作，从去年开始，更大规模地进行农业劳动、课余劳动、绿化、清洁卫生等义务体力劳动，收获很大。展开勤工俭学活动之后，多数学校还继续坚持义务劳动，如武汉大学教职员和学生轮流值日打扫宿舍、教室、办公室和厕所，使学校减少13名专门打扫清洁的勤杂人员；重庆市9所高等学校的学生，轮流担任运煤、运菜、运米等劳动；西南师范学院的学生们，组成各种服务组，每星期都要抽出一定的课余时间帮助学校做事情。一位记者报道说："哪里有需要做的事情，哪里就有他们。"但也有些学校和部分同学，自从开展勤工俭学之后，对于义务劳动就放松，甚至感到没有劲了。

10. 自我服务

学生自己洗衣服、补衣服袜子、打扫房间，解决自己生活上的问题，养成勤劳俭朴的品德，现时已经蔚成风气。

以上十类勤工俭学活动，并未能把全国高等学校已经进行的一切勤工俭学活动包括无遗，仅是列举比较普遍或意义较大的，而且划分也甚粗糙，某些活动可以兼有两种活动以上的特点。

大体从思想教育的意义上说，每类都有一定的思想教育意义，但各类可能产生的思想教育意义大小不一，同时还要视能否抓住该类特点来进行思想教育而定。从体力劳动的意义上说，除第七类和第二、三、八类的部分活动非体力劳动之外，其余多是体力劳动或体力劳动与脑力劳动相结合的活动。但各类体力劳动轻重也各不相同；从结合专业来说，第一、二、三、四、七各类基本上是结合专业的,第五、六两类只有部分学生能结合,而八、九、十各类基本上是不结合专业的;从国家的经济意义来说,第一至第五类的经济意义较大,从学校与个人的收入说则是另一件事,可能第五类的收入以个体计算不若第七、八两类。

三

那么,究竟应当根据什么原则来衡量各种勤工俭学活动的意义和指导今后的措施呢?依照勤工俭学所根据的一般原理和基本目的,结合高等学校的有关特点,下面提出五个原则来商榷:

第一,应当考虑社会主义思想教育意义的大小;

第二,必须是体力劳动或体力劳动与脑力劳动相结合的活动;

第三,尽可能结合专业的特点和教学内容;

第四,易于订出较长期的计划,并能与教学规律配合;

第五,能够发挥潜力、运用技术、提高设备使用率,对于国民经济意义较大。

其中,考虑社会主义思想教育意义的大小是首要的原则。这是因为勤工俭学的主要意义不在经济上,而在于为教育目的服务,就是通过勤工俭学,要更有效地培养出有社会主义觉悟、有文化的劳动者,即红透专深的工人阶级知识分子。为达到这个目的,红与专是统一的两面,都是重要的,但结合今天高等学校学生的特点,关键问题乃在于"红"方面,也即矛盾的主要方面是能否"红透"的问题。为此,我们应当动员一切的力量来解决这个关键的问题。开设社会主义思想教育课程、参加政治运动、加强教学内容的思想性,这一切都针对这个关键问题。没有例外的,高等学校的勤工俭学活动也应以对学生进行社会主义思想教育为其首要任务,从而考虑思想教育意义之大小应当是勤工俭学的首要原则。

体现社会主义思想教育原则的勤工俭学活动,应当考虑到这几个方面:(1)集体性的劳动。工厂中的集体生产,农业社的集体劳动,对于进行集体主义教育是较有利的。各种个体劳动,如个体手工业活动或服务性活动,个人出面的研究、设计、写作、翻译、教学等，缺乏集体主义教育意义，甚至有时还会自发地滋长个人主义。诸如某校有的同学单纯从个人挣钱的目的出发，发生"竞争"现象，有的同学私自到校外找到了门路，回校后保守"秘密"，怕别人抢他的生意。（2）和工农在一起劳动。校内自己搞工厂、搞农场，如果不和工农在一起劳动，虽然也是集体性的，但其教育意义不若参加校外工厂、农业社的生产，和工农群众在一起劳动。从高等学校学生的思想改造来说，最重要的也就是和工农相结合的问题。列宁说："只有在劳动中与工人农民打成一片，才能成为真正的共产主义者。"毛主席也说过："革命的或不革命的或反革命的知识分子的最后的分界，看其是否愿意并且实行和工农群众相结合。"而勤工俭学正是使长年在学校学习、脱离工农群众的知识分子与工农相结合的最好途径。但是，从现时各校所开展的勤工俭学活动看来，注意到这一方面的较少，强调自己搞工厂、农场的多。有的学校虽然参加了校外工厂、农场的生产，但学生自己组成生产队，也很少和工农群众接近。我校同学轮流参加农业劳动，早出晚归，同学们就反映没有和工农接近的机会。这个反映是值得重视的。（3）生产性的劳动。生产性的劳动其所以优于服务性的劳动，不仅在于经济方面，而且在于思想教育方面。因为生产性劳动更易于引导学生认识劳动的意义。

如果说考虑社会主义思想教育意义的大小是勤工俭学的首要原则，而社会主义教育意义的大小主要又体现在集体劳动与个体劳动，是否与工农在一起劳动，生产性劳动与服务性劳动这几方面，那么，我们就可据以估计各类活动的价值了。有些活动，粗看似乎意义很大，诸如接受委托，进行研究或设计工作，其国民经济意义及结合专业意义是较大的，但是如果它仅是以个人的名义出现，而又是关在房子里进行脑力劳动，则不应视为最完美的勤工俭学或劳动教育活动，至少不能以此作为全部勤工俭学的内容。服务性个体劳动，因为是非生产的、个体劳动的和多数只有轻微体力劳动的，所以思想教育意义往往也较小。当然，我们绝不应轻视这些劳动。上面已经说过，上述十类勤工俭学的活动，都有一定的思想教育意义。以服务性劳动来说，对于打掉娇气、转变社会和学校风气就有一定好处。云南大学有些同学到餐厅当招待员，起初很怕羞，不敢高声叫喊，后来也放开嗓子喊起来了。有一位同学说，他过去是个大少爷，吃饭穿衣都要人服侍，这次参加服务工作，好好地改造了一下自己的剥削意识。只是由于它的思想教育意义，从长期考虑，还是较少的，而且容易与服务性行业的从业人员闹矛盾，所以不是我们勤工俭学的主要方向。

在勤工俭学中贯彻社会主义思想原则，不仅是选择勤工俭学活动对象的问题，有了适当的对象，还必须有意识、有计划地抓思想教育工作，才能彻底地贯彻这个原则。集体的生产性的体力劳动，本身固然具有教育意义，但若没有明确的思想教育目的，不抓思想教育，则其教育意义也不明显，甚至有时会自发地产生一些偏向，诸如搞资本主义的道路，滋长个人主义的思想。马卡连柯是搞劳动教育最成功的教育家，他的体会就是："劳动如果没有与其并行的教育——没有与其并行的政治和社会的教育，就不会有教育的好处，会成为不起作用的一种过程。"我们提倡体力劳动和开展勤工俭学以来的情况，也可证明此点：由于进行了宣传动员、学习辩论，所以通过劳动之后，一般同学的思想都有了不同程度的提高，轻视体力劳动和劳动人民的风气有所扭转；对劳动创造世界、劳动人民的伟大有了比较深刻的认识；开始认识到学习脱离政治、脱离生产与脱离实际的错误，对于生产知识、实际知识重视，对于政治与社会生活也更关心。有的同学说，参加了工农业劳动之后，对于报纸上所刊载的工农业新闻不像以前那样漠不关心，而是很感兴趣；在勤劳俭朴的品德上也起了很大作用。总之，教育效果是很明显的。

效果的大小，还决定于学校领导和教师是否经常地深入抓思想工作。诸如对于和工农关系的问题，有的学校抓得很紧，不仅做一般的动员，而且在工作安排与具体问题的解决上都密切注意。很多工业院校把学生送到工厂当老工人的学徒，直接接受老工人的教育。西北农学院很注意和附近农民的关系，通过帮助重点农业社总结经验、推广科学技术、帮助制定生产规划，以及使用机械设备帮助农业社耕种等方式，和附近农业社建立了深厚的友谊。附近有几个农业社，把自己的社名叫做西农一社、二社、三社、四社，表示自己和农学院是一家人。这种深厚的友谊还不仅是工作上的方便，其深刻的意义是对学生进行深入的思想教育。

但也不是所有高等学校一开始就很明确勤工俭学的思想教育意义的重要

性的。表现在有些学校开始时过分强调经济意义，把经济意义放在第一位，制订勤工俭学规划时生产指标订得很具体，而教育要求很不明确，甚至完全忽略了；有些学校在领导勤工俭学上着重抓收益，抓生产管理，抓劳动力的组织等等（当然，这些也是应当抓的，但这不是单纯技术性的问题），在选择门路与组织劳动时，很少考虑教育与教学上的问题。

应当指出，勤工俭学这一名词是旧的，而今天的勤工俭学的性质却是新的。40年前，我国就有1 000多名学生去法国勤工俭学，他们出国之时，目的只是做工换钱来读书，当然没有考虑到做工本身还存在比读书更有价值的教育意义。只是到了法国之后，在各个工厂和农场当苦工，和工人们交上了朋友，受尽资本家工头的压迫剥削，又受尽颠沛流离饥饿的痛苦，受尽军阀政客的侮辱欺骗。在这样的环境并通过劳动，他们之中有一批人逐渐培养起阶级意识，其后有了党的领导和共产主义青年团的组织，更能自觉地提高阶级觉悟，有一部分并转到苏联去学习。周恩来、邓小平、陈毅、聂荣臻、徐特立、李富春等同志就是当时赴法的勤工俭学青年。赴法的勤工俭学青年中之所以能够产生许多党的老战士和领导人绝不是偶然的。他们由于所处的环境，参加劳动，和工农结合，从而培养了无产阶级的阶级意识与革命斗争的高贵品质。但是，在赴法的勤工俭学中，也有许多青年只顾自己的名利地位，只要能够赚到钱，无孔不钻，在国外成为军阀政客的走狗，回国后升官发财，成为依靠国民党的反动派。这说明劳动教育的目的不一定能在劳动中自发地达到。

今天我们提倡的勤工俭学，其性质之所以不同于旧社会的勤工俭学，乃在于我们把勤工俭学作为服务于教育目的的途径，因而能够有目的、有计划地根据培养社会主义觉悟这一目的来进行思想教育工作。尽管如此，由于学生中的资产阶级个人主义思想还相当浓厚，只要思想教育工作不能紧紧跟上去，就很容易自发地产生错误的思想。加之有些学校开展勤工俭学之初，目的不够明确，诸如强调经济意义，特别是不恰当地强调解决个人的经济问题，因而也产生了一些思想问题，特别表现在劳动收入的分配问题上。有一个学校想留20%的公积金，学生却坚持只留5%；有些学生开始时争拣收入多的工作，不怕负担过重，后来知道收入将另行分配，便推卸繁难工作，强调学习太忙；有的学校开展勤工俭学之后，义务劳动没有人干，有一所学校组织学生清扫积雪，有一个学生就问"给不给钱"，并说"不给钱不干"；有些家庭有钱的学生，认为勤工俭学是穷学生的事；也有个别农民出身的学生，认为参加农业劳动是城市学生的事，"我已经锻炼得很够了，现在我是来读书的"；和工人、农民相处时，许多学生缺乏主动向他们学习的精神，看不出和工农密切关系有什么好处。

由此可见，我们不能满足于勤工俭学本身自发的思想教育意义，应当选择最有利于进行思想教育的活动，并把勤工俭学与社会主义思想教育紧紧结合起来，在具体的劳动中贯彻思想教育。

四

体力劳动应当视为勤工俭学的必要原则，这个原则的根据就是体力劳动与脑力劳动结合的原理；而体力发展与智力发展的结合是全面发展的最本质意义，勤工俭学必须贯彻这个原则，才能符合于培养全面发展的学生的要求。而在现时以前的"学生"这个概念，是脑力劳动者，所谓"学习是脑力劳动"就是这个意思。自今而后，这个概念的内涵应当有所发展，即"学生"应当是体力劳动与脑力劳动者，"学习"应当是体力与压力相结合的劳动。但以今天高等学校的学习内容来看，除一、二年级的体育课和若干工厂实习之类是涉及体力劳动之外，其余均是四体不勤的脑力工作。为了培养体力与智力全面发展的青年，我们必须尽一切可能，千方百计给学生机会。这里将包括了改变课程内容和教学方式。当然，像勤工俭学这种活动，必须有意识地运用它来服务于培养体力与智力全面发展的教育目的的。

资产阶级的教育思想，有一类所谓"作业主义"或"劳作主义"的教育思想，因为资本主义社会需要大批工人，教育上就提倡儿童应当学习劳作，学生一面读书，一面做手工业或其他劳动，其意义在于学生学习一些手工业技术和操作习惯，有利于资本主义生产培养劳动预备军，它和我们所提的勤工俭学在本质意义上是相反的。其首倡者，还着重在"身体的作业""手的作业"，即体力方面的发展；其后面一派所谓"广义的"作业主义者，认为

"脑的作业""精神的作业"也同样是作业。我们在讲教学原理时，也曾经强调学习就是劳动，学生的劳动就是学习。学习固然是劳动，但这毕竟只是脑力劳动；学生的劳动主要是学习，但不能仅限于用脑的学习。针对高等学校偏重于脑力劳动的情况，勤工俭学必须是体力劳动的活动，至少应当有相当分量的体力劳动。研究、设计、制图、翻译、写作、刻蜡版、抄卡片等活动，不仅思想教育意义较少，而且缺乏体力劳动的意义。农业生产劳动，不仅思想教育意义较大，而且是结结实实地与空气、阳光、水在一起的体力劳动。这就是我们所以更重视像农业生产劳动这样的勤工俭学活动的理由。

至于到中小学业余学校教学，是比较复杂的。它有一定的思想教育意义，因为学生可以通过教学与教育工作，提高自己的思想水平；对于师范学院、综合大学的学生来说，它还能结合专业。但是，由于它是非体力劳动的，所以不能以此为唯一的勤工俭学内容，除非同学们和他的学生一道参加中小学的其他体力劳动。

五

第三个原则是尽可能结合专业的特点和教学内容。这是一个比较复杂的问题，争论也较多。哈尔滨师范学院曾经热烈地辩论过这样一个问题：师范学院实行勤工俭学是办农场呢，还是办附属中学与业余学校？有的学生认为：工学院办工厂，农学院办农场，师范学院应当办学校，到农场劳动与所学专业结合不起来。这个问题的实质是对于勤工俭学结合专业的看法和其所应摆的地位的问题。

认为勤工俭学应当结合专业以至应与教学内容直接联系的理由是：结合专业可以体现教学结合生产、理论结合实际的原理，达到提高教学质量的要求。从其所根据的理由看来是很充分的，因为结合专业，尤其是直接联系教学内容，确乎能够较好地体现上述原理与达到上述要求。因此，应当把它作为一个高等学校勤工俭学的原则提出。但是，是否不结合专业，不与教学内容直接联系便不能体现上述原理，达到上述要求呢？不能得出这样的结论。因为我们对于教学结合生产，理论结合实际，提高教学质量，应当有较广义与较深刻的理解。

让我们再提哈尔滨师范学院那场辩论：多数同学的意见认为教学是勤工俭学的一条门路，但缺乏劳动生产，思想改造意义也较少，开展勤工俭学必须以又红又专为前提，一个师范学生没有农业知识和劳动生产实践，怎么能当教师。师范学院毕业生，今后主要是面向农村和中小城市，参加农业劳动正是为了贯彻新的教育方针，发展教育事业。

哈尔滨师范学院多数同学的意见是正确的，就由于他们接触到两个重要的意见：第一，把结合专业和思想教育、体力劳动两个原则比较，思想教育与体力劳动的意义比结合专业更加本质，从而更加重要；第二，所谓结合，不应当理解得过于狭隘。他们还批判了一个中文系学生所提出的"拿镐是不会刨出阿Q这个典型来的"说法，认为鲁迅找阿Q这个典型不是从书本上找来的，正是由于他和劳动人民有感情、有联系，对社会生活深入体会和观察之故。

教学结合生产、理论结合实际，其目的都是为提高教学质量，更好地为生产服务。为此，我们应当集中来探讨勤工俭学与教学质量的关系这个问题。

勤工俭学能否提高教学质量？应从下述四个方面来考虑：

第一，勤工俭学是否使学习的目的性明确，从而提高了学习的自觉性与积极性？这个问题的答案是肯定的。同学们参加了勤工俭学之后，更加明确了为谁学习与应当学习些什么的问题，认识了学习的政治意义与生产意义，从而必然提高了学习的积极性。同时，通过勤工俭学，培养了同学们重视知识的实践性的观点，这一观点就有利于他们自觉地改变学习态度和学习方法。许多同学批判了过去厚古薄今、重抽象理论轻实际运用、钻牛角尖忽视基础知识、教条主义脱离实际种种学习偏向。显然，这种实事求是的态度对于提高教学质量——指理论联系实际的教学质量而非教条主义书呆子气的教学质量——是能够起着巨大的推进作用的。例如复旦大学生物系改变了实习的内容和方式，把课堂实习与劳动技术培养充分结合起来，增设农业基础与生物学技术两门课程。工科学生过去生产实习时所制成的成品，都被当成废旧物品堆积起来，所谓"实习就是制造废品"，学生认为"反正还得回炉"，马马虎虎就行了；现在生产实习要生产正式的成品，学生实习时的责任心提高，工作态度也认真严格，因而学习效果也提高了。有些文史科的同学认为勤工俭学"利红不利专"，这样看法是表面的。我们认为能利红便能利专，明确学习目的，端正学习态度，就有利于学习质量的提高。

但在部分学生间也出现了一些自发的实用主义的观点，有些学生轻率地否定基础理论与系统知识的必要性，满足于零碎的实用知识与技术；文史学生因为所学的知识对勤工俭学活动不能直接用得上而感到泄气。有的学校提出变学校为工厂，变学校为农场，学生在劳动中学习，教师在劳动中教学。这种提法也还可以商讨。在生产劳动中固然可以学到许多东西，许多知识必须在生产劳动过程中学习才切实有用；许多课程有必要在生产劳动中进行教学。但教学过程毕竟有其特点，诸如科学的系统性、理论的抽象性和概括性、学习的循序渐进等，不能以生产劳动过程来代替教学过程。

第二，勤工俭学是否能结合专业、结合教学内容？应当承认，如果勤工俭学的内容就是学生学习的内容，这是对于提高教学质量很有利的。工科搞工厂、农科搞农场，自然容易符合这个要求。同济大学的"钢筋混凝土预制构件""土壤力学""地质学"等课程，一面进行理论教学，一面组织学生自己预制构件、土壤分析和地质试验等生产操作；交通大学运输起重系热力机车专业学生自己修理学校的机车，因而巩固与加深了他们在机车理论构造、工艺学等课程中所学的理论知识；华东纺织学院学生参加纺织劳动；上海水产学院的学生下渔场；我校物理系学生在改装电表时，才真正体会到"过流"的作用。这些提高教学质量的实例都是很显著的。但是，即使是在这种有利于结合专业教学内容的条件下，我们也不能理解之为生产劳动与教学内容零碎片段的结合，因为不可能也不必要这样来理解教学结合生产的要求，而应从整个生产过程与专业教学计划和教学大纲的主要内容的结合来理解。推而广之，则师范学院学生办农场，学习农业知识与技术，艺术学院、中文、新闻系学生参加劳动锻炼，体验生活，都不能说与专业毫无关系。我校历史系同学参加兴修水利之后，真正认识到劳动人民的力量，体会到书本上说夏禹治水应归功于当时人民的论点的意义，这难道不是结合专业吗？当然，这种结合专业与工、农科的结合专业是不同的。

第三，是否能够提高学生的独立思考、独立工作能力？这个问题的答案也是肯定的。学生在参加勤工俭学活动中，碰到许多新的情况与问题，必须用理论知识来解释或解决，这就培养了运用理论的能力。如果理论知识不够解释或解决，就要钻研理论，因而又提高了钻研理论、研究问题的能力。有些工科毕业设计从虚构设计改为真实设计之后，设计能力有很大的提高。因为过去只根据教师所给的设计任务书来设计，只要设计得符合理论要求就行。现时则要解决实际上各种各样的具体问题，而且设计的结果要经得起实践的检验。

第四，是否有利于提高学习效率？脑力劳动与体力劳动相互调节，因而能够提高学习效率。这个道理马克思在《资本论》中已经肯定了："工厂视察员在听取学校教师的证明以后，发觉工厂儿童，与正式日校学生比较，虽只受半数时间的教育，但学习的东西一样多，且往往更多。'这种现象是简单的。他们虽只半日到校，但他们时时觉得新鲜，并且几乎时时准备并且愿意接受教训。半时间劳动、半时间受教育的制度，使工作与教育交互成为休息和鼓励。这种制度，比之在工作与教育之中，继续不断地做其中的一项，是与儿童更适合得多的。一个从早晨起坐在学校内的儿童（尤其是暑天），不能和一个从工作下来，心情愉快活泼的儿童竞争，乃是当然的事。'"马卡连柯一生培养了许多人才，他们都是在他所主持的工学团中，一方面受正规的中学教育，一方面进行工厂生产劳动。这些学生考进高等学校学习，并不比其他的学生差。我国在中学方面，这种实例也很多。如河南长葛三中、兰考第二中学等，都有很生动的例子可以证明。兰考二中，因为思想教育工作与生产劳动做得较好，学生成绩逐年上升。1953年，毕业成绩5分的仅占33%，1954年就占57%，1956年的占92%，去年占97.1%。至于高等学校开展勤工俭学活动，还没有很具体的材料，但从学生身体健康的增进，失眠、胃病的减少，可以看到身体健康必将促进学习效率。从我校最近的勤工俭学总结材料看来，已有个别学生有些反映，他们认为劳动回来之后，脑筋比较清醒，学习的效果较高；有的同学认为劳动改变了过去"教室—膳厅—宿舍"的呆板生活，生活内容丰富活泼，因而学习也更有劲。目前这种反映还不很多，那是因为还未能完全适应新的生活情境的缘故。当同学逐渐习惯于边学习边劳动的生活之后，这种提高学习效率的作用将会逐渐显著的。

我们也注意到一些相反的反映，就是开展勤工俭学之后，学习的时间太少，教学规律被打乱了，身体疲劳，影响学习等等。这些现象的确是存在的。产生这些现象的原因来自两个方面：一方面是我们在安排勤工俭学活动与学习时间上还缺少经验，还没有找到很合理的办法；另一方面是对于体力劳动还不习惯，对于新的生活规律也未能很好地适应。以时间的安排来说，勤工俭学的时间量现时各校已经作了适当控制，除了集中的劳动之外，一般每周只一天或半天，但各校在集中的劳动的安排上则很不一致：上海有些高等学校如交通大学倡议每年要有半年时间集中从事生产，因而考虑把学制延长一年左右，上海水产学院也有相似的倡议。延长学习年限，一方面牵涉到培养人才的多快好省问题，另一方面把勤工俭学和教学学习对立起来，这种倡议未必恰当。有的学校每年集中一季（3个月），有的则轮流劳动一个月。我校除个别系外，轮流集中农业劳动一周，但由于集中时间太短，较难掌握农业技术与深入和农民交朋友，又由于全校轮流，周而复始，较难与教学规律配合。至于疲劳的问题，主要是学生体力的适应问题，坚持下去，这个问题就可逐渐解决，工人上班8小时，农民田间干活往往达10小时以上，他们晚间仍旧可以开会、学文化。但是，重体力劳动与距离农场、工地过远，也还是要适当控制的。哈尔滨市有些学校提出"五不干"：体力负担不了的活不干，路太远的不干，打夜班的不干，危险性太大的不干，易得职业病又无劳动保护措施的不干。这样提法是否合适，尚可商讨，但某些问题却可引起注意。

从上述四个方面的讨论可以见到，勤工俭学的活动如能结合专业和教学内容，对于提高教学质量是更直接、更有利的，但不能把结合专业和教学内容看得太狭隘；其次，即使不能结合专业和教学内容，从明确学习目的、端正学习态度、培养独立工作能力以及提高学习效率等方面看，也是能够提高教学质量的。因此，我们仅仅提出尽可能结合专业的特点和教学内容作为第三个原则。

六

第四个原则是易于订出较长期的计划，并能与教学规律配合。长期计划，一方面使劳动的目的性较明确；另一方面也有利于安排学校工作，使教学规律与生产劳动规律配合。许多高等学校和生产部门订立长期的合同，或自办工厂与农场，都是有利于长期计划的；服务性的劳动，则多半是临时性的，往往忙闲不等，而且易与教学规律发生矛盾。关于生产劳动规律与教学规律的配合问题，是一个复杂细致的问题，现时尚缺乏成熟的经验以总结出新的规律来。今后对旧的教学规律，必然有所改变发展，成为紧密结合生产劳动的新的教学规律，但教学规律也总有它的特点，不能置之不顾。有些活动方式与教学规律配合上是有一些困难的。诸如在中学担任教学，排课、备课、班主任工作等，与学习规律的配合困难较多；商店整日制的售货员、工厂中8小时的工作制和夜班制、农业劳动的农忙与农闲；等等。这些，有的应适当改变教学方式与时间以适应生产需要，有的应改变参加劳动的方式与时间以顾全教学需要。这是一个原则，这个原则尚待进一步积累经验，研究讨论。

七

第五个原则是能够发挥潜力、运用技术、提高设备使用率，对于国民经济意义较大。

高等学校的特点之一，是学生具有较高的文化水平与科学技术水平，又有擅长各门科学技术的教师和技术人员为指导，而且拥有大批优良的仪器设备。以往人才与技术的潜力没有充分发挥，仪器设备的使用率很低，这对于国民经济说，是莫大的浪费。利用这些人力、技术与设备，每年可以为国家创造大量的财富。诸如北京农业大学的一个农场，去年就上缴利润77 000元，今年还要计划上缴利润20万元；天津大学一个机械实习工厂，几年内计划产值250多万元，为国家积累130多万元；北京航空学院仅三项应力分析仪器的生产，一年就计划为国家节省89万元的外汇；重庆大学计划今年总产值达950万元。虽然我们说不应强调经济意义，但是，也不能不考虑到这种重大的国民经济意义。

这些还是可以计算出来的经济价值，更重要的是如何把高等学校的人力、技术与设备组织起来，投入技术革新之中。以高等学校的人力、技术与设备来从事技术革新运动，它的成绩是可以预期的，因而其国民经济意义将更巨大。（关于勤工俭学与技术革新问题，拟另文讨论，此处从略。）

勤工俭学的经济意义与教育意义，在本质上是一致的。首先是为达到教育目的必须考虑经济意义。苏联教育家克鲁普斯卡娅曾说："生产劳动不仅可以把儿童培养成为社会未来的有益的成员，而且可以使他们成为现在的社会的有效的成员，使儿童认识到这一点有莫大的教育意义。"显然，如果学生知道他现在就在创造财富，参加社会主义建设，对他们是很大的教育。经济意义可以鼓舞学生并督促他们严格认真地劳动，如果学生劳动为了增产，并且可以看到成品，对他们是莫大的鼓舞。反之，如果他们的劳动乃在"制造废品"，"反正要回炉"，干劲是很难提起来的。河南长葛三中的总结提出：生产的成绩越大，它的教育的作用也越大。虽然不能概括一切情况，但有一定的道理。其次，学校有了收入，解决全部或一部分经费，使国家可以少花钱，多办教育；在高等学校中就可以使国家少花或花同样的钱而多招学生，这也是非常重要的事。应当批判的是单纯经济观点，但不能不考虑经济意义；应当反对的是片面强调学生个人收益来鼓励学生，但应当充分考虑国民经济利益。

上面根据勤工俭学的教育原理和我国教育方针，结合高等学校的特点与当前高等学校实施勤工俭学的情况，粗糙地提出几项勤工俭学的原则，并涉及勤工俭学的若干问题，如勤工俭学与思想教育、勤工俭学与教学质量等问题。此外还有许多重要问题，如修订教学计划、勤工俭学成绩考核、时间问题、收入分配问题等，均未论及。就所论及的问题来说，限于作者的理论水平和实际掌握的材料，也必定有很多谬误。抛砖引玉，希望批评。某些材料，是开展勤工俭学初期提出的，现时可能已有修改，也未一一查询，并此说明。

（本文承杨菊卿同志协助搜集资料和校订工作，附此致谢。）

教育干部也应专业化[①]

干部必须专业化，人们往往是指经济管理干部而言，我认为教育干部专业化的必要性，并不亚于经济管理干部。

教育是培养人的复杂的工作。教师必须懂得教育科学，按照教育和教学的规律培养学生，教育干部，尤其是领导干部，是组织、领导、管理教育工作的，不但自己要懂得教育科学，而且要能够指导教师按照教育和教学规律培养学生，还要按照教育和政治，经济以及社会生活的关系的规律来掌握、执行教育政策。一个教师，只要懂得教育学的一般理论、儿童心理学和教育心理学的一般知识、分科教学法，并有一定的教育经验，就能够较好地工作。而一个教育干部，尤其是领导干部，则不但应该懂得教育学的一般理论，还要懂得教育经济学、教育统计学；不但应当懂得儿童心理学和教育心理学，还要懂得教师心理学；还应当懂得教育行政和学校行政的理论与方法，方能够把一个地区、一所学校的教育工作组织管理好。胡耀邦同志在师范教育座谈会上向广大教师提出三项要求：一要努力学习掌握比较渊博的知识；二要认真掌握教育科学，懂得教育教学规律；三要有高尚的道德品质和崇高的精神境界，能为人师表。这三项要求，完全适用于教育干部。对教育领导干部来说，还应当要求得高一些。

但是，如果说，当前多数中小学教师没有受过师范教育，不懂教育科学，不能很好掌握教育和教学的规律，因而未能做好教师工作，那么，不少的教

[①] 原载《福建教育》，1981年第1期。

育干部，还安于"外行领导内行"，凭主观意志或狭隘经验办事，对教育事业的不良影响就更大。多年来，我们在教育工作上，出现许多违反教育规律的现象，有的是由于来自上面的政策失误或宣传不当，基层教育干部很难对此负责，但是，如果他们懂得教育科学，能够根据教育规律判断是非，至少可以减轻一些损失。何况有些问题，政策是正确的，执行起来却发生偏差。例如：教育方针是正确的，在执行中，却往往对德育、智育、体育畸轻畸重，有时以政治冲击教学，有时放松学生的思想政治和道德品质教育，有时使学生负担过重影响身体健康。又如，招生的政策，择优录取是正确的，执行起来却往往变成片面追求升学率，甚至采取拔苗助长、以题解为教材、题海战术等错误做法。这些，就不能都归咎于上面，也不能都怪罪于教师，教育干部是要负一定责任的。

教育干部，懂得教育科学，掌握教育规律，消极方面而言，可以避免瞎指挥造成损失；积极方面，可以正确指导教师切实提高教育质量。试举例说明。

例一：校长、教导主任、督导员等教育干部进课堂听课之后，总得提点意见。不懂教育科学的，所能提的意见无非是讲课太快或太慢、条理清楚或不清楚、重点突出或不突出、板书端正或不端正，如此等等。这样的意见提一两次还可以，如果每次都这样，对教师的指导作用就不大，听课之后提意见，要肯定优点，指出缺点，而优点、缺点却应说明道理，就是符合不符合教育教学规律，符合不符合学生的学习心理，符合不符合教学原则，能否在传授知识的同时发展学生的智力，科学性逻辑性如何，等等。所提的建议，也不能凭主观设想，要有教育科学的根据。此外，对新教师要多鼓励，不要使他失去信心，对水平高的教师应当提出进一步的要求，不要尽唱"赞美诗"，这就是懂点教师心理学。

例二：对一所学校、一个班级的教学效果做出正确的评价，是教育领导干部的重要职责。人们往往以全班、全校学生学业成绩的分数作为标准：总平均分数高，或者得高分数的比例高，就表明教学效果好，越高越好；否则，就表明教学效果差。但是，这种评价标准是不符合教学规律，而且会带来副作用的。近年来，据许多学校的统计，学生学业成绩评分普遍出现高分现象。

有的学校或班级，绝大多数学生各科成绩都在80分、90分以上，甚至有的集中于95分至100分之间，有的还声称"消灭了""不及格，"消灭了"70分以下的低分。这种分数分布的现象，统计学上叫做负偏态分布。学生学业成绩普遍地（不是个别的、特殊的）呈现负偏态分布现象，是不是真正反映了学习质量普遍提高，抑或存在虚假现象？评分偏高，是否有利于推动学生努力学习，克服困难，不断前进，抑或适得其反？这是值得研究的问题。如果我们具有教育测量与统计学的理论知识，就知道正确的考核与评定学业成绩，全班学生分数分布一般应当呈现为常态分布，或近似常态分布，即两头小、中间大。偏态分布，不论是负偏态分布（高分的太多），或正偏态分布（低分的太多），除特殊情况外，往往都不是客观地、正确地反映学生的真实知识与能力的水平。因为人的智力有高低，心理学的研究表明，智力高低的分布，一般是呈现常态分布，天才是少数，智力很低的也是少数；学生的学业程度，在正常情况下，也是呈现常态分布，拔尖的是少数，很差的也是少数；教材的难度，教学的要求，必须适应绝大多数学生的程度，不能以少数拔尖或很差的学生为标准（对这些学生应当采取某些特殊的措施），考试的题目，评分的标准，必须同教材的难度和教学要求一致，所以反映在全班学生的分数分布上，通常也就是两头小、中间大的常态分布。如果出现普遍性的偏态分布现象，就应当考虑是否教材太难或太易，教学要求太高或太低，是否在辅导、考试、评分过程中存在某种不公正、不严肃的问题。如果领导缺乏教育测量与统计的知识，见到负偏态分布就表扬，见到常态分布反而皱眉头，就会助长某种不良倾向的发展，以致分数不能真正反映学生学习质量，失去考试与评分的积极意义。

以上两例，无非要说明教育干部必须懂得教育科学，掌握教育规律，说明教育干部专业化是一个至为重要的问题。

专业化的教育干部从哪里来？

首先要从现有的教育干部中培养。现有的教育干部，大多数有了丰富的教育工作经验，是很可宝贵的。以往的经验，有成功的，有失败的。成功的经验要上升到理性认识上来，否则就有局限性，过去在特定条件下取得成功，未必能适应新情况解决新问题；失败的教训也要善于总结，找出其违反教育规律的原因，才能避免重蹈覆辙。有些经验，表面上看来是"成功"的，但它是违反教育规律的，硬灌强记，升学率一时可能提高，但学生的基础知识与基本能力却降低了。又如只要求教师传授知识，赶进度，而不要求教师发展学生的智力，可能使学生一时记住较多现成的知识，但正如布鲁纳所说：从深远的意义上看，是不经济的。所以，有经验的干部，不能光凭个人过去的经验办事，应当学点教育科学，作为判断是非、总结经验的武器。有了丰富的正反经验，学习教育理论，联系实际，是会理解得更深刻的。

其次，从优秀教师中选拔教育干部。这是教育干部专业化的一条重要途径。他们有直接的教育和教学经验，对学生和教师的思想、学习、生活有深入的了解。如果他们受过师范教育，具有一定的教育学、心理学、教学法的专业知识，更有利于成为优秀的专业教育干部。即使如此，他们也同样有个专业知识再学习的问题。

再次，应当扩大教育系的招生，增设教育行政系（专业），使今后有更多受过教育专业训练的人才来补充教育干部队伍，逐渐改变教育干部队伍结构。教育系或教育行政系的培养任务，主要应当是培养教育管理人才，过去只限于培养师范学校的教育课程的教师，以致路子越来越窄。这是因为过去在教育干部政策上存在的"左"的偏向，认为教育干部不需要受过专业训练，不信任从学校中培养出来的知识分子，只能从一般党政干部中选拔教育干部。必须改变这种错误的做法，才能改变教育干部结构，建立一支专业化的教育干部队伍。

对教育干部，应当同对经济管理干部一样，建立必要的审定与考核制度，授予一定的专业职称。审定与考核教育干部，应当把专业知识与能力作为重要条件之一。

专业化的教育干部应当具备些什么专业知识呢？

一般而言，首先应当学习教育学、心理学（侧重于教育心理学）、教育行政（侧重于学校管理与领导）、教育经济学、教育统计学等基本的、同教育行政工作关系密切的基本知识。

其次，可以学习教育哲学、比较教育、中外教育史、人才学以及教育科学研究法，借以扩大和加深教育科学知识，培养从事教育研究的能力。进一步，还可以根据自己工作的需要与兴趣，学习分科教学法、分年龄阶段的心理学、学校卫生学、教育工艺学、分类型的学校与业余教育理论（幼儿教育、小学教育、中学教育、高等教育、职业教育、师范教育、业余教育、特殊教育等），以及体育、美育的理论与方法等。

总之，教育科学的内容是很丰富的，因为教育工作领域本身就是一个广阔的、复杂多样的工作领域。有些学科现在已有专家，有些国内还没有专家，可以从翻译著作或教育刊物上获得必要的知识。至于上面所开列的教育学科，既未能包罗一切，也并不要求每一个教育干部都要在短期内学完。只要有计划地坚持学习，就可以从知之不多到知之较多，逐渐成为合格的专业化教育干部。

获得专业知识，读书是一条必要的途径，但也不能只靠读书。对于在职教育干部来说，参加一些学校的教育工作，深入教学第一线，观摩教学，交流经验，参加学术报告会、讨论会，也能够及时地学习掌握一些与实际紧密联系的专业知识，现在各地组织了各级教育学的、心理学的研究会、讨论班，这是学术研究和经验交流的组织，如果教育干部认真地而不是挂名地参加一定的研究工作，对于提高专业知识水平，做好教育组织、管理工作，是能够起促进作用的。

有计划地培训在职干部，提拔优秀教师为教育干部，培养青年教育干部，是发展教育事业、提高教育质量的重要问题，也是四化建设中一项根本性的措施。

教育系的培养目标和教育干部专业化[①]

有一位师范学校教育系负责人感慨万分地说，20世纪50年代以来，教育系的路子越走越窄。如今为建设四个现代化，百业兴旺，长期被轻视的文科，"必须重视"的呼声已经很高。奄奄不振的财经和几乎被取消的政法等科系，复办新办，已经有了较快的发展。可是我们教育系，30年来，上上下下，现在还拿不定能否按现时规模办下去，更不要说发展。看来还得让学生修个副系，否则毕业之后很难对口分配。

为什么教育系的路子越走越窄呢？

话得从20世纪50年代之初说起。当年按照苏联教学计划的模式调整院系、改革教学。师范学院教育系，一般只设置学校教育专业（少数院校设置心理学或学前教育专业），培养目标规定为培养师范院校教育学科的师资。全国有多少师范院校，需要多少教育学科的师资，加上若干高等师范院校，包括补充和发展，每年约需增加多少专业人才，掐指一算，得出的结论当然是："教育系太多了。"院系调整中，撤销合并了一些。1958年以后，教育学科被批得七零八落，无非是所谓"孔夫子、杜威、凯洛夫的封、资、修大杂烩"，剩下的只有几条语录和几句口号，课程内容干巴巴，师范学校教育学科时数大大压缩，教育学教师大批转业，教育系毕业生出路就更窄了。许多师范院校教育系不得不暂停招生，或者干脆撤销，留下公共教育学教研室。再经

---

① 原载《教育研究》，1981年第1期。

"文化大革命",全国就只剩寥寥可数的几个教育系了。粉碎"四人帮",万象更新,许多师范学院教育系也纷纷恢复招生,但是,毕业生出路问题仍未得到解决。因为培养目标基本上仍是沿袭苏联50年代教学计划所规定的,主要是培养师范学校教育学科教师。老问题重新出现,毕业生难于对口分配。有人主张每个大区只保留几个教育系就够;有人主张让学生修个副系,以便到中学教副系学科。

看来,问题似乎出在培养目标上。培养目标太窄,所以毕业生出路太窄。如果把培养目标定得宽些,或者改定为以培养教育管理干部为主,课程设置、教学内容也适应培养教育管理干部的需要,出路问题不就解决了么?如果说,全国现在需要政法干部数以百万计,那么,需要具有教育专业知识和能力的校长,教导主任,教育局、科、股长以及一般管理干部该有多少呢?掐指一算,全国现有二三十个教育系,不是太多,而是太少,还愁什么出路问题呢?

但是,培养目标改订,并不取决于教育系本身,而取决于社会对人才的需要,取决于根据社会的需要而制订的干部政策。也就是说,社会需要专业化的教育干部,而干部政策又能正确反映社会这种真实的客观需要,在人事制度上,采取具体措施改变教育干部的结构,使教育干部逐渐专业化。为适应干部专业化的需要,高等学校教育系就要承担培养专业化教育干部的任务,那么,培养目标的改订才是可能的。20世纪50年代初,按照苏联教学计划,把培养目标定为只是培养师范学校教育学科师资,与其说是在教学改革上生搬硬套的错误,不如说是干部政策不能正确反映社会客观需要的偏差。当时对于教育管理干部,特别是对于领导干部,只强调政治,不管有无专业知识、能力,只从一般党政干部中提拔任用,不要学校中培养出来的专门人才。外行领导内行被说成是必然性的规律,不要求变外行为内行,把提拔任用专门人才作为修正主义干部路线来批。在这种情况下,不论教育系的培养目标如何制定,总是一句空话。1978年高等文科教学工作会议所制定的《高等师范院校教育系学校教育专业教学方案》,虽然把培养目标已改定为"培养教育学科师资、教育科学研究人员和教育行政工作者",但并未因此而"广开才路",也就是因为教育干部专业化的问题还未提到日程上,教学方案上所写的培养目标,还是一句空话。高等学校的任务是培养人才而不是任用人才。高等学校的培养目标能否实现，取决于干部政策、人事制度。现在，经济管理干部的专业化，已经提到日程上来，教育管理干部专业化的问题，也是同样重要的。

教育是培养人的工作，必须按培养人的规律办教育。教育管理干部，是指导、管理教育的，不但应当具备一定的科学文化知识和组织能力，而且应当具备教育的专门知识和能力。他不但要懂得如何教学生，而且要能领导、指导教师按培养人的规律来教学生。胡耀邦同志在师范教育座谈会上向广大教师提出三点要求：一要努力学习和掌握比较渊博的知识；二要认真研究、掌握教育科学，懂得教育规律；三要有高尚的道德品质和崇高的精神境界，能为人师表。我认为这三点要求完全适用于广大的教育管理干部，而且比一般教师应当有更高的要求。

培养符合于这三点要求的教师要通过高、中等师范院校，培养符合于这三点要求的教育管理干部就要通过教育系以及教育行政学院。当然，培养专业化的教育干部，可以不只是一条途径，特别是当前数以百万计的在职教育干部急需变外行为内行，不可能只靠一条途径，短期培训、业余和函授教育以及系统的自学，都可以使之专业化。但从改革教育干部结构的长远目标看，办好教育系以及教育行政学院，应当是一条主要的途径。

从高等学校培养出来的干部，是不是"三门干部"，光有理论，缺乏行政经验？所谓"三门干部"是对学校培养人才的贬词。培养一个科学家、教师，应当是理论与实践相结合，培养一个管理干部，也应当是理论与实践相结合，原则上是一致的。这个原则就是理论联系实际的原则。在教育系的教学计划中，既要学习从实践中总结提高的教育理论，又要安排适当的教学实习、教育调查与实习，不应贬之为光有理论的"三门干部"。当然，刚从大学毕业的学生，实践经验总是不够丰富的，立即独立地承担行政工作，尤其是领导工作是有困难的，应当先在基层协助做些一般行政工作或当教师，经过一番实际锻炼与考察，才可以使之独立承担行政工作或提拔为教育领导干部。即使当了领导干部，也还得继续兼任基层的教学与教育工作，以免领导干部当久了，脱离教育第一线的实际。

教育领导干部，是不是从优秀的教师中提拔更好些？从优秀教师中提拔教育领导干部，也是一条重要的途径。他们有直接的教学与教育经验，对教师和学生的思想、学习、生活有深切的了解。如果他们是从师范院校毕业的，又具有一般的教育学、心理学和教学法的知识，就更具有好的条件。但是，教育领导干部应当比一般教师具有更全面的专业知识和能力。一个教师，能够教好课，做好班主任，就是一个合格的教师，可以成为优秀的教师。但作为一个合格的教育干部，优秀的教育领导干部，只会教学和当班主任是不够的，还必须具备教育行政、学校管理与领导、教育调查与统计的专业理论知识与经验，应当有更广泛的比较教育、教育史等方面的理论知识。因此，还必须通过某种方式，通常是通过在教育系或教育行政学院，选修若干课程，或参加短期培训，以补学这些方面的知识，才能更好地掌握教育工作的规律和方法，做好教育领导工作。所以，从优秀教师中提拔教育领导干部，并不否定教育系或教育行政学院在培养专业化教育干部上的重要作用。

如果说实现培养教育干部的培养目标，必须以教育干部专业化的政策为前提，那么，这一政策的落实，教育干部队伍结构的改革，则有赖于教育系培养大批又红又专的教育管理干部。干部政策确定之后，教育系就应当有个大的发展。不但在数量上要发展，而且在专业设置、教学计划、教学内容以及教学方法上，都应当进行一系列的改革。

在专业设置上，除了学校教育、学前教育之类的专业外，还可以视必要分别设置教育行政、学校行政、高等教育、普通教育、业余教育以及特殊教育等专业，分别培养各级教育干部或各级各类学校的校长、教导主任。不但师范院校要办教育系，综合大学与某些专门学院也应当设置教育系。特别是综合大学设置教育系，各国多有先例，它不但可以提供更多合格的教育干部与教育科学研究人才，而且可以促进大学教学水平的提高。

至于教育系的课程设置，各专业必修的专业课程，一般应当包括教育概论（教育原理、教育通论）、教育哲学、比较教育、教育史、教学理论与方法、教育调查与统计、教育行政与学校行政、普通心理学、教育心理学、发展心理学、学习心理与能力测验、生理卫生等课程。还应视不同专业分别开出分专业的必修课程和选修课程，如各级各类的学校教育、业余教育、成人教育、职业教育、道德教育、体育理论与实践、美育原理与方法、分科教学法、人才学、教育经济学、教育财政学、教育工艺学、校舍建筑与学校卫生学、分年龄阶段的心理学、特殊儿童心理学以及教育专著选读、教育专题研究或讲座、教育科学研究法等等。同时，应加强教学实习、教育实习、行政实习等教学环节。

教育系的招生对象，除了高中毕业生之外，应当着重招收在职中小学教师和教育干部，对于政治思想、道德品质、文化基础、身体健康，都应当有较高的要求，还应当考查新生的语言表达能力与组织工作能力。

培养目标改定之后，毕业生的出路宽了，还要不要修副系？只要课时排得来，适当加修若干副系课程是有好处的。但副系的作用已不是为了解决出路问题，迫使学生弃"主"从"副"，形成时间精力的浪费，而是为了使教育管理干部，也能亲自担任某些学科的教学，深入教学第一线，熟悉教学业务，密切与师生的关系，从而成为一个优秀的专业化教育干部。

总之，教育系的培养目标，是受干部政策所制约的。教育干部不要专业化，教育系的培养目标就只能是培养师范学校的教育学科师资，路子必然越走越窄。教育干部要求专业化，教育系的培养目标就必然要改变为以培养教育干部为主。我国宏大的教育干部队伍的建设，要依靠教育系以及教育行政学院培养。为了四化的建设，教育事业必然要大发展，教育干部队伍的结构必然要改革，教育系的路子也将越走越宽。

高等学校管理干部的专业化问题[①]

在强调管理干部实现专业化之后,前些时候,各高等学校安排了一些教授、专家当校长、副校长、所长、系主任、处长……这是不是就实现了教育领导干部的专业化了呢?从这两三年来的情况看,总的来说,在有关教学、科研问题的处理上情况有所改善,但是,有相当一部分的教授、专家,当了管理干部,特别是当了领导干部后,并没能很好发挥领导管理的作用。因此,有的同志怀疑高等学校干部是否能专业化。因为,在高等学校里,系、科很多,隔行如隔山,专家、教授也只能专其所专,是否有必要选拔有学术水平的专家、教授当领导管理干部。如何解决这个问题?我认为,必须明确教育干部专业化的意义,研究高等学校干部专业化应当具备什么条件。如果认为找个教授、专家当领导管理干部,就是实现了干部专业化,这种对专业化的理解显然是简单化的、不够全面的。

在高等学校当领导干部,当然最好要有某一学科领域的专门知识,要有一定的学术水平。因为高等学校是培养专门人才的地方,其主要任务是搞好教学、科研,担任学校领导干部,管理教学、科研,不仅应该有一定的科学知识和有相当的学术水平,最好还教过书,搞过科研。这样的同志担负领导管理工作,有其有利的一面。首先,虽然任何一个专家在高等学校里都不可能精通一切学科,更不能精通每一门课程。即使一个数学家,也不可能精通所有的分支。但是,不同的学科,在方法论上有共性,在教学、科研上有共

[①] 原载《上海高教研究丛刊(第六辑)》,1982 年第 6 期。

同的规律，人们可以通过各自的学科，不同程度地体会、理解某些共性的东西。比如，学生做毕业论文，虽然只能写一个小题目，但通过论文写作，可以学会某些具有共性的科学研究方法，就是这个道理。其次，教过书、搞过科研的，对教学、科研的甜酸苦辣有亲身的感受，对教师工作有比较深入的了解，对学生的业务学习和思想脉络比较熟悉，同师生比较容易有共同的语言。

但是，作为一个管理干部，特别是领导干部，还需要有领导的才能、组织的能力、管理的经验。如果没有经过实际锻炼，哪怕你知识掌握得再深再多，学术水平再高再好，也难以领导，难以管理。我不是说我们的专家、教授都不行。由于历史的原因，几十年来，除了少数之外，绝大多数专家、教授没有机会得到管理工作的实际锻炼，没有积累这方面的经验。在"左"的思想影响下，有些人对知识分子，特别是高级知识分子又不怎么信任。20世纪60年代初期，安排了一些专家、教授当副校长，也是挂名的多。事实证明，光有科学知识、学术水平，可能当一个好的教授、研究员，但未必能当一个好的领导管理干部。相反，有许多老干部虽然也由于历史的原因，没有机会学习掌握某一学科的专门知识，但却有长期的领导管理的实际锻炼和丰富经验。新中国成立之初，办了许多速成中学，后来改为大学预科。本来有一些同志可以有机会进入高等学校，变外行为内行。但是，后来也在"左"的错误思想影响下，没有能够实现。当时，二十多岁的青年干部，如果有若干年的学习机会，难道还不能变为内行吗？现在这些同志，都已年过半百了，他们有多年领导管理的实际锻炼，积累了丰富的领导管理经验。应该承认，在领导管理方面，他们比没有这方面经验的专家、教授，的确更能解决实际问题，更会做人的工作，做思想工作。那么，究竟谁具备了专业化的条件呢？究竟是专家、教授，还是有经验的干部？我认为，两种人都具备了一定的专业化条件，但都不具备完全的专业化条件。有一般的领导才能、组织能力、管理经验，今天可以当厂长，明天可以当校长，都能当得了。但是，从各行各业的专业化来说，显然是不完全的。因此，比较完全的专业化的干部，应该具备两个方面的条件：一是有一定的科学知识，相当的学术水平以及教学、科研的经验；二是具备领导才能、组织能力、管理经验。有些人认为国外大学的校长是专业化的。他们所指的专业化,是指大学校长都是博士、教授。一般情况的确如此,例如,加拿大1970年的统计材料,有80%的校长是得过博士学位的,并有11年以上大学的教学经验或科研经验,应该说,是有一定的科学知识与学术水平了。但我们却往往忽略他们另一方面的条件,即他们同样要具有一定的领导管理经验。也拿上述材料来说,加拿大大学校长平均有10.6年的行政工作经验,其中有53%当过教务长,36%当过系主任。美国重点大学的校长,75%是从兼行政工作的教授中提拔。苏联的校长多数也是从系主任提拔的。因此,即使国外也不是把学术水平作为唯一条件。因为,高等学校的领导管理工作,虽然以教学、科研为重点,但毕竟不是教学、科研工作,而是管理工作,所以,专业化就应当具备上述两方面的条件。领导管理的能力要经过实际工作的锻炼才能获得。这几年选拔上来担任领导管理工作的教授、专家一般缺乏领导管理的实际锻炼,因此,应该采取措施,让他们在实际锻炼中逐步具备比较完全的专业化条件。另一方面,也应该采取措施,让有经验的、非专家的管理干部学习科学知识,逐步具备比较完全的专业化条件。

总之,要采取措施,使这两种人各自向自己缺乏的方面发展,都从专业化条件不完全发展到比较完全。当然,我们不能要求有经验的干部都成为学术专家,同样,也不能要求专家、教授很快掌握丰富的实际经验。因此,由两部分人构成的领导管理班子,势必在一个比较长的时期存在着。这两种人需要互相谅解,互相支持,密切合作,取长补短,并在合作共事的过程中,逐步向自己所缺乏的方面转化,都成为比较完全的专业化干部。这可以说是领导管理干部专业化的一个很现实的问题。

那么是不是只要具备一定的科学知识、相当的学术水平,又有一般的领导才能、组织能力、管理经验,就算是专业化的干部呢?或者说,既掌握科学知识,会教书、搞科研,又有一定的政治水平,又会做思想工作、组织工作,就算是合格了的、专业化的高等学校领导管理干部,或者说高等教育干部专业化已经完备了呢?

应该指出,具备这两方面的条件还不够。每一行业都有自己独特的规律。高等学校的干部,他们的本职工作就是高等学校的领导管理工作,它不同于工厂企业或机关领导管理工作。因此，高等学校领导管理干部除了要有一定的科学知识、一定的领导管理能力外，还必须具备教育和办教育的专业知识和专业技能。王震同志在今年党的生日发表的《加强干部轮训教育，提高干部素质》的文章指出："要把学习专业知识和学习社会主义管理科学提到重要的地位上来。"对教育干部来说，专业知识应当指的是教育理论和教育实践的知识；管理科学应当是教育管理、学校管理的科学。胡耀邦同志在全国师范教育会议上说："要掌握教育科学，懂得教育规律。"但是，如果教师需要掌握教育科学，懂得教育规律，那么领导、组织、指导、管理教师的干部就更应该掌握教育科学，懂得教育规律。同样，高等学校的教师也应该掌握教育科学，懂得教育规律。这对于相当多的学校干部、教师来说，认识并不一致。高等学校内还存在着违反教育规律的现象，如只管传授知识，不管学生的智力能力的发展，只教书，不教人。因此，要搞好教学，教师也有个专业化问题。

教师违反教育规律，势必影响教育效果。作为管理干部，不掌握教育科学，不懂得教育规律，影响就更大。举例来说，领导管理干部，经常要评价某一教师的教学效果，某一班级以至某一学校的教学质量。拿什么作为标准呢？常用的方法就是看学生的学习成绩。哪个班学生考试成绩分数很高，大多数学生都在 90 分以上，就认为教学质量高；哪个班学生考试成绩分数较低，大多数学生七八十分，只有少数 90 分以上，还有相当数量的 70 分以下，甚至还有不及格的。对此，虽然不一定批评，但也要皱皱眉头。以教育科学的观点来看，后一个班级教学质量不一定低，而前一个班级很可能有问题。一个班、一个学校，学生的学习成绩统计，在一般情况下，应该是常态分布或接近常态分布，统计人数越多，越接近常态分布，即两头小、中间大。因此，成绩统计，一般也应呈现为常态分布。如果学生成绩都很高，那么可能是教材太容易，或考题太容易，或评分偏宽。还可能有其他因素，比如为了使学生得到高分，变相送分，暗示考试题目等等，这都不能说明教学质量高。领导管理干部如果不了解实际情况，就表扬分数高的，对正常的反而皱眉头，这就必然造成教师不敢严格要求学生，而助长"分数贬值"现象的发展。关于学生的考核与成绩的评定，是教育学的内容之一，分数的常态分布，是它所揭示的规律。学点教育科学,就有助于正确对待这个问题,给予教师的教学工作以比较全面准确的评价。不掌握教育科学,办事就容易不自觉地出偏差。

综上所述,高等学校干部专业化的条件,是否可归纳为三个方面:一是具有某一科学领域的科学知识、学术水平,这样才能对高校教学、科研有比较深入的理解,做好领导管理工作;二是具有领导才能、组织能力、管理经验,才能做好组织管理工作,做好人的工作,处理好人的关系;三是懂得教育科学(包括教育管理科学),才能按教育规律办事。

那么,高等教育专业化的干部又从哪里来?

首先,从现有的教育干部中培养,这不仅因为全国已有大量的教育干部,还因为他们中许多人已经过长期的教育实践的锻炼,有丰富的教育经验。如果能帮助他们向理论方面学习,使经验上升为理论,将比过去缺乏教育实际经验的人,专业化会更快些。学一点高等教育理论、青年心理学、高等学校管理学以及比较高等教育学和高等教育发展史等等,这对于领导干部来说,帮助更大。学这些东西,一般可采取短期轮训的办法。对于年轻的干部,最好要有较长时间的进修,使他们系统地掌握教育、管理科学的知识。

其次,从科学知识丰富、学术水平高、工作能力强并有一定行政工作经验的教师中选拔。但他们同样也要学习教育科学,经过一定的实际锻炼。苏联提拔当校长、副校长的,往往要安排到重点大学去当老校长的助手,也就是当实习校长。

再次,建议在师范大学、综合大学、教育行政学院办一些高等教育专业或教育管理专业,培养大学生、研究生,有计划地培养一些科班出身的教育干部,补充新生力量。我在《教育研究》上写过一篇文章谈及这个问题,有的人不同意,认为大学毕业不能当领导管理干部。当然,不是说大学毕业就能当校长、处长,而要从具体的管理工作做起。正如学金融专业的不一定当银行行长,进外交学院的不一定当大使、参赞,学教育管理专业的不就是当校长,但承认不承认教育是一门科学,承认不承认办教育要掌握教育规律,承认不承认年轻的专业人员可以在实际工作中锻炼,成为有能力、有经验的领导管理干部,这是问题的实质。

认真学习《决议》，
加强教育理论建设[①]

教育理论工作者学习《关于建国以来党的若干历史问题的决议》（简称《决议》），除了同全国人民一样，具有分清是非、统一思想、团结起来向前看、同心同德建设社会主义现代化强国的重大意义之外，我认为还有两个积极意义。一是《决议》对重大历史问题做出了正确的结论，对毛泽东同志和毛泽东思想做出了正确的评价，使得我们总结教育上重大问题和评价毛泽东同志教育言论有了明确的原则依据；二是《决议》运用辩证唯物主义和历史唯物主义的观点，坚持实事求是的科学态度，为我们总结教育经验，探索教育规律，树立了很好的典范。新中国成立32年来，社会主义教育理论建设，随着教育事业的发展与挫折，既有成绩，也走了曲折的道路。新中国成立初期，教育理论工作者，学习马克思主义理论和毛泽东思想，批判封建主义、资产阶级教育思想，总结社会主义改造和建设中教育工作的经验，借鉴国外有益的经验与见解，逐步形成具有我国自己特色的、基本符合客观规律的教育理论体系。虽然存在不够成熟、不够深入和某些生搬硬套的缺点，但总的说来，基本上是正确的、健康的。在指导教育实践，提高教育质量，促进教育事业的发展上，起了积极的作用。不能设想这个时期的教育实践是有成绩的，而指导教育实践的教育理论却是完全错误的。这个时期的教育理论及其指导的教育实践所取得的成绩，是和毛泽东教育思想的引导分不开的。其后，

---

① 原载《中国教育学会通讯》，1981年第3期。

由于"左"的错误思想的影响,忽视了教育的客观规律,提出了一些脱离社会实际和教育实际的口号,主观愿望和客观效果相反,形成了教育事业的大起大落,教育质量一度下降。由于及时总结经验,纠正偏差,制定和执行了高教六十条、中学五十条、小学四十条以及其他一系列比较正确的政策措施,进行整顿。这些政策措施,在一定程度上反映了一些规律性的东西,因而教育质量有所恢复和提高。但是,正如《决议》所正确指出的:"左倾错误在经济工作中的指导思想上并未得到彻底纠正,而在政治和思想文化方面还有发展。"这种左倾错误在教育上的表现之一就是不分青红皂白,对教育理论一概持否定态度,把它说成是"资产阶级"的、"修正主义"的。作为科学的教育理论的支柱之一的心理学被否定了,教育理论被批得七零八落,只剩下几条语录和政策条文,教育科学研究陷于停顿。唯心主义、实用主义的陈词滥调扯着"革命"的旗号,鱼目混珠,乘虚而入。调子越唱越"左",偏离毛泽东教育思想的轨道越来越远。从正反两个方面总结经验,可以充分说明加强社会主义教育理论的建设,不是可有可无的事,而是指导教育实践沿着社会主义正确轨道向前进必不可少的基本建设。而实事求是地评价毛泽东同志教育言论,则是社会主义教育理论建设中一项重要的工作。《决议》指出:应当把科学理论的毛泽东思想同毛泽东同志晚年所犯的错误区分开来,这是非常重要的。不如此,我们就很难分清是非,很难准确地研究毛泽东思想,很难坚持和运用毛泽东思想。对于毛泽东教育思想也是如此。这里,谈谈一些个人的体会:20世纪50年代,我在学习和研究毛泽东同志的教育言论中,按当时的认识水平,初步探索和整理了毛泽东同志把马克思主义原理同中国教育实际相结合的教育理论成果,先后写成(1954年)和改写(1959年)了《毛泽东教育思想试述》。其中主要有文化教育和政治与经济的关系、新民主主义教育性质和教育政策、社会主义教育工作方针、全面发展教育理论、思想政治教育的重要性、党的领导和群众路线、认识论和理论联系实际原则以及正确的知识分子政策等等。应当说,当时对毛泽东教育思想的认识是粗浅的,但自觉还能有所理解。"教育大革命"之后,对毛泽东同志所发表的某些教育言论,却就感到很难理解了。这时只能从自己的立场和对马列主义的认识水平找原因。多年来,很想根据毛泽东同志新的教育言论修改前述粗浅的论文，但是既然难于理解，也就无从落笔。不仅如此，连一般教育理论的研究也感到难于进行，因为当时既不敢越雷池一步，又不能无视教育实践的实际效果。作为教育理论工作者，确实处于两难之中。"文化大革命"中，对于毛泽东同志的某些教育言论，由难于理解到窃有所疑，但仍很难分清是非。《决议》所指出的原则，无疑为教育理论工作者指明了研究毛泽东教育思想以及研究一切教育理论问题的科学态度和科学方法。在教育理论上，也必须把正确的毛泽东教育思想同毛泽东同志晚年所发表的一些错误言论区分开来，《决议》已经把毛泽东思想同毛泽东同志晚年的错误区分开来，我们教育理论工作者，还必须深入地整理毛泽东同志的教育言论，实事求是地把毛泽东教育思想同毛泽东同志晚年某些错误的教育言论区分开来。对于科学理论的毛泽东教育思想，给予充分肯定，使之作为长期指导我们教育实践的精神财富；对于毛泽东同志某些错误的教育言论，不再照抄照搬。要以科学的态度和科学的方法，研究新形势、新问题，不断丰富和发展我国社会主义教育理论，进一步促进教育事业的发展和教育质量的提高。

福建高教学会第一届理事会工作报告[①]

福建省高教学会是在1983年12月23日成立的。根据本会章程，第一届理事任期三年已经逾期。因此在6月5日的常务理事会上，决定召开第二届会员代表大会，选举产生第二届理事会。

我省高教学会在中国高教学会和省教委、省社会科学联合会的指导下，四年来同全省高校一起，积极进行组织建设，发展科研队伍，组织研究课题，交流学术成果，创办高教研究刊物，传播信息，普及教育科学，做好咨询服务。所有这些方面，为促进福建高等教育的改革与发展做了努力，取得了一定的成绩。现在我将学会成立以来的活动及其所取得的成果汇报如下。

（一）做好高教研究组织机构和队伍的建设

学会成立四年来，在组织建设方面，先后发展了全省高校团体会员56个，个人会员两批419人；批准成立了本会所属的5个分会组织，即省高校总务后勤研究会、省高校电教研究会、省高校实验室研究会、省高校体育研究会和省教学管理研究会；还促进了全省许多高校建立高校研究室。除厦门大学和福建师大在学会成立之前已有研究所外，省教委和华侨大学、福州大学、福建医学院、中医学院、农学院、林学院、漳州师范学院、厦门水产学院、集美航专等一批高校也相继建立了高教研究，在发展高教研究组织机构

[①] 原载《福建高教研究》，1988年第1期。福建省高等教育学会于1987年12月18日在福州大学召开了第二届会员代表大会。到会代表115人。曾鸣会长、叶品樵副会长分别主持了会议，潘懋元副会长代表第一届理事会向大会作了工作报告。会议通过了新的学会章程，选举产生了第二届理事会。本文是潘懋元同志所作的报告。

的同时，逐步扩大了科研力量，目前全省高教系统已初步形成了一批专兼职相结合、理论工作者和实际工作者相结合的遍布全省的高教研究队伍。有不少高校高教研究机构采取派出去和自己组织在职人员学习高教理论的办法，以提高教师、干部的素质和研究水平。例如厦门大学每年都为新教师和新干部举办讲习班，系统学习高等教育学和青年心理学；福建农学院、厦门水产学院、集美航专等校举办了高等教育理论讲习班，邀请有关教授、学者到校讲学，取得了较好的效果。此外，厦大高等教育科学研究所从1981年以来，共招收了研究生30名，已毕业17名，在学的博士、硕士生13名。这将是一批高教研究的后继力量。

我省许多高校领导对高教研究工作十分重视，亲自抓机构的建立，在人力、物力、财力上给予支持，并制订奖励政策，使我省高教研究工作得到了较快的发展。目前，我省高教研究机构的建设和研究队伍的壮大，已经有了一定的基础，今后将会得到进一步的发展。

（二）举行学术会议，交流论文和研究信息

本会成立至今，先后召开了三次学术年会，收到了论文300多篇。第一次年会是1983年本会成立时召开的，出席会议的代表、来宾132人，中国高教学会副秘书长肖岩同志专程从北京来福州出席了会议并讲话。会议收到论文135篇，其中有11篇的作者在大会上作了发言。第二次年会是1985年11月召开的，参加会议的代表115人，副省长陈明义出席了会议并讲话；会议收到论文109篇，在会上宣读的有6篇。在第二次年会期间，还专门邀请出席会议的部分高教界老同志举行了高教改革座谈会，大家发表了很好的意见，中国教育报就座谈会内容作了专门报道。第三次年会是这次与省教委一起召开的"福建省高等教育发展战略讨论会"，参加这次会议的代表有115人，中国高教学会副秘书长许德贵同志亲临会议给我们做指导。这次年会所讨论的课题比较集中。会议收到单篇论文67篇，连同三本论文集共100篇左右，在大会上宣读的有10篇。从三次年会来看，开得都是成功的，会议学术空气比较浓厚，研究课题广泛，论文不仅数量多，而且质量高的也有不少，部分论文具有较好的学术水平和应用价值。这些论文，大多已经刊登或即将刊登于《福建高教研究》和其他高教刊物上。三次年会收到了明显的效果，鼓舞了士

气，推动了我省高教研究的学术活动。

其次，学会还参与组织跨省的协作会议，加强横向联系。如：1984年10月，协助华东高教管理研究会在福州举行了第三届年会；1985年3月，与本省未来研究会联合召开了探讨我省经济以智取胜与高等教育发展问题的座谈会；1986年10月，与中国高教未来研究会和厦门大学联合召开了14个沿海城市高等教育发展战略研讨会，并重点探讨了高等教育对外开放问题。

此外，各团体会员单位也各自开展高教研究的学术会议活动。如福建医学院1984年以来召开了三次医教研讨会；集美航专今年举办专职、兼职研究人员教育思想系列讨论会；厦门大学高教研究所今年暑期举办了全国高等教育理论研讨班；我会所属高校总务后勤研究会、高校体育研究、高校电教研究会、高校实验研究会和教学管理研究会也都召开了年会或专题讨论会。

（三）出席全国性的学术会议，学习先进经验

近几年来，全国高教研究活动十分活跃，各种类型的学术会议很多，我省高教学会的许多理事和会员积极参加各种学术会议，发表自己的论文，与同行交流学术见解和经验。例如，中国高教学会1984年、1987年分别在哈尔滨、北京召开的两届全国性的高等教育研究学术会议，我会都有代表参加，递交了论文并在大会上发言。还有在重庆召开的中国高等教育未来与发展战略研究会，在广州召开的中国教育系统工程研讨会，在烟台召开的华东高教对外开放讨论会，在大连召开的国际高等教育发展研讨会，在泉州召开的全国工程教育理论讨论会等等，我会都选派代表出席会议。我会理事、会员通过参加全国性的学术会议，扩大了学术见闻和信息，结识了许多同行，增进了学术见解，学到了改革经验，收获是很大的。

除上述学术会议活动以外，学会秘书长还每年参加中国高教学会和省社联召开的一年一次秘书长工作会议，我们自己也召开了几次全省高校学会工作会议，总结和安排学会工作。

（四）参加国际交流活动，了解外国高教研究动态

随着我国对外开放的发展，我省高等教育这几年来参加国际学术交流的活动日益增多，使国外大量高等教育新的动态、理论研究的新信息，传播到我省来，在高等学校的教学、科研和管理中起到了借鉴和应用作用。我们高

教学会也有很多理事、会员出国访问、考察和参加国际高教学术会议，有的大学还同外国一些高校建立了挂钩联系，有些教授、专业家同外国高校的同行都有交往，逐步扩大了我省高教界在国外的影响，这方面我们没有作全面的了解，举几个例子说。1985年，会长曾鸣同志和常务理事李璞同志等组成我省高教代表团到美国俄勒冈州考察了高等教育，李璞同志回来还专门写了一篇《美国俄勒冈州高等教育见闻》，在《福建高教研究》1985年第3期上发表；1984年檀仁梅副会长和会员庄明水同志出席了在泰国召开的国际高等师范教育学术会议；厦门大学高等教育科学研究所最近两年来，先后邀请了国内和美、日、英、菲等国高等教育专家10人前来讲学，并先后派出研究人员4人到美国和日本参加国际高等教育会议或作为访问学者合作研究高教问题，同这些国家的高教专家、学者进行交流；还有省电教研究会张之春同志到中国香港参加了香港中文大学举办的"教育理论与技术研讨会"；等等。

（五）组织课题研究，编写理论专著

在组织高等教育课题研究方面，我会曾经先后通过召开小型专题座谈会和在《福建高教研究》刊物上发表系列研究课题目录等形式，引导和促进全省高校开展课题研究，例如厦门大学的对外开放研究、"三学期制"研究，华侨大学的学分制、教育评估研究，福建师大的高等师范教育研究，福建医学院、福州大学的《过去、现在和未来》的校史研究，福建农学院的教学科研、生产三结合和培养农业人才通向农村的研究，集美航专的招收五年制学生试点的研究，还有部分高校试行了"中期选拔制"的研究和教育质量、教学方法论的研究，省高教学会秘书处参与了省社科院组织的"以智取胜，振兴福建"的课题研究。这些研究大部分都取得了成果，多数是以论文的形式在会上交流或在学术刊物上发表。在编写出版高等教育科学专著方面，厦门大学出版了7部专著，其中《高等教育学》获得了省政府社会科学专著成果奖、华东区优秀出版奖和全国性的吴玉章基金会社会科学优秀奖，以及国家教委高等学校优秀教材一等奖等四个奖项；《东南亚教育》一书是国家教委"六五"重点项目。华侨大学出版了《教学法若干原则》一书和《东南亚各国高教研究》五册。省高教学会秘书处编印了《福建高等教育大事记（1949—1985年）》初稿，同泉州师专合编了《教育思想讨论文选》，还与广西、浙江

三省高教学会联合组织编写《高等师范专科教育概论》，该书即将由浙江大学出版社出版。此外，福建医学院和全国几所医学院校合编的《医学教育学》即将出版，还编印了《福建医学教育史》。福建农学院编印了《福建农学院大事记》。福建师范大学正在编写我省高等师范教育史等专著。我省高教界的同志近几年来还在全国和省级刊物上发表了大量高教研究的论文，据不完全统计，厦门大学发表249篇、集美航专34篇、福建农学院66篇、福建中医学院13篇等等。

以上讲的仅仅是取得成果的一部分，还缺乏全面的了解，有好多还没有讲到的，请予原谅。

（六）创办一批高教研究学术刊物，促进学术繁荣

我会和所属部分高等院校为了促进高教研究的发展，鼓励干部、教师、学者创造研究成果，纷纷开辟学术园地。据我们不全面的了解，有省高教学会《福建高教研究》，华侨大学《华侨大学高教研究》，福建医学院《医学教育研究》，福建中医学院《中医高教研究》，福建农学院《高等教育研究》，福建林学院《林业高校研究》，福建师大《教学改革》《高校信息》《外国教育参考资料》，厦门大学《外国高等教育资料》，还有省高校体育研究会《福建高校体育》，省高校电教研究会《电教之窗》《福建高校电教》等十余种。此外，还有不少高校编印了高教简报、资料和学习材料，广泛传播研究信息和学术动态。

我省创办的许多高教研究刊物，都不同程度地传播了学术成果和高教信息，发挥了积极的作用。这里主要报告一下《福建高教研究》几年来的办刊情况。《福建高教研究》是1984年3月创办的内部学术刊物，办刊4年来已出刊14期，共发表各类文章366篇，其中论文281篇、领导讲话15篇、调查报告4篇、会议综述6篇、院校介绍3篇、外国高等教育14篇、学术动态和简讯等43篇。总计185万字，平均每期13万字。在刊物上发表的除少量外省学者的投稿外，绝大多数是本省作者的成果。

回顾4年来的办刊实践，我们始终按照办刊宗旨以马列主义、毛泽东思想为指导，贯彻理论联系实际的原则，坚持了办刊的政治方向，具有较好的政治性和学术性，为我省高教的改革和发展起到了咨询和促进作用。刊物不仅成为我省高教学术界的理论园地，而且通过刊物的交流，同全国大部分高等院校、科研单位、教育行政部门建立了广泛的信息联系，产生了积极的影响，受到了外界的赞誉。

由于平时的资料收集整理工作做得不够，以上汇报，难免遗漏，但仅就以上情况看来，总的来说，4年的学会工作和学术活动取得了初步的成绩和经验，但还存在许多不足，主要有：高教研究活动普遍，但开展不够深入，特别是重大学术课题，如高等教育思想专题等研究没有很好地深入展开，还没有取得突破性的成果。各高校的高教研究活动也存在着不平衡，比较重视的搞得活跃，成果也多些；不大重视的，缺乏主动性的，高教研究就没有什么生气，通报信息、交流情况的工作做得还很少，还不能很好适应高等教育深化改革的需要。省高教学会秘书处和挂靠单位省高教研究室的组织机构、人员配备，目前还不健全，工作制度未能很好建立，使学会工作受到了一定的影响。

下面是对第二届理事会1988年工作提出的几点建议。

（1）1988年5月会同厦门大学等单位联合召开全国第二届大学生能力培养讨论会。

（2）1988年下半年举行第四次会员大会，主题是社会主义初级阶段与高等教育的深化改革。

（3）1988年暑期举行一次小型的高校青年学者高教研究理论讨论会。

（4）建议组织有关高教研究所、室承担中国高教学会和省社会科学联合会交给的有关研究课题任务；协助各研究所、室自行组织和承担研究的课题或自选课题的研究（现在这种课题已不少，如华侨大学高教研究室承担了部委级的有2项，厦门大学高教研究所承担国家级1项、部委级6项）。

（5）协助和参加国际性、全国性或兄弟省市学会组织的有关学术会议，加强横向信息交流和联系活动。

（6）继续办好省高教学会与省高教研究室合办的《福建高教研究》刊物，帮助和支持各高校，各研究会办好已经创办起来的高教研究刊物，加强刊物之间的经验交流，提高办刊质量。

（7）继续进行教育科学的普及工作和咨询活动，如举办培训班、研究班、学术讲座等活动。

以上工作报告，请补充或指正，所提建议，仅供下届理事会讨论。

关于我国高等教育应遵循的基本原则

——对《高等教育法·总则》的探讨[①]

关于高等教育法的研究,我们原先是以"《高等教育法·总则》的性质内容"作为课题申报立项的。此后,国家教委高教司下达通知,委托我们就高等教育法如何规定我国高等教育应遵循的基本原则进行研究。考虑到高等教育应遵循的基本原则就是高等教育法总则的主要内容,区别仅在于总则的表述必须符合法律条文规范,因此,我们便接受了高教司下达的课题,并就此开展查阅资料、研究论证的工作。

本研究的主要内容是:借鉴十几个国家和地区的经验与文本,结合我国国情,提出总则的构架及其所应包含的内容,也即高等教育应遵循的基本原则,力求研究更具针对性、实用性。

在报告我们的研究成果之前,有必要简要地阐明总则在整部《高等教育法》中的地位和任务。从结构上看,《高等教育法》可分为总则、分则和附则等。依照律例,总则的根本任务在于对基本法律关系做出明确的、规范的界定,为分则和附则的拟立提供基本法律前提条件。总则与分则、附则之间的主从关系,表明了总则在整部高等教育法中具有导向性的重要地位,它必须体现高等教育的基本原则。

下面研究《高等教育法》总则的构建原理与经验以及总则的主要内容和若干具体条款的拟写。

---

① 原载《机械工业高教研究》,1995 年第 2 期。作者:潘懋元,李泽彧,邱邑亮。

一、关于总则的构建原理与经验

1. 总则的构建原理

根据总则的一般任务,构建总则时应考虑反映外部关系属性要求和内容关系属性要求。根据外部关系属性要求,总则必须说明立法的依据、宗旨或目的,界定本法的适用范围。根据内部关系属性要求,总则除界定基本法律关系外,还必须围绕这个核心列述若干概念以及调整基本法律关系的若干重要原则。因此,在构建总则中,必然会面临立法规范性与任意性、随意性间的矛盾。规范性主要指法律文本(形式与结构)的范式要求,任意性、随意性主要表现在对高等教育基本法律关系的界定、对调整该关系的原则的选取和阐述等内容形成方面。这种任意性、随意性是世界各国高等教育立法存在个案特性的根本原因。总则的这一特点,为我们构建总则提供了基本思路,一方面从世界各国高教法法案中抽取共性的东西,一方面结合中国高等教育实际,在总则中拟立具有中国特色的内容条款。

2. 世界各国高教法总则构建的研究

我们选取了苏联、美国、法国、英国、联邦德国、日本、韩国、马来西亚、墨西哥、埃及、巴基斯坦、秘鲁、印度等国家的高教法令或教育法令,着重对其总则构建进行分析、抽象和归纳,从个案中探求共性。在上述选定的国家中,其高教法令体系的组成有所区别,基本可概括成两类:一是立有高教基本法及高教专门法、单项法;二是只立有高教专门法、单项法。对于这两类国家的高教法令,我们采取不同的研究处理方式。对第一类主要直接按高等教育基本法中所列的总则,逐一查明、列举;对于第二类,一方面上溯到上位法——教育基本法的总则部分,另一方面对若干专门法、单项法的立法原因、背景、过程进行研究,以查明某一具体的专门法、单项法所依据的主导原则。研究结果为:

(1)高等教育基本法总则的组成。1969年1月22日苏联部长会议决定的《苏联高等教育条例》中的"总则"共7条,其中第1条、第3条、第7条分别阐明了"教育平等性原则""高等学校的主要任务""高校活动必须遵守社会主义法制和国家的规定"。1968年11月12日制定、1971年7月12日修改的法国《高等教育基本法》第1章集中阐明了高等教育的使命（其中强调国际交流与协作），第3章、第4章、第5章、第7章分别阐述了高等教育的自主性、自治性与社会参与原则。1976年1月26日联邦德国公布的《高等学校总法》第1章"大学的使命"中，第2条分列"大学的使命"（其中强调促进国际间高等教育的协作）共6个方面，第3条强调大学成员的学习、研究、教授自由；第2章"入学许可"的第27条中规定了"平等性原则"；第4章"大学的机构和管理"的第1节中规定了大学的自治和国家管理相统一，对大学的法律地位表述为"大学是公法上的团体，同时又是国家的机构。大学在本法范围内享有自治权"。1965年11月8日美国制定的《高等教育法》主要从经济援助角度强化高等教育公共性原则、教育机会平等原则。其中第8章"杂则"通过对联邦政府的部、厅或其职员进行"指示、监督或统制"权力的否决，规定了高等教育机构的自治权限。总的来说，在已颁行的高等教育基本法中，各国对高等教育的法律地位、使命和任务，高等教育活动自主性、国际性原则、社会参与原则、高等教育权利平等性（民主性）原则等做出了明确规定。

（2）各国教育基本法或高教专门法、单项法所规定或反映的原则。1946年3月31日日本公布的《教育基本法》规定了教育目的、教育方针以及教育机会均等，政治教育要求，尊重学术自由，教育活动的非宗教性等原则，并列述立法的依据和目的，日本《私立学校法》对"赠与、馈赠规定的准则"反映了"社会参与"原则。1973年7月19日苏联最高苏维埃会议通过的《国民教育基本法》中的"总则"规定了立法的任务、受教育权利、教育的基本原则（平等性、民族性、科学性、苏维埃性质等），第8章第41条规定了"高等教育设施的主要任务"。1965年5月12日修改的联邦德国《宪法》第75条第19款说明"高教事业一般原则的公布是联邦法律总纲的主权，联邦有权制定与协调高教事业的基本原则"。英国泰勒委员会提出的《我们学校的新伙伴关系》于1980年立为法令，反映了产学合作和社会参与高等教育的原则。秘鲁1969年《大学改革法》规定高等教育的任务共3条，1982年的《教育总法》规定秘鲁高等学校实行学术、经济和管理权的自治。南朝鲜

1949年的《南朝鲜教育法》规定了大学的目的；1972年的《高等教育改革法令》规定加强地区与大学的合作，加强大学自主性的改革实施，加强高等学校相互间的功能互补；1985年的《产业教育振兴法》中补充了"强化终身教育、促进产学合作"原则。马来西亚政府公布的《国家新经济政策法令》（1971年）对高等教育目标作了明确规定。墨西哥《联邦教育法》对高等教育的目的、规模、性质作了原则性规定，《大学自治法》规定了公立大学的自治权限。从前面列举的实例看，教育基本法中的总则性要求或原则性规定，反映了高等教育与其他阶段教育共同的法律关系规范，而在专门法、单项法所规定的或反映出的，如高等教育自主性、自治性、社会参与、产学合作等原则，则属于调整高等教育基本法律关系的基本原则。

归结起来，无论高等教育基本法，还是教育基本法、高等教育专门法及单项法，强调的是如下几条基本原则：高等教育机会均等原则，高等教育自主、自治性原则，社会参与（包括产学合作）原则，高等教育国际性原则。这些原则代表了世界高等教育的发展趋势和特征。

3. 构建中国特色高等教育法的研究

世界各国高教法法案中规定的若干调整高等教育基本法律关系的重大原则，反映了各国高等教育应遵循的共同基本原则。我国的国体、政体与国情，我国高等教育改革、发展的实际要求，以及我国高等教育的理论研究成果，则是构建中国特色高等教育法的依据。这就要求我们在立法范式方面，如关于立法宗旨、立法依据、本法适应范围以及围绕高等教育基本法律关系而展开的对高等教育法律地位、高等教育任务、高等教育目标等的界定，形成我国高教立法的特色。此外，还应反映出调整高等教育基本法律关系的根本要求——高等教育的社会主义方向性原则，并依据高等教育内外部关系规律拟定高等教育基本原则。

坚持高等教育的社会主义方向，是新中国成立后高等教育确立、调整、改革、发展的重要经验，是教育阶级性的必然要求。坚持社会主义方向，是我们各级各类教育的最高原则，同样也是调整我国高等教育法律关系的基本总则。

高等教育学学科理论的重要基石——教育内外部关系基本规律，是我国高教理论界自己的重大成果。高等教育较之于其他阶段性教育，与政治、经济、科技、文化等各方面的联系更加深刻、紧密，高等教育主体的变革、发展反映外部社会存在及其要求的特征日益显现，高等教育必须遵循教育外部关系基本规律。高等教育作为现实社会存在的一部分，其内部环境、人员组成、活动方式及其联系，反映出高等教育内部关系基本规律。从世界各国高等教育立法历史来看，法案的制订及其修改，都是教育内外部关系基本规律的不同时期、不同条件下发生作用的结果，如高教立法史上著名的美国《莫雷尔法案》的通过及其修正，英国的《泰勒报告》，韩国的《高教自治化计划》与《高等教育改革法令》等，都是遵循教育内外部关系基本规律、促进高教立法的科学化实践，有力地证明了我国关于教育内外部关系规律的重大理论研究成果，不仅是高等教育工作科学化的依据，也是高教立法科学化的指导性原则。

通过对世界各国高教法确立的原则、对构建中国特色高教法的研究，我们建议从三个层次构建总则：一是法律文本规范层次，二是特性原则层次，三是共性原则层次。其中第一层次反映法学理论的基本要求，第二、第三层次反映以高等教育学理论研究成果推进高等教育工作科学化的基本要求，即把高等教育应遵循的若干基本原则加以法律条文化，使其在法律上成为调整高等教育基本法律关系的基本原则。

二、关于总则的主要内容与若干具体条款的拟写

1. 总则的主要内容

根据总则的地位和任务，按照总则构建的研究结论，下面试对总则的内容分两个部分、三个层次进行列述：

（1）法律文本规范层次应包括立法宗旨、立法依据、本法适用范围；高等教育基本法律关系的界定，包括本法所指的高等教育、高等教育的法律地位、高等教育的目标和任务。

（2）调整高等教育基本法律关系的若干原则，应包括两个层次的重要原则：①特性层次原则：高等教育方向性原则，高等教育工作方针；②共性层

次原则：社会参与原则，高等教育权利平等原则，高等教育国际化原则，高等教育自主性原则（办学民主和学术自由原则）。

2. 关于总则拟订立的原则之若干具体条文如何表述的建议

（1）高等教育方向性原则：高等教育必须坚持四项基本原则，坚持社会主义办学方向，遵照国家的教育方针，为社会主义现代化建设事业服务。

（2）社会参与原则：国家要积极引导社会人士关心与支持高等教育事业。在以政府为主办学的同时，国家鼓励企业事业组织、社会团体及其他具有法人资格的社会组织和个人依法参与高等教育活动。

（3）高等教育权利平等原则：中华人民共和国公民不分民族、种族、性别、财产状况、宗教信仰等，根据其需要和能力，依法享有平等的接受高等教育的权利。

（4）保障原则：国家重视高等教育的功能，根据社会主义现代化建设的客观需要和可能，保障高等教育的健康发展。

（5）高等教育机构自主性原则：高等教育机构在自觉接受国家管理和引导的同时，依法享有自主办学的权利，国家鼓励高等教育机构进行教育改革，自主发挥、协调高等教育各种功能，办出各自的特色。

（6）民主办学原则：高等教育机构的教职员工、学生有权通过自己的合法组织参与高等教育机构的管理。

（7）学术自由原则：高等教育实行学术自由，允许存在不同的学术观点、流派，保护创见，坚持实践是检验真理的唯一标准。

（8）民族性原则：高等教育应当继承、弘扬和发展中华民族优秀文化传统，增进民族团结，维护祖国统一。

（9）高等教育国际性原则：国家鼓励高等教育机构进行国际协作与交流，促进中国特色社会主义的高等教育与世界高等教育接轨，积极吸收和借鉴世界各国的先进文明成果。

百 岁 感 言

我即将进入百岁高龄，但仍耳聪目明，思维清晰，可以授课、指导研究生、作报告、写文章。许多人问我有什么长寿秘诀。

说是遗传：我的祖父母在我出生之前，均已辞世；我的父亲虽高寿达八十一岁，但我的母亲五十岁就去世了；我有兄弟姐妹共十人，除大姐、四弟和我高寿外，余均夭折；对我影响最大的二兄潘载和，也只活到二十一岁就染肺病去世。

说是健康：我一生身体多病。我的最早记忆（约三岁或四岁），就是在病榻上母亲的擦摩；其后的记忆是少年时经常得感冒和胃病，青年期经常患恶性疟疾（打摆子）。一生还生过几场大病：十七岁时患伤寒；五十二岁时患急性黄疸肝炎；六十四岁时胆结石急性发炎，两次手术，切除了胆囊；如今是肝癌经放疗在养病中。疾病的磨难使我后半生腰弯背驼。

说是运动：身体运动，有利于健康，的确如此。但我只在青年时喜欢翻双杠，其后坚持做掌上压，现在只是每天做十五分钟的简式太极拳而已。

我的理解：身体的运动很重要，大脑的运动更重要。大脑是全身的"司令部"，指挥全身活动。"心之官则思，思则得之，不思则不得也。"人应当保持大脑有足够的运动量。例证：选择做官员，在位时忙于开会、作报告、处理种种复杂问题，精神焕发，身体健康。退休之后，"门庭冷落车马稀"，很快显得老态龙钟；选择做生意人，在谈生意时，跑市场、陪客户，酒酣茶热，满面红光，生意做完，"人一走，茶就凉"，也容易催人衰老；而从事教学与科研工作的人，可以退而不休，继续从事脑力活动。如果说有什么长寿秘诀的话，这就是我所体会的秘诀——大脑的运动比身体的运动更有利于长寿！因此，身体从职位上退下，但大脑不要"退休"。人要退而不休，发挥余热。西方有一种更有意义的说法："迎接人生的第二个青春！"

潘懋元
2019 年 10 月 28 日于厦门

编 后 记

传承是根，创新是魂。

编纂整理《潘懋元文集》具有极其重要的理论意义、历史意义和现实意义。在潘先生百岁华诞暨从教85周年来临之际，编纂整理《潘懋元文集》（第二版），其意义更为重要。

世纪老人潘懋元先生是中国高等教育学科的奠基者和创始人，是学术上的"老人与海"。潘先生人生经历丰富，内蕴深刻，富于传奇。他的学术成果丰硕，富有创见。早年作品涵盖诗歌、散文、杂文和小说等，很有文学功力，如果在这条路上走下去，说不定会成为文学大家。然而，潘先生志向不在于成为文学家，而是矢志从教和教育研究，他甚至说："如果有来生，我还愿意当教师！"他不是一般的教师，而是具有学术创见和学术生命力的教师。作为我国高等教育学的创始人，他创造了一种存在！他的学术生涯开创和见证了我国高等教育研究的发展历程，他的学术成果反映了我国高等教育学科建设和高等教育研究的理论创新。他的学术事业不仅为我国高等教育事业的发展做出了重大贡献，而且对世界高等教育研究做出了创造性贡献。这些贡献体现了中国学者的文化自信、责任担当、精神风貌和卓越成就。

编纂整理《潘懋元文集》（以下简称"文集"）是一项宏大的工程，聚集了不少人的智慧和努力。这里有必要简介文集的构想和编辑过程，同时表达最真诚的谢意。

首先，需要说明的是，《潘懋元文集》（第二版）是在2010年出版的第一版文集的基础上重新整理而成的，主要是加进2010年以后的内容，也有少量2009年以前的内容。

最初提出编纂文集设想的，是广东高等教育出版社原社长张耀荣先生。2008年5月，厦门大学教育研究院在院庆30周年之际举办"大学教育质量的理论与实践研究"国际学术研讨会，参加会议的张耀荣先生向潘先生提出，希望出版《潘懋元文集》，以及出版厦门大学教育研究院承担的"国家985工程中国特色高等教育体系研究"系列成果。这一想法得到潘先生的同意和厦门大学教育研究院的支持。潘先生便将整理文集的任务交给了我。我想一个重要原因是，在跟随潘先生做博士后期间，我整理过《潘懋元教育口述史》，以及协助潘先生在广东高等教育出版社出版"高等教育大众化研究丛书"（如《现代高等教育思想的演变——从20世纪到21世纪初期》《中国高等教育大众化的理论与政策》《中国高等教育大众化的结构与体系》等），任务完成得还不错。我深感责任重大，使命光荣，欣然受命。很快，我们组织了一支精干的团队：除我之外，还包括韩延明教授（临沂大学，当时是校长）、李均教授（深圳大学）、向春博士（深圳大学）、刘志文教授（华南师范大学）、李枭鹰教授（广西民族大学，现大连理工大学）等。经过两年多认认真真、踏踏实实的埋头苦干，文集终于在2010年庆祝"潘懋元先生九十华诞暨从教七十五周年"研讨会之际首发，受到高度评价。

光阴似箭，一晃又是十年。青山不老，绿水长流，潘先生的学术生命力依旧生机勃勃。潘先生虽已百岁高龄，仍耳聪目明，思维清晰，继续指导研究生、讲课、做报告、写文章，活跃在教学第一线，而且是老当益壮，益见其高远的智慧。

2018年底，广东高等教育出版社领导提出进一步修订出版《潘懋元文集》。广东高等教育出版社副社长钟凌翊女士与我通电话讲到修订文集事宜，我立即打电话向潘先生汇报此事，潘先生欣然同意。而且，潘先生电话中的反应敏锐让人惊叹不已。听我讲了重新修订文集的事宜后，潘先生接口就说："好啊，辛苦你出力、出版社出钱，辛苦啦，谢谢哈！"我一听也笑了，老爷子青松不老，太厉害了！跟着潘先生干活,再辛苦也是幸福的,何况我能借此机会再次认真而系统地品读潘先生的作品,从中受益。

广东高等教育出版社的领导真是能干事的人,其出版眼光和务实精神让人很生敬佩。通过电话不久,钟凌翊副社长从广州来到深圳,与我面谈修订文集的具体设想和准备工作,虽然在电话中我一再说这事我一定会重新干起来,不用亲自过来,电话沟通就好。总编辑黄红丽女士更是积极,她当时正在福州组稿,又电话约请钟凌翊副社长立即奔赴厦门,她们一起登门拜访潘先生,商谈再版文集事宜。其诚可鉴!

不久之后,黄红丽总编辑、钟凌翊副社长和我一起去厦门拜访潘先生,讨论文集修订方案。印象深刻的是,黄总编、钟副社长一行先从广州到深圳,在深圳高铁站与我会合,一起去厦门。我一到深圳高铁站,大吃一惊,这么多人!我原以为只是我和黄总编、钟副社长三人行,结果发现她们几乎整个编辑团队都出动了。有些是我认识的,她们原来就参与过文集(第一版)或"高等教育大众化研究丛书"的编辑工作;也有新面孔,她们都是认真干事的人。

在修订文集的方案中,我们确立了"框架不变,分类整理,依照时序,加进新鲜"的原则,以及"人员到位,统筹兼顾,分工合作,各负其责"的原则。接下来,我们立即全身心投入,认认真真干起来。具体分工情况及体系如下:

肖海涛:卷一·高等教育学讲座

肖海涛:卷二·理论研究(上、下)

李　均:卷三·问题研究(上、下)

肖海涛:卷四·历史与比较研究

刘志文:卷五·序文

朱乐平:卷六·讲课录

向　春:卷七·昔年作品及其他

韩延明:卷八·潘懋元教授纪事年表

肖海涛：卷九·潘懋元教育口述史

这里特别要对编辑工作做些说明。

卷一，在保持原貌的基础上，少量地方由于时代发展加进了注释。卷二、卷三、卷四，包括潘先生有关高等教育理论研究、问题研究、历史研究、比较研究等内容，分别由我和李均教授负责。这部分内容繁多，工作量大，搜集资料，按主题进行分类和进一步再分类，是一件很细致的工作。好在我和李均教授是同事，同事合作的好处是非常便利和默契。在文章分类上，我们根据材料，逐一整理，共同协商，分工合作。在这个过程中，包括在平时的工作中，李均教授都给了我很多帮助。

卷五，由华南师范大学的刘志文教授负责整理。当初人手不够，我打电话给刘教授，请他负责序文卷，他毫不犹豫，满口答应，工作认真，高效负责。而每当我给他打电话道谢时，他总说是应该的。

卷六，是潘先生最新版的讲课内容，由厦门大学的博士生、潘先生的学术助手朱乐平负责。我们都知道，潘先生虽已百岁高龄，但仍活跃在教学第一线，而且一讲课就是整个上午。这卷讲课录就是潘先生给2019级博士生讲授"高等教育学专题研究"课程内容的讲课实录。

卷七，包括潘先生早年的学士学位论文、文学作品、人物回忆、杂文、散论等，由向春博士负责整理。这卷新加进了一些有趣的篇章。韩延明教授在整理纪事年表及诸位院友在查阅资料的过程中，一旦发现潘先生早期的作品，就在院友微信群中发布，我们如获至宝，赶紧收录在文集中。潘先生15岁开始从教，实际上他在15岁之前的中学时代就开始了创作和发表，文集收录的最早作品是从他16岁时开始的。这里也特别要感谢刘海峰教授，他在浩如烟海的厦门大学图书馆馆藏中查到了潘先生1945年的本科毕业论文；还要特别感谢刘志文教授，10年前他带领学生去广东省图书馆查阅潘先生1949年以前的作品，搜集到不少珍贵史料，其中不少作品是潘先生自己并没有保存的。

卷八，包括潘先生各个时期个人生活、学术活动等内容的照片和教学、科研及学术活动纪事，由韩延明教授负责。这部分涉及日常生活，时间跨度大，内容细致而繁多，韩延明教授作为校长亲力亲为，真是了不起，他以极大的兴致和求真务实的精神，很早就开始做这些耗时耗力的细致工作。在编纂文集过程中，我们多次通电话，相互讨论，相互鼓励。

卷九，由潘先生口述，我和殷小平博士整理，2007年北京师范大学出版社出版。在潘先生温馨的家中，听着潘先生口述其丰富的教育人生经历，是我们珍贵而难忘的回忆。这次将《潘懋元教育口述史》补充进文集之中，稍加修改，并加进一些新的照片，生动地反映潘先生的教育人生，有助于加深对潘先生作品的理解，也使得文集更为完整。遗憾的是，潘先生的另一本侧重谈高等教育改革的口述史《实践—理论—应用：潘懋元口述史》（2019年华中科技大学出版社出版），由于未满合同期，不能收入文集中。

再者，要特别感谢潘先生的家人、厦门大学教育研究院的领导及师生、众多院友对文集的支持。虽然在工作过程中我们一直踏踏实实地埋头苦干，没做刻意宣传，但仍收到不少关心和问候。厦门大学教育研究院院长别敦荣教授、华中科技大学教育科学研究院原院长张应强教授等多次表达关心和问候。还要感谢为文集搜集资料的潘先生的博士生朱乐平、刘明维等，以及为第一版文集搜集资料的葛喜艳博士、冯晓玲博士等。

当然，最需要特别真诚感谢潘先生对我们的信任，将出版文集这一重大事情交予我们，能够参与其中是我们的荣幸。

有时候，对一个人，你越走近他，就越崇敬他。我们对潘先生的感觉就是这样的。在研究潘先生的过程中，我常情不自禁地感叹："我越来越崇拜潘先生了！""高山仰止！"于我而言，能做潘先生的学生是幸福的，能整理潘先生的教育口述史是幸福的，能一再整理潘先生文集更是幸福中的幸福！

潘懋元先生是一个传奇。研究潘先生丰富而传奇的教育人生，可以发现，他的学术人格、生命意蕴和人生哲学有两个鲜明的特征：一曰"诚"，二曰"闯"。

"诚"是中国文化的核心概念，是潘先生立身处世的生命哲学。他赤诚向学，忠诚教育，精诚开拓，如《中庸》所言："诚之者，择善而固执之者也"，"诚则明矣，明则诚矣"，"唯天下至诚为能化"。

"闯"是潘先生的英雄本色，是他大丈夫立德、立功、立言的本体功夫。他性格乐观坚强，敢闯，善闯，能闯，敢于创新，敢为天下先，闯出了一条建设和发展中国特色高等教育学之路。

两者合起来，潘先生是诚中有闯，闯中有诚；因诚而闯，由闯见诚；二者的和谐统一，成就了他的教育事业，也为国家的教育事业做出了贡献。

概言之，潘先生是一名优秀的教师，他忠诚国家和人民的教育事业，真诚地热爱教师职业；潘先生是爱国的人民教育家，他"板凳敢坐十年冷，文章不写半句空"，"精诚所至，金石为开"，开创出高等教育学这门"中国创造"的新兴学科。

今天，我们无限自豪、满怀欣喜地看到，中国高等教育学学科体系日益成熟，研究队伍日益壮大，科研成就硕果累累，对不同层面的教育政策和实践产生了积极而有效的影响……这一切，潘先生功不可没，真可谓：

由诚而成懋业，

敢闯而创新元。

最后还需要说明的是，文集涉及的研究成果内容丰富，时间跨度大，编辑加工难度大，难免有不当、错漏之处，敬请批评指正。

肖海涛

2019 年 10 月 30 日初稿

2020 年 4 月 23 日修改于深圳半塘斋